“十三五”国家重点图书、音像、电子出版物出版规划项目

抗日战争时期根据地财政经济史丛书

抗日战争时期晋冀鲁豫边区财政经济史

主　编★赵秀山
副主编★星　光　冯田夫

中国财经出版传媒集团
中国财政经济出版社

图书在版编目（CIP）数据

抗日战争时期晋冀鲁豫边区财政经济史 / 赵秀山主编．—北京：中国财政经济出版社，2015.10

（抗日战争时期根据地财政经济史丛书）

ISBN 978－7－5095－6354－0

Ⅰ.①抗…　Ⅱ.①赵…　Ⅲ.①晋冀鲁豫抗日根据地－地方财政－财政史　Ⅳ.①F812.96

中国版本图书馆 CIP 数据核字(2015)第 196949 号

责任编辑：杨　静　李筱文　　　责任校对：胡永立

封面设计：孙俪铭　　　版式设计：兰　波

中国财政经济出版社出版

URL：http：//www.cfeph.cn

E－mail：cfeph @ cfeph.cn

社址：北京市海淀区阜成路甲 28 号　邮政编码：100142

发行处电话：010－88190406　北京财经书店电话：010－64033436

北京财经印刷厂印刷　各地新华书店经销

787×1092 毫米　16 开　27.75 印张　369 000 字

2017 年 12 月第 1 版　2017 年 12 月北京第 1 次印刷

定价：88.00 元

ISBN 978－7－5095－6354－0/F・5121

（图书出现印装问题，本社负责调换）

本社质量投诉电话：010－88190744

打击盗版举报热线：010－88190414　QQ：447268889

谨以此书纪念

中国人民抗日战争暨世界反法西斯战争胜利70周年

出版说明

2015年是中国抗日战争胜利70周年，也是世界反法西斯战争胜利70周年。为此，党中央举行了隆重的纪念活动，习近平总书记在纪念大会上作了重要的讲话。他回顾中国人民长达14年艰苦卓绝的斗争，取得了抗日战争的伟大胜利，宣告了世界反法西斯战争的完全胜利。指出中国人民抗日战争和世界反法西斯战争中，中华儿女不屈不挠、浴血奋战，捍卫了中华民族5000多年发展的文明成果，捍卫了人类和平事业，铸就了战争史上的奇观、中华民族的壮举。号召我们以史为鉴，坚定维护和平的决心，牢固树立人类命运共同体意识，为推进世界和平与发展的崇高事业做出新的更大的贡献。在中国人民值得永远纪念的日子，我们再版了抗日战争时期根据地财政经济史丛书，这是对伟大的抗日战争最好的纪念，也是对世界人民反对法西斯、追求和平事业的最好献礼！

抗日战争中革命根据地的财政为取得抗战胜利做出了卓越的贡献。抗日根据地财政在极其困

难的条件下，保证了抗日战争的物资供给，培养了大批富有创业精神的财政干部，树立了艰苦奋斗的优良作风，成为抗日战争的坚强后盾。抗日根据地财税战线的工作者，为了抗日战争的胜利，兢兢业业、勤勤恳恳，勤俭节约、呕心沥血，历尽千辛万苦，甚至牺牲了宝贵的生命，铸造了抗日战争时期根据地财政人的崇高品质和无私精神。这是抗日战争时期的第二道战线，他们的事迹同样是可歌可泣的，用这套丛书彰显抗日根据地财政的功绩和讴歌财政人的精神是最好的选择。

本套丛书共五本，分别是：《陕甘宁边区财政经济史》《晋察冀抗日根据地财政经济史》《抗日战争时期晋冀鲁豫边区财政经济史》《山东革命根据地财政史》《华中抗日根据地鄂豫边区财政经济史》。这套丛书较全面、系统地反映了我国抗日战争时期五个主要的革命根据地所采取的各项财政经济方面的方针、政策、措施，以及全体军民通过艰苦卓绝的努力，战胜日本帝国主义的军事和经济封锁，保障根据地财政发展壮大的历史。从单本来看也自成体系，具有代表性。陕甘宁边区既是中共中央、中央军委所在地，也是党在抗日战争时期树立的模范抗日民主根据地。同时又是抗日根据地财政的中心，根据地的财政方针和政策许多是从这里提出实施的，陕甘宁边区财政经济史是全部抗日根据地财政经济的缩影。晋察冀抗日根据地在中国革命史上占有极其重要的地位，它是抗日战争时期敌后建立的最早的一个根据地，一直享有模范根据地的荣誉。抗日根据地财政的建设晋察冀抗日根据地是走在前面的，如“合理负担”政策、农业累进税制首先在这里取得成功并且推广到其他抗日根据地。《晋察冀抗日根据地财政经济史》以丰富的内容，翔实的资料，反映创建财政的来龙去脉，使人多有启迪。晋冀鲁豫边区以太行山为依托，包括山西、河北、山东、河南各省的部分地区，与日本侵略者占领区犬牙交错，情况极其复

杂，在这样的环境下建立和发展根据地财政是及其艰苦复杂的，同时也是非常有特色的。山东抗日根据地处于华北敌后战场的东南端，成为华北和华中两大敌后战场联系的枢纽。这里的财政经济不仅对山东抗日根据地作用的发挥十分重要，而且对华北和华中也有影响。华中抗日根据地处于长江流域，包括江苏省、安徽省、湖北省的大部分，河南省、浙江省的一部分和湖南省的小部分，是敌后主要的抗日根据地之一。这里一方面物产丰富，人烟稠密，金融贸易活跃；另一方面长期被日、伪、顽分割，在此基础上建立发展的财政与其他抗日根据地又不完全一样，其特点在华中抗日根据地鄂豫边区财政经济史中反映得十分清晰。

本套丛书不仅具有厚重的学术研究价值，填补了我国抗日革命根据地财政经济史方面的空白，而且字里行间都高举爱国主义旗帜，处处提醒人们铭记历史、缅怀先烈、珍视和平。中国战场作为反法西斯战争的主要战场之一，中国人民艰苦卓绝的抗日战争为世界反法西斯战争胜利做出了巨大贡献，付出了巨大的民族牺牲，丛书使读者认识到了中国人民抗日战争胜利的伟大历史意义，以及中国共产党在全民族团结抗战中的中流砥柱作用。对弘扬中华民族不怕艰苦、不怕牺牲、排除万难去争取胜利的优秀民族精神具有积极意义。

中国财政经济出版社始终坚持正确的舆论导向和鲜明的出版特色，为国家建设和财政经济工作服务。我社成立60多年来，出版了大量学术专著、大中专教材、法规准则、资格考试用书、财经史料以及培训用书等，出版范围涵盖财政、会计、金融、税收、管理等学科，已有数百种图书在各类国家级和省部级评选中获奖，凝聚了一大批高水平的作者。财经史著作、史料、史稿等的出版也是我社的一大特色，改革开放后我社就出版了财政经济史方面的图书150余种。这类图书的出版，是

对财经历史宝贵遗产的传承，是我们出版人担负的社会责任，几代财经出版人为此付出了艰辛的努力，做出了巨大贡献。今天，我们仍然感到出版人在继承和发扬中华民族优秀传统文化、实现中华民族伟大复兴的征程上使命光荣、责任重大。因此，在中国抗日战争胜利70周年暨世界反法西斯战争胜利70周年之际，我们再版了《抗日战争时期根据地财政经济史丛书》。

这套丛书的出版首先得到了国家出版总署的重视，入选国家新闻出版广电总局《“十三五”国家重点图书、音像、电子出版物出版规划》。更加可喜的是得到了当年五个抗日根据地财经史主编赵秀山、魏宏运、朱玉湘、刘跃光、李倩文等前辈的支持。他们认为抗日根据地财政经济工作与抗日战争胜利有着直接的关系，应该彰显财政在抗日战争中发挥的作用，特别是吸取抗日根据地财政的经验，在新的历史时期继续发扬他们的创业精神，有利于今天的财政改革和国家治理。几位主编表示，抗日根据地财经史现在以丛书的面貌再次出版，是他们一个最大的心愿。他们毫不计较个人得失，希望将珍贵的历史资料留给社会留给后代，对党和国家的事业有所贡献。他们无私奉献的精神与高风亮节值得钦佩，在此代表广大的读者向他们致以崇高的敬意。

中国财政经济出版社

2017年3月

总　序

中国财政经济出版社在中国抗战胜利暨世界反法西斯战争胜利70周年之际，再版了一套抗日战争时期根据地财政经济史丛书，这是对伟大的抗日战争最好的纪念，是对世界人民反对法西斯、追求和平事业的真诚献礼，意义重大。

一

2015年，是中国共产党领导的全国人民取得抗日战争伟大胜利70周年，也是世界反法西斯战争胜利70周年，为此党中央举行了隆重的纪念活动。

纪念抗日战争伟大胜利70周年有着特殊的政治意义。因为中国人民抗日战争的胜利是非同寻常的、非同小可的，在中国革命史上有着举足轻重的地位。它是近代以来中国抗击外敌入侵的第一次完全的胜利，这一胜利“彻底粉碎了日本军国主义殖民奴役中国的图谋，洗刷了近代以来中国抗击外来侵略屡战屡败的民族耻辱，重新确立了中国在世界上的大国地位，使中国人民赢得了

世界爱好和平人民的尊敬。而且开辟了中华民族伟大复兴的光明前景，开启了古老中国凤凰涅槃、浴火重生的新征程”。在波澜壮阔的中国人民抗日战争中，千千万万的抗战英雄抛头颅、洒热血，铸就了伟大的抗战精神，伟大的抗战精神永远是激励中国人民克服一切艰难险阻，为实现中华民族伟大复兴而奋斗的强大精神动力。中国人民抗日战争和世界反法西斯战争，是正义和邪恶、光明和黑暗、进步和反动的大决战，中国人民抗日战争开始时间最早、持续时间最长，为捍卫人类和平事业做出了重大贡献。中国抗日战争的胜利不仅是中国人民的胜利，而且是世界反法西斯的胜利，它既是中国革命征程上的一个里程碑，又是世界战争史上的一个奇迹，是值得倍加珍惜、认真回顾和永远纪念的。

在这个重要的时刻，抗日战争时期根据地财政经济史丛书的再版，对纪念抗日战争胜利 70 周年意义很大。因为丛书不仅蕴含了抗日战争时期财政人的坚信和艰辛，而且讴歌了中国人民英勇顽强、视死如归，前赴后继，艰苦卓绝、坚韧不屈的革命精神；塑造了中国人民在敌我势力悬殊、军事力量悬殊、战备条件悬殊的情况下，以弱胜强、以少胜多的光辉典范；彰显了中国人民以和平战胜战争、正义战胜邪恶、人权战胜霸权，维护世界和平、追求人类大同的光辉旗帜；铭刻了中国共产党在抗日战争中领导和决策的英明、正确和伟大。此时此刻，再版这套饱含着正能量的丛书非常需要，其政治意义和积极作用是深远的。

这套丛书的再版也是习近平总书记历史观的体现。中国共产党历来是重视历史的，善于在历史中总结经验，借鉴教训，汲取智慧。毛泽东曾有过许多精彩论断，在理论上形成马克思主义历史观。习近平总书记治国理政以来，对中国革命史和中国民族史尤为重视，在重视历史、学习历史、研究历史方面作

出系列讲话和重要论述。

历史是民族安身立命的基础。他指出：历史不能任意选择，中华民族5000多年的文明史，中国人民近代以来170多年的斗争史，中国共产党90多年的奋斗史，中华人民共和国60多年的发展史，是中华民族安身立命的基础。历史是从昨天走到今天再走向明天，历史是不可能割断的，人们总是在继承前人的基础上向前发展的，古今中外，概莫能外。

历史是人类最好的老师。他指出：世界的今天是从世界的昨天发展而来的，今天世界遇到的很多事情可以在历史上找到影子，历史上发生的很多事情也可以作为今天的镜鉴。重视历史、研究历史、借鉴历史，可以给人类带来很多了解昨天、把握今天、开创明天的智慧。

历史是最好的教科书。他指出：历史是一个民族、一个国家形成、发展及其盛衰兴亡的真实记录，其中既有升平之世社会发展进步的丰富经验，也有衰乱之世的深刻教训以及由乱到治的经验智慧；既有当事者对时势的分析陈述，也有后人对前人得失的评论总结。中国的史籍书林蕴涵着十分丰富的治国理政的历史经验，包含着许多涉及对国家、社会、民族及个人的成与败、兴与衰、安与危、正与邪、荣与辱、义与利、廉与贪等等方面的经验与教训。这是前人的“百科全书”，学习党史、国史是坚持和发展中国特色社会主义，把党和国家各项事业继续推向前进的必修课。

历史是最好的营养剂。他指出：对于我们共产党人来说，中国革命历史是最好的营养剂，多学习多重温，心中会增添许多正能量。中华文化博大精深、源远流长，积淀着中华民族最深层的精神追求，代表着中华民族独特的精神标识，为中华民族生生不息、发展壮大提供了丰厚滋养，抛弃传统、丢掉根本，就等于割断了自己的精神命脉。对历史文化特别是先人传

承下来的价值理念和道德规范，要坚持古为今用、推陈出新，有鉴别地加以对待，有扬弃地予以继承，努力用中华民族创造的一切精神财富来以文化人、以文育人。

习近平总书记的系列讲话带来了历史研究的春天，抗日战争时期根据地财政经济史丛书的再版就是这个春天里一朵绚丽的鲜花，印证着习总书记的历史观，凝结着党的阳光雨露，反射着抗日根据地财政先辈的初心和意愿。从习总书记的历史观来看，抗日战争时期根据地财政经济史丛书不仅对纪念中国抗日战争胜利70周年有着政治意义，而且是新中国财政发展改革的基石，是为国理财的最好老师和教科书，蕴藏着取之不尽的营养剂，足以使我们了解昨天，把握今天，开创明天。

二

古今中外的历史经验表明，战争的胜利与财政经济有着密切的关系，战争要依靠财政的支持，财政是战争的基础和后盾，赢得战争胜利不是单单靠军事的强弱，更是财力的较量。在抗日战争中，中国共产党拥有的军事化程度很低，之所以战胜了具有现代化武器的日本侵略者，在党的正确领导的前提下，一个重要的原因就是根据地财政保障了抗日战争的财力和物资的需要。当人民看到中国抗日战争的胜利局面时往往首先想到的是军事的较量，忽视了军事背后财政的较量，殊不知财政对抗日战争的胜利做出了巨大的贡献，发挥了不可或缺的作用。

从抗日根据地的财政来说，它本身就是为抗日战争的需要而建立的，其性质是典型的“战时财政”。关于革命根据地财政的性质，毛泽东早在1928年就强调：巩固军事根据地不仅修筑完备的工事，还要“储备充足的粮食”。1933年指出：“动员群众，立即开展经济战线上的运动，……为着争取物质上的条件去保障红军的给养和供给。……不进行经济建设，革命战争的物质条件就不能有保障。”土地革命时期是这样，抗日战争时期更是如此，这样的财政是由抗日战争决定的，抗日战争赋予了它特殊的性质、艰巨的任务和光荣的使命。

抗日根据地财政的职能主要是为抗战服务的。1937 年抗日战争爆发伊始，《中国共产党抗日救国十大纲领》中就把财政作为边区政府实现抗日救国十大纲领的主要工具。1938 年毛泽东在中共六中全会扩大会议上明确提出建立战时财政经济政策，以保障抗日武装部队一切必要供给，满足抗日战争的需要是财政处理一切问题的宗旨。1939 年李富春在陕甘宁边区第二次党代会上强调，“边区财政的目的在于保证边区抗战经费的自给”。特别是在 1940 年抗日战争进入最艰苦阶段时，中央军委指出财政经济问题的解决必须提到政治的高度，“开辟财源，克服困难，争取战争的胜利”。显然，财政的最终目的是保障抗日战争的胜利。

为达此目的，抗日根据地在财政供给上军事支出始终占财政总支出的首位。在陕甘宁边区，财政供给原则是“军事第一，生活第二，必要事业与干部教育次之”。“不是百废俱兴，不分轻重缓急见事就办”，而是有中心，有先后，以此保障财政供给的任务。1942 年陕甘宁边区政府进一步明确，财政无论怎样困难，“在财政分配上军费应放在第一位”，“以军六、党政四之比例来制定预算”。战时财政供给的原则普遍贯彻在各个抗日根据地。山东抗日根据地支出额中军费名列第一，其次是行政费、群众团体补助费、建设费、教育费。太岳、冀西根据地财政的基本方针有五条，第一条就是供给战争需要和服从前线需要，其次才是培养民力，促进建设等。豫鄂边区行政公署明确提出预算支出要“分清主次，合理布局”，所谓“主”就是保障部队的供给。淮南抗日根据地财政支出的第一条原

则，就是保障坚持敌后抗战经费的供给，支付顺序是首先满足抗战部队给养，其他经费则量力而为。总之，保障抗日战争的需要始终是抗日战争时期财政工作坚持不变的方针。

在这样的供给原则下，军费支出成为财政支出结构的主体。陕甘宁边区财政支出中，军费支出远远高于其他支出，1937 年军事支出占总支出的比重是 25%，1939 年达到 54.65%，1940 年为 54.89%，1941 年为 30%，1942 年为 25.44%，1943 年为 45.80%。其他支出都居次要地位。如行政费占总支出 1939 年为 1.56%，1940 年为 1.34%；1941 年为 1.7%，1943 年为 1.35%。文化教育占总支出 1937 年是 8.9%，1938 年为 12.2%，1939 年为 10.%，1940 年为 5.87%，1941 年下降到 2.9%，1943 年进一步下降为 1.7%。抚恤和社会救济费占总支出 1937 年为 28.2%，1938 年下降到 7.4%，1939 年占 0.79%，1940 年占 0.52%。民政费占总支出 1943 年为 1.10%；1944 年为 3.98%，1945 年民政费取消。相比之下，军事支出与其他支出形成了鲜明的对比。陕甘宁根据地财政支出结构不是特殊的现象，其他抗日根据地的支出结构也基本相同。如山东革命根据地 1941 年财政总支出中军费占 70%、政费占 30%，1943 年总支出军费占 61.72%，行政费占总支出的 25.26%，教育经费仅占总支出的 0.45%，救济费占总支出的 0.17%。1944 年军费仍然占总支出的 70%，行政费约占 30%。1945 年上半年军事支出占总支出的 63.38%，而行政费只占总支出的 0.18%。淮南抗日根据地的支出结构也以军费为主体，1940 年 1 月津浦路东财政支出中军费占总支出的 79%，行政费占 11%，教育费占 7%，其他支出占 3%。华中抗日根据地鄂豫边区 1942 年“军费开支占边区总支出的百分之八十”，其次才是行政、投资生产、救灾、优抗等方面的支出。总览各抗日根据地财政支出结构，军事支出在财政支出结

构中的主体地位是普遍的、稳固的、持续的。

不仅军事为财政支出结构的主体，而且军费支出呈现持续快速增长态势。陕甘宁边区军费支出，1939 年比 1937 年至 1938 年增长 1608.06%，1940 年比 1939 年增长 57.10%，1943 年比 1941 年增长 10632.28%；陕甘宁边区军费支出增长非常迅速，从军费规模看 1939 年增速比以前增加 29 个百分点，形成军费支出的第一个高峰。第二个高峰是 1943 年，比 1941 年增长 10632%，达到最高峰。1944 年以后出现下降，但从这一时期开始抗日战争转入反攻阶段，大量军队开赴前线，被服费支出占很大比重，被服费大部分是用于军队的，如果将二者合并起来，1943 年军事支出占比应该是 63.85%，1945 年是 50%，增长率也是不低的。其他抗日根据地军费也是处在增长的态势，如晋冀鲁豫边区 1943 年军费增长 77.3%，出现最高峰；1945 年比 1941 年增长 10 个百分点，仅 1945 年上半年比 1941 年就增长 6235.21%。军事支出的增长有效保障了抗日战争的需要。

由上可知，抗日根据地的财政是全心全意为抗日战争服务的，把用于抗日战争的供给始终放在首位，保持军事支出不断增加，呈现持续快速增长的态势，不论在怎么艰难困苦下都满足战争的需要，是抗日战争坚强的财力和物资后盾。这是抗日战争胜利的保障，从某种视角看比武器更重要。抗日根据地财政为抗日战争的胜利做出的贡献是巨大的，再版的抗日战争时期财政经济史丛书就是铁的见证，每当看到这些记载和数据无不为之感动、自豪和骄傲。

三

财政部党委十分关注中国抗日根据地财经史的研究，从 20 世纪 80 年代开始，中国财政科学研究院就将收集整理出版相

关资料和编写抗日根据地财政经济史作为中心任务。在财政部的委托和财政科学研究院牵头和组织下，由各地财政部门和院校的配合努力，不仅编写出版了数千万字的资料长编，而且陆续出版了各抗日根据地财政经济史。

编写这批抗日根据地财政经济史，付出了极大的人力物力和精力。汇集了大量的学者和各地财政部门的领导及干部，进行了大量的资料搜集和挖掘工作，访问了许多在世的抗日根据地干部和将帅战士。书稿在认真细致撰写的基础上经过反复讨论修改、征求意见、核定史料，每本专著都是千锤百炼的精品。更加值得一提的是，有些书的主编就是当年抗日根据地的老领导和老干部，有的还是从事根据地财经工作的，对情况掌握得全，了解得细，认识得深，做到了实事求是，评价客观，保障了全书的史料价值和真实性。从抗日根据地财政经济史的研究来看，我国20世纪80年代撰写的这批抗日根据地财政经济史著作是历史性的壮举，是划时代的成果，是抗日根据地财政研究史上的里程碑。不仅填补了我国抗日战争时期根据地财政经济史研究的空白，具有珍贵的史料价值、重要的学术价值，更具有弘扬革命根据地不怕艰苦、排除万难，为抗日战争胜利不懈努力的财政精神。

抗日战争时期根据地财政经济史是以马列主义、毛泽东思想为指导，以抗日战争时期根据地政府的财政方针、政策为依据，以各抗日根据地财政经济发展实践为基础而编写的。实事求是地总结了抗日根据地财政经济的发展规律和历史经验，各具鲜明的特色。《陕甘宁边区财政经济史》，客观而系统地展示了陕甘宁边区财政经济产生、发展的全部历史，总结了陕甘宁边区财政经济的历史经验和教训，启示着中国特色社会主义财政经济的改革与发展。《晋察冀抗日根据地财政经济史》，从财政、金融、农业、工商业、节约运动、大生产运动等多个层面

记录了晋察冀根据地的财政经济，内容丰富，资料翔实。《抗日战争时期晋冀鲁豫边区财政经济史》，从专业史的角度，反映了边区生产救灾、精兵简政等独具特点的历史事件。《华中抗日根据地鄂豫边区财政经济史》，史论结合，不仅反映了边区财政经济的发展进程，而且把财政经济各项工作相互促进、相互制约的内在联系揭示出来，做到历史与逻辑的统一。《山东革命根据地财政史》，以经济发展为基础，反映了抗日根据地财政收支、制度建设、工商业发展、大生产运动和财政发展的历史。

各抗日根据地财政经济史还有一个共同的特点，就是立足于根据地财政经济史但不就事论事，就财政说财政，而是把财政与经济紧密联系起来，将财政与政治紧密联系起来，把财政与战争紧密联系起来，做到了宏观中有微观、微观中见宏观。虽然是财政史著作，但字里行间又渗透了爱国主义情怀，洋溢着中国人民同仇敌忾、反对侵略、追求和平的心愿。使读者能够从财政的视角更清楚地认识到中国抗日战争胜利的伟大历史意义，中国人民反抗日本侵略在世界反法西斯战争中的重要地位、重大贡献和付出的巨大牺牲，进一步坚信中国共产党是团结全民族取得抗日战争胜利的中流砥柱。

随着时间的推移，这批抗日战争时期根据地财政经济史著作距离现在30多年过去了，由于种种原因不少已经失散，难以找到，有的成为现代的孤本。而且当年的专家和领导有的已经谢世，年轻的专家也到了古稀之年，很难再听到他们的声音，今后再没有抗日战争的当事人撰写抗战史的事情了。所以，很有抢救之必要，中国财政经济出版社经过很大的努力进行收集，并以丛书的面貌再版，使其得到传承和光大，可谓功在千秋。

回顾历史是为了向前看，继往开来，改革创新，开拓新的

历史局面。让再版的抗日根据地财政经济史丛书继续发挥其正能量，教育人、鼓舞人、引导人，使财政在改革发展的道路上开创未来。为中华民族的伟大复兴、为实现党和国家的宏伟蓝图继续奋斗，做出更大的贡献。

赵云旗

2017 年 3 月

序言

戎子和

1995年是中华民族抗日战争胜利50周年。为了纪念这次光辉胜利，中国财政经济出版社出版了《抗日战争时期晋冀鲁豫边区财政经济史》。抗日战争时期我曾经参与过晋冀鲁豫边区的财政经济领导工作，因此，我对本书的出版格外高兴，并欣然提笔为之作序。

经济和政治、军事是相互联系，相互统一，密不可分的。在抗日战争时期，边区的财政经济工作是为边区的政治、军事斗争服务的，是和边区的创建发展同步前进的。本书虽然是财政经济专业史，但是，它却从一个侧面深刻地反映了晋冀鲁豫边区抗日战争经历的崎岖过程，并且填补了边区革命史的一页空白。因此，晋冀鲁豫边区财政经济史，是晋冀鲁豫边区完整历史的重要组成部分。

在漫长、艰苦的边区抗日战争史上，有三个重要的转折点。每一次转折，都树立了一个里程

碑，分别记录了在三个不同阶段中边区军民前仆后继、艰苦卓绝的抗日斗争历程。

1937 年 11 月间八路军前方总部和一二九师召开的石拐会议（石拐是晋东南和顺县的一个村庄）是边区历史上的第一块里程碑。八路军总司令朱德、副总司令彭德怀、中共中央北方局领导人及一二九师的许多高级将领和地方党委负责人参加了会议。在此次会议上，朱德总司令郑重宣布了中共中央和八路军总部的命令：一二九师进军晋东南，并和原驻这一地区的山西新军决死一、三两个纵队、中央军一部分抗日激进部队以及地方民军等，创建以太行山为依托的晋冀豫边区抗日根据地。会议还对坚持华北游击战争的其他工作作了部署。从此，创建晋冀豫边区的战略任务开始实施，边区的创建事业揭开了序幕。

边区创建开始之日，也就是边区财政经济工作起步之时。虽然石拐会议之后的两年多时间，边区各地仍处于与国民党的统一战线时期，全边区亦无统一政权，财政经济工作尚在摸索之中，未获重大成就，但是，在筹粮筹款、补助军需和组建冀南银行等方面，也制定颁布了不少具有远见的应时举措，为边区的创建工作奠定了一定的基础。

1939 年蒋介石发动反共高潮，阎锡山率先实行投降妥协。实施一系列反动措施，在山西发生了震惊中外的“十二月事变”。这种投降妥协倒行逆施的行径，当即受到边区抗日军民的自卫抵抗。在粉碎了国民党顽固派的进攻之后，边区局势基本趋于稳定。在这个形势下，中共中央北方局和八路军前方总部朱德、彭德怀总副司令和杨尚昆同志于 1940 年 4 月召开了著名的黎城会议（黎城即晋东南黎城县）。这次会议是边区历史上的第二块里程碑，它标志着边区创建大业的条件基本完成，根据地的各项建设任务即将全面开展。会议决定，边区所

辖的三个战略根据地，实行全面统一；要在全边区进行建党建军建政三大建设。会议重申了党的战时经济政策，确定了具体的财政经济任务，对边区的财政经济建设作了粗略的规划。在黎城会议决议的指导下，建立了边区最高政权机关——“冀太联办”（冀南、太行、太岳行政联合办事处的简称）。此后的两年多时间里，“冀太联办”在北方局和刘少奇、邓小平的直接领导下，在百团大战胜利的大好形势的鼓舞下，开展了各项经济建设。财政的统一是一切工作统一的前提条件之一，因此，“冀太联办”把经济工作的重点放在统一财政上，并根据边区的实际情况开展了整顿货币、开展贸易、促进农业增产等项工作。1941 年 7 月，冀鲁豫区与晋冀豫区合并，晋冀鲁豫边区临时参议会和边区政府成立，边区的财政经济工作如农业、工业、手工业等，又得到了相应发展。但是由于敌祸天灾，各项建设事业一度受到影响。在危难时刻，边区领导果断决定，一方面加强对敌斗争，一方面在边区内部紧急动员，开展了声势浩大的生产救灾运动和深入的减租减息运动，连续二次进行精兵简政。边区上下，军民同命，团结一致，艰苦奋斗，节衣缩食，从而战胜了各种困难，确保了边区各项工作继续前进。这就为坚持、巩固和发展边区革命根据地，提供了有力的物质保证。

1943 年 1 月间的温村会议（温村是当时豫北涉县的一个村庄）是边区史上的第三块里程碑。召开这次会议的目的是总结六年来的工作经验，研究根据地建设、发动群众减租减息、开展对敌经济斗争。会议的召开，标志着边区各项建设已进入到巩固成绩、提高质量的新阶段。

温村会议之后不久，邓小平发表了题为《太行区的经济建设》的重要文章，进一步指明了经济工作的地位、方针、任务。在温村会议精神的激励下，从 1943 年 1 月至 1945 年 8 月

日本投降大约两年多时间里，在世界反法西斯战争局面好转，根据地逐步扩大的大好形势下，全边区掀起了轰轰烈烈的大生产运动，开展了灭蝗的顽强斗争，有计划有领导地展开对敌贸易战，这样就使边区财政经济形势出现了空前的大好局面：粮食自给自足、财政收支平衡、金融币值巩固、商业物价稳定，工业、手工业快速发展、各项事业欣欣向荣、逐步前进。这不仅使边区经济实力大增，为最后战胜日本侵略者奠定了物质基础，同时，也为抗日战争结束后保卫胜利果实，同国民党军队进行上党战役、邯郸战役准备了物质力量。

本书就是按照上述经历展开的。我认为，本书把三个阶段的状况按照历史原貌实事求是地写清楚了。把边区的生产救灾、精兵简政、打蝗灭蝗等等多次受到中央和毛泽东主席表扬的独具特点的事实说明白了。回想起这些历史情景至今仍令我激动不已。我认为边区财政经济工作之所以能够取得那样的成就，应归功于边区人民坚决地依靠党的领导，各级组织坚持党的群众路线，艰苦奋斗，勤俭办事，创造性地贯彻党的“发展经济，保障供给”的财经工作总方针。这是边区财政经济事业成功的关键所在。

大家都知道，晋冀鲁豫边区是八路军前方总部和中共中央北方局所在地。朱德、彭德怀、杨尚昆、左权对边区的经济工作都有过很多指示。一二九师是缔造本边区的主要力量，边区始终以刘少奇、邓小平为首，徐向前、薄一波、杨秀峰、宋任穷、滕代远及各大区党的领导同志，对财经工作也都亲自领导并直接主持各项重大建设活动。其中，彭德怀、邓小平对边区的财经工作更有特殊贡献。彭德怀、邓小平深知财政经济工作涉及面广，事关重大、难度较高，所以，他们对边区财政经济工作的全面领导，从未放松。彭总返回延安后，邓小平亲自领导边区的财政经济建设。在此期间，他曾告诉我，要学习李富

春同志在抗战时关于开展中央机关生产的讲话。他不仅在具体实践上作出了突出的成绩，而且在思想理论上创造性地提出了许多独到见解，影响极为深远。

总之，从这本书的章节中，我们可以看出邓小平关于建设有中国特色社会主义的理论的某些思想，因此可以说，这一思想在晋冀鲁豫边区领导财经工作时就已有雏形。这是本书的一个优点。因此，本书为学习《邓小平文选》（第一卷）提供了辅助史料。在中央号召学习邓选，并多次提出用邓小平建设有中国特色社会主义理论武装全党的时刻，本书的出版更值得重视。

前事不忘，后事之师，回顾历史的目的在于以史鉴今、以史育人。本书讲的是50年前的往事。往事重提，引人深思，它必将起到温故知新之效，其现实意义是不可低估的。

1995年7月

目 录

财政经济建设逐步上马

1940 年 4 月黎城会议——1943 年 1 月温村会议

掀起边区经济建设的高潮

1943 年 1 月温村会议——1945 年 8 月抗战最后胜利

写在前面的话……

在伟大的抗日战争中，巍然屹立于华北敌后的晋冀鲁豫边区，是中国共产党为打败日本侵略者而创建的一个重要的抗日根据地。八路军前方总部和中共中央北方局，在抗日战争时期一直驻在本区。因此，本区成为华北敌后抗战的神经中枢。

晋冀鲁豫边区是八路军一二九师、一一五师三四四旅和山西新军决死队以及其他抗日部队共同创建的。自 1937 年 11 月进军开辟，至 1940 年 4 月基本成型。此后，一步一步地进行全面建设；取得一个又一个的伟大胜利，为全国的抗战大业作出了较大的贡献。

抗日战争胜利后，晋冀鲁豫边区是华北解放区的中央大门，是国民党发动内战的必争之地。边区人民在打退国民党大举进犯后，刘邓大军、陈谢大军和陈粟大军之一部，均以本区为基地实行战略进攻，把战争引向国民党统治区。它是刘邓大军的大本营和大后方，为解放战争的胜利立下了伟大功劳。

肩负着“发展经济、保障供给”的边区财经工作，在边区的全面建设中，不仅创造性的完成了供应军需民食的历史任务，而且还在艰苦条件下，努力推进社会经济的发展，使边区成为一个中国共产党领导下的新民主主义新社会，在中国革命根据地财经史上写下了重要篇章。但是，边区的创建和边区财政经济工作的发展变化，是经历了一个崎岖渐进过程的，不是一帆风顺的。客观地记述它的不平凡经历，是有现实意义的。

第一章 抗日战争爆发前边区社会经济概况

抗日战争爆发前本区的社会经济、文化状况是边区财政经济发展的起点。

第一节 地理特征

中共中央机关报《解放日报》，在为边区临时参议会的召开所发社论“敌后民主政治的伟大贡献”一文中，称晋冀鲁豫边区“所辖地区内，东自津浦，西临汾河，南起苏豫，北迄冀晋，幅员之大，人口之多，在华北各抗日根据地，堪称第一。”[1]

按照自然地理形势，晋冀鲁豫边区在中国的位置是：正太铁路、沧石公路以南（当时石德铁路尚未修建）、陇海铁路以北、同蒲铁路以东、津浦铁路以西这一横跨山西、河北、山东、河南及江苏五省相互接连的巨大梯形地带，东西长500公里，南北长400公里，面积广大。

边区处于华北、华中、华东结合部，属于人口稠密地区。抗日战争前，这一地区的人口无精确统计，约在2800—3000万人之间。

[1] “敌后民主政治的伟大贡献”，《解放时报》社论，1941年7月14日。

在这样一个幅员广大、人口众多的地区内，按地形特征大致可分为两大部分：太行山以西，是山岳地带，多高山和丘陵，平均高度在海拔 1000 米以上。太行山与太岳山竖贯南北，中条山、王屋山横穿东西。全部山岳地区约占全边区总面积的 1/3，形成千山万壑、峰峦叠嶂的巍峨雄势。太行山以东，是平原地带，是我国第二大平原的中心区，面积约占全边区总面积的 2/3。其中，除山东泰山以西少数地方稍有丘陵起伏外，全是一望无际的平坦地区，是一片辽阔的肥田沃野。以上的两类地区都是好地方。山区有山区的自然优势，平原有平原的先天特长。山地、平原互为依托、互通有无都是边区人民祖祖辈辈劳动、生息、繁衍之宝地，成为人民衣食之源。

有山便有水。太行、太岳、中条、王屋各条山脉之间，有无数的大小河流。其中有的是季节性小河，有的是长年流水的大河。全区内，漳河、沁河、卫河、大汶河及运河是著名的河流。漳河发源于太行山西侧的昔阳、榆社、武乡一带，靠西的一支，因黄土泥沙含量大，叫浊漳河，靠东的一支，因山高石硬，水的含沙量小，名清漳河，两支河流经晋东南各县后，在涉县合漳村汇合，合二为一后称漳河。由涉县出山，流经安阳等县后与卫河合流，在天津入海，全长 1000 余公里。沁河沿太岳山东侧山谷向南流经豫北后注入黄河。

平原地区最大河流是黄河。黄河在晋冀鲁豫边区境内有 550 公里，流经 17 个县。在黄河东岸还有东平湖、微山湖等湖泊港汊。

河流是人民生存的首要条件，生长在这些河流两岸的人民，世代靠这些河流饮水、灌溉、养殖。有的河流还能行舟载运，交通四方。黄河的状况更特别，边区境内的黄河，已非“唯富”地区，由于历代反动统治阶级不为人民兴修水利，黄河流经本区地段泥沙沉积，河床淤高，一遇洪水就要决口、改道泛滥，人民深受其害。抗日战争期间，黄河被国民党决口改道，一直到 1947 年才归故。

第二节 县治隶属

晋冀鲁豫边区面积约 20 万平方公里，是由抗日战争前的山西、河北、山东、河南及江苏五省部分县组成的。

在边区创建前属于山西（晋）的县是：平定、昔阳、和顺、榆次、太谷、寿阳、祁县、辽县、榆社、武乡、襄垣、黎城、平顺、长治、壶关、潞城、陵川、沁县、沁源、屯留、长子、高平、阳城、晋城、安泽、平遥、介休、灵石、霍县、赵城、浮山、曲沃、翼城、沁水、洪洞、临汾、襄陵、绛县、闻喜、夏县、平陆、安邑、万泉、稷山、新绛、猗氏、垣曲、芮城、永济、虞乡、荣河、临晋、解县等 53 个县。

属于河北（冀）的县是：井陉、获鹿、元氏、赞皇、高邑、临城、内邱、邢台、沙河、磁县、衡水、冀县、枣强、景县、阜城、武邑、故城、宁晋、新河、南宫、广宗、威县、清河、隆平、尧山、鸡泽、平乡、钜鹿、柏乡、南和、任县、曲周、永年、邯郸、临漳、大名、魏县、成安、广平、清丰、南乐、濮阳、东明、长垣等 44 个县。

属于山东（鲁）的县是：临清、丘县、清平、堂邑、冠县、莘县、馆陶、恩县、武城、德县、夏津、高唐、平原、博平、阳谷、东阿、茌平、平阴、聊城、齐河、禹城、长清、泰安、肥城、东平、寿张、汶上、济宁、嘉祥、钜野、朝城、观县、池县、濮县、鄄城、梁山、滋阳、张秋、郓城、宁阳、城武、单县、鱼台、金乡、菏泽、定陶、曹县等 47 个县。

属于河南（豫）的县是：涉县、武安、安阳、林县、辉县、汲县、淇县、汤阴、博爱、沁阳、温县、修武、武陟、获嘉、济源、孟县、新乡、滑县、内黄、浚县、延津、考城、民权、虞县、杞县、通许、太康、淮阳等 28 个县。

属于江苏省的是：丰县、沛县、汤山 3 个县。

以上情况，是按历史事实记载的。但是，按地理位置原本在本边区范围的县，有的因种种原因，行政上基本不属本边区管辖。这样的县有河北的藁城、栾城、赵县等等。这些县一度受晋冀鲁豫边区之冀南区管辖，后来一直属晋察冀边区冀中区管辖，石德铁路修通后，亦未调整。同样情况，石德铁路修通之前由本边区冀南区管辖的路北3个县（景县、武邑、阜城），在石德铁路修通后亦未改变隶属关系。

按地理位置不属于本边区管辖的县，因种种原因一直或一度由本边区管辖者有十几个，如陇海路南的几个县、冀鲁边津浦以东的几个县均属这种情况。

这说明，边区的辖界尽管是按铁路线划定的，但因历史习惯等原因，确有灵活变通。

此外，有些铁路沿线的县，在管辖上更是多样化。本边区与晋察冀、晋绥、山东交界的各铁路沿线各县，大都根据实际情况一分为二或一分为几分别管辖。

在战争时期，本边区管界范围的县份也曾根据战争形势随时变动。战时出现的联合县相当多。

为保持历史原貌，除列出本边区开创前原属各省的县治外，谨将有关情况一并说明如上。

第三节　物　产　资　源

晋冀鲁豫边区的物产资源是比较丰富的。但是，在抗日战争前，因社会制度的束缚和统治阶级的压迫，生产力发展缓慢，生产手段极其落后，因此，良好的物质基础基本上没有开发，人民生活极端贫困。

本边区的物产大体分为农业、矿业两大类：

1. 农业：抗日战争前本边区是华北地区的重要耕作区，按农作物品种大体分为：

产麦区：冀鲁平原、晋南盆地是小麦集中产区。

产粮区：全边区各地都产小米、玉米、大豆、高粱。产粮区亦产小麦，少数高寒山区还种植荞麦、莜麦。

产棉区：冀南平原、鲁西北平原、豫北平原、晋南盆地均盛产棉花，是全国重要的产棉地区。抗日战争前，冀南产棉数量占华北棉产量的一半，且全部为优质棉。

作为农业的副产品，全区还生产多种经济作物。如：烟叶、蓖麻、花生、芝麻、麻等等。

林木果品有：核桃、柿子、花椒、大枣、梨、桃、杏、苹果、山楂等等，以及木材、药材、木炭等等。

畜牧家禽产品：鸡、鸡蛋、生猪、猪鬃、羊肉、羊皮、牛肉、牛皮等等。

特种产品：陶瓷、草帽辫、土纸、蚕丝等。

各种传统名优产品；沁州黄（小米）、平定瓷、新绛的纸、笔、墨、赞皇的大枣、邢台的板栗、肥城的佛桃，滑县的锡器等等。

抗日战争前，所有农业、副业、特产，均因种种原因，产量普遍减少。有些名优产品，也逐渐蜕化。

2. 矿产方面：本边区的矿产以煤为主，大致分为：太行山东侧产煤带：平汉路西，由北而南是一个煤蕴藏地带，井陉、临城、内邱、沙河、武安、磁县、安阳、汤阴、汲县、焦作都有大中型煤矿。其中的井陉、临城（祁村）、峰峰（磁县）、六河沟（安阳）、焦作产量较高。太行山西侧产煤带：太行、太岳地区几乎所有各县，均产煤炭。其中较大的煤矿有阳泉（平定）、潞安（石圪节）等。小型煤矿，各县，甚至各大村镇，处处皆有。

山东济宁一带也蕴藏着大量煤炭。山西运城盛产池盐，山西各地土法炼铁的作坊很多。它为农业生产、农民生活作出了贡献。晋东南阳城、晋城的铁货，产量较大、品种较全，行销华北，驰名全国。

此外，在煤铁产区，还蕴藏着大量硫磺、硝、瓷土原料，以及银、铜、锰、铝、石膏、云母、石棉、石英、长石等资源。

3. 手工业方面：为农业、矿业生产和为群众生活服务的手工业，

主要的有纺织、草帽辫、造纸、榨油、制革等。

抗日战争前，本边区人民，绝大多数穿用土布，因此，农村纺织业极为盛行。冀南、冀西、鲁西、晋南、豫北等地，几乎家家都有织布机，有的县织出的土布，质优物美，深受欢迎，销路甚广。

土法造纸，也是本边区很多地方掌握的传统技能，所有纸坊，就地取材，手工生产，产量很低，所产纸张非常粗劣。但是，土纸有销路，农民造纸比种地有利可图，因此，在抗日战争开始前，这些作坊，仍长盛不衰。

草帽辫是冀鲁豫平原地区农民的重要手工业及副业，产品质量优良，产量很大，行销全国，甚至国外。

制革业，主要是加工皮张，为农业、运输业制造车马挽具及生活用品。平原地区还有一些猪鬃、肠衣收集加工作坊。

第四节　城镇集市

在边区开创前，当时的社会经济形态，基本上是以自然经济、小农经济占绝对优势的，商品经济很不发达。但是，情况也不尽相同，山区、平原有差别，交通便利的地方与封闭阻塞的地方大不相同。各条铁路沿线地区和小城镇周围以及各个大小矿区附近，商品经济已有相当发展，农、副、手工业的产品投入市场的，已占产量的很大比重。物资交流也比较活跃。远离铁路、大道的广大农村，特别是偏僻深山地区，则处于完全自然经济状态，商品经济不发达，生产水平极低，人民生活非常贫困。

由于交通的进步，早在抗日战争爆发的前十年，在晋、冀、鲁、豫几省交界区，就随着客观形势的发展，按照经济流通的走势逐步地形成了一些不同层次的、城乡结合的、打破省界的不受行政隶属关系限制的市场。

集市是这种市场的基础。据史料记述：不论平原还是山地，每县

都有五个、八个规模不等的农村贸易集市。有的集市很大，很出名，比本县县城还要繁荣。这些集市，有的一日一集，有的二三日一集，有的二日一小集，五日一大集。每集都有成百上千的购销人员进行交易。交易物资的农产品以粮、棉、耕畜为主，农具、果品、药材等等及手工业、副业产品，也大量在集市交易。有的集市，在几种物资上出了名，交易活动更兴旺。所有的集市，都要在农历年关大肆活动，年底最后一集被称为“花花集”，规模之大，花样之新，交易额之多，往往是全年之冠。因此，集市所在地，对年关之前的花花集，非常关注。此外，许多集市都巧妙地利用春耕秋收最好的季节举办民间传统庙会，开展民间文化娱乐活动进行物资大交流。整个春、秋，大大小小的庙会，商贾云集，车水马龙，此起彼伏，接连不断。每次庙会，少则三天，多则五天。少数盛大庙会，连续十天半月（如冀西井陉苍岩山、晋东南沁州、豫北涉县索堡、河北大名龙王庙……），不仅本地人纷纷赶会，周围十县八县的人，也慕名远道而来。庙会成为物资集散的大好机会。由于集市、庙会的存在，集市、庙会所在村镇为集市服务的饭摊，小店、作坊、骡马大店、劳工打杂、商贩、经纪人等等也相应多起来，自然就增加了收入。“过集”、“过会”期间，人畜增加，给当地留下大量肥料，也成为集市所在村的不小财富。周围村庄，为集市、庙会提供蔬菜、副食也得到不少收入。因此，有集的村镇和它的周围各村，比一般村庄明显的富裕一些，手头活一些。正因为如此，因抢集、设集而争执的事件屡有发生，甚至为了争集发生这一村人与另一村人打架、械斗，伤人死人的事。个别村庄，因双方争斗结仇积怨，几十年互不来往，连女儿亲家，也断绝关系，由此可见，群众对集市是多么渴望。

县城是高一层次的市场。每县的县城，既是官府所在之地，是政治、文化、教育中心，也是全县最大的经济活动中心，是一个大市场（也有个别县为适应铁路修通后的新形势，全县经济中心转移到某一车站附近）。各县城不论大小，都有几条商业街，都有几十家、上百家甚至几百家店铺、作坊和服务行业。每个县城都有几家“大买卖”，个别县还经销历史久远、名扬四方的特产名产。全县大道，也

由县城起始向四方辐射。有的小县城或小县城的城关，除每天正常的交易外，还保留着“过集”的习惯。县城的这些经济活动，不仅成为城乡结合的市场，而且还成为大中城市与广大农村经济交流的不可少的中间环节。

中小城市是更高一层的市场，是几个县、跨省、区的工、农、副、手工业、交通运输业及贸易活动的中心，是大城市和县城、农村联系的桥梁、枢纽。所有的中小城市，在市场经济活动中的作用，都显得很突出。

抗日战争前本边区内，数得着的中小城市是：山西的榆次、太谷、临汾、运城、长治等，河北的邯郸、邢台、冀县、南宫、大名等；山东的临清、泰安、聊城、济宁、菏泽等；河南的安阳、新乡、滑县（道口）、武安等。其中运城、临汾、长治、邯郸、邢台、安阳、济宁、菏泽各具特点，在省内外享有盛名。这些城市人口逐年增加，各行各业的规模日益扩大，金融、贸易也有发展。这些城市，在经济活动中，特别是在和较大城市（如天津、太原、济南、石家庄、郑州、徐州等）的沟通中，起了更大作用。

但是当时所有的中小城市，在经济活动中，显现了相当浓厚的半殖民地性质。如这些城市的工厂，多是小型加工业，或原料收集业，产品、物资大都运往沿海口岸或其他大城市外国人开办的工厂再加工。所以，总的说，这些城市在发展生产力中的功能，没有充分发挥出来。这样，也就使这些中小城市本身也不能更快发展。以城市基础设施中最起码的电力来说，抗日战争前，全边区的县城和中等城市，绝大多数连为照明而用的发电厂都没有，更不用说用于动力的发电厂了。能够有电灯照明的地方是少数外国人久居的地方（如教堂、教会医院、盐池、矿区，用柴油机发电）。各县城，一般只有一个邮局，几部电话，通讯事业很不配套。由此可见，当时的中小城市经济多么落后。

第五节　社 会 经 济

长期以来，晋、冀、鲁、豫四省交界地区和全国其他地区一样，也存在着一个严重的社会问题，即土地问题。所谓土地问题，就是因封建土地所有制而引发出来的农村阶级矛盾问题。这是农村社会经济的根本问题。农村中的其他问题，也大多由此而生。

边区开创前，这一地区的社会结构毫无例外的是以封建土地所有制为主要支柱的。封建地主和军阀官僚勾结，牢牢统治着广大农村。他们除占有大量土地、残酷剥削农民外，还把名目繁多的苛捐杂税和其他额外负担转嫁、摊派到农民头上，使广大农民过着极端贫困的生活。

据历史资料说明，四省交界区的封建剥削情况大同小异。一般说，可分为土地较集中地区和土地较分散地区。土地集中情况比较严重的地方，一是晋东南上党南部一带，二是豫北安阳、内黄一带。这样的地区，大地主操纵着社会经济命脉，上党安泽县是一个典型。据该县 1936 年统计，全县有大地主 12 户，其出租的土地不以亩为单位，而以庄、以坡、以山、以沟为单位计算，每户每年收租都在 1000 石（此地每石 150 斤）以上。同时，还有一些外来商贾或地主，在安泽经营土地，年收租在 1000 石以上的也有 12 户。这两类户，控制了安泽的大部分土地，统治着农村。[1]漳河下游的安阳东部和内黄一带，是冀豫接壤、土地集中地区，其集中情况，本区乃至华北也少见。据史料记载，这里 60%—70% 的土地掌握在仅占户数 5%—7% 的地主手里。安阳豆管营，全村 60 顷土地，其中 40 顷为一户大地主

〔1〕 中共山西省委党史研究室编：《太岳革命根据地简史》，人民出版社 1993 年版，第 166 页。

占有。[1]类似这样的土地集中情况，除上述两地区外，鲁西南个别地方（如单县、曹县）也有，在那些地方，大地主也较多，但像安阳那样的大地主尚未见到。

土地不太集中的地区，大地主少，中小地主多，剥削状况亦严重。属于这种类型的地区是晋东、冀西、冀南、鲁西各县。据太行22县159个村调查，户数不及3%的地主，占有26%以上的土地。这个情况和全国其他各地调查比较（4%的地主占有50%的土地），地主占有土地数量比例不算太高，但是，地主所占有的土地质量上却占绝对优势。当地大多数条件较好，产量较高的肥田沃地，被地主占有。冀西赞皇、晋东昔阳、晋东南平顺三县四个村抽样调查统计，地主所占有的土地中的上等地占40%，中等地占25%，而贫农所占有的土地中，下等地就占全部下等地的50%以上，中等地不足40%，上等地12%。由此说明，单从土地占有数量上看，并不能完全说明问题的真实状况。[2]

以上这些史料，大体反映了当时这一带农村的土地占有概况。这些状况证明，抗日战争前，这里的社会经济结构是极不公平的。它一方面是耕者无其田，耕者无好田。耕者要生活，不得不向地主租种土地。另一方面，地主有土地，却不劳动。他们要吃饭，要享乐，就要靠农民交租。他们占有一切不劳而获的财富，都是农民创造。这样的经济结构，长期下去，必然产生不可调和的矛盾。农民被地主阶级祖祖辈辈的束缚在土地上，任其剥削（地租率一般为50%、高利贷月息一般为3%）再加税赋徭役和其他负担，所有收入，大部被榨取。在走投无路时必然拼命反抗，地主一方，为了长久维持它的经济利益，最大限度地获得地租和利息，必然千方百计地对付农民的反抗，除经济上控制外，还勾结官府，掌握政权，血腥镇压农民的抗争。抗日战争开始前，这一带有些地区阶级斗争已相当尖锐，农民聚众起义的事件屡有发生。

---

〔1〕 冀鲁豫边区革命史工作组：《冀鲁豫边区革命史》，山东大学出版社第1991年版，第334页。

〔2〕 屈齐武：《一个革命根据地的成长》，人民出版社1958年版，第83页。

此外，随着社会的发展，在临近抗战前几年，这一带社会经济状况，有些新的变化。

1. 地主阶级为扩大财富，已经不是单纯地在土地上打算盘，而是向商业、高利贷方面转移。中小城镇和集市的工商业、钱庄等等不少是地主的产业。那些旧日传统的“封建地主出租”状况已逐渐削弱。“土地主”进城者，日益增多。商品经济有所发展。

2. 殖民主义经济，逐渐深入农村后，有些地主成为买办资本家，有的成为暴发户。

3. 小农经济大量破产。被农民们称之为“土地离家、农民离村”的现象开始发生。不少农民被迫逃荒（闯关东），有些技术的工匠，纷纷外出谋生（豫北林县每年有17%的农民外出打工），还有些农民，因生活无着落，流浪外地，甚至被迫干些不正当行业。值得重视的是，有些农民被地主低价雇用，在地主经营的作坊、货场劳动，成为工人。农村无产阶级，由此而开始增加。

4. 宗法制度和迷信思想加氏族统治遗风而组织起来的各种“社”，在晋东南和豫北一带较盛行。几乎村村都有几个“社”，如家谱社、天地社、庙社等等。地主阶级对各种“社”都给以经济支持，有些“社”，成为农村中维护地主利益的组织，对农村的不公正状况，采取维护态度。

落后、迷信又带有宗教色彩的群众性的会道门活动，在冀南、豫北、鲁西一带相当普遍。这种现象的出现与小农经济破产和广大农民对生活前途悲观失望大有关系。组织、把持、操纵会道门的上层分子，多是豪绅地主或退职在乡的军官政客、流氓地痞或作威一方的恶霸。他们多以避难消灾，转化运气，防匪保家，吃喝享乐等为诱饵，强迫或收买一些破产的农民参加会道门，为他们效力。这一事态的蔓延，反映了农村社会的复杂局面，对农村政治、经济、社会、带来了许多问题。也有少数会道门，为正义开明人士所掌握，成为团结农民反对剥削压迫的组织，有的还接受了农村中共党组织的指导，带头掀起了农民起义。但是，这样的情况是少数。

从以上各点，可以看出抗日战争前，这一带农村社会经济变化上

的一些新动向。归根结底，农村的问题，还是要使农民有土地。农民有了土地，农村生产力就会发展，社会矛盾就会缓解。

第六节　文教卫生

抗战前，经济贫困，文化、教育、卫生等事业非常落后。文化，教育、卫生事业的落后，又制约着经济的发展。长期以来，就是这样恶性循环。

晋冀鲁豫交界区的广大农村，在文教方面，远比江南各地落后，但比西北边远省份略为好些。据史料记载：80%以上的成年人是文盲；40%的自然村，没有小学；80%以上的县，全县只有一二所高级小学；大多数的县，没有一所中学。

但是，在教育事业如此落后情况下，也出现了一点可喜的光明前景。当时，因受历史和五四运动的影响，师范教育在这一地区却有一些发展，一批中等师范先后建立，且规模逐渐扩大；其中有些中师，办得很有特色（如河北大名师范、邢台师范、长治师范、山东的聊城师范、菏泽女师、河南开封师范）等等，在当时很有名气。没有中学的各县却都有简易师范（乡师）或师资讲习班。这些师范的教师多是品德兼优的有学之士，师范学生大多出身农民家庭，保留着勤劳朴实的传统，因此，师范师生在当地颇受尊敬。这些师范学校（班）不仅对当地文化起了推进作用，而且还深入广泛地传播了爱国、革新思想，撒下了进步、革命种子。有的师范学校成为当地革命斗争的摇篮。

此外，值得一提的是，“七七事变”前，外国教会主办的小学、中学已经为数不少。有的教会学校，在传播文化知识上起过一些良好作用，但不少教会学校有钱有势，不仅在文化上渗透殖民主义、资本主义思想，而且还左右地方政治。

本地文化事业，也相当落后。报纸、书店寥寥无几。但农村中自发组成的戏班子、杂技马戏团、武术社等等文化体育组织却很活跃。特别是晋东南各县，村村都有充满本土气息的、群众喜闻乐见的文娱活动。有些著名演员领班的戏班子，活动范围在方圆几百里之内。

医药卫生事业，基本上是空白，缺医少药状况极其严重。绝大部分县没有医院，中医、中药是农村医疗的主要方式。各县都有一些中医、针灸先生，有些中医医道高尚、技术高明，受到人民的爱戴。但是，由于经济和其他原因，很多贫农、雇农，生病不求医的现象较普遍。这样，轻病变重病，重病无法治，只好听天由命，所以死亡率很高。妇女患病，尤其妇科病，一般都不求医。产妇接生靠自家老人，难产妇女，十有八九会丧命。婴儿死亡率亦较高，很多妇女先后生过七八个小孩，活下来的不足一半。整个社会被长期流行的不科学谚语——“不干不净吃了没病”迷惑着，环境卫生条件极差，经常发生流行病。

总括上述，可以清清楚楚地看到：这些自然条件，一方面为边区的开创和自力更生发展经济，坚持持久抗战，提供了较好的物质条件；另一方面，也给边区的开创、建设并改变当地人民的生存方式，埋伏着巨大的隐患和难题。

财政经济工作与边区的创建同时起步

1937年11月石拐会议——1940年4月黎城会议

第二章 边区的创建

1937年7月7日，日本侵略者发动了蓄谋已久的全面侵华战争。我国历史上规模最大的全民族的反侵略战争从此开始。

日本军国主义者，是中国人民的死敌。从1894年甲午战争起，就接二连三大片大片地侵占中国领土，残害中国人民，特别是1931年“九一八”事件后，日军加快了灭亡全中国的步伐，先后占领我国东北三省和热河省，继而出兵淞沪、绥远，并将北平、天津的东大门——冀东22县“特殊化”。由于日军的上述罪行而激起的抗日高潮一个接着一个。卢沟桥事变，引起了全国人民的更大义愤，全民族的抗日情绪十分高涨，爱国激情已达极点。因此，对平津前线我国军队勇敢地向日本侵略者进行抗击的爱国义举，热诚支持。由此而引发了全国人民齐动员，四万万同胞高呼一个声音：誓死和日本侵略者血战到底！

在这中华民族面临亡国灭种的生死关头，国民党当局接受中国共产党和全国人民强烈的团结抗日要求，同意和共产党实行第二次合作，形成了整个中华民族的抗日民族统一战线。

抗战初期，国民党对抗日战争采取了较积极态度。其正规军中央军和地方军（杂牌部队）绝大多数走上前线；国民党对共产党的正确主张也有所采纳，对群众的抗日活动，一般不再镇压。全国呈现了一派团结抗日的大好局势。

在这样的大环境下，原先因远离本省省会、旧的统治鞭长莫及、

革命力量较易隐蔽、抗日活动未被彻底镇压的晋、冀、鲁、豫四省交界地区，出现了前所未有的抗日局面，当地的工农兵学商，在中国共产党和其他进步组织领导下，积极展开抗日救国工作，如动员各阶层出钱出力支持开赴前线路经本地的正规军、地方军所需要的粮秣差役，广泛宣传国共合作、团结抗战的胜利前途，组建抗日救亡群众团体和自卫武装等等。这个地区，在日军尚未占领前，即处于抗日运动的激流潮头。

第一节　八路军挺进敌后

尽管抗战初期国民党当局一度比较积极抗战，但是，由于他们对抗战缺乏充分准备，对国共合作缺乏长期打算和真心实意，因此，国民党在抗战一开始，就力图把抗日救亡运动的历史进程，约束在他们控制的范围内，并力求在抗战胜利后维持他们的统治，所以他们一直没有做到全面抗战，而是坚持片面抗战的路线。结果就出现了战争开始后，国民党大军所在的各个战场，节节败退的严重局势。国民党的嫡系中央军失败得更惨。

华北是抗日战争的主要战场，是敌我争夺最激烈的战略要地。在日军的大举进攻下，1937 年 7 月 29 日北平沦陷，30 日天津失守。日军乘胜分兵数路向内地侵犯。

在这样紧急的状况下，1937 年 8 月间，刚刚由红军改编的八路军三个师，总数四万多人，先后从陕北出发开赴华北前线。这支部队人数少，武器也差，服装破旧，但斗志昂扬，勇敢善战，不怕牺牲，一派生机。它刚刚出现在晋东北战场，就极其神奇地向日军进攻山西的先头精锐部队展开运动战，其中的两次战斗，打得非常干脆漂亮。一一五师平型关大战，创造了抗战开始后的第一次歼灭日军的模范战例；一二九师对阳明堡敌机场的奇袭，烧毁敌机 24 架，均极大地振奋了全国人民的抗战决心。此外八路军各部队，还深入敌后、敌侧，开展游击战，取得了多次的胜利，减轻了国民党正面战场的压力，进一步鼓舞了全国军民的士气。但是，当时八路军的力量与日军相比过分悬殊，因此，尽管取得一系列战斗的胜利，也不能彻底扭转整个战局的不利局面。天津失守后没有多久，日军的主力已进入华北内地晋、察、绥、冀、鲁、豫各省的重要城镇；联络这些城镇、乡村的几条铁路、公路逐一被日军占领。整个北方，被日军侵占的铁路、公路分割的七零八落。历史有如下记载：

1937 年 10 月 10 日，日军占领石家庄。石家庄是河北中南部的重镇，是正太铁路的起点，平汉、正太铁路和沧石公路的交叉点。石家庄的失陷，对战局影响很大。日军占领石家庄后，向东进犯，与从天津南犯的部队在沧州、德州会合，打通石德一线，向南进犯，10 月 15 日占领邢台，10 月 17 日占领邯郸，河北全境失陷。11 月 14 日，日军占领河南北部重镇安阳，从北平至黄河北岸的平汉铁路被日军打通；向西，沿正太路进犯，正太铁路全线被日军打通，11 月 8 日，日军攻占太原。

与此同时，日军另一主力部队在华东战场上，大举向我国长江沿岸腹地各省进犯，国民党部队，被迫后退，11 月 12 日日军占领我国最大城市上海。

整个形势，对华北战局很不利。

太原的失守，标志着以华北国民党军队为主体的正规战争已经结束，“以共产党为主体的游击战争进入主要地位。”[1]

开展敌后游击战，是根据国情确定的抗击强大日军的最好形式。要进行游击战，就必须建立抗日根据地，没有抗日根据地，就没有后方，游击战是不可能持久进行的。正如毛泽东说的，“它是游击战争赖以执行自己战略任务，达到保存自己和发展自己、消灭和驱逐敌人之目的的战略基地。没有这种战略基地，一切战略任务的执行和战争

---

〔1〕“上海、太原失陷以后抗日战争的形势和任务”，《毛泽东选集》第二卷，人民出版社 1991 年版，388 页。

目的的实现就失掉了依托。”[1]

晋冀鲁豫边区抗日根据地就是按毛泽东指示的方向发展的。以共产党八路军为主体的边区抗日游击战争的历史，也就是边区开辟、创建、巩固、发展、建设的历史。

第二节　石拐会议与边区的开创

太原失守之后，八路军继续留在华北敌后，坚持抗日战争。

按照1937年11月9日中共中央的指示和八路军总部1937年11月11日的命令，八路军三大主力，即一一五师、一二〇师、一二九师，分别向指定的地区推进。

一二九师的任务是开创以太行山、太岳山为依托的晋冀豫边区抗日根据地。这一任务的起动时间是1937年11月11日至13日。地点是在山西省和顺县石拐镇。当时，八路军总部和一二九师师部，在这里召开会议（史称石拐会议），朱德、彭德怀及一二九师高级将领和地方党委负责同志参加了会议。朱德在会议上传达了中共中央和毛泽东的指示，宣布了总部命令。会议对如何开展晋冀豫边区的游击战争、开创晋冀豫边区，作了认真的讨论和部署。会上，朱德还向薄一波传达命令：决死一纵队受总部指挥（随后三纵队也改归总部指挥）。会议之后，刘伯承向全体将士作了动员报告，许多领导人也讲了话。石拐会议是一次重要的会议，是晋冀鲁豫边区开创史上的第一个里程碑。开创晋冀鲁豫边区的神圣使命由此正式开始。

一二九师是以第二次国内革命战争时期坚持鄂豫皖苏区革命斗争的红军第四方面军和坚持陕甘宁边区革命斗争的几支红军游击部队为主编组成的一支坚强的抗日部队。师长刘伯承是中外著名的军

---

〔1〕“抗日游击战争的战略问题”，《毛泽东选集》第二卷，人民出版社1991年版，第418页。

事家，是中国工农红军的创始人之一，曾参加过南昌起义，担任过中国工农红军总参谋长。该师第一任政委（1937 年底前）张浩，是中国共产党的著名活动家。其后的政委邓小平，曾长期担任党的重要领导职务，领导过广西百色起义，是全党著名的政治家。副师长徐向前，是中国的著名军事家，曾担任红四方面军总指挥。该师还有许多著名的战将和著名的政治工作领导者。如倪志亮、王树声、陈赓、王宏绅、陈再道、王维舟、陈锡联、叶成焕、李聚奎、李达、耿飙、蔡树藩、宋任穷、王新亭、谢富治、徐深吉、刘志坚、黄镇等。

该师还有一批善于理财的军事后勤工作者，如赖懃、周玉成、徐林、高捷成等人。

该师还有经过长征或新近吸收的许多学有专长的高级知识分子。如钱信忠（医学）、张克威（农学）、张香山（日语）、朱穆之（新闻）等人。

该师的团级干部，在红军时代大多担任过师级指挥工作，都有战功，只是在改编为八路军时才“降职”。他们不计得失，以国家利益为重，在“降职”之位，为国奋斗不遗余力。

一二九师由陕北出征时，留下三八五旅一个团和一些直属部队保卫延安，其余部队（三个团的编制计：七六九、七七一、七七二和教导团）总共九千余人，是创建晋冀豫（后来改为晋冀鲁豫）抗日根据地的伟大事业的主力军。

随一二九师进入本区的还有八路军一一五师主力三四四旅（代旅长杨得志、政委黄克诚）人数 2000 余。这又是一支勇敢善战的中央红军改编的部队。在红军时代，屡建奇功。在这支英雄部队中，也有一批军政骨干。

山西青年抗日决死队一纵队（薄一波为首）、三纵队（戎子和为首）原先即在本区。这两支部队奉命加入八路军一二九师指挥序列，参加抗日根据地的创建。

一二九师主力进军太行时，受到当地各阶层群众的热烈欢迎。原因一是人民看到他们真打日本（在抵达石拐和辽县前已打过很多胜仗，如阳明堡、七亘村、黄崖底、广阳等战斗）。二是人民从对比中

看到，八路军纪律严明，公买公卖、秋毫不犯。三是八路军和人民一家，处处为人民办好事。正因为这些方面的素质与旧军队有本质上的区别。因此，八路军一来，立即就受到人民的热爱和拥护。尽管一二九师进驻边区时，人数不多，但因为它是一支生命力强大的革命队伍，像种子落地，很快就生根、发芽、开花、结果。在华北敌后，一个坚强的抗日堡垒开始成长。

第三节　发轫在太行山上

以刘伯承、邓小平为首的一二九师进驻太行山，创建晋冀豫边区抗日根据地时，有明确的战略部署："首先抓住以强大的八路军的力量打开局面为中心，接着把中心放在建立政权，自上而下地建立、发展党和群众组织，建设财政经济，建立社会秩序。"[1]在这个方针指导下，太行、太岳、冀南、冀鲁豫四个战略区（每个相当于一个省）相继开辟，并逐步统一为晋冀鲁豫边区。

太行区是一二九师和其他抗日部队开创晋冀鲁豫边区抗日根据地的历史进程中所创建的第一个根据地，第一个立足点。其他三个地区都是依托它向外辐射、扩展而逐步建立的。它是全边区的中心，根据地之中的根据地。八路军前方总部、中共中央北方局、一二九师师部和边区党政军领导机关，都长期驻扎在这里，因此它成为边区的首脑、心脏。另外，由于太行地理、政治、军事等特殊条件，它还是中共中央联络华中、山东等抗日根据地的重要通道。

太行区（也称晋冀豫区）包括正太铁路以南、平汉铁路以西、同蒲铁路和白晋公路以东、黄河以北的晋东南、冀西、豫北各县市。太行山纵贯南北、雄视四方，自古即为兵家必争之地。

在抗日战争以前，太行区的社会经济同全国大多数地区一样，为

---

〔1〕"根据地建设与群众运动"，《邓小平文选》第一卷，人民出版社 1994 版，第 65—66 页。

半殖民地半封建性质。由于帝国主义经济掠夺和官僚军阀、封建地主的苛捐杂税、高额租利的剥削，加上多年的军阀混战、连续的灾荒，太行各地区广大农村日益贫困。在晋冀鲁豫边区四个大区中，太行区自然条件和经济状况较差。

穷则思变。大批农民生活无着落，倾家破产，被逼得走投无路，纷纷起来，向反动势力进行不同形式的反抗斗争。早在第二次国内革命期间，晋东南的武乡、黎城等县，冀西的赞皇、磁县等县，豫北的安阳、武安等县，就秘密建立了中国共产党的基层组织。此外，几乎所有各县，都有一些共产党员在农村、厂矿中活动。尽管国民党对中共党组织领导的历次斗争，实行残酷的血腥镇压，但是，这些党组织和许多党员，都在极端困难中坚持斗争。“九一八”事变后，党组织又一次活跃起来，在太行地区各县先后发生的农民暴动有：赞皇县中共党员傅贯一等人领导的“砸衙门”，参加的农民群众万余人，赶跑国民党县长，揪打了县长的亲信，农民占领县政府三天。磁县中共支部负责人王维纲在北平越狱成功返回本县后，成立“反日救国会”，展开了一系列反帝反封建的革命斗争。武乡县的中共组织，建立“抗债团”，领导本县和附近各县农民进行抗债斗争。安阳六河沟煤矿，在党组织领导下，进行了万人大罢工。武陟县、沁阳县、济源县党组织，也先后领导农民举行大暴动。这些此起彼伏的革命活动，充分反映了广大农民要求翻身解放的强烈愿望。从这些史实证明，中共党组织和当地农民有血肉关系，党的影响，哪怕是在白色恐怖时代，也一直存在于广大人民中间。中国共产党播下的革命火种，是扑不灭的。

1935 年“华北事变”发生后，中华民族的民族危机进一步加深，抗日民主运动出现了新高潮。中共中央北方局总结经验，纠正错误，调整政策，积极正确地开展抗日救国活动，各地遭受破坏的党组织开始恢复。在红军东征和“一二九”运动的影响下，抗日救亡活动普遍展开，以抗日救国为旗帜的群众组织，到处都在成立。“山西牺牲救国同盟会”是这一时期最强大的抗日救国群众组织，它的组织遍及山西全省，在晋东南地区，不仅各县都有牺盟会，有的区村也有牺

盟会。

以上这些政治情势和社会动态，为一二九师开辟太行区提供了重要条件，为其工作的顺利展开，铺垫了路基。

在一二九师奉命进入太行地区时，中共中央北方局，对当地党的领导机构进行了调整和充实。冀豫晋省委，在原平汉线省委的基础上改组成立。李菁玉任省委书记，李雪峰、徐子荣分任组织和宣传部长。省委随一二九师活动，共同肩负创建太行抗日根据地的任务。

刘伯承、邓小平为首的一二九师，在创建太行抗日根据地时，第一步采取的战术是军事政治并举。石拐会议上，刘伯承根据党中央的指示，继承和发扬红军时代的光荣传统——“除了打仗消灭敌人军事力量之外，还要负担宣传群众、组织群众、武装群众、帮助群众建立革命政权，以至于建立共产党的组织等项重大任务”。具体布置了“集中以打击敌人，分散以发动群众”的作战原则，立即以营为单位，分散到平汉路沿线，正太路沿线，发动群众开展游击战争，打击继续来犯的敌人，同时抽调工作人员组成工作团，随部队一起深入各地农村，组织群众，扩大一二九师部队，组建地方游击队。这样做很有成效。一二九师正规部队迅速扩大，人数成倍增加。抗日游击队，如雨后春笋遍及太行各县。实力较大的几支游击队有秦基伟、赖际发领导的“秦赖支队”，桂干生、张贻祥领导的“二支队”，赵基梅、涂锡道领导的赵涂支队，谢家庆、张国传领导的谢张支队，张贤约、张南生领导的先遣支队。杨秀峰领导的以平津流亡学生为骨干的冀西抗日游击队，更是一支有特色的游击队。有些县的游击队已跨出县界，在几个县交界地带活动，如王维纲领导的磁县游击队，胡震领导的邢台游击队，李一清领导的晋东游击队等等。游击队在老红军指导下，一面作战，一面学习，进步很快。一二九师刘伯承师长、李达参谋长在辽县专门开办了游击训练班。经过训练的游击队干部回去后，用学到的本领，宣传群众，武装群众，游击队像滚雪球一样，越滚越大，作战经验逐渐丰富，战斗力逐渐增强。

在部队分散活动、展开游击战、打击日军的同时，部队还协助联络各地的中共党组织，恢复和发展了一批党员。1938 年初，一二九

师移住辽县西河头。不久，就会同省委召开了西河头会议，专门讨论了创建根据地的各项具体工作，进行了周密部署。随后，各个特委、县委（或县工委）都在短时间内成立。随着党组织的恢复、建立和发展，群众团体（农、青、妇）也普遍建立和健全起来。少数县，党的工作基础较好，抗日民族统一战线较巩固的地方，还成立了县的抗日民主政府（冀西的邢台、赞皇等）。

本区与其他抗日根据地不同的情况是，从平津前线和太原战场溃退下来的国民党部队，到处都有，他们脱离建制，各自为伍，占地为王，为非作歹。有的公然沦为土匪，勾结本地恶霸，杀人抢劫，甚至充当日军爪牙。一二九师各部队分散工作期间，人民纷纷向他们诉说这方面的痛苦，要求一二九师为民除害。部队立即采取恰当政策，收编溃兵，取缔土匪，镇压汉奸恶霸，安定了社会秩序，取得了人民的更大信任，更加调动了人民抗日的积极性。

1937 年 11 月石拐会议起至 1938 年初，一二九师实行的战略展开，旗开得胜，初战告捷，形势大好，各项抗日工作顺利发展。抗日的烽火燃遍了太行山。

1938 年 1 月 16 日，八路军总部命令邓小平接替张浩担任一二九师政委。1 月 18 日，邓小平正式到职视事。邓小平上任之后，与刘伯承师长亲密合作，坚决贯彻毛泽东关于农村包围城市的基本思想，把根据地的创建工作推进到一个新的时期。具体说，自邓小平担任一二九师政委后，他对于创建根据地的理论阐得更系统、更完整，方针政策更明确，工作步骤更有计划，领导力量更强。因而，抗日根据地的创建工作呈现出新局面。

邓小平对毛泽东创建根据地的思想有深刻的论述。他说“我们必须掌握根据地建设的规律”，“切不要忘记历史上没有根据地的时候的痛苦”。[1]他认为“一个革命根据地除了必须具备的地理、敌情、时机等条件外，其本身必须具备着革命的武装、政权、群众组织和党等四种力量”，“这四种革命力量是缺一不可的，缺了一种都不

〔1〕“根据地建设与群众运动”，《邓小平文选》第一卷，人民出版社 1994 年版，第 67 页。

能形成革命根据地，这四种力量又是互相配合的，任何一部分不得力都会影响到其他部分，互相配合不好也会使根据地受到损害。”[1]邓小平对“根据地建设的规律”的概括，始终是边区创建工作的指导原则。

1938年2月4日至5日举行的全师高干会议期间，邓小平和师参谋长倪志亮、晋冀豫省委书记李雪峰等人，还召集有关人员研究了根据地建设中的武装、政权、党群等三大工作问题。师部和省委又在会后召集开辟较早的太行10县区委以上干部会，交流前一时期根据地建设状况与经验，并对全面推行三大工作，作了周密安排。从此时起，在全区范围内的武装、政权、党群三大工作紧密结合、同步进行、齐头并进，根据地的创建工作进程大大加快。

武装工作：一二九师是太行抗日根据地生存、巩固、发展的支柱。独立自主地扩大一二九师，是创建太行区和晋冀鲁豫各大区的首要工作。二月高干会后，党政领导机关用力扩军，大批青年参加一二九师，有的游击队也升格为正规部队。半年时间，一二九师仅在太行的主力部队即由三个团扩大到六个团，人数扩大五倍，总数达5万余人。

游击作战、打击敌人，是武装建设的基本任务。1938年2月间，一二九师先在正太路东段长生口设伏，消灭日军一个加强中队，又在邯长大道神头岭采取“吸打敌援”的战术共计歼敌1500余人。后在邯长大道东阳关附近的响堂铺一举袭击日军汽车181辆，全歼掩护部队400余人。这三战三捷，在当时颇有影响，其中，尤以响堂铺之战影响更大。这些战斗，均对根据地创建起了重大作用。

太行山的抗日游击战争迅猛发展，一二九师实力的迅速扩充，特别是上述三战三捷喜讯的传播，使华北日军深感不安，大叫“其威势已不容轻视”。遂于1938年4月间纠集三万余人，分九路向晋东南进攻，企图将黄河以北的中国抗日部队一举歼灭，实现其完全占领华北的阴谋。一二九师会同其他友军在朱总司令、彭副司令和刘、徐、

[1] “根据地建设与群众运动”，《邓小平文选》第一卷，人民出版社1994年版，第64页。

邓师首长直接指挥下，全力以赴投入到粉碎敌九路围攻的战斗中。经周密布置，选择时机，将日军一部包围在武乡县漳河畔的长乐村，经激战、歼敌2500余人。其余各路日军，迅速收兵回窜。我主力部队又在追击中于高平附近歼灭敌军近千。至此，敌人的九路围攻被彻底粉碎。

在胜利粉碎了敌人的九路围攻后，一二九师决定正式组建晋冀豫军区和各军分区。师参谋长倪志亮兼任军区司令员（同时任省委军事部长），黄镇任军区政治委员。五个军分区是按游击支队活动地区和中共特委管辖范围划定的。

随着武装工作的一系列进展和一二九师游击作战的不断胜利，中共党组织的恢复建设工作也全面展开，特委、县委、分委普遍建立。党员人数也迅猛增加，全区由二月会议时的一千余人，发展到九路围攻前的一万余人。1939 年底统计时，太行区的党员已增至三万余人。中共党员成为坚持持久抗战、巩固发展抗日根据地的中坚力量。

政权工作：政权问题是一切革命的根本问题，也是抗日根据地的重要问题。邓小平在论述武装、政权、群众团体和党组织四种力量的地位和关系时指出："党是领导一切的核心"，"政权的责任是服从于党的政治路线和政策的领导，扶植群众运动和照顾基本群众利益，巩固统一战线，爱护军队和解决军队的供给、补充。"[1]北方局对太行抗日根据地的政权问题十分关注，尤其对全区性的政权机关的组建，格外重视。北方局书记刘少奇曾几次告诉朱、彭、刘、邓和晋冀豫省委，要求他们仿照晋察冀的先例，推动薄一波等出面商请阎锡山，建立边区临时行政委员会。但是，时间、地点、形势已非当初，这一要求，难于落实。因此，太行区的抗日民主政权建设是根据本区特点，因地制宜，由下而上，按照刘伯承在北方局一次重要会议上提出的三种形式，逐步完成的。三种形式指的是：在冀西，因当地国民党政府完全撤退，已处于无政府状态，只好由国民党任命的冀西民训处特派

〔1〕"根据地建设与群众运动"，《邓小平文选》第一卷，人民出版社 1994 年版，第 66 页。

员、共产党员杨秀峰领导的冀西民训处行施政权职能，由它在各县组建全新的抗日政府；在晋东南，依靠共产党员薄一波、戎伍胜担任的山西三、五行政区专员的职权和牺盟会力量，把晋东南的旧政权改造为抗日民主政权；在豫北，只能通过抗日救国团体，团结广大进步力量，促使当地旧政府有所进步。历史是按这三种情况三种形式走过来的，但是路子并不平坦，建新、改旧都不是轻而易举的。太行各专县区的政权所以能够取得异乎寻常的胜利，最重要的经验就是充分发挥了统一战线期间这些合法政权领导者的特殊作用，从而能够以最快速度将太行全区各级抗日民主政权建立起来。1939 年底前，政权的组建和改造工作基本完成。

群众团体的工作：群众是抗日游击战争和抗日根据地伟大力量的源泉。发动和组织群众参加抗战，是根据地创建时的中心环节。群众团体是作群众工作的，邓小平说“群众团体的责任是在党的政治领导之下，独立地去进行发动、组织与教育群众的工作，把群众的认识提高到政治斗争、武装斗争阶段，使群众形成一个自觉自为的阶级力量。”[1]到 1939 年底前，在“工农兵学商一齐来救亡”的号召下，工救会、农救会、青救会、妇救会、文救会、儿童团等群众团体都已成立。这些团体不仅做了大量抗战工作，而且还参与了做群众切身利益的民主民生斗争，极大地调动了各自联系的群众的抗战积极性。

上述情况说明，自 1937 年底至 1938 年 10 月武汉失守前这一时期，一二九师“在打开局面、创造根据地与求得大发展的任务之上”的目标是实现了。太行抗日根据地的开创工作，已经取得决定性胜利。

武汉失守前后，国内政局变化很大，国民党消极抗战，积极反共的趋势日渐明朗，并秘密发布了“防止异党办法”。驻扎在太行东部地区的国民党正规部队和游击部队，不断制造摩擦。张荫梧、侯如墉、朱怀冰、庞炳勋、孙殿英等国民党顽固派，先后制造了多次重大的反共事件，并准备发动第一次反共高潮。

---

〔1〕“根据地建设与群众运动”，《邓小平文选》第一卷，人民出版社 1994 年版，第 66 页。

日军攻占武汉后，即回师华北，在太行区周围增兵八万余人，妄图摧毁太行抗日根据地。1939 年七、八月间，日军对太行区进行了第二次九路围攻，使用兵力之多，持续时间之久，是前所未有的。日军意图在太行区再划一个十字。把太行区分割为几小块，然后逐一封锁、围攻，置根据地于死地。一二九师等部队在八路军总部直接指挥下，积极寻找战机，发动了大小战斗 70 余次，歼敌伪 2000 余人，胜利粉碎了第二次九路围攻。接着又发起邯长战役，收复黎城、涉县两座县城，打死打伤敌 700 余人，使太南太北仍旧连成一片。

为总结创建抗日根据地的经验，更广泛深入开展游击战争，并对付即将到来的国民党反共高潮，中共晋冀豫区委于 1939 年 9 月间召开了全区第一次党代会。朱德、彭德怀、杨尚昆分别作了重要讲话，李雪峰作了工作总结，通过了《告全区同胞、各抗日部队、各抗日党派及全区党员同志书》。这次大会是太行抗日根据地创建进程中的一次重要会议，它标志着太行区的创建基本完成。

太行区是八路军总部驻守之地，名声在外，国人瞩目。但是，它又是与国民党统治区相连的地区，是华北国民党部队最集中的地方，因此在国民党顽固派发动第一次反共高潮中，太行区自然不会安宁，他们向太行区的抗日军民展开了大规模的疯狂进攻，明目张胆地提出“向八路军收复失地”。一二九师及其他部队在晋察冀部队协助下，奋起自卫，经过几个月的斗争，打退了国民党第一次反共高潮。后经协商，八路军自动退出太南、豫北七个县的大片地区，划定了八路军防区。自此太行区才改变了敌顽两面夹击的严重局面，争得了一个暂时的安心抗日的机会，为巩固和全面建设太行抗日根据地奠定了良好基础。

1940 年春天的北方局高干会议（史称黎城会议），是在太行区得到初步巩固之后召开的。因此，太行抗日根据地的创建工作基本完成的时间是以黎城会议作标志。

这时的太行区管辖范围基本定型。尽管尚无统一的行政领导机构，但军事、党委领导系统已经统一。它的区划是：冀西专区（行政上属冀南行政主任公署领导）：获鹿、井陉、元氏、赞皇、临城、内邱、高邑；邢南办事处（后改为漳北办事处）：邢台、沙河、武安、磁县、林北、涉县、偏城；太行第一办事处：平定、昔阳、和顺、寿阳、榆次、太谷；太行第二办事处：祁县、榆社、辽县、武乡、襄垣、黎城；太南专区：平顺、潞城、长治、壶关。

黎城会议前，太行区的区域范围就是这样。万事俱备，只欠行政领导的统一。山西三专署路东办事处（通称三专署）起了临时统一政府的作用。三专署副专员兼路东办事处专员李一清实际上是太北区的行政负责人。

第四节　向冀南平原伸展

在创建太行抗日根据地的同时，一二九师及其他抗日部队将抗日游击战争由山地向冀南平原延伸、发展，开始创建冀南抗日根据地。

冀南地区，位于河北的南部。它的范围是：沧石公路以南、平汉铁路以东、卫河以西、漳河以北这一区域内的河北各县和少数山东县份。这一地区是一望无际的大平原，河流纵横，人口密集，交通方便，工业、商业、手工业也较发达，资源物产最突出优势是盛产棉花，它的产量居华北之首，在旧中国的农业中，也占有显赫地位。农村和中小城市的手工业、物资交流和贸易商业基本上是围绕棉花、土布的生产购销进行的，各个县城，大村、集市都有几家资产较大的棉花货栈主导当地市场。广大农村，家家纺花、户户织布，各地都有很多纺织能手，织出的各式各样土布为当地和外地农民喜爱，农民宁肯穿这里价钱不比洋布便宜的土布，不愿穿大城市运来的洋布。在棉花品种中，有一种叫“紫花”的棉花，纺出的线、织成的布，均呈古铜色，不需印染适于农村穿用，堪称冀南一绝。总之，冀南比太行要富得多。

冀南区的战略地位十分重要。它是连接太行、山东、冀中和冀鲁

豫各抗日根据地的枢纽，是山区游击战的物资供应基地。

冀南抗日根据地的开辟过程与太行抗日根据地的开辟过程并非一个模式。

冀南抗日根据地开创工作的最大特点是，一二九师主力部队到达前，当地中共地下党组织就开始发动群众开展抗日活动，刘伯承在纵论冀南抗日根据地的创建历程时说：“在我们没有到达冀南以前，那里就已经开始了群众的抗日斗争。”〔1〕这是刘伯承对冀南人民抗日斗争的崇高评价。冀南抗日根据地的另一特点是，全区的抗日民主政权都是当地军民另起炉灶、重新组建的。冀南抗日根据地还有一个与其他地区大不相同的特点，这就是：国民党顽固派向敌后抗日军民“收复失地”，是从鹿钟麟到冀南后开始的。冀南抗日根据地的问题（当时称为“河北问题”），一度成为国共两党摩擦与反摩擦斗争的焦点。中共中央和毛泽东主席为解决这一问题，采取了一系列的有理、有利、有节的政策，从而使冀南抗日根据地得以坚持、巩固和发展。冀南抗日根据地之所以具有上述特点，是有其深刻的历史原因的。

冀南地区，早在第一次国内革命战争中就已经有了中国共产党的地方组织。在中共直南特委领导下，任县、南和一带，南宫、威县、冀县、景县一带，隆平、巨鹿一带，大名、濮阳、清丰、南乐一带，都建立了党的支部。在它们领导下，发动过多次轰轰烈烈的农民、盐民反苛捐杂税斗争，有的斗争坚持几个月。几所著名的省立师范学校，在党支部领导下，也曾举行过多次影响较大的学生运动。大名师范的学生运动，曾盛极一时，名扬四方，锻炼和培养了许多革命干部。“九一八”事变后，冀南人民和华北、全国人民一样，切身感到亡国危机日益迫近，因而抗日、爱国、民主情绪日益高涨。党组织通过抗日救亡的宣传签名运动，党员人数有所发展，抗日群众团体纷纷成立，抗日力量不断壮大。1935 年 5 月和 8 月，直南曾爆发两次大规模的“抗日民主”大暴动。一次暴动，以任县为中心，涉及范围有十多个县，持续时间十个月，国民党派了三个军，经过半年多的

〔1〕《刘伯承回忆录》，上海文艺出版社 1981 年版，第 202 页。

“清剿”，屠杀了上千的农民，才把这一场革命烈火暂时压住。但是，革命的火种，不但没有熄灭，而且遍布冀南平原。

“七七事变”后不久，冀南地区的国民党各级政权，随着国民党军队的溃退而全部垮台。专员、县长、区长纷纷弃职逃亡，秩序大乱，土匪恶霸、散兵、会道门等借机树帜，兴风作浪，独占一方，作威作福。有的还勾结日军，充当汉奸。在广大人民陷于水深火热之中时，中共平汉线省委及时派马国瑞等人返回冀南组成新特委。新特委一面联系在国民党镇压破坏中失散的党员，恢复党的组织，一面宣传发动群众参加抗日活动，这时，本来就没有熄灭的革命火种，立即就熊熊燃烧起来。仅仅两个月，就将南宫、威县、冀县、邱县、清河、隆平、尧山、任县等县的党组织恢复。在 1935 年暴动被镇压后坚持直南工作的一些领导者，还组织了几支抗日武装，如八路军别动队、漳南游击队、钜鹿游击队等。有的县还派人打入土匪、地主武装内部作争取教育工作。各县均成立抗日救国会等群众团体，并且加强了活动。所有这些，都为一二九师开辟冀南抗日根据地准备了良好的条件。刘伯承师长说的群众性的抗日活动在一二九师到达前就已经开始，指的就是以上这些事实。

中共中央和八路军总部，对冀南地区的革命活动极其关心。平原地区能否开展和坚持游击战争，能否建立巩固的抗日根据地，是当时面临的新课题。第二次国内革命战争期间，红军有丰富的山地游击战经验，但并无平原游击战的经历。因此，如何在平原创造根据地，需要实践。

当一二九师在太行刚刚站稳脚跟后，中共中央北方局和一二九师就决定派部队到冀南去。1937 年 11 月首先派孙继先、胥光义率挺进支队（干部队）到冀南侦察情况，做开辟冀南的先期工作。这是一二九师派到冀南的第一支部队。孙胥支队到达冀南后，立即和特委马国瑞等人取得联系，支持加强了特委工作。1937 年 12 月，一二九师领导奉命组织东进纵队，由三八六旅副旅长陈再道率领，越过平汉路到达冀南。冀豫晋（原平汉线）省委书记李菁玉随同前往，并兼任东纵政委。这是一二九师为开辟冀南派出的第二支部队，是一支较

大的部队。紧随其后，1938 年 1 月，一二九师又派师政治部主任宋任穷率骑兵团进入冀南，加强东纵领导，宋任穷并接替李菁玉担任东纵政委，李菁玉专职领导冀南区党的工作。东纵和骑兵团的先后到来，使冀南的抗日游击战争形势大有好转。正如毛泽东指出的："河北平原、山东北部和西北部平原，已经发展了广大的游击战争，是平地能够发展游击战争的证据。"〔1〕

不久，毛泽东、洛甫、刘少奇致电刘伯承、邓小平、徐向前，作了开展平原游击战争、创建平原抗日根据地的具体指示。

根据这一指示，1938 年 5 月，一二九师副师长徐向前率三八六旅主力和一一五师三四四旅曾国华支队进入冀南。不久，邓小平、刘伯承及冀西游击队、冀西民训处领导人杨秀峰等，都先后到达冀南，这就使冀南的领导力量和军事实力大大增强，冀南人民的抗战情绪和胜利信心空前高涨。开辟冀南抗日根据地的工作，有计划、有领导地大刀阔斧地展开，冀南平原上的抗日游击战争如火如荼地迅猛兴起。

关于如何开辟冀南抗日根据地问题，徐向前有一篇传世之作。他说：河北是人口较稠密的区域，假如我们能在河北平原地上，把广大的人民推动到抗日战线上来，把广大的人民造成游击队的人山，我想不管什么样的山，也没有这样的山好。〔2〕这段话是说平原虽不具备山地作战的有利条件，但只要把群众充分发动起来，就能把游击战争开展，就能建立巩固的抗日根据地。徐向前的话，深刻道破了人民战争的本质。

要发动群众，造成人山，就必须根据群众的要求，制定正确的工作方针。这时的冀南人民群众一直处于日伪、土匪烧杀抢掠的恐怖之中，他们渴望的事，首先是武装起来，打日本、保家乡，求得生命财产的安全。其次是克服国民党政府仓皇撤退之后，残兵败将、土匪、会道门打着抗日旗号各霸一方、勾结奸伪摧残百姓的混乱局面，解除

〔1〕"抗日游击战争的战略问题"，《毛泽东选集》第二卷，人民出版社 1991 年版，第 420 页。

〔2〕"开展河北的游击战争"，《群众周刊》1938 年 5 月第 25 期。

群众的这一最大痛苦。为了更好地打日本，群众的第二个要求更迫切更紧急。

为了给人民铲除匪患，最大限度地满足人民的要求，建成游击战争的可靠大山，一二九师几支部队，特别是徐向前、邓小平、刘伯承先后到达冀南后，立即进行了以下的重大举措：

第一，用和平的方法，教育那些以武力霸占一方的势力，以抗日大局为重，团结起来，一致对敌，不得扰民。然后区别对待，该改编的改编，该解散的解散，该惩办的惩办。对各种势力之间的争斗问题，我军也指明大义，晓以利害，强调中国人不打中国人，不要上了日伪的圈套。这样很快就把冀南的局面稳定下来，社会秩序安定下来。短时间内取得这样的效果，是当地群众预料不到的。这就赢得了冀南社会各阶层的广泛好评。共产党、八路军的威信很快树立起来。

在这同时，一二九师还协助地方群众，普遍组建战地动员委员会和群众抗日救国团体。战委会起了临时政权作用，为未来建立抗日民主政权打下了基础。

第二，集中主力部队，选择战机，打了几个漂亮的胜仗。徐向前率军到达冀南不几天，就组织部队，袭入威县城，歼敌百余人，不仅收复威县，而且逼使周围各县日军仓促撤退。我军又乘胜扩大战果，将冀南内地30余座县城全部收复，这样，共产党、八路军的威信空前提高。在战斗中，进一步扩大了正规军、游击队。1937年12月到1938年8月，只有9个月时间，一二九师东进部队由近千人扩展到三万余人。

第三，迅速建立抗日政权。随着抗日游击战争的燃烧和民主运动的浪潮在各地的掀起，凡一二九师从敌人手中恢复的失地，当即“还政于民”。各县都按照抗日民主的原则选举抗日、爱国、公正的人士，担任区长、县长、专员。各级抗日民主政权很快都建立起来。1938年8月5日，冀南全区50多县的军政民代表齐集南宫城，选举成立了冀南行政主任公署，地方名流、国民党进步人士均选入行政主任公署担任要职。

冀南行政主任公署是冀南区的最高政权机关，是晋冀鲁豫边区

四个战略区中最早建立的一个行署（相当于省）级政权。冀南行署正副主任杨秀峰、宋任穷，都是忠心耿耿全心全意为人民服务的革命家。杨秀峰是一个德高望重的大学教授，而且还有国民政府任命的河北省政府委员的公开身份。宋任穷是著名的红军青年政治工作将领。他们在此之前都为革命事业和抗日工作做出了成绩。人民欢迎他们主持冀南政务。

冀南行政主任公署的建立，不仅在团结冀南人民、调动广大群众的抗战积极性方面发挥了重要作用，而且在应付国民党顽固派的倒行逆施、摧残抗日民主政权方面，也发挥了重要作用。此外，冀南行政主任公署建立后，在财政经济上制定了一系列法令文件，并不顾国民党顽固派的阻挠，独立自主地建立冀南银行，为依法动员人力物力支援游击战争，使冀南区成为八路军总部和一二九师的战勤物资供应基地，作出了重大贡献。

冀南行政主任公署的成立，是冀南抗日根据地创建阶段的重大胜利，标志着冀南抗日根据地基本建成。在行政公署成立前后，冀南统一的抗日救国群众团体已成立。不久，冀南军区也正式组成。这样，根据地统一的政权、统一的群众团体和统一的军事指挥机关全都建立，地方专区（分区）一级机构也配备齐全。这就为根据地的全面建设打下良好基础。但是，随着冀南抗日根据地的胜利发展，引来了日军的残酷报复和国民党顽固派的仇视。因而，在冀南抗日根据地的坚持巩固过程中，党政军民又遇到了极大的困难。

冀南抗日根据地的胜利，成了日军的心腹之患。因此，日军在正面战场攻占武汉后，就迅速抽调部分兵力对冀南进行了两次（1938年11月、1939年1月）“大扫荡”，冀南所有县城重新被敌人占领。为坚持和巩固冀南抗日根据地，冀南全区紧急动员因地制宜地创造了许多适应平原游击战的战术。其中被刘伯承总结倡导的交道战，是打破敌人以快速部队连续向我扫荡的有效方法。所谓交道战就是把村与村联系的大道，挖成弯弯曲曲的深沟，群众的各种活动隐蔽在这样的交通沟中。敌人汽车、装甲车和坦克车，都不能在沟里行驶，我军民却可以利用这样的地形奇袭敌人。我们打完仗可以撤退，敌人却

不易接近我们，也不易追击我们。后来，这种交通沟的战术，又继续发展成地道战，成为保存自己、消灭敌人的更有效的方式。据统计，从 1938 年到 1940 年初，冀南区共挖道沟五万多里，许多村子都把地沟和地道连通。平原没有山，但是有广大聪明机智的中国人铸成的摧不垮打不烂的人山，坚持了平原游击战争。

正当冀南人民与日军浴血奋战，节节胜利之时，曾经把河北人民如同旧鞋那样丢弃的国民党顽固派又杀将回来。他们要向以头颅和热血夺回领土、辛勤缔造抗日根据地的八路军“收复失地”了。1938 年秋，鹿钟麟奉国民党当局命令到冀南组建河北省政府。冀南人民曾热情地欢迎他，期望他正确对待抗战有功的八路军和抗日政府。但是鹿钟麟下马伊始就对抗日政府和八路军以及抗日群众团体百般挑剔，并在顽固分子纵容下，制造借口，在各地成立第二县政府、第二专员公署，同时还带头制造了许多摩擦事件。邓小平说“国民党同我们搞摩擦……集中的是在晋冀鲁豫”。[1]冀南是国民党最先制造摩擦的地方，中共中央和毛泽东、周恩来、刘少奇、朱德、彭德怀、刘伯承等为冀南问题多次和国民党谈判。毛泽东的自卫原则“人不犯我、我不犯人，人若犯我、我必犯人”，也是针对张荫梧等人在冀南大搞摩擦事件而提出的。但是，鹿钟麟利令智昏，他自以为有石友三、庞炳勋、朱怀冰几个集团军的兵力和张荫梧、侯如墉等土杂部队的支持，八路军不是他的对手，而且认为“共产党害怕国共破裂、不敢反抗”，因此气势汹汹，以势欺人，坚持要恢复国民党“七七事变”前的统治。国民党的部队在冀南各地对百姓奸淫抢掠、敲诈勒索。对八路军则捕杀干部、活埋战士，实行反共反人民的白色恐怖。把一个好端端的抗日根据地闹得乌烟瘴气。特别是鹿钟麟无端攻击冀南行政主任公署在反扫荡中转移没有向他请示，竟公然于 1938 年 11 月 15 日公布命令说，冀南行政主任公署“不知去向”，“应予取消”，引起冀南全区军民的公愤，纷纷起来与鹿钟麟斗争，坚决拥护冀南行政主任公署杨、宋二主任。这一事件更引起全国人民

---

〔1〕“对二野历史的回顾”，《邓小平文选》第三卷，人民出版社 1994 年版，第 336 页。

的关注。

八路军总部和一二九师师部领导者彭德怀、刘伯承、邓小平坚持以国家大局为重，一贯采取克制的政策，希望鹿钟麟悬崖勒马。鹿钟麟等视此为软弱可欺，他们反共反人民的势头变本加厉。延至1939年冬，国民党顽固派制造了第一次反共高潮，冀南地区以石友三为首的庞大军事力量，在日军配合下，向冀南抗日军民实行全面进攻。一二九师忍无可忍、退无可退，被迫自卫、实施还击。这些军队，因领导人卖国反共，广大官兵并不愿为他们做仇者快、亲者痛的事，因而兵无斗志。当我军反击时，他们即土崩瓦解，众叛亲离。

打败石友三之后，冀南区基本定型。全区人民就全力以赴投入到抗日游击战争和抗日根据地的建设上。冀南的行政区域，划分为五个专区：

第一专区：临清、邱县、清平、堂邑、元城、馆陶。

第二专区：恩县、武城、夏津、清河、高唐、故城、平原。

第三专区：邯郸、成安、永年、临漳、大名、魏县、广平、曲周、鸡泽、成安。

第四专区：南宫、威县、平乡、广宗、巨鹿、南和、柏乡、尧山、隆平、新河、任县、宁晋。

第五专区：衡水、冀县、枣强、景县、阜城。

第五节　朝太岳中条开拓

太岳抗日根据地是晋冀鲁豫边区四大战略区之一。它因境内的太岳山而得名。这一地区泛指山西同蒲铁路以东、白晋公路以西、黄河以北的三角地带，初期包括晋东南、晋中、晋南的部分县，后来又与晋豫抗日根据地合并。全区除晋南盆地为平原外，多属山地和半山地。太岳山纵贯全区，沁河流经其中，自然条件比较优越，资源也较丰富，它比太行区要富裕些。

太岳区的战略地位很重要，自古以来，兵家必争。抗日战争中，太岳区不仅受到日军重兵的残酷扫荡，而且经常受到国民党大军压境的迫害。因此政治形势极其复杂，斗争任务极其艰巨。太岳区的中共党组织，坚持实事求是原则，创造性地开展工作，使太岳区由小变大，逐步把几小块根据地联结成为一大块坚强的革命堡垒，成为晋冀鲁豫边区的西部屏障。

太岳区的创建历史，有明显的不同于其他地区的特点。1940 年以前，太岳区和太行区一般统称晋东南。在中国共产党的领导系统上，都是中共中央北方局和晋冀豫省委管辖区域。太岳区的领导人薄一波、安子文都参加过晋冀豫区党委（省委）关于部署开辟根据地的几次重要会议（如石拐会议、第一次党代会等），因此，太岳和太行两区在创建根据地的指导思想、重大步骤、重要政策等方面，有相同之处。但是纵观太岳抗日根据地的创建历程，就会发现，不仅晋南、豫北地区（原属晋豫区）有自己的特色，而且原属晋东南地区各专县，也和太行有很大的区别。这就是一二九师主力部队没有首先开进，而是由薄一波、戎子和率领的山西新军决死队一、三纵队主力打先锋开辟的。1937 年 11 月，薄一波参加了石拐会议后，就遵照八路军总部朱总司令、彭副总司令的命令，通过与阎锡山的特殊形式的统一战线关系，抵达太岳地区进行抗战。同时刘伯承下令由一二九师政治部主任宋任穷、组织部长王新亭、宣传部长刘志坚等，率八路军工作团与步兵分队，到上党各县配合决死队开展工作。临行前，刘伯承再三指示，晋东南是毛主席选定的眼位，我们一定要把“眼”做起来。[1]

由此说明：太岳抗日根据地开创时期，主要是由决死队这支武装力量打开局面的。决死队一纵队主力最初活动范围在沁县、沁源、安泽等地，三纵队主力活动在长治、浮山、阳城等地；二纵队一部，活动在洪赵地区。它们在创建太岳抗日根据地的历史进程中，发挥了特殊作用。因此，在太岳区，决死队、牺盟会的影响，比太行明显的

〔1〕 眼位，是围棋术语。做眼，是围棋的一着。

多，它们的足迹深刻地留在太岳抗日史册上。

太岳抗日根据地的创建工作，经过了一个曲折的复杂的斗争过程。太岳人民和全国其他各地人民一样，在近代历史上，曾进行过多次革命斗争。第二次国内革命战争时期，中国共产党就在长治、临汾一带各县建立了党的支部，领导过当地的农民运动。“九一八事变”后，民族危机加深，当地的抗日救亡活动逐步兴起。1936 年红军东渡黄河，先后占领霍县、赵城、洪洞、临汾、浮山、襄陵、曲沃等县的广大农村，攻克襄陵县城和侯马镇。红军在这些地区宣传党的政策，扩大红军，组织农民协会，建立苏维埃政府，并秘密发展一批党员。红军回师时不仅留下了革命思想，还留下了一支游击队，这支游击队成了洪赵地区抗日的火种，直接推进了人民群众的抗日运动。以上这些历史情况为决死队开创抗日根据地提供了有利条件。

决死队各部队进入这一地区后，凭借着八路军的强大后盾和戴着“山西帽子”的便利条件，首先大张旗鼓地进行抗日宣传工作，所到之处，立即向群众宣传抗日救国的道理和减租减息、合理负担政策，动员群众组织起来抗日。接着就组建人民武装自卫队和牺盟游击队。随后又在各县动员群众参军参战，为八路军扩军。还开办随营学校，培训抗日游击战争的军政干部。这样，决死队的影响很快就扩大了。

在决死队开进，影响扩大，初步站稳脚跟之后，为建立太岳抗日根据地的一系列工作，就势如破竹地开始了。

第一，自上而下地建立和恢复中共各级党组织，大量发展党员。这是领导和保证抗日战争胜利的首要工作，是开创抗日根据地的基础工作。根据 1938 年冀豫晋省委“西河头会议”的精神，同年 2 月间，以安子文为首的冀豫晋省委办事处成立，它的任务是协助薄一波开展岳北地区抗日根据地的创建工作。这一组织为以后建立中共太岳特委和太岳区党委作了组织准备。

第二，建立和改造各级旧政权，是当时的重要任务。由于薄一波、戎伍胜分别担任着阎锡山任命的第三、第五行政区专员，因此，为改造和掌握这一地区的各级政权，创造了最好不过的时机。从

1937年11月下旬开始，通过牺盟会组织，发动群众自下而上地检举，撤换了违法乱纪的旧官吏，由共产党员、牺盟干部或其他进步人士取代。各县光有新县长还不能说是完全掌握了政权，还得对旧政权抓紧改造，旧的公安局更要整顿。经过曲折复杂的斗争，逐步肃清了顽固势力和反动分子，才把政权全面掌握，并建立了一套新的行政制度，颁布了一些抗日的保护人民利益的政策法令，成为人民群众拥护的抗日民主政权。

第三，发展人民武装。人民武装的建设，是创建抗日根据地的前提。太岳区的人民武装力量，大多是通过特殊统一战线形式建立的，少数是党组织直接建立的。但都受八路军统一指挥。当时的游击队有：白晋游击队400多人，活跃在沁县一带，后来成为太岳特委的基干队；同蒲铁路工人自卫队500多人，活动于南同蒲路，曾彻底破坏了侯马车站和附近铁路线；日军占领同蒲铁路以后，人民武装自卫队和牺盟游击队，是各县的抗日游击武装力量，每县都有几百人，设有总队部，后来发展壮大，由八路军总部命名为“汾东游击支队”；决死队游击武装，是在阎锡山宣布不许再以决死队名义发展部队之后，以这种新的形式逐步发展起来的，先后组建了三个团。以上这些武装力量和决死队一、三纵队及其他抗日部队一起，成为太岳抗日根据地的重要支柱，为创建太岳抗日根据地，开展太岳区的抗日游击战争作出了重大贡献。

第四，组建抗日群众团体。以牺盟会为主，深入各地发动群众，适当进行民主民生斗争，从中提高群众的觉悟，激发群众抗日热情，进而把工农青妇各界抗日救国会组织起来，使他们成为创建根据地的巨大力量。

日军发动的九路围攻，对太岳地区的各项工作是一次严峻的考验，这次战斗的重点在太行，但布置作战的会议是朱德、彭德怀在沁县小东岭召开的，朱、彭时任东路军总指挥，有权调动国共两党高级将领。在粉碎九路围攻的战斗中，决死一纵队各部共作战11次，收复沁源、安泽、沁县、长治等县城。驻在太岳地区的国民党九十四师、一六九师和十七军及第三军等部在反攻中，也配合协同作战，取得不少胜利。

粉碎日军九路围攻的重大胜利，不仅使太行区的日军不得不退守少数城市和铁路沿线，而且为太岳区抗日根据地的巩固发展奠定基础。此后，太岳抗日根据地进入了创建工作的新阶段。

在新的阶段，太岳抗日根据地把过去所进行的各项工作（武装、政权、党群等等）全面地向更高层次上推进，力求使这块根据地巩固扩大起来。在党的建设方面，太岳特委召开了两次党的活动分子会议和一次党员代表大会，加强了党的组织建设。加强了党对政权和群众团体的领导，放手扩大了抗日武装力量，并胜利地粉碎了日军对太岳区的“大扫荡”（日军称为“晋东作战”）。根据地较前更加巩固，各项工作较前深入。然而，新的恶劣形势又摆在太岳抗日根据地面前。一个是，日伪军在“晋东作战”中，虽被歼灭2000余人，弃城10余座，但终于用重兵打通了白晋、邯长两条大道，太行、太岳两区被分割。再一个是，阎锡山的反共分裂、倒退活动，逐渐表面化。山西的顽固势力明目张胆地攻击牺盟会、决死队，公开叫嚷取消牺盟会、决死队和战地总动员委员会，撤换抗日县长，取消合理负担等进步法令。在这种严峻的形势面前，太岳抗日根据地不仅要坚决抗日，而且还得时刻防备国民党顽固势力的摩擦，随时准备应付国民党顽固派发动大规模的突然事变。在这方面太岳抗日根据地的任务比较繁重，这是太岳区创建时期的又一明显特点。

太岳区的应变准备做得很好。彭德怀曾亲临决死队具体指示。北方局决定成立以薄一波为首的晋东南军政委员会，统一领导岳北、岳南地区的党政军民各系统的工作。薄一波还在决死一纵队采取了一些应变的果断措施。1939年11月14日—21日，中共太岳地委召开了全区党员代表大会。彭德怀、安子文参加，并在会上传达了中共中央的有关指示，制定了应付形势逆转的措施。这次大会对巩固太岳抗日根据地，发展太岳区的抗日游击战争和粉碎阎锡山即将发动的“十二月事变”具有重要意义。

1939年12月1日，阎锡山下达了攻击决死队的命令。“十二月事变”从此开始。

“十二月事变”是山西抗战史上的重大事件，是抗日时期国民党打响的反共高潮的第一枪。事变开头是阎锡山下令向决死二纵队发起进攻。为策应它的反动计划，山西顽固派悍然向决死一纵队、三纵队、三、五专署及所属各县抗日政权，抗日团体发动突然袭击，先后捣毁沁水、阳城、晋城等几个县的抗日民主政权，袭击了五专署、牺盟会长治中心区和《黄河日报》、《新生报》报社，屠杀共产党员和进步分子近400余人，绑架了千余人，同时还策动决死三纵队中的旧军官叛变。

在危机时刻，八路军朱总司令发表严正声明，指出：对“十二月事变”，八路军不能坐视不顾，决不允许投降、分裂、倒退逆流任意发展。为挽救时局，八路军一二九师三八六旅旅长陈赓率该旅主力进入太岳区，与决死队会合，打退了山西顽固派的进犯，并从此时起，担负起太岳抗日根据地的保卫、建设的光荣任务。

“十二月事变”平息以后，太岳区的政治、军事势态仍然十分复杂。由于太岳区领导机关，坚定地执行了中共中央的正确方针和政策，对国民党顽固派实行有理、有利、有节的斗争原则，太岳区的八路军、决死队和国民党各部队的统一战线关系没有彻底破裂。经双方协议，划定防区，争取了国民党军队的继续抗日。特别是第九十八军军长武士敏，一直率部战斗在岳南地区，与太岳区军民并肩作战。这种团结抗战局面，为太岳抗日根据地的全面建设提供了良好的环境。

防区协议签订后，全区有了一个稍微稳定的能够全心全力抗日的局面。这标志着太岳区创建时期的结束。1940年1月，根据北方局的决定，成立了中共太岳区党委，同时还成立了太岳区最高行政领导机关——山西第三专署路西办事处，即太岳行署的前身。管理沁县、沁源、屯留、安泽、岳阳（安泽西部）、平遥、介休、灵石（汾河以东）、霍县、赵城（汾河以东）、襄南（襄垣一部）、临汾、绵上（沁源北部）、漳源（沁县北部）、洪洞等15县。

晋豫抗日根据地，原是独立的战略区，曾有一段光荣的战斗经历。后与太岳区合并。这一地区包括山西的沁阳地区、中条山地区和豫北一部，处于太行山脉的终点、太岳山的南部、中条山和王屋山的南北两侧，东临晋博公路，西据同蒲铁路，南滨黄河，辖阳（城）南、晋（城）北、沁（水）南、垣曲、绛县、曲沃、翼城、孟县、王屋、济源等10县，是一块比较富庶的地带。抗日战争前，这一带经常有军阀混战，旧政府的苛捐杂税格外严重。许多大地主有自己的武装，与军阀、土匪、会道门相勾结。当地人民处于水深火热中。自五四运动以后，这一地区人民曾进行了前赴后继的革命斗争。第一次国内革命战争时期，有的县就建立了中共支队，举行了武装暴动。“九一八”之后，全国抗日情绪高涨，这一带曾在中共领导下成立了游击队，还进行了许多抗日活动，“七七事变”后，这一地区党组织恢复。不久在北方局代表朱瑞直接领导下组织豫北特委，戎子和领导的决死队也开赴这一地区。经过几年的艰苦斗争，建立晋豫抗日根据地。“十二月事变”后，曾主动撤至平顺、漳河一线。原地党的工作转入艰苦的秘密斗争时期。

为了加强秘密工作的领导，做好恢复晋豫抗日根据地的准备，1940年1月分别成立了晋豫和太南两个区党委，直属北方局。晋豫区党委以聂真为书记，太南区党委以张玺为书记，同年3月，两个区党委合并，称太南区党委。不久，太南各县划归晋冀豫区党委领导，太南区党委改称晋豫区党委，聂真任书记。区党委辖六个地委29个县委或工委。1941年5月、6月、7月作了周密安排之后，8月初组成了由一二九师、决死队几支部队组成的太岳南进支队，由周希汉（不久由王新亭接替）、聂真率领，重新开辟中条山。支队南下后，进行了一系列的抗日游击战斗，顺利地发展了中条山地区的游击战争，并于1942年7月建立了晋豫区人民抗日联合行政办事处（简称“豫晋联办”）。同时重新调整了党的领导系统，在区党委领导下在新开辟的地区建立了两个地委：第一地委领导晋城、阳城、济源、孟县；第二地委领导曲沃、翼城、垣曲、绛县、沁（水）南，此外区党委还领导三个秘密地委。各军分区也相应建立。至此，重新开展工作初具规模。

1942年10月，中共中央决定将晋豫区与太岳区合并。

晋豫区的这段创建史，在太岳抗日根据地的创建史上独具特色。

它也将永垂于太岳和晋冀鲁豫边区的史册上。

第六节　冀鲁豫区的统一

冀鲁豫抗日根据地是一个相对独立的地区。1941 年初开创工作完成之后才和晋冀豫（冀南、太行、太岳）边区合并。合并之后成为晋冀鲁豫边区中面积最大、人口最多的一个战略区。

冀鲁豫区的管辖范围，因敌我斗争形势的发展变化而多次变动。但它的基本区域东界津浦铁路、西临平汉铁路、南抵陇海铁路、北缘卫河这一方块之内。它包括原属河北、山东、河南及江苏各省交界地带的四块地方：（1）直南、豫北（濮阳、滑县）一带；（2）鲁西（聊城、泰安）一带；（3）鲁西南（菏泽）一带；（4）湖西（丰县、沛县、金乡、鱼台）一带。尽管冀鲁豫辖区时有大变，但它的基本地区，就是这四块。这四块合起来称为冀鲁豫边区，这一基本情况，则一直没有变化。战争中，一度将水东地区划为本区，并曾一度将冀南与本区合并，但时间都不长。现在史称的冀鲁豫区，既非大范围（包括冀南、水东、苏鲁、豫皖苏）的冀鲁豫，也非小范围的（只包括直南、豫北、鲁西南）冀鲁豫，而是指上述的基本地区。

冀鲁豫区约有人口 1200 万人，耕地 4000 余万亩。全区地势大致和冀南相同，除少数山冈丘陵湖泊汉湾外，全是平地。本地区地理上最大特点是黄河从本区通过，是黄河下游，河道宽、险工多，人民生活与黄河密切相关。黄河既有害，也有利。旧社会、旧政府对黄河的治理无能为力，且从中贪污，使黄河年年出事，成为当地人民最大的自然灾害根源。1938 年国民党在花园口决堤，黄河改道，整个抗战时期，旧河床干涸，有的成为农田，有的荒芜。人民想黄河，又怕黄河。但总的说，还是愿意黄河回来。

由于历史、地理、政治、经济等原因，冀鲁豫抗日根据地的创建和形成过程，与晋冀鲁豫边区另外三个抗日根据地不尽相同。它的明

显特点是在北方局和山东分局领导下，由当地中共组织，高举抗日团结大旗，成功运用党的抗日民族统一战线政策，各自为战，形成一块一块的小根据地，在八路军主力部队到达后，才将这些小块根据地联结成四块稍大的根据地，进而发展成为冀鲁豫抗日根据地。冀鲁豫区的领导关系，起初由山东分局和直南特委分别领导，1941 年之后归北方局直接领导。从军事系统上说，1941 年前，由八路军总部和当地党委领导，1941 年后，成立冀鲁豫军区，划归一二九师领导。

以上的演变经历和领导关系的变化过程，也是晋冀鲁豫边区其他三个区未曾有过的。

冀鲁豫地区历来就有革命传统。早在中共创立和第一次国内革命战争时期，直南、鲁西、豫北、鲁西南等各县，就先后建立了党的特委、中心县委、县委、工委、支部等组织。并先后形成了几个革命活动的策源地，还建立过两支秘密武装部队。在中共党组织领导下，以党员为骨干，组织过多次有工人、农民、知识分子和青年学生参加的反对贪官污吏、豪绅恶霸及抗捐抗税斗争，有的形成武装暴动。由于国民党的血腥镇压和党内错误路线的危害，斗争和暴动大多失败。但直南地区（濮阳为中心）的党组织却始终没有和上级失掉联系，没有停止过斗争。这种情况，在华北各省亦属罕见。这一奇迹深受河北、山东、河南交界地区人民的敬佩。历史之所以出现这一事态，大名师范的党支部作出了极大贡献。该校党支部，在党员校长谢台臣的正确领导下，进行了卓有成效的革命活动，并在活动中培养了一批革命骨干。大名师范办在大名，但是它的党组织的活动，始终活跃在大名以南的濮阳、清丰、南乐等县。大名师范是一处革命的摇篮。

“九一八事变”后，全国人民的抗日情绪高涨。中共中央的政治路线开始转变，冀鲁豫边界各县的中共组织，在中共中央北方局领导下，逐渐克服了王明路线造成的一些困难，工作日趋活跃，积极进行了恢复和发展组织、营救被捕同志出狱和开展抗日宣传活动。在临近“七七事变”前，各地恢复了的一些党组织，坚决执行党的抗日民族统一战线政策，广泛的开展各阶层各进步势力的团结工作，为顺利实现党在新时期的正确路线努力奋斗。

这些，都为以后动员人民积极参加抗日工作打下了基础。

抗日战争开始后，日本侵略者快速把本地区周边的铁路线和主要城市占领。1937 年 10 月，日军侵占德州、12 月韩复榘不战而放弃省会济南。1938 年 1 月，日军侵占济宁，5 月侵占菏泽，5 月中旬，徐州沦于敌手，6 月，日军占领河南省会开封。全区大城市和交通线处于日军控制中。

在日军大举进攻、国民党仓皇后退、各地呈现紧张慌乱的危难时刻、紧急关头，本地的中共党组织挺身而出，立即全力投入到抗日的组织、宣传工作上。在群众的抗日热情极其高涨情况下，各种抗日组织纷纷成立，各种抗日宣传机构，也大力开展工作，形势很好。在这种形势下，中共中央北方局及时派出政治上、思想上水平较高的党员骨干，高举抗日民族统一战线大旗，放手发动和组织群众，争取团结一切抗日力量，迅速形成以共产党为主体的联合抗日局面，进而按照中共中央的正确路线，建立了抗日武装，开展了敌后游击战争，独立自主地创建冀鲁豫区抗日根据地。

冀鲁豫区抗日根据地的创建进程中，最使全国人民注目的史实，就是中共中央和山东省委团结推动聊城专员范筑先将军共同抗战和范老将军与聊城人民共存亡的光辉业绩。范老将军为官清廉、爱国爱民、为人正直、生活俭朴。他早先和共产党人有所接触。抗日战争时期，他真诚愿意和共产党人合作。在中共中央领导人毛泽东、朱德、周恩来及山东省委张霖之等人的鼓励影响下，他接纳一大批共产党党员和革命青年到聊城参加抗战，并衷心拥护中共中央的有关抗日的各项政策。中共党员协助他收编改造各种武装集团，帮助他改造各级旧政权，支持他的教育事业、文化事业，使当时的聊城成为抗日民族统一战线的模范地区，为顺利开创鲁西北抗日根据地奠定基础。同时也为冀鲁豫抗日根据地树立了一个坚固的强大支柱。这一史实不仅在山东产生重大影响，而且在全中国引人敬重。

1938 年 11 月 15 日，范筑先将军和他的助手、共产党的负责干部姚第鸿、张郁光等人在坚守聊城的激烈战斗中，身先士卒，壮烈牺牲。

范筑先将军统辖的武装极盛时约6万人，因成分复杂，初期部队尚能听从范的统一指挥，与中共组织关系也好，但一旦遇到形势变化，便迅速分化。范老将军的殉国，使鲁西北的抗日局面再度混乱。在张霖之主持下中共鲁西特委开会决定，将掌握和扩大抗日武装部队、坚持鲁西北抗日游击战争，作为首要的中心任务。在这个方针指引下，鲁西北抗日根据地，重整旗鼓，继续前进，终成冀鲁豫区抗日根据地初期的重要组成部分。

直南、豫北是冀鲁豫抗日根据地的另一个组成部分，它的开创是在中共直南特委领导下进行的。由于历史上共产党领导过这一带的多次大规模革命运动，因而，共产党在群众中有广泛影响和深厚基础。抗日战争爆发后，党的领导人王从吾、朱则民、刘大风、刘汉生、平杰三、晁哲甫等人立即根据党的路线开展活动。这些活动内容包括：恢复发展党组织（组建特委、县工委、边工委）；创建党领导的抗日武装（平杰三等组建了一支抗日游击队），与国民党濮阳专员（河北第十区）丁树本达成联合抗日协议，双方合作共同抗日，广泛展开群众工作，组织各种抗日救国会（其中的“冀南文化界抗日守土后援救国会”，由直南著名教育家晁哲甫、王振华、平杰三、李素若、王照临、高镇五等发起，影响很大）。所有活动，都促进了当地人民抗日高潮的兴起和蓬勃发展。

在国民党顽固派发动第一次反共高潮期间，丁树本倒退反共，创建抗日根据地的工作受到损失。直到打退石友三的进攻之后，直南、豫北才扭转了局面，成为冀鲁豫边区的一块巩固的抗日根据地。

泰西地区的开辟，是另一种形式。这一地区抗日活动展开的较早，而且从一开始就突出了抗日武装建设，共产党员以各种名义组建的抗日游击队，英勇地袭击日本侵略者，在战斗中发展壮大，使泰西抗日局面较早地发展。

1937年10月，中共泰安临时县委根据山东省委黎玉的具体指示，在群众抗日组织“抗敌后援会”和“民众抗日动员委员会”的基础上，组织了“人民抗日自卫团”，实行抗日武装起义，这是泰西地区的第一支抗日游击队。与此呼应，泰安几个区还分别组建了各有几十人的抗日游击队。

与此同时，长清县的共产党员，以抗敌后援会的先进分子为骨干，组成长清县抗日游击队。肥城县的共产党员联络爱国人士，组织起肥城县抗日游击队。

三县的三支抗日游击队，为泰西建立统一的抗日武装打下基础。

泰安沦陷后（1938 年元旦），刚从狱中出来的中共党员张北华和远静沧、崔子明在泰安夏张镇举行武装起义，成立“山东西区人民抗敌自卫团”。这一支4000 余人的抗日游击队自成立之日起，就不断地向日军袭击，曾冒雪奇袭肥城县城，突袭津浦铁路上的日军据点界首村；为配合台儿庄战役，一夜间破坏铁路几公里，炸毁火车一列，迫使该段铁路一周不能通车，接着又炸毁万德车站，又使敌人十多日不能通车……这些战斗，打击了日军的嚣张气焰，镇压了汉奸特务，同时也锻炼了部队，激发了群众的抗日爱国热情，提高了党的威信。

自卫团在战斗中，在陆续合编党领导的各支抗日武装的同时，还争取几支具有抗日愿望的地方武装首领率队参加自卫团。

1938 年 5 月，中共泰西特委正式成立。董君毅任书记，张北华任军事部长。特委根据当地具体情况，确定了建党整军的原则和方案，并对当地的国民党顽固势力予以打击。泰西地区的开辟至此基本胜利结束。

鲁西南地区是冀鲁豫区的又一个组成部分。它与湖西地区一起，在中共党组织的领导下，一面组织群众，建立抗日武装，开展游击战争；一面同留在敌后的国民党官员、部队建立合作关系，推动抗日斗争的发展。在这样复杂艰巨的斗争中，党的力量不断发展壮大，鲁西南、湖西抗日根据地逐渐开辟，并异常活跃地展开各项抗日活动。

这一地区的工作之所以那样活跃，与党中央直接派人做李宗仁的工作关系甚大。郭子化（特委书记）、郭影秋（铜山县委书记）和中央派往李宗仁第五战区的代表彭雪枫，正确执行中央政策，创造性地开展抗战活动，推动李宗仁的进步措施，对这一地区的局势发展，起到了重要作用。台儿庄会战前后，全国各地的抗日救亡团体、艺术团体、爱国人士、著名演员和一二九运动中涌现的知识青年、知识分子，都先后到这里参加抗战，对以团结李宗仁为核心的抗日民族统一战线的形成，也作出了贡献。

以上是抗战爆发一年多，八路军主力部队尚未到达前的情况。这些史实，为八路军主力部队到达后深入开展游击战争，为创建冀鲁豫抗日根据地提供了良好条件。

1938 年 12 月间，一一五师主力在罗荣桓、陈光及肖华、杨勇等一大批将领率领下进军山东，随即派出主力部队一部，进抵冀鲁豫地区。

1939 年 1 月，杨得志、崔田民率一一五师三四四旅，第二次进入冀鲁豫地区。

在此之前，一二九师各支部队在开展平原游击战争时，已分兵在鲁西、直南、豫北一带展开抗日活动。

从 1939 年初算起，冀鲁豫抗日根据地的开创工作进入新时期。

刘伯承、邓小平所属一二九师三八六旅主力部队和先遣支队一部由陈赓、李聚奎带领由冀南向鲁西北移动，稳定了聊城失守、范筑先将军殉国后鲁西北出现的混乱局势。具体行动是：将范老将军的部队充实、扩大为筑先抗日游击纵队；成立中共鲁西区党委，调整加强各地委、县委；抽调力量向鲁西山区和远东地区发展。经过这些工作，鲁西北形势进一步好转。

1939 年 7 月间，八路军总部命令，黄河以北的鲁西地区军事上归一二九师指挥，筑先纵队列入一二九师序列。1939 年 9 月，鲁西北行政委员会选举产生。

从此，鲁西北的开辟工作定局，它的军政领导关系转到冀南区党委。

一一五师东进支队推进泰西后，首先在军事上继续进行多次战斗，重创日军，立即扩大了我主力部队的影响。进而统一泰西党、军领导，一一五师和鲁西区党委联合组成鲁西军政委员会，罗荣桓任书记。这样就强化了鲁西的党政工作。罗荣桓及时提出鲁西工作的重点，一是武装问题、二是政权问题。强调提高部队质量，加强党对部队的领导；建议争取泰西地区行政尽快统一，以利于发扬民主，改善民生。在这以后，泰西地区各项工作迅猛展开。

1939 年 10 月间，泰西行政委员会成立。它标志着泰西根据地的初步建成。

在泰西地区大体巩固后，一一五师又向运西（梁山、寿张、阳谷一带）、卫东（夏津一带）发展。1939 年底，泰西、鲁西北、运西、卫东已连成一片。

一一五师三四四旅在杨得志带领下，到达直南豫北后，统一了这一地区的军事领导，组建冀鲁豫抗日游击支队，积极开展了抗日游击活动，连战皆捷，打击了日伪和顽军对我军的封锁、限制。在当地党委原有工作的基础上，提高各项工作的质量和进度，豫北、直南工作大有进步。

一一五师另一支部队由彭明治、梁兴初带领，依托直南、豫北，分兵湖西地区，开辟湖西地区的抗日游击战争。他们首先将一一五师一支部队和地方游击队合并，组建苏鲁豫支队，这支新部队组成后，经过多次战斗、声威大振。后来，又将战斗在各县的几支游击队改编、扩充，还收编了一支起义部队（藉兴科部），军事力量增强，其他各项工作亦大有进展。但是，正当湖西地区日新月异向前发展时，党内发生了湖西“肃托事件”，这是一桩在全党有重大影响的冤假错案，区党委的四位重要领导者，惨遭杀害，全区工作受到极大损失，教训极其沉痛。

当冀鲁豫几个地区党、军、政、群逐渐统一、抗日根据地逐渐巩固、抗日游击战争大发展之时，国民党顽固派发动的第一次反共高潮，也迅速波及冀鲁豫抗日根据地。抗战初期这一带集中着从前线退下来的大批国民党部队。那些曾经与八路军联合抗日的部队，按照国民党的命令开始反共，由小规模的摩擦，进而发动大举进攻，石友三、丁树本、李树椿、齐子修等顽固派头子带领五六万士兵，联合起来，阴谋一举将八路军和抗日游击队消灭。我八路军和游击队被迫实行自卫反击。1940 年初，才迫使冀鲁豫区的顽固军队退出本区。

打退顽军进攻后，又粉碎了日军的多次残酷扫荡。但由于日伪顽连续的进犯，我控制地区急剧缩小。根据地各项工作处在艰难困

苦中。

1940 年 4 月 15 日，鲁西北、泰西两行政委员会合并，成立鲁西行政公署，肖华任主任，董君毅任副主任。从此统一了鲁西各县抗日政权的领导。这时的鲁西 36 个县中已有 30 个县建立了抗日民主政府。1940 年 4 月 17 日，在清丰召开了有南乐等 6 县的军政民代表会，成立冀南 6 县行政督察专员公署，统一了直南、豫北各县政权的领导〔1941 年还正式建立了（小）冀鲁豫行政公署〕。1940 年 7 月，湖西地区也建立了专署，统一了湖西地区抗日民主政权领导。

又经过一段工作后，冀鲁豫边区完全统一。它包括：鲁西地区（鲁西北、泰西）、冀鲁豫边地区（直南、豫北、鲁西南）、湖西地区（苏鲁豫边）。主力部队发展到三万余人。

1941 年，对敌斗争形势更加紧张。为加强领导，统一指挥，经北方局和八路军总部批准，在当年 7 月 1 日，将冀鲁豫和鲁西两个区党委合并为新的冀鲁豫区党委，张霖之任书记。新的冀鲁豫军区也随后成立，杨得志任八路军二纵队司令员。随后，新的统一的全区行政领导机关——冀鲁豫行署组成。晁哲甫任行署主任，董君毅、贾心斋任副主任。在当年七七抗战四周年时，晋冀豫和冀鲁豫正式合并，两区选出的参议员，齐集太行，成立晋冀鲁豫边区临时参议会，选举边区最高政权领导人员，组成晋冀鲁豫边区政府。

晋冀鲁豫边区从此时起，正式宣告诞生。

在与晋冀豫合并前，冀鲁豫区设七个专区四十余县。

第一专区：泰安、长清、肥城、东平、宁阳。

第二专区：郓城、巨野、城武、汶上、济宁、寿张、观城、昆山。

第三专区：莘县、朝城、冠县、堂邑、阳谷。

第四专区：清平、禹城、博平、东阿、茌平、张秋、齐河。

第五专区：南乐、内黄、尚和、卫河、清丰、封丘。

第六专区：滑县、浚县、东明、长垣、高陵、昆吾、濮阳。

第七专区：曹县、菏泽、考城、定陶、曹东。

第三章
边区草创时期的重大财经措施

战争是人力物力的总决赛，在敌后开展抗日游击战争期间，财经建设的任务极其繁重，它担负着发展经济，增加人民财富、保证军队供应、改善群众生活的重要职责，是创建根据地的一个不可缺少的方面。因此，在晋冀鲁豫边区分散草创时期，财政经济工作是和军事工作、政治工作相互结合、同步前进的，邓小平在回顾和总结晋冀鲁豫边区创建过程时，都是从军事、政治、经济三方面综合分析情况的。他在讲到 1937—1938 年那段经历时，如数家珍般地叙述了这一时期军事上政治上的大发展，同时也讲到，这一时期经济上尚无任何设施，亦未引起注意。而敌人则有相当成就，但在广大乡村被我控制的条件下，敌人未能达到“以战养战”的目的。在讲到 1939—1940 年这段时期的军事政治经济斗争经历时，明确指出经济仍然是被忽视的，民生凋敝，军队供给极端困难。在敌占区只有需索而无工作，故征集资财亦无成绩，这是边区（主要是太行区）最穷困时期。邓小平又说：1939 年发行了冀南钞票，加强了经济斗争力量，军需才有保障。但在这期间对敌经济斗争的成效则甚为微弱。[1]

邓小平的这些总结，是实事求是的。在边区分散创建时期，边区的缔造者们将主要精力用于军事斗争、政治斗争，这是很自然的，这方面的成就极其明显。相比之下，经济工作的成绩的确不如政治、军

〔1〕“五年来对敌斗争的概略总结”，《邓小平文选》，人民出版社 1993 年版，第 34—37 页。

事工作那样显著，然而对于经济工作中最要紧的吃饭穿衣问题，即财政问题，也丝毫没有放松过。其他方面，如独立自主组建冀南银行、积极筹组贸易机构、建立华北财校等措施，对晋冀鲁豫边区的经济建设，也起了重大作用，其影响也是不可低估的。

第一节　筹粮筹款　就地取给

在晋冀鲁豫边区开创初期，有三个特殊情况，严重影响着八路军总部和一二九师及其他抗日部队的军需供应：

第一，武汉失守不久，国民党反共顽固派势力逐渐抬头，国共两党关系不如前一时期，有些重大事务，难以协商。中共中央多次提议的援晋察冀边区先例，在晋冀豫地区组建边区政府一事，此时此刻，难以进行。因此，1940 年之前，晋冀鲁豫边区没有一个统一的政权。这是妨碍抗日根据地开创事业的不利因素。边区范围内的地方政权虽然逐步建成或改造为抗日政权，但因缺少统一领导，往往各自为政，各有各的财政制度。在这种情况下是很难保证一二九师等主力部队军需供应的。

第二，晋冀鲁豫边区与国民党统治区接连。在边区内，不仅有共产党领导的抗日武装，而且还有一大批经北平、太原等前线败退下来的国民党中央军、杂牌军在此“集结待命”，驻扎在东部（冀南、鲁西）、西部（晋南）、南部（豫北）各地的部队总数不下 50 万。国民党曾严令这些军队（特别是杂牌军）不得退过黄河，因而有些部队就一直留在边区。此举不仅在政治、军事上对根据地不利，而且在经济上也是一个沉重负担。加上这些部队军纪败坏，素质低劣，经常横征暴敛、明抢暗盗，使边区人民除受到日本侵略者之烧杀抢掠外，又受国民党顽固军队之敲诈勒索，元气大伤。这一突出情况，也严重影响着一二九师及其他抗日部队的正常军需供应。

第三，一二九师及其他抗日部队，是革命的种子。它的抗日功绩深受人民敬佩。当这支部队挺进边区各地后，大批青年踊跃投军，主力部队和游击队人数急剧增加，1937 年底八路军总部率一二九师主力抵达和顺、辽县时，总数 1 万余人，半年后即扩展到 5 万多人，1939 年初，已成十万大军。无疑给边区人民加重了供应任务。

从以上几个特殊情况说明，如何解决一二九师及其他抗日部队的军需供应，使它们能够在作战时无后顾之忧是摆在财政经济工作者面前的严重任务、首要问题。

早在 1937 年 10 月下旬，中共中央军委总政治部就发出指示，要求各部队立即采取各种方式，筹粮筹款。

1939 年 2 月，毛泽东在关于处理河北摩擦问题的指示电中，曾提出："政府发饷甚少，八路军及游击队不能不就地筹粮。人民拥戴，踊跃输财，有利于国，无害于民。今后仍应如此，决不能枵腹作战。"〔1〕

1937 年 11 月，周恩来针对部队供应的困难，在一次报告中，首次提出"独立自给"的主张。

八路军总部和一二九师师部，就是根据中央精神，采取就地取给、分散征收的办法，筹粮筹款，解决部队粮食供应问题的。

就地取给，并非乱摊派。在具体执行中，也要尽可能做到公平合理。因此，利用阎锡山的"合理负担"办法，成为解决筹粮筹款的主要政策。

在八路军开赴前线时，中共中央代表周恩来和山西当权派阎锡山之间，经过多次谈判，达成了多项协议，其中有一条是阎锡山除供应八路军一部分武器装备，还同意战时兵站对八路军部队也给予后勤支援，但不负担我军的财政供给任务。另外，在其他协议中，同意在敌后沦陷区组织"民族解放战争战地总动员委员会"（简称战委会）。并协议，"战委会"可以按照合理负担政策，动员民众出钱出粮，解决抗日部队的军需。八路军开赴前线时，国民党政府只按四万五千人的编制，每月发给军饷 63 万元（后增至 70 万元），随着部队

〔1〕 冀南革命根据地史编委会：《冀南党史资料》，1988 年版，第 65 页。

迅速扩大，所发军饷实在是杯水车薪，根本不够支出。八路军就利用“合理负担”这个口号，要求各部队“宣传阎锡山的合理负担，即有钱出钱、有力出力”的办法，来解决军需供给。[1]

阎锡山的山西省政府制定的“合理负担摊款办法”，原来是为筹措战时经费而制定的向农村摊派的临时办法。在这个办法里，它把农村按经济状况划分为11等，把农户按财产划为19等，征收时，按等级分摊数额。等级中的特等户，直接由县分配数量。这个办法比按田赋、地亩摊派的办法合理一些。但是，这个办法最大的缺点是没有明确规定摊派的数额、征收时期和征收机关，谁都可以利用合理负担的名义，无节制地向民众筹款，从而加重民众负担。同时又由于它没有明确的计算依据，同样的户在不同村之间的负担，往往是以举手的方式来决定的，使负担失去平衡。因此“十二月事变”后，为了纠正这种负担不合理的现象，山西第三专员公署路东办事处于1940年3月份，参照过去晋察冀边区的合理负担办法，重新修订并颁布新的《合理负担摊款办法实施条令》，按每户人均收入及资产之多少，分级累进征收，并明确规定每年分两次由县政府统一征收。除此而外，任何机关和个人不得再向民户摊派粮款，制止了过去随意向民户乱摊派的现象，负担比过去合理了。同年4月，山西三专署路西办事处也制定一个三等四级累进税制征收办法，按收入来源的性质分为三等四级，并按照收入的多寡累进征收。同年5月，山西第五专署也颁发了新的合理负担办法，规定每户人均资产在50元以上或人均收入在30元以上者，得按合理负担办法摊款，其负担额最高不得超过总数收入的30%，并明确规定此项合理负担，由县政府每年一次摊款，分两次交纳。此外，再不准区村政权自行向人民摊派一文钱。自此，初步制止了乱摊派的现象。

在为八路军筹措粮款期间，山西三专署专员、共产党员薄一波和五专署专员、共产党员戎伍胜，在各自领导的地区，不仅坚决贯彻执行合理负担办法，为八路军总部和一二九师及其他抗日部队解决军

〔1〕 见《1937年9月25日十八集团军军分会训令》。

需供应提供方便。而且还利用自己的合法身份，多次给八路军“借款”。国民党政府发现薄一波等人为八路军“借款”，曾派“军风纪”检查团检查，经薄一波恰当应付，查不出“违纪行为”不了了之。

以上情况，就是晋东南地区利用阎锡山的合理负担办法解决八路军供给问题的大致情况。

冀南地区是一二九师主力活动的另一重要作战地区。在开创冀南抗日根据地时，解决部队供应问题的方法和晋东南大不相同。

一二九师抵达冀南时，部队的供给问题，起初靠中共冀南地方党委和抗日爱国群众团体，后来靠各地组织战地动员委员会或救国会代行政权职能，帮助部队筹粮筹款。1938 年 4 月，中共中央对发展河北平原的游击战争发出指示，其中对于财政工作提出：“在收复的地区应即建立政府”，“帮助部队筹措给养”，并指出“筹粮筹款以自愿及公平摊派为原则，并注意逮捕城市及车站的大汉奸筹款。”〔1〕这就为开辟冀南根据地时期冀南区的筹粮筹款工作指明了方向。随后，冀南各专区，各县抗日政府相继建立。1938 年 8 月 20 日冀南行政主任公署成立。各级抗日政府逐步健全，主任公署制定了财政收支办法。并宣布废除苛捐杂税，实行合理税收，重新创建冀南区的财政工作，同年 9 月冀南行政主任公署成立冀南经济委员会后，立即着手筹划冀南区的财政经济工作，成立了冀南税务征收局，开始征收出入口税。10 月，冀南行政主任公署发布战时紧急动员令，宣布废除 46 种苛捐杂税，提出征收救国公粮、向富有者征收乐捐，发动群众自动捐助，动员军装、军袜。在动员军装、军袜时，提出有布出布、无布出钱的公平负担办法，很快统筹了土布军装数万套，解决战时部队冬装的急需。随后每年都向太行输送了部分粮棉。“公平负担”从此时起为当地群众认可。

公平负担法令的制定和实施，在冀南财政制度的创建中，具有重要意义。冀南行政主任公署制定的这个负担办法是根据“钱多者多出、钱少者少出”的原则，以村为单位，以地亩为标准，视每人平

---

〔1〕 参见 1938 年 4 月 21 日《毛泽东等关于发展平原游击战争致朱德等电》。

均地亩之多少划分6级累进征收，这是一个比较公平的办法，以后屡有修订，但基本精神是一致的，它不仅是征收公粮的法令，也是以后动员军布、军鞋的法令依据。成为冀南区在抗日战争时期财政的主要政策依据。

与此同时征收的还有田赋、棉花运销救国捐、不资敌货物出境税、外货入境税、卷烟吸户特税、烟酒税、印花税等数种，也都是当时财政收入的一个来源。1939年夏，冀南普降暴雨，30余县受灾，灾民达300余万人，为救济这些灾民恢复生产，冀南行政主任公署还发行了一期救灾公债50万元。

以上是在“冀太联办”成立以前冀南区解决军需供应的大致情况。

在冀鲁豫地区，情况比较复杂，抗日战争初期，鲁西、直南、豫北地区原有的国民党地方政权大都存在，抗日部队和抗日群众团体大都和当地的国民党政权建立了较好的统战关系，中共地方党组织组建的各支抗日人民武装，也都采用他们的番号，编入他们的部队序列，所需武器弹药和财粮供给，大多由他们解决。

1938年底范筑先将军牺牲，他的军队有一部分被顽固分子掌握。次年春，直南专员丁树本执行国民党的反共政策，鲁西、直南形势迅速逆转。在此形势下，根据中共中央对山东反摩擦工作的指示，开始在鲁西和直南两地区进行反顽斗争，并独立自主地在鲁西、直南、豫北的一部分地区，建立了共产党领导的抗日民主政权，在财政工作上开始实行合理负担。1940年春，鲁西和直南先后分别统一了两区党的领导和政权工作。同年5月5日，中共山东分局对鲁西工作发出指示，指出鲁西财政工作的任务是供给东进支队和供给中央。从1941年7月起，鲁西和直南两区实行合并，正式形成大的冀鲁豫区。财政也从此着手统一。这就是边区政府成立以前冀鲁豫区财政工作的大致情形。

此外，除以上所述情况外，这一时期，在晋冀鲁豫边区各抗日根据地的八路军，为了克服军费的困难，还开办了一些公营商店和合作社，也获得一部分盈利收入，用于补充军费的不足。还有些后方部队

开始搞生产，用于改善部队的生活。

在晋冀鲁豫边区初创时期，在当时的特殊情况下，部队的供应问题，就是靠这些特殊办法解决的，因此部队的物质生活非常困难。1939 年夏以后，约有一年多时间把干部和战士的那一点点微薄津贴也停发了。至于粮食供给，在最困难时，部队只能走到哪里，吃到哪里，随到随吃，到处吃粮，吃百家饭。幸好我军有长期过穷日子的经历，有艰苦奋斗的光荣传统，能够密切联系群众，和群众同命运、共患难，同甘共苦，深得群众拥护，能够得到人民的同情和帮助。在人民的支持下，渡过了财粮供给上的艰难岁月。

第二节　创建银行　发行货币

在晋冀鲁豫边区初创时期的财政经济工作中，具有深远战略意义的举措，就是冀南银行的建立和冀南票的发行。这是晋冀鲁豫边区的缔造者朱德、彭德怀、刘伯承、邓小平、徐向前、杨尚昆以及冀南行政主任公署领导人杨秀峰、宋任穷等人全面贯彻中共中央独立自主开展游击战争、创建抗日根据地的指示的重大决策。也是关系到边区生存的大事。

“七七事变”后，华北大部地区沦于敌手，从 1938 年起，敌人在华北组建了垄断华北经济的各种经济会社，在北平成立了伪“中国联合准备银行”，大量发行伪币（联银券），掠夺华北人民物资，并吸收法币，套取法币外汇。因此，展开对敌货币斗争，已成为摆在根据地面前的一项刻不容缓的任务了。1938 年 10 月，毛泽东在论述对敌实行新的战时财经政策时就曾明确指出：“为了有计划与敌人发行的伪币及破坏法币的政策作斗争，允许被隔断区域设立地方银行，发行地方纸币。”[1]这次讲话首次提出在敌后根据地建立银行，发行

〔1〕 毛泽东：1938 年 10 月 12 日在中共中央六届六中扩大会议上的《论新阶段》讲话。

地方货币，与敌人的伪币进行斗争的问题。

1939年华北敌后抗战进入了一个新阶段，敌人攻占武汉后，以重兵回师华北，对华北各根据地大举围攻，企图将华北变成它“以战养战”的重要基地。同时日本侵略者对国民党实施“尽力把民族矛盾引向主义对立”[1]的政策，以“共同防共”为口号，向国民党进行政治诱降活动，敌后的抗日斗争进入了非常艰苦和复杂的对敌、对顽斗争新阶段。在这种新形势下，中共中央要求各地抗日武装进一步发展壮大，以坚持华北敌后的抗战。但是，国民党不仅不允许八路军扩大，反而和敌人相呼应，竟在国民党五届五中全会上，提出了一系列反共、限共的反动措施，既不承认我在敌后的抗日武装力量，不增发军饷，又不准我在敌后组建抗日民主政权和筹粮筹款，限制八路军的发展，连以前应允拨付八路军的有限军饷，也常常以各种借口不按期支付，时发时停。原先少数比较开明的国民党地方政权，也改变了态度，视友为敌，多方阻挠，使我军处于敌顽夹击的困境之中。1939年一度使八路军部队困难到没有饭吃的地步。为了坚持敌后抗战，发展根据地的经济，创建根据地银行，发行自己的货币，就成为边区财经工作势在必行的紧迫任务了。

在冀南银行成立之前，边区的部分地区为了解决当时面临的军政经费困难，曾发行了一些地方流通券，其中影响较大的有以下几种：原山西省第三专署，曾根据中共晋冀豫区党的决定，并报请山西地方当局阎锡山的同意，在三专署领导下，创办上党银号，发行了上党银号票，流通于晋东南原山西第三、第五两专署所辖地区，这是晋冀鲁豫边区发行较早、发行数量最多（共发行200万元）、流通区域较广的一种根据地货币。1939年春，原山西第五专署发行了山西第五行政区救国合作社兑换券，流通于山西第五专署所辖地区，以补上党银号票的不足，发行的兑换券均为辅币，共发行56万元。在直南、鲁西、湖西等地，也有少数地区发行了一部分流通券。其中鱼台县发

[1] 日本五相会议决定《从内部指导中国政权的大纲》（1938年7月19日—22日），复旦大学历史系日本组编译：《日本帝国主义对外侵略史料选编》，上海人民出版社1999年版，第272页。

行的鱼台地方流通券，发行数量较多，流通于湖西地区全境，一直到1943年才停止发行，其他地区发行的流通券都很少。这些地方性流通券，在市场上和法币等值流通，实际上只起着法币的辅币作用，尚不能称为根据地的独立货币。在建设发展根据地经济上，不可能担当统一货币的主导作用。

独立自主的建立根据地银行，发行根据地的货币，是八路军总部和一二九师慎重决策的。本来要建立的是边区银行，后又叫冀南银行。这是在当时特殊情况下，认真研究选择的。当时，晋冀鲁豫边区的环境很复杂。河北的政治环境与山西的政治环境有很大不同。河北是八路军从日军占领下收复地区，政权是收复后重新组建，因而，有些工作在河北境内能放手做的，在山西境内常常有所顾忌，不能放手去做。建立边区银行这样的事，在山西难以办到。在河北，有冀南行政主任公署这样的高级抗日政府，就能顺利办理。因此，在建立边区银行时以冀南为名，比较适宜。

筹建冀南银行和发行冀南银行钞票，是在和国民党顽固派激烈斗争中进行的。早在冀南行政主任公署成立之初，就曾呈请国民政府，要求建立冀南银行，并发行冀南银行钞，以利发展冀南地区的经济，但受到了国民党河北省省长鹿钟麟的阻挠，强令缓办。1939年以后，随着对敌斗争的日益激化，边区的抗日武装力量又有了进一步发展，八路军财粮供给任务日益增加。因此，冀南行政主任公署不顾鹿钟麟的压制、破坏，决定成立冀南银行。同年6月报经中共北方局同意，在山西黎成县西井村成立了冀南银行筹备处，着手发行冀南银行钞的各项准备工作。

筹建冀南银行、发行冀南钞是一项十分艰巨的工作，是经过边区领导机关精密筹划的，承担具体筹备任务的是八路军一二九师供给部部长徐林。他首先抓紧筹设印钞厂。为此他通过多种渠道，将所辖区域内的印刷设备集中起来，从邢台请来了技师，从太行和鲁西、太岳等地调集了工人，先后建立了四个印刷所。师供给部还从冀南财经学校调来一批学生，从抗大及其他单位抽调了一批过去做过银行工作的干部组成银行业务机构。到1939年6月，冀南银行的组建工作大体完成。

冀南银行筹备就绪后，1939 年 9 月，冀南行政主任公署报经冀南行政区参议会讨论通过，发布了《关于成立冀南银行发行冀南银行币的布告》及《宣传纲要》，这个布告发出后，立即遭到了国民党政府电令阻止。进驻河北的冀察战区副司令石友三，到处张贴布告，威胁要枪决行使冀南钞的群众。为此，冀南行政主任公署根据国民政府行政院孔祥熙曾允许战地省政府可发行以法币为基金之地方性货币以及各战区为保护法币，可以发行单一地方币等规定，拒绝了国民党政府不准发行冀南银行钞的电令，并于 10 月 15 日正式宣布成立冀南银行。为了银行的安全将总行设于山西省黎城县小寨村。行长为高捷成、政委为熊光炳。同时设在冀南区的冀南银行路东行亦在南宫县宣告成立，经理为赖勰，副经理为胡景沄。在冀南银行成立的同时，正式宣布对外营业，开始发行冀南银行钞（简称冀南钞），流通于冀南和太行两区。所发冀南钞，规定与中央、中国、交通、农民四行发行的法币在市场上等值流通，在市场交易、完纳赋税与法币同用。并规定冀南钞为法币之保护币，自冀南钞发行之日起，要求凡在冀南区持有法币者，应悉数向冀南银行兑换成冀南钞使用。冀南钞开始成为流通于冀南和太行两区市场的本位币了。

冀南银行宣告成立后，最早设在太行地区的业务机构是晋东南办事处，杨介人任办事处主任。办事处设在辽县芹泉村，下辖冀西、漳西、漳北 3 个分处，具体处理所辖区域内的各项金融业务工作。

1940 年 6 月，冀南银行又在直南清丰县建立了冀南银行冀鲁豫办事处，冀南钞也开始流通于这一地区。同时该办事处为了解决市场铺币的急需，以调剂市场金融流通，又以冀南农民合作社的名义，发行兑换券 40 万元，面额分为 2 分、5 分、1 角、2 角、5 角五种，流通于冀鲁豫边区所属各县。

冀南银行的成立和冀南钞的发行，不仅为独立自主地进行晋冀鲁豫边区抗日根据地的经济建设创造了条件，而且为华北敌后各根据地银行事业的开展提供了便利。中共中央在转发《中共北方局关于财政经济政策的指示》时，曾赞同在华北各根据地银行间建立汇

兑制度，提出：在尚无中央银行与统一发行货币的条件下，华北各根据地建立相互汇兑制度很好，同意中共北方局提出的“由冀南银行负责筹划晋察冀边区银行、冀南银行、北海银行、晋西北农民银行币的流通调剂办法。第一步做到各银行沟通汇兑，以便开展华北各根据地金融的流转工作。”并进一步表示“陕甘宁边区银行亦愿参加此项工作。”[1]中央的这一指示，就是在当时尚无中央银行的条件下，授予冀南银行特殊地位，以协调各根据地银行之间的金融流转工作，为各根据地间的物资交流创造条件。尽管限于当时的战时环境，各根据地银行间的汇兑未能进行，但以后随着我国新民主主义革命的不断胜利，在逐步实施统一各根据地银行的工作中，冀南银行始终处于主导地位，在新中国金融工作的统一和金融建设中，都是以冀南银行为基础逐步实施的，冀南银行发挥的作用是很突出的。

在冀南银行成立不久，1940 年 1 月 20 日，中共北方局对山东根据地的金融工作发出指示，指出：鉴于鲁西许多地方自行发行流通券的混乱情况，鲁西应统一发行纸币，纠正“不统一发行”、“各自为政”的现象。中共山东分局根据北方局这个指示，决定筹办鲁西银行。在八路军一一五师的帮助下，鲁西银行于 1940 年 4 月在鲁西聊城东平湖西藏庙成立，由一一五师供给部部长吕麟兼任鲁西银行经理（后为张廉方），同年 5 月正式开始营业，发行鲁西银行币，流行于鲁西地区。鲁西银行币发行后，原在鲁西根据地的泰西银行长清分行发行的辅币即停止发行。次年 6 月，鲁西银行又与设在内黄县的冀南银行冀鲁豫办事处合并，在冀鲁豫全区统一流通鲁西银行币。

上述冀南银行和鲁西银行的创建和货币的发行，是边区反对国民党顽固派斗争的又一个胜利。这一胜利，为进一步开展对敌经济斗争，制止伪币掠夺，独立自主地进行晋冀鲁豫边区的经济建设开创了基本条件。为八路军摆脱财政上对国民党政府的依附，从而自力更生解决边区的军需民用供给，提供了重要保证。随着对国民党顽固派限制与反限制斗争的发展，以及对党提出的金融政策的正确执行，冀南

〔1〕 1940 年 4 月 15 日中共中央《财政经济问题的指示》。

和鲁西两银行在发展根据地经济、支援财政克服困难、增强对敌的经济斗争和货币斗争力量方面，都发挥着越来越大的作用，为坚持敌后的抗战作出重大贡献。

第三节　制定贸易政策　筹组贸易机构

晋冀鲁豫边区的对内对外贸易事业如何开展的问题，在根据地初创时期即已着手酝酿，并在有条件的地区进行了一些试验。尽管它的具体成绩不那么大，进展不那么快，但是，在刚刚开始独立自主创建抗日根据地的时候，就较早地预见到内外贸易将在对敌经济斗争和根据地经济建设上的作用，并为此制定政策，筹组公营贸易机构，准备对敌贸易斗争，恢复内贸市场，称得上是创建时期的又一项重大经济措施。

对敌经济斗争是对敌斗争的一个重要组成部分，早在抗日战争爆发以前，为反对日本帝国主义的经济侵略，我国各地就提出了“抵制日货”和“禁绝日货”的政治口号，但在敌人侵占华北以后的敌后根据地，敌我控制的区域犬牙交错，城乡分割，原有城乡之间的经济联系被割断。然而这种过去长期形成的城乡间、地区间和工商间的经济联系，又不可能因敌我军事斗争的对立长久断绝。如何在新的形势下解决这个问题呢？这是当时摆在晋冀鲁豫边区抗日根据地面前的一个急迫问题。能不能和敌占区进行贸易？如何和敌占区进行贸易？都没有什么先例可循，和敌占区实行“绝交”，显然不可能。因此在晋冀鲁豫边区抗日根据地开辟时，在解决这个问题中，曾走过了一些曲折的道路，错误和教训是很多的。

抗战初期，中共中央在战时财政经济政策中提出：“禁绝日货，取缔奸商，反对投机操纵。”[1]随着抗战形势的发展，敌后环境的变

〔1〕 毛泽东：《为动员一切力量争取抗战胜利而斗争》，《毛泽东选集》第二卷，第356页。

化，北方局负责人对根据地实施的经济政策，又作了具体指示，提出“保护一切工商业的自由营业，取缔奸商”和“组织输出输入，允许敌人占领区域的商人进入根据地营业。”[1]进一步阐明了党在敌后根据地的商业贸易政策。在具体贯彻这一政策中，晋冀鲁豫边区各地经历了一个复杂的斗争过程。

战争时期，原来商业比较发达的城市，全部沦于敌人统治之下，且都受着敌伪所设立的各种组合和合作社的统制。根据地内的商业，又由于敌人“扫荡”的抢掠破坏，大商业几乎全部垮台或外逃，分散在根据地内城镇的多为一些小商及摊贩，城乡之间本来就欠发达的贸易联系，基本上陷于瘫痪状态。抗战初期，晋冀鲁豫边区是国共两党部队共同驻防的区域，在华北抗战的国民党军队都溃退到这里，军需浩大。饱受战争摧残的农村，经济凋敝，民不聊生，人民的生活极度困难，生产急待恢复。所有这一切，都要求开展地区间的商业贸易，发展根据地的经济，解决根据地军需民用所面临的困难。由于根据地经济以农业为主，工业很少，且多为手工业作坊，许多工业品根据地还不能制造，如火柴、布匹、西药及军需用品，仍有赖于从敌占区进口。同时，根据地也有许多剩余的农副产品和山货土产，需要向敌占区推销，以换回边区所必需的工业品。这说明，根据地不能因为在军事上、政治上和敌人处于战争状态，就在经济上也和敌占区完全隔绝。但是，不隔绝不等于不斗争。敌人企图以它在经济上所占的优势来封锁根据地，根据地必须设置一定的专门机构，通过各种不同的方式冲破敌人的经济封锁，获得边区所急需的军需民用工业品。这样的经济斗争必然发生，而且长期存在。

边区创建初期，大部地区尚未建立抗日民主政权，对敌经济斗争，大都处于自发的无政府的自流状态。从1938年夏季敌占平汉铁路恢复货运后，敌我区之间的贸易发生了很大变化，边区两年来积压的山货一下子销售出去了，销路很旺。边区从敌占区采购的货物，因敌人只对少数军用品实行统制，实际上并不严格，边区所需工业品一

---

〔1〕 刘少奇：《抗日游击战争中的若干基本问题》。

般都可购运进来。同时在边区南部，中央军大量从敌占区贩运仇货、经边区运往黄河南岸国民党统治区，于是大量仇货充斥根据地各地市场。在这种形势下，边区各地区、各部门为解决各自的需要，都先后办起了许多合作社，名目很多，有军办的、各级政府官办的，还有民办的，都从事农副产品的收购和运销，但没有统一的管理部门，大都处于分散的、各行其是的状态，对敌经济斗争涣散无力。边区最早成立的是1938年5月组建的“晋中人民救亡合作社”，在所属各县也都成立了合作社，当时还提出了“村村组织合作社”的口号，入股采取摊派办法，每人5角钱。次年5月又将“晋中人民救亡合作社”改组为“太行合作总社”，划归部队领导，变为军队生产性质，目的在于盈利弥补财政不足，所属各县合作社改为分社。另外，在山西第五专区还有抗日合作社，牺盟会有救国合作社等。同时为了统制山货，又成立了土货合作社。在冀南区还组织了运销合作社。1938年10月，毛泽东在论述反对敌人经济封锁和经济破坏时，提出了“保护私人工商业的自由营业，同时注意发展合作社。”[1]进一步推动了合作事业的发展。以后在鲁西也开始注意发展合作事业。山西第三专署也开办了一个“复兴成”商店，这些官办的合作社和公营商店，大都从事同敌占区的进出口贸易，向敌占区输出根据地的山货土产，从敌占区购回根据地所需要的工业品。

对于进出口贸易，初期没有进行管理。到了1938年以后，部分地区开始设立贸易管理机构，对敌占区的进出口贸易实施管理。先是山西第三、第五专区设立了贸易统制局，公布了禁止出入口货物的种类。同年9月，冀南行政主任公署，为了限制棉花、皮毛资敌，在冀南各地设置了税务征收局，对敌占区的进出口货物进行征税。10月，山西第三、第五两专区又设置战时特捐局，对所属地区和敌占区的贸易征收出入口税。1939年11月28日，冀南行政主任公署决定成立冀南贸易总局，并在各县设立分局，以统制对敌占区贸易。

1940年初，太行、太岳和冀南区反顽斗争胜利以后，边区各地

[1] 毛泽东：1938年10月12日在中共中央六届六中扩大会议上的《论新阶段》讲话。

普遍建立健全了抗日民主政权，并开始筹建统一的对敌占区的进出口贸易的管理机构。太行地区首先筹划成立太行贸易总局，提出了贸易政策实施方案。实行“对外统制”的贸易政策。1940 年 2 月，太行区贸易总局正式成立，李继潜兼任太行贸易总局局长（后由刘裕孚继任），统一领导太行区各专县对外贸易工作。3 月，又将军队系统领导的“太行合作总社”并入太行贸易总局。同时，合并进来的还有原山西三专署创办的“复兴成”商店，这样就加强了太行贸易总局的对外贸易力量。合并后的太行贸易总局，在太行地区各专区相应地成立了专署贸易局，在各县的主要集镇，设立了经营进出口业务的商店和货栈。初步统一了太行地区对外贸易的经营管理工作。这就是“冀太联办”成立以前晋冀鲁豫边区各地对敌贸易管理机构的大致情况。这一时期的对外贸易管理，对争取边区必需品的输入和限制边区粮、棉、皮毛等物资的出口，发挥了作用，增加了部分财政收入，是有成绩的。

但是，这一时期的贸易工作缺点不少。由于缺乏对敌经济斗争的经验，未能制订出一套比较适应当时情况的贸易方针和政策，在具体执行中存在着很大的盲目性，不是偏之于“左”，就是失之于右。开始和敌占区进行贸易时，曾出现过“经济绝交”的天真幼稚的想法，在向敌占区出口物资时怕资敌，什么东西也不愿卖给敌占区，把许多一般性物资，都视为军用品禁止出口。而对敌占区进来的东西，却管理不严，什么东西都要，致使大量仇货自由进入根据地，形成内地市场仇货泛滥。特别是在对伪币外汇问题上，在和敌占区的物资交易中，强调政治上的尊严，鄙视和不承认伪币外汇，拒绝使用伪币。结果是，在和敌占区贸易时要通过法币进行交易，贸易部门不能直接掌握外汇，致使外汇大量落入私商手中，而私商又用外汇换回许多非必需品，甚至毒品，使边区对敌贸易工作处于被动，吃了不少亏。

经过正反两方面的实践，贸易部门逐步懂得，对敌经济斗争是复杂的，对敌经济斗争和对敌的军事、政治斗争不完全相同，不能采取“绝交”的办法，而只能用贸易的办法。在进出口问题上，可根据对敌斗争和边区的军需民用，采取奖励、限制和禁止的不同方法，有选

择地进行。这就要求边区贸易部门在对敌占区的贸易管理上，既不能“绝交”，也不能放任自流。而必须在严格管理的基础上，区别对待，谨慎处置。

第四节　建立财经学校　培养专业人才

在边区分散开辟创建期间，八路军总部、北方局、一二九师师部和冀南区党政军领导，在财政经济战线上还作出了一项重大决定，这就是华北财政经济学校的创办。

抗日战争期间，在敌后抗日根据地，曾经建立过许多培养干部的学校，但是，创建这所专为财政经济战线培训专业人才的学校，则是第一次。

华北财政经济学校发展的历程，从一个侧面反映了边区在战火纷飞的年代，重视财经事业的建设和管理，重视财政经济教育、重视知识和知识分子、重视人才的历史实际。

华北财政经济学校，是华北抗日根据地当中唯一的一所主攻财政经济的专科学校，从1938年建立至1944年结束，总共为财政经济战线（包括军事经济部门）输送了各类财政骨干2100余人，曾经接受该校长期培训的财经基层干部2000余人，不愧是晋冀鲁豫边区财政专业干部的摇篮，应在中国财经教育历史上、在晋冀鲁豫边区财政经济史上重书一笔。

华北财政经济学校是由冀南抗日根据地的冀南财政经济学校和一二九师后勤干部学校为基础逐步发展起来的。

1938年8月，冀南行政公署成立后，制定了有名的施政方针，各项工作蒸蒸日上。施政方针中的第五、六两项明确宣布：“整理各县金融，发展农村经济，提倡土货生产，击破日寇破坏我华北金融之毒计；废除苛捐杂税，实行公平负担，优待抗战军人家属，并在有人出人、有力出力、改善人民生活的原则下，安定民生，发挥抗战积极性”。根据这些方针，冀南行政主任公署成立了财经委员会，着手各项财政经济事业的发展。为了做好财政工作，并为了吸收广大知识青年参加抗战，经行政公署主任杨秀峰、区党委和军区主要领导人宋任穷的倡导，冀南党政军领导机关在1938年冬决定创办冀南财政经济学校。由行政公署主任、教育家杨秀峰兼任校长。教师由冀南行政公署和一二九师选调。杨秀峰还亲自致函河北抗战学校，从该院毕业生中抽调师生到校工作。冀南财校实行半军事化体制，并建立了中共党支部。第一任支部书记（指导员）王根英，是一位老干部、老党员，曾跟随周恩来、陈赓在上海党的机关做秘密工作，参加过上海工人三次武装起义，被国民党反动派逮捕入狱长达四年之久，后因遇敌袭击，英勇牺牲。

建校不久，开课伊始，困难重重，特别是日寇对冀南不断的突然袭击、包围，环境急剧恶化，为保存这部分新生力量，使学生有个较安全的学习环境，遂于1939年1月，将全校师生随一二九师后方机关西过平汉路，转移到太行山区的黎城县办学，并在到达太行后，与一二九师供给部的供给学校合并。学校改受一二九师供给部直接领导。

1940年2月，党中央发出培训财经干部的指示。八路军总部和北方局为贯彻中央指示并适应根据地财政经济工作的急需，满足其他抗日根据地财政经济事业和八路军总部、一二九师师部后勤干部的需求，1939年6月作出决定，将冀南财政经济学校办学任务加大，招生范围不但在冀南一个地区，而且扩大到太行、太岳等地区。为此该校加强了领导力量，健全了领导机构。总部、师部、北方局从各方面选调了许多学有专长的教职员到校工作。其中不少是高级知识分子，个别还是大学教授。校部的机构也充实健全，成立了校务部、教务部。此时，杨秀峰在冀南，对学校已无暇顾及，经他的推荐，特请经济学家周子明（当时用名柳林）担任校务部主任。周子明是中共党员、留日学生，曾在日本东京帝国大学学习，抗战开始后，曾担任过山东聊城地区高唐、范县抗日县长。

周子明到职后对学校各方面工作加以改进。随着华北各个抗日

根据地相继开创和巩固，各地区纷纷提出要求，希望该校进一步扩大规模，更多更快地培养财经干部。为此，1940 年春，北方局决定，将冀南财政经济学校改为华北财政经济学校，由八路军总部直接领导，校址也由一二九师师部附近搬到八路军总部附近，招生范围扩大到整个北方局直接领导的区域。中共山东分局亦曾抽调干部到这里学习。学校改属总部后，又从抗大毕业生和地方党政机关以及敌占区投奔来的高级知识分子中选调了一批教职员，充实学校的机构和教师队伍。北方局财经委员会副主任、总后勤部负责人张慕尧兼任校长，周子明任教育长，并主持学校的实际工作。学校工作又有了进一步发展。

1940 年，日寇在华北开始实施它的灭绝人性的“三光政策”，各个抗日根据地被分割蚕食封锁，有些根据地成了游击区。各根据地之间的联系非常困难。学校办在太行山区，学员入学除太行区各地学员比较方便外，其他地区一般都需通过日寇的几道封锁线，有的同学未能到校就在行军过封锁线时牺牲了。山东分局抽调的一批干部，从山东辗转到太行，行期竟达两个月之久。而此时，各抗日根据地均已具备了独立办学条件。在这种情况下，学校奉命改变办学形式，成立三个分校，分别到冀南、山东和晋西北就地办学。1940 年 10 月，首先成立了第一分校，由周子明任校长，由太行返回冀南。随后又成立第二分校，由许在廉带队去山东办学。由魏凤鸣带队赴晋西北组建第三分校。后来冀鲁豫区党委报经北方局同意，自行组建了第四分校；各分校成立之后，总校名义一直保留，但实际上已不存在。二三分校到达指定地区后，由当地党政机关领导，并和总校脱钩。只有一分校因历史缘故，一直受北方局关照。

华北财校一分校 1940 年底到达冀南。出发前北方局领导人和边区行政领导人杨秀峰、戎伍胜均对学校返回冀南的任务有所指示。到达后，冀南党政军领导宋任穷、李菁玉、刘建章等人极为重视，学校即由区党委和行署直接领导。

一分校到冀南后就立即招生，为财政、税务、工商系统培养了一批干部，为适应冀南财经工作的形势，一分校成立了高级班，招收学

员30多人，培养目标是：具有大专文化水平的能担任专、县财经领导工作的骨干。此外，还举办过一期研究班，目的是提高在职专、县财经领导人和财校本身教员的素质。为了配合冀南区逐步开展的各项经济建设工作，一分校受冀南行署委托，以华北财政经济学校第一分校流动教育团的名义，组织了三个团，分赴三个地区就地培训六个专区的区财经助理员和部分大村的财粮员。每个团包两个专区的县、区，半年内共培训基层财经干部600余人。

1942年，敌寇对冀南实行“铁壁合围”、“大清剿”，根据地环境严重恶化。根据区党委和宋任穷的指示，财政一分校由冀南南下转移到冀鲁豫地区；一分校到达冀鲁豫地区后，与四分校合并，仍由周子明任校长。学校建立了党团，周子明任书记，夏伯康、郭一为成员。由于冀鲁豫比冀南相对安定，周子明原来就在冀鲁豫工作，人地熟悉，因而，一分校立即抓住机遇，扩大招生，使学校越办越大。此时，除继续为地方财经工作培训干部外，还根据军区、区党委黄敬等人的指示，大量为军队培训后勤干部。其时，一分校情况十分喜人，先后招收了两期财务队、两期工商贸易队、两期供给干部队，加上从冀南转来的一个队，原四分校的一个队，代鲁西专区培训一个队，还有一个高级班，一个粮秣会计专修班，总共有700余人先后从一分校毕业。

华北财政经济学校一分校，是华北财政经济学校的主体。它一直办到抗日战争胜利前夕。当时反法西斯战争节节胜利，德国法西斯的败局已定、日寇的彻底失败已将来临，根据地迅速扩大，形势大好。新的任务要求更大规模、更多层次地培训各类干部。在这种大好局面下，1944年5月经冀鲁豫区党委决定，以一分校为基础，组建冀鲁豫抗战学院。至此，华北财政经济学校一分校正式结束。

华北财政经济学校从冀南开办到结束，前后六年。全校师生经过重重的战争考验和艰难困苦的生活磨炼，并在极端困难条件下刻苦教学、深入钻研，政治觉悟和专业知识双双丰收。该校师生先后分配到晋冀鲁豫和华北各个抗日根据地，充实财政、税收、金融、贸易等财经机关和军事经济部门，这一大批师生在自己的工作岗位上发扬

艰苦奋斗的传统，努力工作、不断进步，并在工作中保持模范作用，坚持优良作风，勤俭节约、廉洁奉公，对发展和巩固根据地的各项财经建设工作，起了一定的作用。特别是对冀南银行（现在的中国人民银行的主体部分）的创建和发展，以及对冀鲁豫地区抗战后期的工商管理系统的加强，作用尤为明显。抗日战争胜利后，随着解放战争的胜利发展和全国的解放，这批师生就遍布全国各地，在社会主义建设事业中，大多数成为财经部门的骨干力量，少数的还成为中央部门和省市财经机关的副部长、副省长等，如财政部原副部长谢明、商业部副部长宋克仁、煤炭部副部长许在廉、贵州省副省长王振江等等。至于司局一级的领导人，已无从统计。由此说明，华北财政经济学校是办得好的，是对国家的财经事业作出了贡献的。

华北财经学校之所以能够作出成绩，其原因大致有以下几方面：

第一，它有一个正确的办学方针。这就是：为抗日战争服务，为根据地经济建设服务。学校对学生的根本要求是：以马克思主义的基本理论和毛泽东的抗日战争的论述武装学生的思想，使学生在学习期间和分配工作之后，成为具有坚定的政治立场和熟悉根据地财经政策和技能的专业人才。学校的政治工作，主要是正面启发教育鼓励他们爱国向上的求知愿望，调动了学员的积极性。这些正确的指导思想和实际工作，保证了学校沿着正确方向前进。

第二，学校的教学内容和教学方式灵活多样，强调理论联系实际，注意学以致用，学用结合，这是使学生在短期内学到知识的好办法，是一种特殊情况下的优良学风。学校不断根据环境状况和学生特点，实行特殊的办学方式，如既招收学生到校集中上课，又就近送教上门；再如，师生之间、学生之间是互教互学、教学相长；又如，不断参加当地财经部门的实际活动，参加地方财经法规的制定和试行，参加农村财政的整顿、参加征粮等，使学生在实践中增强才干；又如，组织流动教学，用速成法培训基层干部。还有根据实际编写教材，把抗战前大专院校的教材通俗化等，都是创造性的工作方式。这一点正是财校能够坚持办学，深受各级党政军领导机关欢迎的重要因素。

第三，学校经冀南建校至扩大为华北财校又分散办学，每前进一步，都是八路军总部、北方局和一二九师领导人精心研究、慎重决策的。八路军副总司令、北方局代书记、北方局财经委员会主任彭德怀，对学校情况了如指掌。学校在太行和冀南办学时，曾办了一个油印学报，原名《经济开拓者》，后改名《经济战线》。这是当时华北各抗日根据地中少见的一种专门研究经济理论的刊物，印数不多，并未对外发行。边区的经济理论家和经济战线实际工作者，如张慕尧（北方局财委副主任、兼财校校长）、范者一（留日学生、冀南行署财政处长、后任行署副主任）、周子明等人，常在该刊发表论文。就是这样一个简朴的刊物，彭德怀很重视。当学校搬回冀南后，冀南区党委曾接到彭德怀的电报，要区党委转告周子明，要他把这个刊物继续办下去。

一二九师刘伯承师长、邓小平政委对财校格外关心。学校在一二九师领导期间，刘伯承、邓小平曾多次莅临学校视导，多次给师生讲话，并对办学方针作精辟的指示。邓小平要求财校培养能够实干的人才，刘伯承对这一要求还形象地指出：就是要培养像技师那样的专门人才，出校能做实际工作。财校始终贯彻了这一重要的指导思想。

除彭德怀、刘伯承、邓小平之外，其他领导人大都到过学校。有的还多次向财校领导人交代任务，如野战政治部主任罗瑞卿，北方局秘书长杨献珍，晋冀鲁豫边区政府杨秀峰、戎伍胜，各区党委宋任穷、黄敬，各行署刘建章、徐达本及中共山东分局领导人肖华等，都曾对财校工作有所指示并向师生讲话。有些领导人还就财校的某些具体活动大加表扬。

财政经济建设逐步上马

1940年4月黎城会议——1943年1月温村会议

第四章
黎城会议与边区的财经建设

冀南、太行、太岳三个抗日根据地的抗日和反顽斗争取得重大胜利之后，晋冀豫边区的形势大大改观。1940 年 4 月，朱德总司令和卫立煌将军协商划定了八路军与国民党部队驻军的防区，八路军两面受敌的局面得已缓解。为了进一步巩固和扩大抗日根据地，更好地展开抗日斗争，1940 年 4 月，中共中央北方局在黎城县（出席会议的人员分住北社、黄须等村）召开了有冀南、太行、太岳各根据地领导人参加的高级干部会议，史称“黎城会议”。

会议由北方局书记杨尚昆主持。杨尚昆在会上作了“目前形势与统一战线中的策略问题”的报告。他根据华北情况，着重阐述了“发展进步势力，争取中间势力，孤立顽固势力”的重要意义。刘伯承在会上作了《党军建设问题》的报告。邓小平专就晋冀豫统一政权的建立，即成立冀南、太行、太岳行政联合办事处（简称“冀太联办”）问题和财经问题作了报告。会议集中讨论了为巩固根据地而“建党建军建政”的三大建设问题和统一全区党政军民的领导问题，并对前几年贯彻执行党中央统一战线政策中的经验教训作了认真的检查和总结。这是晋冀鲁豫边区历史上的一次重要会议。对边区的巩固发展和沿着新民主主义道路向前迈进，具有决定性作用。

第一节　进一步明确财经建设的方针政策

在这次会议上，尽管财经建设只作为“建政”内容之一而提出的，但是，在杨尚昆、邓小平的讲话中，对具有“严重意义”的“吃饭问题”，都作了认真回顾和讨论。

会议认定，冀南、太行、太岳各根据地的财经工作，尽管为开创根据地作出了一些贡献，取得了一些重大成就。但是，由于没有统一的政权，因此，一直没有建立一套适合本区情况的财政法规和经济政策。执行某些政策时，常有“不是偏之于‘左’、就是失之于右”的情况发生。如财经工作中“没有统一概算、各自为政、随收随支，对军费政费没有严格管理。有的把敌占区当殖民地，到那里‘抓一把’”。又如在经济工作中，“工业上想统治一切作坊”，“商业上是想以合作社实行统购统销”，农业上强调集体劳作，有的甚至办集体农场；对敌经济斗争搞绝对统制封锁。一言以蔽之，财经建设未走上正轨，局面比较混乱，“左”的错误比较突出。

这些情况党中央很重视。1940 年 2 月，中央发出关于财经工作的指示，提出：财经工作是支持长期战争与巩固抗日根据地不可分离的工作，要求各地制定本区的财政经济计划，设置财经委员会。中央特别指出：无认真的财经工作，我们将遇到极大的困难。

鉴于财经工作极其严重的形势和任务，中共中央北方局在“黎城会议”前，就总的政策原则和领导问题作了专门研究，并于 4 月 1 日发出“财政经济政策的指示”，主要内容有：

1. 确立财政制度：包括整理各项收入，凡田赋、税收、没收汉奸财产、官产、司法罚款为财政收入。各项税则，应由各县最高行政机关以明文规定，以货物之是否必须来确定征收的比例（由 5%—45%），对于非必需品、奢侈品入口应该加以重税，或根本禁止。应该是有地征粮的原则去整理田赋，纠正地少粮多，有粮无地等积弊。

田赋附加，一般规定不得超过正赋1/2。应统一收支，建立严格的预决算制度，健全金库，一般行政费不得超过预算的30%。

2. 健全货币制度：主要根据地建立银行，发行新钞，以新钞吸收法币，排挤杂钞，取缔伪钞。新钞一经发行，应保证流通。积极运用银行去开展生产事业（主要是农业），树立自力更生的基础，反对把无限制发行新钞当作解决经济困难的唯一办法等错误的观点。各地新钞发行额，应随时报中共北方局，不得自行增发。

3. 加紧生产建设：发展生产，自力更生是各根据地建立健全财经政策的中心一环。以发展农业生产为主，办水利、垦荒、改良种子和肥料，党政军学应尽量参加生产，要发展手工业和副业。

4. 统制贸易：设立贸易局统制贸易，其目的在于平衡物价，调剂市场，打破敌人封锁和奸商操纵。各部队、机关需要的货物，应经贸易局统一买卖，以防止抢购。必需品的输入，应只交一次税，取消各地设立的厘金关卡。禁止一切资敌的军用原料运出。

除上述四项政策原则外，还决定由冀南银行负责筹划晋察冀边区、冀南、北海、晋西北农民四行货币的流通调剂办法，第一步做到各行沟通汇兑，以便开展华北各地金融流转工作。

为加强对华北财经工作的统一领导，北方局决定成立华北财政经济委员会，以彭德怀、张慕尧、杨立三、聂荣臻、邓小平、郭洪涛、高捷成七人组成，以彭德怀为书记，张慕尧为副书记。各地区亦应建立财政经济委员会，统一该地区的财政经济工作。

4月15日，中共中央再次发出“财政经济问题的指示”，同时肯定了北方局4月1日的“指示”，并将北方局的指示转发各地。中央在这一指示中对货币政策作了补充，指出在尚无中央银行的条件下，各地建立汇兑制度，陕甘宁边区银行亦参加，但禁止各地货币互相流通。要提高银行的作用，在各重要地点建立银行网，帮助生产建设，提倡民众储蓄，发展群众合作事业，依靠银行建立公营商店，帮助群众性的生产与消费合作社，发展生产，调剂物价，改善群众生活。

根据这些指示，黎城会议讨论了关于财经工作的几项原则：

一是对敌经济斗争。配合军事政治战开展经济战，一方面要破坏

敌人的“经济开发”和“以战养战”，另一方面要打破敌人的经济封锁，增强自己的经济实力。

二是自力更生、自给自足。既要保障供给，又要使人民生活有所改善。

三是提高生产，发展国民经济。除了农副畜牧业，保护民族资本主义工商业是很重要的方面。

四是统一财政收支。

在这些原则下，会议还提出了财政经济工作四项建设，包括：

一是财政制度建设：包括统收统支制度，税收、田赋、预决算制度等。

二是金融建设：包括货币发行，伪币法币处理原则，金库制度等。

三是贸易建设：提出对外统制，对内自由的贸易方针，健全贸易机构。

四是生产建设：提高农业生产，发展工副业等。

“黎城会议”确定的上述政策和原则，为华北根据地财经工作由分散到统一，由混乱到制度化奠定了基础。但上述四大建设均非短期轻易可以实现，且会议参加的范围很小，广大干部尚不知会议精神，原来的政策还在执行，混乱局面并不能立即改变。因此，会议《关于建政问题结论》中有关财政经济部分又规定了几项具体的“目前马上要做的”工作。

第一，关于统收统支：政府要立刻下令，除统一规定的征收任务外，不准县、区、村的政府及任何个人向人民筹一文钱。建立金库制度是统一收支的关键，要向干部解释，各县不能由金库直接支款，要把支款与收款分开，征收由财政机关负责，金库由银行兼办。自下而上清算过去财政收支，清除贪污现象。

第二，建立统一财经制度要有一个准备期，准备阶段的工作主要有：田赋大体上照旧征；“合理负担”累进税秋后征收。要做好准备工作。

第三，维持冀钞价格，从各方面动员，党内动员，群众动员，发现干部故意贬价的要坚决处分。

第四，建立检查制度，如半年一报告、一检查。三个月不算账必坏干部。建立制度是一个严格的教育工作。

以上所述情况说明：财经建设的任务，已经逐渐成为根据地工作的重点之一。经济战线的工作已经开始摆在边区领导的重要位置上。

第二节　边区最高政权机关的成立和边区财政的统一

建政是黎城会议的重大议题之一。根据黎城会议上邓小平提出的成立冀南太行太岳行政联合办事处的具体安排，冀南行政主任公署主任杨秀峰、副主任宋任穷；山西三专专员薄一波、副专员李一清；山西五专专员戎伍胜等人，专门作了协商。商定由山西三专署路东办事处为筹备机构，李一清负责筹备的各项具体工作。经几个月的紧张工作，到1940年7月底筹备就绪，8月1日，在涉县东辽城举行隆重的成立典礼，宣布了冀南、太行、太岳行政联合办事处（简称“冀太联办”）的施政纲领和领导人员。至此，边区过渡性的最高政权机关宣告诞生。

财经建设，是政权建设的重要任务之一。“冀太联办”的成立，为边区顺利开展财经工作，开创了最好的先决条件。

在“冀太联办”筹备期间和“冀太联办”成立之后，“冀太联办”筹组领导人和“冀太联办”领导人，曾根据黎城会议精神，进行过一系列的调查研究并举行过几次重要的经济工作会议。这些会议为贯彻黎城会议的有关经济工作的决议，起了很好的作用。

第一个会议是1940年7月“冀太联办”筹备期间在涉县曲里村召开的太北财经扩大会议。会议由“冀太联办”筹组处负责人、山西三专署副专员李一清主持。他在会上作了《太北财政经济建设中

巩固太北抗日根据地》的报告。报告首先对本区形势作了具体分析。太北区共25个县级单位，可分四类，一类是完整区，未被敌人占领或曾被敌人占领而为我们收复的区域，这是我们进行各项建设的基本区域，仅有3个；二类是我占优势，敌占劣势区域；三类是敌占优势我占劣势的区域，我之工作基础差，但多是较富裕地区。四类是一些顽固势力较大的区域。这说明，统一政策在战争条件下是必要的，又是要看条件的，不能一刀切。报告对战时财政经济建设特点的分析比较中肯，指出战争环境就是不安定、混乱，破坏一切，改变一切，同时也重新组织一切。战争本身就是一种消耗，会加重人民的负担。因此，应该看到，在战争中一方面敌人的烧杀造成工农业生产损失，同时敌人也在消耗，困难也在增加；另一方面敌占城市有经济上的优势，而我占乡村，进步的战争对人民有很大的动员组织作用，且地大物博，坚持乡村阵地可以最后战胜敌人，但运输困难，工业缺乏，我们的财政经济建设，是在这样的环境下进行的。它具有战斗性、群众性、创造性、独立性的特点，制定统一的财经政策不能不认清这种特点。[1]李一清的报告，还分别就财政和经济工作中的优缺点加以检查。他说：三年来财政上解决了政权、群众团体、地方武装的供给问题，进行了清理旧账、取消田赋附加，取消苛捐杂税等工作，开始实行合理负担、整顿金融、发放农货等；经济方面建立了生产领导机构，生产了部分日用品，建立运销合作社，调剂商品，开展了商业贸易。在对敌经济斗争方面，也学到了一些经验，创建了一些机构。报告对缺点问题提得集中具体。总的来说，有两点：

第一，干部缺乏政策观念，了解政策不够，把握政策不紧，执行政策走样，是干部不研究学习政策、不认识党的政策的极端重要性造成的。如把合理负担变成“财主负担”、“平均摊派”；“将对外贸易统制”变成对内定官价统制市场，便利奸商从中渔利，而人民则吃亏甚大，如去年辽县的核桃，今年和顺的麻。乱收税、乱罚款、出入

〔1〕《抗日战争时期晋冀鲁豫边区财政经济史资料选编》第一辑，中国财政经济出版社1990年版，第206页（以下，凡引证这一资料选编时，均简称《边区财政经济史资料选编》）。

县境、卖菜卖炭都征税，弄得集市萧条。

第二，制度问题：一是没有制度，各自为政，上下脱节，贪污浪费普遍发生；二是有制度不遵守。干部中有两种倾向，一种认为确立制度，要求严格，一切工作不放手，大事小事要请示，形成工作上的束缚；一种认为今天提出统一，一切依靠上级，失掉工作上自动性，造成干部苦闷、无信心。财政方面如会计不使用新式账簿，认为不如四柱账簿简便；收支不报告、不缴款，以致上贫下富，上级百废待举而一文莫名，下级则随意挥霍贪污浪费；没有预决算制度，有人对此觉得啰嗦麻烦受限制，消极抵抗。经济建设方面生产无计划，军工与民用发展不平衡；原料、人力无调查统计；产销关系一直未引起注意。[1]

会议同意李一清的全面报告，并决定了今后的若干财政经济政策和实施的具体步骤。

第二个会议是1940年8月4日即“冀太联办”成立后的第四天召开的冀太区军政民各界金融座谈会，贯彻“黎城会议”有关金融政策精神，杨秀峰主持会议，戎伍胜讲话，主要就冀钞的发行、保护、流通、汇兑，“上党票”、“五区救国合作票”等类钞票的回收等问题进行了讨论。还确定了冀南银行和陕甘宁边区银行、晋西北农民银行、晋察冀边区银行、山东北海银行的通汇问题。

根据会议精神，“冀太联办”在1940年四季度财经工作计划中提出以巩固冀钞、稳定金融为中心工作和最大任务。会议宣布冀钞是边区的本位币，为了巩固冀钞，必须整顿其他货币，有的收回，有的排挤、打击，“法币”要保护。要求各区、县按不同时间收缴各种禁止流通的票子。规定：冀西、漳北各县在1940年11月底以前不再使用“上党票”；太北、太南、太岳的“上党票”暂以七折流通，私人或商号发行的流通券应于11月份全部兑完，月底宣布作废。以上这些都作为法令公之于众，并向群众宣传，讲明统一货币的意义。

会议强调金融是社会经济的杠杆，现代的国家与现代的经济体

[1] 《边区财政经济史资料选编》第一辑，中国财政经济出版社1990年版，第206页。

制莫不以金融为经济活动的中心。就根据地来说，金融牵涉财政、经济、政治的各个领域，关系调节市场、平抑物价、便利商业贸易活动和改善人民生活。对于一切买卖契约、公私营业、财政收支、企业经营都有重大意义。敌人以各种手段推行伪币，对抗法币和冀钞，以金融手段破坏根据地建设，因此，确立冀钞为边区本位币，保护法币，清理杂钞，成为对敌斗争的重要一环。

第三个会议是1940年12月19日“冀太联办”召集的第一次专员、县长会议，会期十天，杨秀峰主持会议。会议着重讨论了黎城会议之后的工作情势，对生产、财政等急迫问题，进行了认真讨论。各专员、县长积极发表意见并提出了许多重要建议。戎伍胜作了总结报告。据会议分析，边区的农业生产是有成绩的，农业正逐步恢复，兴修水利、改良品种等也在进行，副业和贸易已活跃起来。机关生产成绩较为显著。从1941年起，决定除冀南等地环境特殊外，其他地区已将生产收入列入年度收入，要在粮食、菜金中逐次或一次扣除，这体现了自力更生精神，也能减轻人民一些负担。会议讨论了1941年的生产计划，要求各专员、县长切实抓紧生产，增加产量。会议还决定，加强财政管理，争取收支平衡，完成实施统一累进税的准备工作。

在“冀太联办”积极贯彻黎城会议期间，北方局不断地进行具体指导。1940年9月，北方局在讨论根据地各项基本政策时，又对“冀太联办”正在进行的落实黎城会议所宣布的财经工作作了讨论，并进一步明确了一些原则。9月25日，彭德怀在给会议所作的长篇报告中，再次阐述了财经政策，论述了坚持敌后长期战争与合理解决财政经济问题矛盾统一的关系；他认为“统筹统支，量入为出”的原则必须坚持。重申了军政费的支出比例；指出“统一累进税”是进步合理的税收，是新民主主义制度下应采用的税收，必须以此代替其他不合理的税收。同时，对银行货币、内外贸易、工农业生产等也作了明确的规定。[1]在此前后，北方局领导人杨尚昆发表了《巩固抗日根据地及其各种基本政策》和《根据地建设中的几个问题》等论文,[2] 系统、具体地指出了根据地创建以来，党内存在的错误倾向和不良作风，特别是财经工作和土地政策中的混乱现象和“左倾”错误。这些都为“冀太联办”制定财经法规和政策提供了明确的指导原则。

在这次会议上，还对有关财政收支的重大问题重申或明确规定：(1) 统筹统支、量入为出；(2) 军政费比例：军费开支占全部收入的2/3，政费占1/3；军队人数占人口总数的2%，地方机关占人口总数的1%。全区脱产人员不得超过全区人口的3%。(3) 取消摊派，减轻人民负担。负担面不能太小，一般应占总户数的8%。这些规定，实际上是黎城会议决议的具体落实。

除以上的几次重要会议活动外，“冀太联办”成立后发布了第一个法规《施政纲领》，这是中国共产党抗日救国十大纲领和中共中央北方局有关决定的具体化，是统一边区的第一个基本法。这一法规对边区财经建设起了法律保障作用，此后，“冀太联办”还陆续颁布了体现《施政纲领》的财经法令，如：《修正合理负担征收款项实施条例》、《征收救国公粮暂行办法》、《劳工保护条例》、《支差条例》、《优待抗日军人家属条例》、《荣誉军人抚恤条例》等，这些法令对财经事业走上轨道产生了良好的影响。

综合以上情况，证明黎城会议之后，有了统一的政权，各项经济建设一个一个上马。

“冀太联办”虽然在财政经济和其他方面“政绩卓著，为全区人民所拥戴，”但是它毕竟不是由人民直接选举产生。1941年3月，邓小平受北方局委托，向“冀太联办”行政委员会第二次会议提出议案，提议由边区人民选举参议员，成立临时参议会，由参议会选举边

〔1〕 彭德怀：“在北方局高级干部会议上的报告提纲”，《边区财政经济史料选编》第一辑，127页。

〔2〕 杨尚昆文章载《边区财政经济史资料选编》第一辑，中国财政经济出版社1990年版，第85页。

区政府成员，成立边区政府。会议讨论了这一议案，作出了相应决议。1941年7月7日，经民主选举的边区临参会在太行区辽县桐峪镇召开。在这次会上，冀鲁豫区与晋冀豫区正式合并为晋冀鲁豫边区。会议讨论了“冀太联办”的工作，选举了边区政府组成人员。杨秀峰、薄一波、戎伍胜当选为边区政府主席、副主席。边区政府于当年9月1日成立，“冀太联办”随即撤销。

晋冀鲁豫边区政府宣告成立，标志着边区政权的完全统一，它对边区财政经济建设的领导，将进一步强化。

第五章
统一财政　严格理财

依据马克思主义的基本观点和第二次国内革命战争的历史经验以及边区创建三年的实践，说明：生产决定分配，经济决定财政，发展生产是充裕财政的基础。即使是在战斗频繁、环境动荡的艰难条件下，也不能放松生产。财政问题的根本解决，必须依靠经济建设。这些观点是不以人的意志为转移的客观真理。但是，在特殊情况下，财政也影响经济。财政上的问题解决不好，也会直接妨碍和阻碍经济和其他各项工作的开展。

黎城会议之前，八路军总部和北方局，已发现边区的财政问题，即军民的吃饭穿衣问题很突出。因此，黎城会议在关于财政经济问题决议中，一方面要求恢复和发展经济，另一方面又要求统一财政、严格理财，并且决定把实施财政统一问题，作为当时的紧急任务，立即行动，尽快见效。

第一节　财政的长久之计和应急之举

黎城会议举行时，全边区的政治、军事形势是很好的。但经济形势却是困难的。主要表现是：边区军政人员的财政、粮食、供应非常紧张。这个极其严重的困难局面主要由以下四个因素造成：

第一，军费增加。由于抗日根据地的创建和游击战争的迅猛发展，八路军主力部队和地方武装以及地方政府、群众团体都在扩大、充实。据不精确统计，黎城会议时，边区的正规部队，包括八路军总部及直属部队、一二九师、三四四旅、决死队等，总数超过 20 万，地方武装人数约 15 万，地方党政群机关团体人数也在 10 万人左右。每增一个脱产人员，需开支小米 1890 斤，人民负担必然相应加重。

第二，财源减少。由于敌伪连续“扫荡”，封锁并实行“囚笼政策”，使根据地逐渐缩小，财粮供应的来源随之减少。晋冀豫地区的人口，1939 年曾达到 1500 万人，1941 年缩小到 1300 万人，比较富庶的地区大部为敌侵占。冀南地区平原地带被敌伪的壕沟、碉堡分割为“格子网”，全区每 14 个村庄就有 1 座敌伪碉堡，最严重的几个县每三个村就有一个碉堡，真是“低头见壕沟，抬头看碉堡”。原先，比较巩固的太行东侧一、六分区因敌伪沿平汉线向西推进几十里，不少地方成为游击区。太行全区 1940 年的面积约 10 万平方里，1941 年缩小到 8 万平方里。太岳区形势最严酷的时候，全区无一完整县。冀鲁豫区虽然保持濮县、范县、观城县城，但全区缩小了 2/5。以上情况，极大地增加了财粮征收上的困难。

第三，国民政府断绝了应发的军费。抗战初期，国民政府发给八路军的军费，本来就很少，加上物价飞涨，货币贬值，所发军费实在是杯水车薪、无济于事。1940 年 10 月又完全停发。山西决死队的军费原由山西省政府供给，1939 年“十二月事变”后也全部停发，这必然加重根据地人民的负担。

与此同时，国民党转移防地时，给人民留下了许多苦难。从 1937 年底开始，国民党几十万大军集结边区。这些部队的粮食供应，全由边区人民负担。这些部队，不顾人民死活，强制征粮，挥霍浪费，竭泽而渔。在国共双方协议划定防区后，双方防区有所调整。国民党部队撤走时，又乘机大肆抢劫，使本来就受过摧残的地区，又一次受害。有的地方在国民党部队撤走时，竟“十室九空”，这就给当地人民和抗日民主政府留下了无穷的后患。

第四，在财粮管理上：一是缺少统一的明确的征收和负担政策，

形成征收无定额、无定时，无统一的征收机关，任何单位都用“合理负担”名义乱筹款、乱摊派、乱要差、乱募捐，“抓一把”的现象相当突出。二是在开支上无预算决算制度。无严格的统一的供给标准，走到哪里吃哪里。有富余时，不储备，不节约；有困难时，到处打汉奸。没有统一的会计、审计、金库、粮库管理制度，又没有监督机构，以致造成人力、物力、财力的浪费并给少数品质恶劣的分子以贪污盗窃的可乘之机。这样就更加重了财政的困难，无异于雪上加霜。

以上四个因素，既有客观原因，也有主观原因。

以上情况说明，贯彻黎城会议决议，实施财政的统一，确实是刻不容缓的。

太行区的财政统一工作进展较快。主持太行行政工作的李一清、杨维强调指出“财政工作的统一，决定一切工作的统一”，[1]因此，黎城会议之后，太行区（包括太北、冀西）即逐步开始进行统一财政的工作。

在太北经济会议之后，太北、冀西等地逐步开始进行统一财政的工作。

统一财政收支，包括统一负担政策、统筹粮款、统一战勤、统一供给制度和供给标准，建立统一的预决算制度、会计制度、审计制度、金库制度、粮食管理制度等等。总之，从动用人民的财力、物力、人力到撙节合理使用，都必须有严格的统一的规定，以保证财政统一的实施。

“冀太联办”成立后，在已经开始起步的基础上，又充实力量、加强领导，既研究有关财政统一的长久之计，又雷厉风行地采取了一些应急之举。

“冀太联办”从治本上计议，明确宣布，它的财政建设基本方针是五条：(1) 供给战争需要，服从前线需要；(2) 培养民力，促进建设；(3) 量入为出，平衡收支，统收统支；(4) 组织开源，厉行

〔1〕《边区财政经济史资料选编》第一辑，第209页。

节约；（5）照顾各阶层利益，实行公平合理的税收政策。

根据上述的五条基本方针，“冀太联办”在短期内进行了如下的具体工作，使财政统一的各个内容，逐一落实。

一是健全财政领导机构。从“冀太联办”成立到晋冀鲁豫边区政府建成，一年时间，从边区到村，建立了财政机构和粮食机构，并建立了税务、仓库和专门工作委员会（屯粮、田赋整理、合理负担评议等）。

二是制定各种财粮法规。首先草拟了合理负担征收办法和征收救国公粮暂行办法。此后，又拟定了整理田赋办法，制定了税务条例。

以上工作都是长久大计。

同时，“冀太联办”还抓紧进行眼前亟须解决的问题，这就是突击征粮，保证军需。

粮食问题，始终是边区财政的核心问题。“粮食工作占财政工作之大半”。征收公粮是解决根据地军政人员吃饭问题的大事，也是直接影响人民和抗日民主政府关系的实事。边区的全部国民收入中，粮食收入占85%。边区财政收入中，粮食收入占3/4。正确解决粮食问题，也就是如何合理分配粮食问题，一直是财政负担政策的首要问题。

“冀太联办”初步统一了财政之后，首先从财政的要害问题即征粮问题抓起，这一方面可使军政人员供给有保障，另一方面，通过征粮可以切实摸清边区人民的负担情况和负担能力。为修订、制定、完善合理的公平的税收制度打基础。

屯粮工作是在对敌斗争十分尖锐的环境中进行的，是在百团大战之后敌人向边区实行残酷的报复、“扫荡”、合围、封锁的条件下进行的，工作难度很大。在突击屯粮工作中，不仅广大财粮干部夜以继日地工作，党政民干部也一齐动手，而且还派军队到游击区护卫。边区广大人民尽管生活艰难，但仍然积极交纳公粮。太行二分区，已大部成为游击区，但在突击屯粮时，仍做到一次征齐。在紧张地屯粮工作中，有不少干部为保护屯粮免遭袭击而光荣牺牲。平西、太谷两

县的粮食局长、井陉县的财政局长、民政局长以及其他县的几十位财粮科员、助理员，在突击屯粮中流尽最后一滴血。辽县柴城村财政委员吕振芳被敌俘虏，敌人用开水将他全身烫烂，逼他说出公粮存放地点，他誓死不屈，最后光荣牺牲。大林口村农民、农会代表李福仓，民事主任李培嬗，财政主任赵光礼，为保护公粮，不怕敌人严刑拷打，英勇殉国。

经过全区干部和全区人民的努力，1940 年的屯粮任务，太行区完成85%，太岳、冀南各完成65%（所缺的都是游击区）。太行区基本完成任务。这对于边区的财粮极端困难，起了缓解作用。

第二节　统一负担政策

负担政策，关系到根据地人民的政治和经济利益。人民群众对待共产党、抗日政府的态度，也往往首先以负担政策是否公平合理为标准而决定远近。因此，“冀太联办”成立后，立即开始推进修订合理负担条令，以便统一负担政策，实现边区的统筹统支，并使全区负担更加公平合理。

边区开创以来，边区各地尽管没有统一的政府，但是，在征收粮款上却都大同小异地采取合理负担的原则。山西第三、五专署颁布过《合理负担摊派办法实施条令》，冀南地区实行的是 1939 年冀南行政主任公署制定的《公平负担办法》。

为了使负担政策完全统一，1940 年 9 月间，“冀太联办”将山西三五专署的《条令》，冀南的《办法》和晋察冀边区的合理负担法令，综合一起，并根据本边区的实际状况，制定了《冀太行政联合办事处修正合理负担征收款项办法实施条令》（简称《修正负担条令》）。

《修正负担条令》共四章二十六条

分章要点如下：

第一章　总　　则

一、修正目的是为改善民生、合理负担。

二、以钱多的多负担、钱少的少负担、无钱的不负担为原则。

三、合理负担每年摊款一次，分两次征收。

四、征款数额，由冀太联办命令各级政府执行。在村概算独立之县，分村核算，根据村的人员编制和预算，按期经村行政委员会通过，报县政府核准后执行。

第二章　摊款与调查

一、摊款对象是全县民户，包括商店、工场、工厂及不出公益金之公私企业、合作社在内。出公益金的工厂、合作社及为供给自己需要不对外营业之合作社和直属政府的公营事业不负担。

二、合理负担按总分数比例征收。民户负担总分数，先由民户依据颁发之合理负担比例分数调查表自行填报，经所在村合理负担评议会评定公布，并召开村民大会或村民代表会修正后报县政府核定后作为征收标准。

三、调查表的内容，包括：

1. 户主姓名。

2. 土地。包括园艺及地租收入在内。应减去购买肥料、种子及雇工等成本。

3. 房屋。无人居住、无人租赁又无人购买者，皆不计算。

4. 林木。包括一切树木与各种果木。无收益之树木，不论大小与数量，一律不列入计征。如出售按计算收入处理。有收益之树木，除自用者不负担外，其余列入收入负担，不计资产负担。

5. 工商业。包括商店、工厂、矿山等资本及红利、公积金在内。

6. 人力。指从事体力（如做长短工）、脑力、技艺工的收入。

7. 存款。包括现存的、贷出的两种。

8. 存粮。包括现存的、贷出的两种。

9. 负债。指贷款、借款数。

10. 人口。以户为单位，大小口分别填列。

11. 每口平均资产。

12. 每口平均收入。

13. 按资产应得分数。

14. 按收入应得分数。

15. 全户共计应得分数。

四、凡本区人民经营之商店、工厂、工场等不论其坐落何处，凭资本与收入分别列入本人资产与收入内。

五、非本区人民在本区内经营之工商业，以户为单位计算负担。

六、评议民户资产与收入应注意下列各点：

1. 为奖励农村生产，凡属农村副业者，一律暂不列入任何负担。

2. 已列入负担之资产变价时，列为下年之存款。

3. 各种土地与负担关系：土地之资产与收入，按整顿田赋暂行办法有关规定，照实价估算；公产、官产不出负担；新开荒水田三年、旱地五年不负担；社地、庙地未归公者照常负担；顶地——资产与收入同归顶户；借分借地——地主之土地负资产负担，种地人负收入负担；典当地——因所有权暂时转移，原则上资产与收入均应由原典人负担。如有故意作价企图逃避负担者，除典价与收入均归承典人负担外，典价与时价之差额，仍归出典人作资产负担；祠堂地——本族人自种时谁种谁负担，与本人财产合计分数，租出者，除留收入30元作祠堂公用外，其余仍照章按1户负担。

第三章　负担标准与计算

一、合理负担分资产与收入两种。以户为单位，以每口平均计算。

二、人口的计算，10岁以上者为大口，10岁以下者为小口。两

小口为一大口。

三、资产应负担分数计算如下：

1. 每口全年平均不足50元者不计。

2. 50元以上者，每50元作1厘，500元作1分。依此类推。

四、收入应负担分数，以累进法计算。

1. 每口全年平均以小米1石，杂粮1.5石合计2.5石，按当地时价折合成元，经专署核准为起码负担数。不满起码数者不负担。

2. 超过起码数之收入，每5元作1厘，50元作1分。

3. 超过50元至450元为1级，超过450元至950元，以100元为1级，每级以一三累进率计算分数。

4. 超过950元以上者每多100元，一律以80分计，不再累进。尾数以8进2舍计算。

5. 资产与收入负担总数，不得超过本人全年收入30%。

五、实施合理负担要与整理田赋结合进行。评议民户财产时，依照整理合理负担及田赋委员会组织简单的规定组织评议会评定。评议会由村民代表（七间以下之村共推代表二人，七间以上之村，每间推代表一人）与农、工会各推代表二人及村财政委员会共同组织。评议会评议民户财产，应正式公布，并召开村民会议征求正反意见，经村民大会或村代表会通过报县审核。评议会是临时组织，不负责执行，评议终了后即行解散，不得开支公杂饭费。评议会无固定主席，开会时临时推选。

第四章　附则（从略）

《修正负担条令》与原山西第三专署制定的条令比较，累进级数有所简化，增加了实物兑征点，实行奖励生产的政策，这是一个重要的改进。

《修正负担条令》执行的效果，总的说来是比较好的，主要表现在以下几方面：

第一，克服了负担政策上各自为政的不统一现象，稳定了负担政策，安定了民心。

第二，基本上照顾了各阶层的利益，保证了抗日军政人员的供给。

第三，调动了人民生产积极性，推动了各项经济事业的发展。

第四，培养和锻炼了财粮干部，提高了政策水平，增加了业务知识，为实行统一累进税积累了经验，奠定了基础。

《修正负担条令》也有很多缺点和不当之处。主要是：

第一，计算手续过于繁杂，特别是在财产的计算和负担等级的计算上，不易掌握。

第二，累进级差偏多偏高，负担多集中在地主、富农和少数富有者身上，负担面只占全村 50%，甚至只有 20%—30%。未达到中央提出的 80% 的政策要求。

因此，1941 年晋冀鲁豫边区政府成立后，进行了调整和改进。

《修正负担条令》发布后，只在太行、太岳区的中心地区实行，在游击区和接敌区另行制定简单易行的负担办法，以适应当地的环境和要求。

在冀南区，由于群众已习惯《公平负担办法》，“联办”成立后，直到抗战胜利，只作部分调整，未作大的变动。

冀鲁豫区，在边区政府成立前，依照本区情况实行山东省乙种公平负担办法，边区政府成立后，1942 年 7 月颁布了《冀鲁豫区新合理负担暂行办法》，负担原则与“联办”的条令基本相同，计算负担以土地为单位，每 1.2—1.4 石为一标准亩，动产收入折成标准亩，一并累进征收。人均 1 亩为免税点，1 亩 1 分以上者按 1.1 分，累进计算分数，共分 20 级，最低者人均 1 亩每亩 1.1 分，最高者人均 20 亩，每亩按 6.1 分计算，累进率高于“冀太联办”的规定，但最高不超过收入 30%。

以上是黎城会议后统一负担政策的大致情况。

《修正负担条令》实施的第一年，有些人曾向“冀太联办”提出“人民负担重了”的意见。为此，“冀太联办”曾进行过深入调查。

据《边区政报》14期所载榆社县东清秀村情况如下表5－1所示：[1]

表5－1

阶层	人口	每人年均农业收入（元）	每人年均负担（元）	负担占收入比重（%）
小地主	20	533.12	296.79	55.67
富农	108	303.26	96.60	31.85
富裕中农	41	156.67	41.29	26.35
中农	283	167.55	28.05	12.27
贫农	257	93.11	10.43	11.16
佃农	54	76.81	27.46	35.75
雇农	17	55.15	8.57	15.54
长工	2	63.36	—	—
手工业者	5	28.47	—	—
商人	13	124.66	18.21	14.61
其他	7	175.91	90.66	51.54
总计	807	160.43	38.95	24.23

从这份有代表性的典型调查材料看，人民的负担是重了。不仅地主负担超过了政策规定的比例，其他阶层也有超过的。

但是，据“冀太联办”财政主管方面解释，他们认为：“骤然看来，好似直接取之于民而加于人民身上之负担很重，然而仔细核复起来，人民负担是不重的。”

“冀太联办”核算：[2]边区人民每人每年负担总共11.72元：包括边区款3.18元、地方款2.54元、粮食负担折款6元。在战时，能做到这一步是很不容易的。这个情况与敌占区、国民党统治区（大后方）、邻近根据地之国民党军队驻防区比较，边区人民的负担是不重的。与抗战前国民党统治时代的税赋比较，边区人民的负担是很轻的。边区的军政费用的节俭情况是历史上少见的。但是征收粮款工作中难免发生错误，当尽快改进。后来“冀太联办”曾多次重申：不再增加人民负担。负担面坚决扩大到80%；人民负担额不超过本户

〔1〕 晋冀鲁豫边区政府：《边区政报》第14期。

〔2〕《边区财政经济史资料选编》第一辑，第269页。

总收入的30%。军政民脱产人数不得超过边区总人口的3%。

第三节 整顿战勤 爱惜民力

战争中的后方勤务（简称“战勤”），是战争赖以进行的重要条件。部队在前方作战必须有后方勤务的支援。在敌后开展的人民游击战争中，在没有大后方支援的情况下，社会勤务的支援具有特殊的重要意义。

抗日根据地的战勤，是人民在抗日战争中承担的人力、畜力的负担，亦称力役负担。同财力、物力的负担同样重要。

力役负担分两种，一种是战争勤务，即动员人民参加战争中的勤务，一种是平时军事支差。

力役负担的原则是有力出力。

战争勤务，包括运输弹药、粮食、柴草、缴获物资，组织担架队，救护伤员，为伤病员洗衣、烧水、做饭，修筑工事，破坏敌人交通，站岗、放哨、传送信件等，如系民兵还要配合部队作战、看管俘虏。妇女还要为部队制造军鞋、军袜，缝制军服和被服等。

支差，是指平时为军事机关搬运转送军用品或公用物品，以及30里以外的公粮、柴草义务运输、修路等。

出勤、支差人员的给养：一天以内的自带，由村粮款内支付；两天、三天的由县地方粮款支付；四天以上的由用差部队供给。出勤、支差人员的吃粮标准按军队标准供给，菜金按军队标准五折或七折供给，出勤、支差人员完成任务回村时，由用差部队或机关发给政府制定的“差票”，向村公所结算。

人民的力役负担，力役负担的轻重，直接间接地影响根据地经济的发展。

鉴于抗日战争是长期持久的战争，根据地又处于敌人重重包围封锁之中，处于与敌人犬牙交错的残酷战争环境之中，处于经常遭受

敌人破坏以至毁灭性的扫荡之中，处于与大后方隔绝、各根据地相互割断又与城市隔离的孤军作战，独立支持的状态中。在这种异常艰苦的情况下，要克服各种困难争取抗战的最后胜利，一方面与敌人进行军事上、政治上、经济上和思想文化上的斗争，一方面必须十分爱惜根据地人力、物力和财力，建立自力更生长期抗战的经济基础。这是组织和动员战勤必须遵守的基本原则，也是根据地的财政经济政策的出发点。

爱惜民力的重要性，并不是所有使用战勤的人都认识明确、身体力行的。根据地创建初期浪费民力的现象是比较严重的。主要表现在某些政府机关和人民团体，随意派夫和动员畜力，甚至公营企业包括军队经营的企业、合作社、物资采办处也无偿地向群众派工、派畜力从事物资运输，这样使群众除了原来承担的战争勤务外，又增加了新的不合理的额外负担。这严重地影响农业生产和人民生活，在政治上造成极不好的影响，在某种程度上损害了根据地党政军的政治威信和根据地的经济基础，为此引起了领导机关的严重注意。早在1940年4月“冀太联办”筹办时期，就以山西三专署名义制订了支差条例，限制滥用民力。“冀太联办”成立后，又于1941年4月1日发布“晋冀豫区军事支差条令”。该条令规定了承担支差义务的对象，参战与支差的范围、动用民力的手续、支差人员的待遇及相关事宜的解决办法等。这是边区第一个统一的战勤条例。同年7月22日晋冀鲁豫边区临参会通过了“军事支差条令”，对晋冀豫区“军事支差条令”作了部分修正，并由边区政府发布施行。修正后的“军事支差条令”主要内容是：

第一，关于承担军事支差服役的对象。

凡年龄在16岁以上，50岁以下的男子，及一对牙以上的驴、骡、马、牛（根据当地情形，不能驮载、驾驭之牛除外）、骆驼须参加参战工作，支差、义运等服役义务。

参战工作包括：战时运输军需品及胜利品，战时抬运伤病员及平时转运伤病员，战时带路送信，破坏敌人交通及封锁线、军用工事，修筑我军工事或交通等。

支差工作包括：军事机关之迁移，平时军事机关运送军需品或公用物品等。

义运包括：部队及军事机关的军粮。

第二，党政民机关团体及公营企业、合作社、采购处等（军队经营者在内），一律不得用差。

第三，严格支差手续。

凡属参战工作范围者，由旅或军分区以上政治机关按规定填写用差证，并由负责首长签名盖章，经专署批准后，由县政府派拨支差人员。如遇战争紧急情况时，对军事机关的转移，平时军事机关运送军需品或公用物品，由旅级或军分区以上政治机关填写用差证，并由负责首长签名盖章，得临时向县政府、区村公所直接要差，如情况许可时，须一律经过县政府，农忙时基本上停止支差，遇特殊情况时，必须持有旅及军分区以上政治机关的正式证明文件，并按规定填写用差证，经专署批准，始得支差。

批准支差的机关，应给用差机关以填好的拨差证，持此证向指定的政府要差，如超过规定天数者，须给换差证，用差部队持此证赴换差地点的县政府或区公所办理换差，如不依此规定换差者，原送差人得停止送差（在战争紧急情况无法换差者不在此例）。

第四，对参战及支差人员的待遇。

对参战人员的待遇：

跟随各部队行动者，3日以内自带给养，由县政府从地方粮内统筹开支，从第4天起由部队供给。参战者按部队标准发给，对支差人员的待遇由用差部队按照规定发给食、宿、草料，并以人畜往返里程计日实发，供给标准是：

每人每日小米1斤6两或杂粮2斤，菜金2角。驴每日每头干草8斤，料1斤。牛每日每头干草10斤，料1斤。骡马每日每头干草10斤，料1斤。骆驼每日每头干草12斤，料2斤。

所发之小米、草、料，如折发价款时，须按当地市价计算，并须于出发前先行发给差价全部或一部分，不实行此项规定者，民夫可拒绝支差。

支差供给给养或发价，不论有无回脚，均按来往里程计算。

支差的人畜中途患病时，支差单位除给予医治外，并发给路费准许回家。

第五，支差运输重量。

每人运输重量不得超过 60 斤，驴每头不得超过 90 斤，骡每头不得超过 140—160 斤，牛马不得超过 120—150 斤，骆驼不得超过 300 斤。

支差行程：重差每日不得超过 60 里，轻差不得超过 70 里，超过 10 里按超量加发费用，山地路途不平，运输重量与行程视当地实际情形斟酌减少，由县政府规定。

支差服役按人计算，普通以 60 斤折合 1 个人力（每一人力为一支差单位），畜力驮运或车载，按标准折成人力计算支差时间。

第六，减免或移补。

凡有下列条件之一者，分别减免移补本人之支差：

（1）年在 16—18 岁或因体力关系不能负重者，只跟牲畜或支轻差；

（2）不能走长途者及独身商人，可支短差；

（3）不脱离生产之区级干部支半差；

（4）村长、民众学校中常任义务教员、患病者、工厂工人及矿工均不支差，有病或在产前后 1 个半月之内之母畜不支差；

（5）民兵出击及军事活动，如系整日夜程者可停差，回来后 1 日内可移差；

（6）民兵在县区训练及村干部到县区开会在一日以上而误差者不补差；

第七，支差人畜因战争而受损失者，由政府给予抚恤或赔偿。如因用差单位的过失而致死亡人畜者，不论平时战时，除由用差单位抚恤或赔偿外，并给该负责人以处罚。

第八，监督和实施。

各专署和县政府组织差役检查队，监督支差条令的贯彻执行。凡违反条令之规定，任意抓差者，由人民扭送县政府，处以 7 日以下拘役，属于部队者送部队处理。

支差条令发布后，任意派差的情况大大减少了，对节约民力促进生产起了重要作用。

义运公粮问题。

根据地的战勤除参战与支差外，还有运送军粮的义务。这个义务一般是在不脱离家乡的情况下进行的。按照“有钱出钱，有力出力”的原则，义运公粮的负担多数落在有劳动力者的身上。

边区政府成立以前，军粮的运送由地方政府临时指派，或者部队直接指派，没有统一的标准和政策，负担轻重不一，越是公粮任务重的地区，义运军粮的任务也愈重，这种不合理的现象相当突出。

边区政府成立以后，为平衡劳力负担，1942 年 2 月 10 日边区发布《晋冀鲁豫边区义运公粮办法》和《实施原则》。主要内容是：

第一，按照《边区支差条令》的原则，凡有支差义务的男子均须承担义运军粮的义务，每年义运里程为 60 华里。义运重量，人力为：100 斤，牛驴为 150 斤，骡马为 200 斤。

第二，义运军粮的时间，上半年 1—3 月及夏收后一个月，下半年为 11 月、12 月，农忙时停运。

第三，下列人员免服义运军粮的义务。

（1）脱离生产的军政民人员及其机关的驮畜；（2）公营事业的职工及驮畜；（3）脱离生产的教职工及在校学生；（4）私营煤矿工人；（5）残疾痼病者；（6）法令另有规定者。以上人员免服义运军粮的义务。

第四，义运军粮的集中地点，由边区或行署粮食局会同当地最高军事机关于每年粮食收获前决定。部队后方医院及军事工厂的用粮，由边区政府或行署粮食局与军工部门决定。军粮交接地点决定后，通知专署、县粮食局组织实施。

第五，奖惩严明，鼓励先进，鞭策落后。义运军粮的细则中规定：凡按时保质保量完成义运任务者给予精神奖励（如群众前表扬，登报表扬）与必要的物质奖励。凡无故脱秤超过 2%—5% 者，予以批评或警告，超过 5% 者，照脱秤赔偿；运粮时民夫掺和沙土、水、

石或秕谷、糠麸，经证明属实者，除照数更换外，并处以盗换数25%以下之罚粮，民夫无故脱差逃避义运时，酌情给予处罚。

组织义运军粮，一方面要保证战争的需要，一方面注意节约民力，凡不属义运范围的单位，不得动员民力义运。后方医院及军工厂的职员及其马匹均须执行30里地以内自己取粮的规定，不得动用民力义运。

优待抗日军人家属。

优待抗日军人家属（简称“优抗”），是抗战时期根据地一项重要政策。抗日政府除了在财粮负担政策上对抗属给予优待外，对于生活困难、劳力不足的抗属，组织群众代耕或代打烧柴、担水等义务。这些虽不属支差范围，但同样要付出劳动。

据太行区中心地区涉县1942年的优抗工作报告称，该县在抗战初期，未开展优抗工作，参加抗日的军人90%以上是贫苦农民，其家属在各村中大半是最无地位的“可怜者”，生活困难，有的几乎在村里站不住脚，很多抗属没有得到优待，造成群众的不满，抗属的失望，影响到参军人员的情绪。涉县中心区尚且如此，其他地区更可想而知。这证明优抗的政策在许多地区未认真执行。对此，边区党和政府严肃批评了这种情况。

1942年涉县县政府加强了优抗工作。

第一，建立了优抗委员会，由主管民政工作的行政领导负责，结合民教、农会、武装委员会负责人组成。有的由抗勤委员会负责。

第二，建立优抗制度。对抗属给予精神优待、劳力优待、土地优待和粮食优待，内容包括为抗属代耕、打柴、挑水等劳务负担。代耕对象是有少量耕地而无劳力耕种的贫困抗属，由代耕队负责代为耕种，涉县规定每人不超过一亩耕地，水田需工20个，旱地需工10个，每工顶差一天，如有荒芜由代耕队负责赔偿。代耕队并负抗属战争转移撤退之责。打柴，凡贫苦无力打柴或有小孩捡柴不能供应燃烧者，由抗日自卫队负责打柴，交村公所按月转发抗属。挑水，对无劳力挑水做饭的贫苦抗属，由自卫队负责挑水供应。

第三，优抗工作逐步做到制度化。由于党和政府的重视及群众的热情支持，边区的优抗工作取得了明显成绩。据涉县7个区统计，全县1075户抗属中，仅在中秋节时享受粮食优待的412户，占38%；享受代耕优待的106户，占10%；享受打柴、挑水优待的113户，占10.5%。全县贫困的抗属基本上得到了优待照顾。

优抗工作中的财力和物力的优待，除了政府给予的减免税和救济外，当地群众也给予帮助，至于劳力的负担则完全由本村人民承担。这反映了人民群众由抗战的热情而激发的对抗属的关怀，也说明在根据地内互济互助的人际关系和精神风貌，同旧社会比较是有天壤之别的。对于抗属较多的村庄，政府在分配财粮征收任务或派差时，要给予照顾，以平衡各村的负担。

力役负担直接关系到地方（村）粮款的负担，边区政府为此总结了以下几点经验：

第一，要使负担合理，必须有明确的政策，规定严格的规章制度，对人民负担的战勤、支差的负担能力，进行精打细算，比如什么事情可以支差，什么事情不能支差，什么事情可以动用民力，动用多少，什么事情不可以动用民力，都要作出统一的严格规定，地方（村）粮款哪些可以开支，开支多少？哪些不许开支都要明确规定，超过规定的要报上级政府批准，不允许随意支用。

第二，要经常调查研究人民的生产、生活情况和负担情况，听取群众意见，一经发现浪费民力的现象，必须立即制止。

第三，对战勤、支差要周密计划，加强组织工作。重大的战勤支差要领导带头，亲自指挥，以适应战争需要和节约民力。

第四，对长期出勤支差人员，要规定相当报酬，所需粮款，分别列入边区、地方预算，专区和县政府按季进行差务结算，报行署、边府，调剂平衡。战勤任务繁重地区相应减轻粮款负担。

第四节　统一供给制度与供给标准

根据黎城会议精神，“冀太联办”把制定供给制度和统一供给标准作为财政统一的重大措施之一。

一、供给制度

供给制度是财政支出供给方式的基本制度。

在抗日战争时期，根据地军队和地方党、政、群众团体人员（简称军政人员），一律实行以实物供应为特征的供给制度。军队不实行军饷制，地方不实行薪俸制，供给内容以维持个人生活最低限度的需要为原则。这是第二次国内革命战争时期红军和苏维埃政府供给制度沿袭下来的一种制度，它在中国近代革命史上是一项重大的创举。

早在1928年，毛泽东在创建井冈山革命根据地时说过：“红军的物质生活如此菲薄，战斗如此频繁，仍能维持不敝，除党的作用外，就是实行军队内的民主主义。”在官兵待遇上，实行供给制。即“从军长到伙夫，除粮食外一律吃五分钱的伙食。发零用钱，两角即一律两角，四角即一律四角。”在经济上实行民主，由士兵管理伙食。“中国不但人民需要民主主义，军队也需要民主主义，军队内的民主主义制度，将是破坏封建雇佣军队的一个重要的武器。”〔1〕历史证明：供给制是在根据地经济十分困难的环境下，官兵一致，同甘共苦、团结对敌的一种物质供给方式，在革命战争中发挥了重要作用。

二、制定供给标准的原则

供给标准是供给制度的主要内容，是编制财政计划或编制预算

---

〔1〕“井冈山的斗争”，《毛泽东选集》第一卷，第65页。

的重要依据之一。供给标准，对于个人来说，即生活待遇，它标志着部队和地方工作人员物质生活待遇的水平，也是各项开支的准则。

供给标准的制定是根据各个时期根据地财力、物力的实际情况，比照当地人民一般的生活水平而订的。由于各个时期的财政经济状况不同，供给标准是因时制宜适时变动的。

供给标准总的原则是：根据官兵平等、军政一致的精神，为保证部队作战能力，军队高于地方，前方高于后方。在具体规定供给标准时，遵循下列原则：第一，根据敌我斗争形势的发展变化，根据地的经济状况确定供给标准，根据地扩大时要适当提高，缩小时要相应降低；第二，根据根据地的贫富情况和负担人口负担能力确定标准，当根据地比较富裕和负担人口扩大时，可适当提高标准，反之则要适度降低；第三，根据农业生产的丰歉和当地人民主要是农民的生活水平的高低确定供给标准，在农业丰收当地人民生活水平提高时，相应提高供给标准，反之，则相应降低；第四，党、政、民工作人员生活标准要低于军队，军队内部，后方人员要低于前方人员；第五，军政人员的供给标准要接近人民的生活水平，不能差别过大。总之，供给标准的规定既要依照维持生活的最低需要和严格节约的原则，又不脱离群众，达到支持持久革命战争的目的。

三、供给标准的主要内容

供给标准，包括个人生活费用、公用费用两种，本节主要介绍个人生活费用。黎城会议之后制定的部队（包括随军机关团体）的供给标准是：

1. 粮食，即口粮。军队每人每日小米 1 斤半（后方机关 1 斤 6 两），党政人员每人每日小米 1 斤 4 两（16 两制秤），交通员、警卫员每人每日 1 斤 6 两。如遇灾年减少供给。如 1942 年、1943 年因遭遇特大灾荒，每人每日减少 4 两小米，军政后方机关一度减少了 7 两，以支援灾民，自己以糠菜代粮充饥。

2. 菜金。军队每日以供给三钱油、三钱盐、三钱肉、一斤菜计

算折价发给现金。据八路军总后供给部资料，抗战初期的供给标准，菜金，普通人员每人每日 0.05 元，轻伤病员 0.13 元，重伤病员 0.23 元，特重伤病员 0.4 元，学校教、职、学员 0.10 元。1940 年 10 月由于物价上涨，菜金提高到 0.08 元，实际水平下降很多。

3. 津贴（即零用钱）。抗战初期，战士、班长每人每月 1.5 元法币，排级干部 2.5 元，连级干部 3.5 元，营团干部 4 元，旅以上干部 5 元。党政人员（兼军职的）1941 年三级发给，专员级每人每月冀币 5 元，县区一级 3 元，一般工作人员 1 元（冀币 1 元相当于银元 1 角）。

技术人员发给技术津贴。

4. 服装。军队，每人每年单军衣一套至两套，单军帽 1 顶，棉军衣 1 套，棉军帽 1 顶，衬衣 1 套，袜子 2 双，草鞋、单鞋各 4 双，绑带 1 付，挂包 1 个，排以上干部大衣 1 件。

党政人员：每人每年单衣 1 套半到 2 套，棉衣 2 年 1 套，棉被 5 年 1 床，鞋每年 4 双（勤杂人员 6 双、交通员 8 双），袜每人每年 2 双。

工厂职工和部分工程技术人员实行低薪制，不发给上述实物。

5. 医药费。军队由卫生部供给。党政人员，每人每月按 3 斤小米包干发给单位。

6. 烤火费。山地烤火期 3 个月，平原烤火期 2 个半月，山地烧煤或木炭，平原烧柴草。

7. 其他。包括伤病员生活补助费、荣军优待费、安置费、老年优待费、妇女卫生费、生育费、婴儿保育费、过节补助费、会议会餐费等。

以上属干部个人部分，在一般情况下，按标准供给。环境恶化经济困难时酌情减发。

公用部分：

军队公用部分：

按八路军总后供给部统计，在抗日战争时期，军需开支的项目，属于公用部分有：军工器材、电讯器材、医药材料、印刷材料、弹

药、枪械维修和制造、马干、马药、缰具、拭枪、拭炮、政费、运输、埋葬、休养、接收安置俘虏、报刊、学习和各种特别费用等。

地方公用部分，主要是办公费、会议费等，除少量按定额开支外，大部分实报实销，只列入供给范围，未规定开支标准，但在支用时都是严格掌握的。

供给标准和供给制度，对革命队伍的物质文明、精神文明建设起了不可磨灭的作用。国内外一些理财家，研究了根据地的供给标准和供给制度后，称赞它是一门极其具体复杂的科学，很有研究价值。

第五节　财粮管理制度的建立

一、建立统一的财粮管理制度

边区创建初期，各地的县区抗日民主政府对于财粮的征收与管理，没有统一的严格制度。不少地区存在着重财轻粮的偏向。为了纠正和防止粮食管理上的混乱情况，“冀太联办”设立了粮食总局，曾胜辉首任粮食局长。粮食总局设立后，参照第二次国内革命战争时期中央苏区管理粮食的经验，会同“冀太联办”财政处制定了“财务粮食审计会计试行制度”，并开始发行粮票，凭票支用。1940 年 7 月，根据试行的结果“冀太联办”正式颁发了财务和粮食审计制度。

1941 年 9 月晋冀鲁豫边区政府成立后，财政厅建立了金库制度。鉴于旧政府时代的“官厅会计”制度不能及时反映财务收支的实际情况，根据新式会计的原理和太行地区昔东县的经验，1942 年 3 月颁发了新的会计制度。与此同时，财政厅会同冀南银行修改了金库制度，并于同年 10 月修订了粮食审计制度，改名为审计规程。从此，边区财粮管理基本上克服了混乱局面。

1943 年夏，边区第三次精简，加上粮食工作逐渐走上轨道，边区粮食总局合并到财政厅，成立粮食科。专管粮食仓库和粮食票证的管理。粮食审计、会计制度与财政审计、会计合并，1945 年 3 月边区政府重新颁发了统一的财政、粮食审计、会计规程，对以前的规程和制度作了补充和修订。

财粮制度的修订，遵循着五项基本原则：一是适应战争环境和革命需要；二是有利于集中领导和分级管理；三是通俗易懂，简要易行；四是反映和结算及时，便于领导掌握情况；五是严格财粮纪律，反对贪污浪费。

二、建立统一的审计、会计、金库三大制度

（一）审计制度（规程）

“冀太联办”成立后，边区财政体制名义上是统收统支的。由于战争环境的影响，实际执行是以行署区为一个战略单位自收自支的。边区政府兼管太行区，实际是太行区的财政。行署区的财政又分行署、专署、县三级管理。行署区的财粮核算，分边区粮款、地方粮款。行署、专署主要管理边区粮款，县级除管理边区粮款外，主要管理地方粮款。

审计制度主要任务，是审计各级机关单位之经费开支，审计全区岁出岁入之盈绌，启示开源、厉行节约，据此制订各项开支标准，预算的审批程序及有关各项开支的具体规定；编制边区财政年度预决算，分配审批各级各单位的预决算以及追加预算的事宜。

晋冀鲁豫边区政府颁发的《晋冀鲁豫边区岁出岁入审计规程》第二条规定：“审计为财务行政中之立法部分，一切收入非经审计核准不得征收，一切支出非经审计核准不得动支，违者以贪污论处。”为了应付紧急需要，规定专员、县长分别可以临时借支五百元、三百元，还需同级财政部门同意，借后按规定手续办理。

（二）会计制度

为了严格财政管理，1942 年 2 月，边区政府颁布了《各级政府岁入岁出会计制度》。在该制度的总则中明确指出，为建立系统化正规化之会计工作，适应敌后游击环境，管理边区岁入岁出款项（简称“边区款”）及地方岁入岁出款项（简称“地方款”），力求简易合理，统一一致，会计制度要达到随时记账、按期结账和准时报账三项要求。依照边区政府规定的会计科目记录，反映财粮收支实际情况。环境安定的地区，专署、县每旬要向边府财政厅、行署财政处报告一次；环境严重的地区，按月或两月、三月报告一次，年终必须决算。为了保密，军费只由边区政府财政厅、行署财政处集中管理，县不设军费科目。

粮食会计制度，分为边区粮、地方粮，岁入、岁出科目及收支程序另有专门规定。

税收会计科目及会计处理手续，边区政府也有规定。

（三）金库制度

金库是专管政府现款（包括有价证券、金银、珠宝等，下同）的出纳机关。专署、县以上由银行代理金库，个别县未设银行而设金库员等的，归财政科编制。金库制度规定，所有政府收入的现款，都要解交金库，各级政府会计部门或人员不得保存现款，除有正式命令及规定者外，不许另立账簿。所有开支一律要通过政府会计手续支领，银行可以动用政府存款，但要保证政府随时支用。政府如遇透支，临时性的按规定手续办理，随借随还；年度预算透支时，要按政府通过的预算制度办理。

关于粮食保管支用，专门制定仓库保管制度和粮票制度：

1. 仓库保管制度。

（1）原村征存，将征收各户粮秣在原村分户存放；

（2）换村存放，很多村征收之粮秣移交他村分户保存；

（3）在接敌区村庄无法存放征收的粮秣时，运其他区存放，由存粮村分户保存；

（4）每村存粮不超过 2 万斤，每户存粮不超过 2000 斤，条件特别优良者酌情增加；

（5）柴草均以原村分户保存。

各村、各户保管的粮食，都有存粮收据。支付多少，凭存据计算，超支由上级政府补足，多余可转到下年或调剂他区。1943 年以后，某些较安定的地区已有条件在几个村或一个区内设立一些较大的仓库，集中保管，便于调用。

2. 粮票制度。粮票是专供军政机关之间或军政民之间的人员往来使用的，《边区暂行粮食会计及出纳制度》规定："为适应敌后战争环境及各部队机关团体人员外出工作之需要，特发行各种粮票以供零星出差人员及少数部队战时活动，随时兑取公粮之用。"在战争时，军政机关人员外出时，除自备粮票伙食费外，每人还需携带三天公粮，以备意外情况的需要。

边区粮票使用范围：正规军的军粮、区以上机关的行政粮、专区以上教育粮、实业粮、公安粮、交通粮、民众团体补助粮，区以上机关之行政粮、专区以上教育粮、实业粮、公安粮、交通粮、民众团体补助粮、荣誉退伍军人粮、社会事业粮、战争损失等。

地方粮票使用范围：地方行政粮（召开干部会议或训练）、地方教育粮（小学教师食粮）、民兵参战补助粮、地方社会事业粮及其他支出。

所有用粮单位均须编报预算，由审计机关核准粮食计算书后；由粮食主管单位发给领粮书，按指定的存粮地区领取。无领粮书者，任何部队、机关、团体或个人均不得滥支滥用或私自挪用，违者按惩治贪污办法论处。

为适应屯粮季节，粮食会计年度以本年 11 月 1 日起至次年 10 月 31 日止。

以上制度暂适用于太行区；太岳、冀南、冀鲁豫区可参照执行。

（四）军队的审计、会计制度

八路军继承和发扬中国工农红军的革命传统。在财粮支用上严守制度，厉行节约。

审计制度。抗战开始前，八路军团以上各级部队都成立了由军政首长参加的审计委员会，总部后勤部设立了审计处，师、旅供给部、处设立了审计科，团设立了审计员，从组织上建立了较完整的审计工作体系。1940 年，副总参谋长左权在后勤工作会议上指出："要严格建立审计制度，审计机关必须切实厉行工作职责。只有审计机关具有核销的权限。"总后勤部杨立三部长指出："所有部队的预决算，必须由审计机关审核。否则，供给机关一律拒不接受。……对于部队的资财、公有财产等，审计机关随时派员实地检查，对涂改单据、贪污腐化、浪费滥用等现象，审计机关应拒绝，不予报销，并随时检举。"

根据八路军总部指示，一二九师制订、颁发了审计制度。审计工作负责审核预算，审核预算的人员、马匹、枪支是否与司令部月终实际统计相符合，有无虚实。各种费用是否符合标准，预算经过审核后取得支款通知书，会计部门才能拨款。如发现预算不精确或不符合规定的，令原单位重新编造。由于严格执行了审计制度，部队的财粮管理出现了新面貌。主要成绩是：

第一，严格执行预、决算制度，克服了一度发生的忽视制度的倾向。消除了随便批条子和乱发物资的现象。重视执行统筹统支制度，减少各自为政、收支打埋伏的行为。

第二，各级审计机关和审计人员，敢于坚持制度，对开支不当的行为不予报销。基本上制止了违反规定，超过标准的开支及重报、错报的现象。1942 年，按精兵简政后的新编制核实了人员、马匹、枪支的数字，总部滕代远参谋长在辽县麻田亲自核点名册，防止了超编情况。

第三，各级审计机关在认真执行制度的同时，严格审核，区别情况，解决部队的特殊困难，使部队临时性的必需开支得到了灵活处

理，既提高了经费的效益也培养了审计机关、审计人员对部队负责的精神。

第四，纠正了只重视审计经费，忽视对被服、军工等材料费用情况审核的偏向。按照总部指示，严格审核各项材料的消耗，督促有关部门建立成本核算，从而保证了财力的合理使用。

会计制度。抗战初期，各部队使用的账簿很不一致，有的单位采用复式簿记，新建单位仍用老式记账法。1940 年一二九师供给部规定一律采用复式簿记，废止了信贷记账方法。1941 年八路军总部野战供给部颁发了《会计工作暂行实施细则》，建立了比较正规的会计工作制度。

第一，统一账簿格式和记账方法，为适应战争环境的要求，简化会计手续，野战供给部统一制发体积较小便于携带的账本，1942 年后将账簿简化为收支对照表，以利及时结算上报。

第二，会计与出纳严格分开，各司其责，会计负责记账、结算，不得直接收款和发款，出纳员根据会计员的传票办理收纳和账款，各样收入必须给予正式收据，禁止打白条，并按级上缴。对隐瞒不报、自收自支、打埋伏等要严肃追究，禁止出纳人员私收外款或私收他人存款，会计、出纳人员按日结算账目，如有差错立即追查，人员调动要办理交接手续。

第三，出纳工作负责管理现金财物的收付，并负完全责任，总部野战供给部制订《出纳工作实施细则》，对收支手续、保管方法、领款送款以及遇有特殊情况相机处理方法，都提出严格而具体的要求，以保证财物的安全。

在抗战期间，特别是在敌人残酷“扫荡”的环境下，会计和出纳人员保护财物，忠于职守，为民族解放作出了不可磨灭的贡献。

边区政府副主席戎伍胜在 1947 年华北财经会议上，对边区财务制度的执行情况作了回顾，他说：“建立严格的财政制度是必要的，特别是财政困难时更为重要。制度刚建立起来，无论怎样合情合理，都会遇到一些困难及非议，何况制度又难以完全合理、把所有困难都解决了呢？所有制度在执行时总会有些人感到不舒服、不方便，什么

制度制死人、妨碍工作等怨声就来了，但从整体说来，特别是保证供给，不严不行。少数人感到方便，即是对公家和群众不方便。当然，在战争情况及技术条件限制下，各种制度应力求简便合理，太复杂了也是行不通的。”〔1〕

以上就是抗战时期边区财政统一后财政制度建设的基本情况。

〔1〕 戎子和：“晋冀鲁豫边区的财政经济工作”，《戎子和文选》，中国财政经济出版社1990年版，第151页。

第六章 活泼金融　整顿货币

活泼金融，整顿货币，是“黎城会议”提出的财经战线上四项建设任务之一。“黎城会议”后，新成立的“冀太联办”对这项关系到边区经济发展的大事，抓得非常认真。

第一节　整顿货币　肃清杂钞

冀南银行和鲁西银行创建前后，晋冀鲁豫边区各地的金融货币市场，十分混乱。当时除了国民党政府发行的中（央）、中（国）、交（通）、农（民）四大银行发行的法币流通于全区外，还有经国民政府许可的中国实业银行、大中银行、浙江实业银行、中国垦业银行、中南银行、北洋保商银行发行的钞票流通于各地市场。同时，各省、各县地方银行发行的钞票或流通券，如山西省银行、晋绥地方铁路银号、山西盐业银行、山西垦殖银行发行的钞票也在市场流通。另外，山西第三专署发行的上党银号钞票流通于晋东南山西第三、第五专区。山西第五专署发行的救国合作社兑换券，也流通于山西第五专区所属各县。潞城、壶关、平顺、长治、高平、晋城、阳城、陵川等县发行的钞票也在所在县流通。在冀南地区流通的有河北省银行发行的钞票，还有南宫、枣强、巨鹿、清河、晋县、束鹿、衡水等县发行的流通券，流通于所在县。在冀鲁豫区流通的有山东民生银行、河北官钱局、山东平市官钱局发行的钞票。国民党鲁西行署、孙秉贤的山东二区、宋世勤的山东十一区发行的流通券，还有石军团及河北省直南专署丁树本发行的流通券，也流通于鲁西和冀鲁豫地区，另外，许多地方还有私人银号、钱庄、粮行、商店发行的土杂钞也在当地市场流通。在一些经济比较落后的地区，还有行使银元的习惯。在根据地的边沿地区，有伪币在市场流通。这种混乱的金融货币市场，对于发展根据地经济和保护根据地人民物资不被敌人抢夺，都是十分不利的：

1. 不利于边区的物资交流。当时在边区流通的各种货币，除法币是通行于全边区的货币外，其他各种货币，均属地方性的货币，流通范围狭窄，大都起着辅币的作用，对于边区内各根据地之间的物资交流，难以发挥货币在经济活动运行中应有的作用。

2. 不利于战时财政调度。战争时期的财政，收入难于保证支出，常常需要借助于银行发行货币解决财政的急需。边区当时的金融货币状况，无助于解决战时行政的困难，也不利于全区财政的调度。

3. 不利于保护群众的利益。当时边区各地流通的地方性货币及其他土杂钞，大都是滥发的，信用极低。有些钞票已为敌伪所把持（如河北、大中、保商、农工、实业、山东民生等银行发行的钞票），形同伪币；有的是国民党地方政府在战后滥发的，严重贬值，时刻面临着变成废纸的危险。山西省银行钞的倒台，使山西群众蒙受了很大损失，就是一个很明显的例证。有些私人行、庄发行的土杂钞，有的发行人在战后已外逃，失去了保证。总之，在市场上流通的这些地方性货币，实质上已不成为有价证券。综上所述，要确立冀南钞和鲁西钞巩固的本位币地位，首先必须整顿本区的金融货币市场，肃清各种地方性货币及土杂钞。

整顿本区的金融货币市场，是一项极其艰难的斗争任务，既有对敌的货币斗争，也有对国民党顽固派和私人行庄的货币斗争；既是经济的斗争，又是政治的斗争，它常常是和军事、政治斗争结合在一起，并随着军事、政治斗争形势的变化而变化，斗争是长期的，不可能通过短期斗争，就可以一蹴而就的。

土杂钞的情况很复杂，处理土杂币的工作尤其困难。在根据地创建初期，各地流通的地方货币和土杂钞，多在一定区域内流通，涉及部分群众的经济利益。这些货币的优点是面额小，一般都在一元以下，而流通的法币都是一元以上的货币，缺乏辅币找零，地方货币就弥补了这一缺陷，受到了群众欢迎，因此当地政府允许流通。但这些地方性货币和土杂钞，因信用问题，又常常被群众拒用，群众时刻有遭受损失的可能。因此，在冀南银行和鲁西银行发行冀钞和鲁钞后，对于地方性的货币和土杂钞的处理，根据各种货币的不同情况，区别对待：

1. 对于已被日伪控制的河北省银行发行的钞票，视同伪币，禁止使用。

2. 大中、保商、实业、农工四银行已倒闭，发行的钞票一律停止使用。

3. 山西第三、第五专区各县发行的流通券，规定于 1941 年 3 月底以前由冀南银行折价收回。

4. 对于私人行庄和商家发行的土杂钞，要求各级政府督促发行人，用基金和家产收回发行的钞票；无基金及家产而有担保人的，各级政府应督促担保人收回；对发行人已逃跑的，所发钞票宣布停止使用，持票人可将此种钞票保存，待发行人回来后兑换。

5. 冀南各县发行的流通券，南宫、衡水、枣强、清河、晋县、束鹿等县分别由各地政府收回。对于宁晋县商家发行的土票，因信誉较好，暂缓收回。

6. 在冀鲁豫区，对河北官钱局、山东民生、山东平市官钱局、国民党鲁西行署、山东二区、山东十一区、石军团发行的地方钞票及商家私人发行的土杂票，一律禁止行使。但因市场缺乏辅币找零，这次禁使未能全部收效。

7. 国民党河北省直南专署丁树本时期发行的流通券（多达 80 万元），在抗日民主政权建立时，因冀钞尚未普遍流通，且市场缺乏小额票币找零，故暂时采取了不过问态度，直到 1940 年 10 月才正式宣布停止使用。

8. 冀鲁豫区濮阳、大名、东明、长垣等县发行的流通券，大都没有基金。但因群众不明真相，且因该票基金注明以田赋附加作担保，又因这种票币大部留在小商人手里，倘公布作废，只会使小商人及贫苦人民吃亏。因此，采取的对策是：第一步停止使用，登记在册，第二步折价收兑，按田赋银两派款由各县负责将流通券收回。

9. 冀鲁豫区对于私人印发的土杂票，根据地政权建立后，一开始就采取了取缔政策，但因市场零票缺乏，未能收效。1940 年秋以冀南银行冀鲁豫办事处名义，发行了一种冀南农民合作社辅币兑换券（共 40 万元），以调剂市场需要，辅币发行后，再次令各土杂票发行人交纳保证金，并分限数期由土杂票发行人逐步把土票收回。

经过上述办法的处理，原各省县发行的地方钞票、商业银行钞和商家私人印发的土杂钞，逐步减少。截至 1940 年底，晋冀鲁豫边区内的杂钞基本肃清。

在肃清土杂钞工作中，对于银元及其他金属货币也一并加以处理。

早在 1935 年 11 月国民政府实行币制改革时，已颁令禁止银元行使。但是边区的一些偏僻闭塞地区，仍有沿袭使用银币的习惯。“冀太联办”于 1940 年 12 月颁发了《保护白银禁使银币办法》，1943 年 4 月，晋冀鲁豫边区政府再次就禁使银币发出通令，《办法》和通令规定，根据国民政府禁使银币的原则，具体规定，对本边区内之一切交易，一律以冀南钞和鲁西钞为本位币，其他银币、现银、现金均在禁止行使之列。对于民间收藏的银币及现银、现金，奖励人民自动向各级政府或银行兑换冀钞和鲁钞。其不愿兑换者听其自便，政府不得干涉或没收。对于私自买卖及行使银币、现银、现金者，一经查获，即依法定手续，由各县政府没收。对于私运银币、现银、现金前往敌占区有资敌情事者，除送当地县政府，将查出的银币、现银、现金予以没收外，并得按惩治汉奸条例的有关规定惩治，以防被敌掠夺。

对于铜元、制钱的行使和管理，早在 1939 年，冀南行政主任公署就发出训令，严禁铜元、铜铁资敌，对于根据地仍准铜元通用，但

对前往敌占区携带当拾文铜元，规定不能超过600枚。商民不能借口经商，收购碎铜烂铁运往敌占区，如确有资敌嫌疑者，将予以没收。1943年4月15日，晋冀鲁豫边区政府又修正公布了《晋冀鲁豫边区保护铜元、制钱兑换冀钞暂行办法》，该办法规定，为了保护铜元、制钱、生熟铜制器具、饰品，防止流入敌占区被敌吸收，对于边区人民行使铜元、制钱者，要求行使者按本办法规定兑换成冀钞使用；或持有生熟铜及铜制器具饰品者，亦得按本办法依量折价兑换成冀钞使用，但对人民储存，政府不加干涉或没收，如欲兑换冀钞，政府将予以奖励。

对于违章行使铜元、制钱者，得按情节轻重，解送当地县政府，除将查出的铜元、制钱没收外，并依法惩处。如查出私运铜元、制钱前往敌占区，有资敌情事者，除将所运铜元、制钱，由当地县政府没收外，并得依照边区政府修正公布的惩治汉奸条例第二条第六款及第十款的规定，分别惩处之。对于各地收兑及没收的铜元、制钱、废铜等，得随时解交县金库，并由县金库依次送交专署金库保管，以免发生流失等情事。

上述规定，无论是对于禁使或收藏银元、现银、现金、铜元、制钱及其他金银铜器制品的有关规定，其基本精神都在于防止将这些战略物资被敌所吸收而有利于敌贻害于我。同时由边区银行吸收这些金银铜等各种货币及其制品，也有利于边区增强发行货币的基金，稳定根据地货币币值。但是禁使银币及其他金属货币和禁止金属货币私运出境，边区政府虽曾多次发出命令，但直到抗日战争胜利前夕，仍未能完全禁绝，在根据地仍有私自买卖白银和走私白银的情况。为此，晋冀鲁豫边区政府于1945年5月20日，再次发出杜绝白银走私的通令，对于私自买卖白银及私运出口者，屡经发现不改的，将依照边区政府1943年颁发的保护现银、禁使银币暂行办法第八条、第九条的有关规定（私自买卖及私运出口白银）从严惩处，除将白银没收外，并处以被没收白银价值3倍的罚金。

第二节　保护法币　巩固本币

保护法币是边区金融政策的重要内容之一，在抗日战争期间，边区各级政府一直采取这一措施。

法币是国民党政府法定的国币，流通全国，在群众中信用较高。且抗战初期，还可持法币自由兑换外汇，敌人也设法推销仇货，吸收法币，套取法币外汇，采购敌所需要的军需品。因此，在冀南银行和鲁西银行开始发行货币时，都规定法币为冀南钞、鲁西钞的储备金，以此巩固冀南钞和鲁西钞的币值。实践证明，在冀南钞和鲁西钞发行初期，在群众对它比较陌生的条件下，在市场上还不能做到冀钞和鲁钞与法币等值行使的时候，采取以法币为基金、与法币等值行使的办法，是完全适宜的，有利于提高冀钞和鲁钞在群众中的信用。

保护法币的具体内容是：停止法币在边区市场流通。持有法币者，如需在市场交易，必须事先用法币兑换冀南钞或鲁西钞行使，以防敌人掠夺法币。

由于环境条件的差别，在晋冀鲁豫边区的晋冀豫地区和冀鲁豫地区，在实行上述措施的时间上先后不同。

在晋冀豫区，“冀太联办”成立后，已明确规定冀南钞为冀南、太行、太岳区的本位币。同时提出要“保护法币”，不使法币流入敌占区及敌人汉奸手中。1940 年 11 月 20 日，“冀太联办”正式颁布了《保护与兑换法币暂行办法》。该办法规定：凡本区内一切交易以冀南银行钞为本位币。如携有法币者，须向冀南银行所属机构或委托的代办机关兑换成冀钞行使。对于私人收藏之法币或向政府交纳税款之法币，不受此限制，不加干涉。对于商民或机关须到外区购买本区必需品，必须行使法币时，须提出申请及保证书，经指定机关核准后，送交银行予以兑换。此项法币如系购办货物，并须于货物入境后，呈交原发证件的机关查检。如申请虚伪或用少换多，有扰乱金融情事者，一经察觉有据时，须送当地县政府，除追回原兑换法币，并将其冀钞全部充公外，还得按其数额的多少处以罚金。上述这些“保护法币”的规定，就是对法币在市场的流通要严加限制，以利于冀南钞逐步占领根据地金融货币市场。

在具体实施这个办法中，着重于吸收法币，不准边区内的法币随便流出外地。要求各级政府、军队、民众团体及报社，用各种方法向群众宣传，使其乐意以法币兑换成冀钞使用。对于那些持有法币进行交易的人，要求必须兑换成冀钞始能行使；要动员保存法币的人，自动兑换成冀钞投资于工商业；要求各群众团体将所存法币，到银行、金库机关兑换成冀钞存放；要求税务局、贸易局、合作社、生产单位、司法、军队等单位，将收来的法币悉数交银行兑换冀钞；对边沿区、敌占区征收合理负担、田赋及其他税收，要设法大批吸收法币；要求各级贸易局、合作社、公营企事业等单位，把内地山货土产送交友区出卖，吸收法币；要求军政民人员所持有的法币，一律到各级金库与各级供给部兑换冀钞。对于政府所收的法币，必须全部交给金库；军队收入的法币，必须全部交给总供给部。并特别强调一文也不得私自挪用，力求把一切可能收到的法币，都掌握到冀南银行手里，以充实冀钞基金。

1941 年以后，形势发生了变化，一个是国民党政府执行错误的财政政策，滥发货币，致使法币的币值日降；另一个是华北伪政权，对流通于华北的法币，采取超经济的手段贬低法币的价值，打折行使，并将旧法币抛入根据地抢购物资，捣乱金融市场。同时，还由于太平洋局势紧张，美、英、澳等国开始对输出日本的石油、钢材等物资实施禁运，日军夺取法币外汇的作用降低。于是敌伪一改过去吸收法币的政策，而向根据地推出法币。在这种情况下，边区对法币的政策也随之改变。鉴于法币在全国各地市场上仍有它的使用价值，因此，原定禁止法币流通的办法依旧执行，但不再提保护法币的口号，并逐渐摆脱冀南钞对法币的依附状态，改变了冀钞以法币为基金政策，确定“冀钞系以全区的生产品与全区总收入及硬币与生金银为

基金。”[1]至此，冀钞完全走上了独立自主的道路。

太平洋战争爆发之后，敌伪在华北地区对法币采取压制、贬值和驱逐摧毁的政策，平、津两地伪中国联合准备银行挂牌法币 1 元仅等于伪“联银券”2 角。而国民党政府此时却在大后方明令禁止华北敌后法币流过黄河以南及大西南地区，随之华北敌后的法币币值迅速下降。在这种形势下，为了免遭损失，边区政府对法币也改为排挤、肃清的政策。

冀南银行先后于 1942 年 1 月和 8 月两次发出了有关法币问题的指示，提出：政府正式收款，一律不收法币。绝对禁止法币在根据地内流通，严防敌伪奸商倾销法币入境，对于商民私自在市场行使法币者，政府将予以没收并依法惩处，以肃清法币市场。并明令规定，各级政府、经济机关及商民不能收兑法币。对于经济流转上需要吸收的法币，只有各地银行才能按照当地金融市场需要的具体情况，贬价挂牌酌量收兑一部分法币。对于法币的兑换采取登记制，由政府公告，限期登记兑换。在太行区提出，各分行一般应停止无原则地大量收兑法币，对于收兑法币的折扣，采取分期压低的办法，要求在 1942 年内普遍压到五折以下，以利将法币逐步排挤出境。在这个方针指引下，太行区从 1943 年以后，才算在内地市场上完全肃清了法币。但在和国民党统治区接壤的边沿地区，仍是冀钞和法币混合流通的市场。

在冀鲁豫区，整顿金融，肃清法币的工作进行得较晚。该区当时所处的环境不同，鲁西钞开始发行时，大部地区还为国民党军队所控制。因此，鲁西钞发行后，在较长的一段时间内，还是采取和法币混合流通的办法。鲁西钞流通的范围很小，局限于抗日民主政权所在的中心地区。鲁西钞的发行量不大，币值也较低，还未能达到和法币等值行使的要求，在市场上鲁西钞还只起着法币的铺币作用，这对于稳定冀鲁豫区的金融货币市场和发展根据地的经济是十分不利的。为了稳定金融，确立鲁西钞在本区的本位币地位，冀鲁豫行署于 1942 年 9 月亦开始实施统一本区的市场货币，发出《冀鲁豫边区统一市

[1] “冀太联办”：《目前对于法币的办法指示》，1941 年 4 月 17 日。

场货币暂行实施办法》，该办法明确规定：凡本区内一切公私交易各款，一律以鲁西银行钞票为本位币，所有法币、其他杂钞一律停止流通。凡人民持有法币者，一律于11月10日前送交鲁西银行或委托的代理兑换机关，兑换成鲁钞后，始准在市场行使。对于各级军政民机关所存的法币规定更严，要求于9月30日前将所存法币送交同级政府金库，按同值兑换成鲁钞后行使，逾期即不按同值兑换。在这一规定中，明确提出了鲁西钞为冀鲁豫区的本位币。

冀鲁豫区限制法币流通的工作，首先要求在十八专署所属各县、十七专署所属之濮县、范县、鄄城县范寿朝阳办事处及二十三专署所属之寿张等县的基本区，为先行实施统一市场货币的区域，其他地区暂缓统一。在具体实施步骤上，规定自9月15日起至10月10日，为实施统一货币的宣传动员准备时期，要求基本区各级政府的公款收入，一律停止接受法币。从10月11日起至11月10日止，为停止使用法币期，对于民众持有的法币，可一律按七折自动兑换成鲁钞后行使；如有秘密行使者，一经查出，得按五折强行兑换鲁西钞。自11月11日以后，所有在市场交易的法币，一经查出，无论数额多寡，一律没收充公，并分别情节轻重予以惩处。

到1942年12月底，中心区的限制法币流通的工作取得了一定成绩，提高了鲁钞对法币的比值，在市场交易中有2/3用上了鲁钞，开始稳定了鲁钞币值。过去市场上三大行在成交牲口、粮食、烟火时收到的鲁钞，立即买东西花掉，现在转变了这种现象。太平洋战争爆发后，敌占区法币大量流入冀鲁豫根据地，增加了统一货币的困难。特别是本区实施粮食统制办法以后，粮食交易由集市转入农村，法币币值有些提高。另外，银行印刷力量不足，鲁西钞货币筹码少，也影响限制法币流通的进行。已实施统一货币的地方，鲁钞占领市场的情况也不平衡，我部队活动多的地区，如濮、范、观中心地区及鲁西北，鲁钞在市场的流通量就大一些，其他地区则较少，甚至没有鲁钞在市场行使。即使在我中心区，鲁钞在数量上也不是占优势的。在宣布禁用法币以后，鲁钞也只占市场货币流通量的1/2。

在冀鲁豫区进行金融货币的统一，要比在冀南、太行、太岳区进行这项工作困难得多。其中有军事、政治上的因素，也有经济上和工作上的因素。在政治上是国民党顽固派势力比较强大，长期和我党处于摩擦和反摩擦的斗争之中。在经济上，则表现为货币斗争是和物资斗争联系在一起的，特别表现在粮食的掌握上。取得的经验是：在粮食丰产的中心区，鲁钞已在市场上有了相当的数量，可以宣布禁用法币；在沙区和鲁西北地区，粮食产量低，依靠从外区来粮，需要用法币购买粮食，在这一类地区就难以禁止法币流通，硬性禁止也行不通。

据冀鲁豫行署副主任徐达本 1943 年底所作的财经工作报告，1943 年继续流入本区的法币，估计在一亿元以上，掠夺了大量物资。为了制止法币的继续流入和提高鲁西钞的本位币地位，冀鲁豫行署于 1943 年 3 月 9 日发出《统一市场货币工作组组织办法》，要求区级以上的政权机关，均须成立统一市场货币的工作组，在所在地区组织进行统一市场货币的宣传、推动和检查工作，使这一工作能够继续坚持下去。1943 年 3 月 10 日冀鲁豫行署还发出了《关于防止“关金券”侵入本区的训令》，要求各地严加注意，如发现民间有保存“关金券”者，应即登记，严禁行使；如发现有用于交易者，一律予以没收，以杜绝法币进一步向根据地侵入。以后随着反对国民党顽固派的不断胜利，到 1944 年以后，肃清法币的工作取得了很大进展，鲁钞在冀鲁豫区才逐步扩大了流通区域，基本上确立了它在本区的本位币地位。

禁止法币流通是为了确立根据地货币的本位币地位，是和国民党顽固派进行的一场在经济上反限制的严重斗争，这个斗争贯穿于抗日战争的全过程。经历了利用保护和排斥打击两个时期，最终确保晋冀鲁豫边区只有冀钞在太行、太岳、冀南，鲁钞在冀鲁豫流通，从而维护和促进根据地经济的巩固和发展。

第三节　打击伪钞　严禁流通

打击伪钞，严禁伪钞在根据地内行使，是对敌斗争的一个重要组成部分。

在晋冀鲁豫边区接敌区市场上流通的伪币，主要是伪中国联合准备银行发行的货币（“联银券”）。中国联合准备银行是在日本帝国主义扶持下，于1938年3月在北平成立的，该行行长为汉奸汪时璟，发行的“联银券”为日伪在华北统治区的本位币，流通于日军占领下的河北、山西、山东、河南、北平、天津、青岛和苏北等地的沦陷区，是日伪榨取和掠夺华北人民财富、进行“以战养战”的手段。在抗日战争时期，打击伪钞、抵制伪钞向根据地的侵入，一向是根据地抗日民主政府对敌货币斗争的重要政策。在晋冀鲁豫边区内绝对禁止伪“联银券”流通。如有持“联银券”上市流通者，均视为汉奸，予以严惩。

早在冀南银行成立之前，冀南行政主任公署就发出通令公布，严禁伪“联银券”及其他伪币在冀南区流通。“冀太联办”成立后，曾多次发出打击伪钞的指示：严禁伪钞流入抗日区，根据地内绝对禁止伪钞行使。对于和敌占区的贸易，要求做到以货易货，内地山货土产向敌占区输出，规定只收冀钞、法币，不收伪钞。

通令严禁伪钞在根据地内行使，无疑是正确的。但对于伪币采取回避不接触的做法，则是脱离实际情况的。敌我之间既有贸易往来，势必要和伪币打交道。为此，“冀太联办”1940年11月又有通知，允许在游击区行使伪钞，并规定500元以下的伪钞按3折使用，500元至1000元的伪钞按2折使用，1000元以上的伪钞按1折使用，即联银券1元仅等于冀南钞3角、2角、1角。设想用这种贬低伪币币值的办法打击伪币，但对伪币实行折价行使后，与群众的利益发生了矛盾，结果不但未能打击伪币，反而促成了边境贸易大量转入黑市，造成了“伪币上山”的严重局面。大量伪币转为黑市流入根据地，扰乱了根据地的金融，在这种情况下，1941 年 5 月 10 日，“冀太联办”又正式公布了《晋冀豫区禁止敌伪钞暂行办法》，对于已流入根据地内的伪钞再次明确规定，对伪钞和伪钞汇票，禁止在本区内行使与保存。具体办法是：凡本区的军政民机关团体存有伪钞者，统限于 5 月底送交各直属的上级机关处理；凡本区商民存有伪钞者，统限于 5 月底以前，向所在地抗日县政府申请贬价兑换冀钞，不能再行使用与保存；对于游击区或接近敌占区的商民留存的伪钞，统限于 6 月底以前向该管抗日县政府申请贬价兑换冀钞，不能再行使用与保存。对于本区内通行的伪钞、伪汇票，统限于 5 月底以前自动向就近冀南银行办事处或贸易局登记兑换；无银行办事处或贸易局之地区，则须向当地抗日县政府申请登记处理。对于以后继续收到的伪钞、伪汇票，须在收到汇票 10 日以内向该管抗日县政府声明登记兑换。这些有关规定，对于已流入根据地的伪钞和伪汇票作了妥善处理。

对敌货币斗争的实践证实，伪“联银券”虽是日本帝国主义对我经济侵略的特殊武器，但是，它确实又是敌占区市场流通的货币，它的货币职能和价值尺度，也为社会所承认。尤其是在敌占区经济实力比根据地经济处于明显优势地位时，伪币的信用较高，敌占区群众手中的“联银券”就是群众的财富。如果在打击伪钞上，方式简单，伤害群众切身利益，势必越打越脱离群众。有鉴于此，边区政府改变了对策。

具体办法是，在边境地区建立若干外汇交易所，通过交易所买卖伪“联银券”，为进出口贸易服务。但在根据地内部市场上，仍然严格禁止伪“联银券”流通。采取这种方式既严格管理又作为外汇利用，使其与敌占区的进出口贸易相结合，最后达到了在根据地内彻底肃清伪钞的目的。

在冀鲁豫区，抗日民主政府成立后，即提出抵制伪币和打击伪币的政策，禁止伪币在根据地内行使。因此，伪“联银券”在基本区内始终是没有地位的，伪币只在敌据点及其附近地区流通。

1942 年 9 月，晋冀鲁豫边区政府又修正公布了《禁止敌伪钞票暂行办法》，这个办法重申前令，对于敌伪发行的一切钞票，在本区内绝对禁止携带、保存与行使，但对于工人工资及从敌占区逃来的难

民携带的伪钞，或者被俘伪军伪组织人员携带的伪钞，均须向银行兑换成冀钞或鲁钞行使。对军政机关因特殊工作需要，确有携带伪钞出入境之必要时，经政府核准，并发给证明文件，准予通行，并明确规定，对于敌占区的民众行使伪钞，不加干涉。对于接近敌占区及游击区群众使用伪钞，应按具体情况，适当划界作出行使的规定。对界限以外的群众行使伪钞，只没收不处罚，或准予按规定汇价兑换冀钞或鲁钞行使，而不采取没收的办法。在界限以内的群众则不准保存、携带和行使伪钞。由于以上办法合情合理，因而收效明显，基本上制止了伪币对根据地的侵入。

对于伪币的斗争，所采取的打击伪币和抵制伪币侵入根据地的措施，是反对敌人掠夺和建立根据地独立自主经济不可缺少的一种手段，它的积极作用就在于以货币手段来保护和敌人争夺物资，促进根据地的生产和其他经济事业的发展。

经过多年的对敌货币斗争的实践，边区金融机关得到如下经验：对于流入根据地内的伪币，采取贬值兑换办法，向外挤压；利用伪币在地区间的汇差，通过贸易以伪钞打击伪钞；组织群众以伪钞到敌占区换回边区所需物资；在边沿区，组织以物资力量支持的本币市场和敌占区的伪币市场作斗争；在游击区，通过交易所，掌握经纪人，对推行本币和打击伪币也很有作用。这些经验都是可贵的。

以上是“黎城会议”之后金融战线的斗争经历，邓小平对于这条战线的胜利斗争，给予了充分的肯定。他说“货币政策的原则是：‘打击伪钞，保护法币’。我们鉴于敌人大发伪钞，掌握法币，大量掠夺人民物资的危险，所以发行了冀南钞票，作为本战略区的地方本币。实行结果，打击了敌人利用法币的阴谋，缩小了伪钞的市场，强化了对敌经济斗争的阵容，给了根据地经济建设以有力的保障。”[1]邓小平的论述，就是“黎城会议”之后一段时间边区金融事业的概括总结。

〔1〕 邓小平：“太行区的经济建设”，《邓小平文选》第一卷，人民出版社1994年版，第77页。

第七章 主动实施“精兵简政”

“精兵简政”是抗日战争时期中共中央提出的“一个极其重要的政策”。

1941 年 12 月 17 日，中共中央在《关于太平洋战争爆发后敌后抗日根据地工作的指示》中指出：“敌后抗战能否坚持的最重要条件，就是这些根据地居民能否养活我们，能否保持抗日的积极性。我党政军均应了解，假如民力很快消耗，假如老百姓因负担过重而消极，而与我们脱离，那么不管我们其他政策怎样正确也无济于事。精兵简政，节省民力是目前迫切的重要任务。”[1]

1942 年 9 月和 1942 年 12 月，毛泽东主席又两次发表重要论文《一个极其重要的政策》、《抗日时期的经济问题和财政问题》，精辟、深刻地论述了“精兵简政”的目的和意义，提高了全党对这一政策的认识水平。

晋冀鲁豫边区的“精兵简政”工作，是按照中共中央毛泽东主席的要求“严格的、彻底的、普遍的”进行的，力求达到“精简、统一、效能、节约和反对官僚主义五项目的”，“精简之后，减少了消费性支出，增加了生产的收入，不但直接给予财政以好影响，而且可以减少人民负担，影响人民的经济。”

[1] 转引自《太行革命根据地大事记述》第 122 页。

第一节　精兵简政　势在必行

边区自1937年开创，经过几年的艰苦奋斗，已经发展成为华北敌后主要的抗日堡垒。成为日本侵略者的眼中钉、肉中刺。1938年日本侵略军占领武汉后，回师华北，对根据地进行频繁“扫荡”。为了打击日寇的嚣张气焰，配合正面战场的作战，1940年8月至12月，华北敌后根据地军民进行了震惊中外的“百团大战”。以雷霆万钧之势，对日军控制严密的同蒲、正太、平汉铁路及其沿线设施展开了大破袭战，给敌人以出乎意料的沉重打击。

“百团大战”的胜利，迫使日本侵略军改变作战方针。自此开始，日军的侵略重点由正面战场改为巩固华北，对八路军实施更加残酷的“扫荡、清剿、合围”，对根据地实行烧光、抢光、杀光的“三光政策”，开始进行“总体战”和“治安强化”运动。晋冀鲁豫边区是八路军总部所在地，是日军图谋侵占的重点地区，加之那两年自然灾害空前严重，我边区腹心区面积缩小22%，冀南区不少地方变为游击区，太岳、冀鲁豫区人口亦大大缩减。全边区处于空前严峻的困难形势之下。

在严重的困难尚未出现以前，仅边区首脑机关所在的太行区，部队和党政民脱产人员已发展到六万余人。在脱产人员中，上层机关显得臃肿，基层单位却又缺员。形成这么一支人数众多的队伍是有客观原因的，是工作发展的产物。正如毛泽东所说“庞大的机构是由自己创造出来的”。但是，要太行区150万人口养活6万多脱产人员，供应吃饭、穿衣和作战办公费用，是难以为继的。根据地大刀阔斧创建时，人多势众是必要的，那时的情况允许这样做。当前，形势变了，如果不能因势利导随机应变，改变“庙小僧多”、“鱼大池浅”的局面，将会拖延抗日战争的最后胜利。

晋冀鲁豫边区的精兵简政工作，就是在上述思想指导下进行的。

本边区的精兵简政工作有两个突出的特点：（1）在精兵方面抓得早；（2）在简政方面抓得紧。因此，全部的精兵简政工作，做得认真、细致，很有成效。

在党中央发出实行“精兵简政”的决定之前，总部和北方局领导人彭德怀、杨尚昆，边区领导人刘伯承、邓小平就预感到根据地将会遇到严重困难，需要作出相应对策。杨尚昆在黎城会议时就讲过：太北吃饭人数相当大，明年恐怕很难养活这么多人。因此，黎城会议之后，一二九师主力部队就率先实行精兵主义。一二九师参谋长兼太行军区司令员李达回忆：百团大战之后，“刘师长和邓政委下决心进行机构改革，对部队进行精简整编，首先，将师的后勤部门合并于总后勤部，同时由统率机关抽调大批人员充实到连队中去。1941 年 1 月初，师直属队抽出了 250 多人，充实到三八五旅和三八六旅，各旅、团直属队亦然。由于连队缺员太多，机关抽出来的人是远远不足。于是，采取了应急办法，规定部队每个战斗班要经常保持在八人以上；不足六个班的连队不分排，六个班以上的分为两个排；将冀南军区第二十七团等七个团缩编成小团，团以下不设营，直辖三至五个连队；有的团虽然保留营一级，也由原来的每营四个连缩编为三个连。同时规定，旅、团级的直属队不得超过全人数的 1/8。缩编后，多余的干部集中学习。经过精简整编，部队官多兵少的现象得到初步改善。但这还仅仅是一个开始和尝试。”〔1〕

又据戎伍胜回忆：早在“黎城会议”之后，邓小平就指示，在边区统一、各领导机构建立时，一定要注意短小精干。遵照这一指示，“冀太联办”筹组期间，山西三专署代专员李一清和其他负责人，曾拟定了一个专、县区三级政府、三级群众团体的编制方案。“冀太联办”正式成立前，杨秀峰、戎伍胜协助李一清等人，把这一方案完善定稿。“冀太联办”成立后，戎伍胜代表联办党团向太行军政党委员会作了详细汇报，并进行了热烈讨论。最后，由邓小平作结论，批准了这一方案。方案中规定的机构编制，是体现了邓小平指示

〔1〕 李达：《抗日战争中的八路军一二九师》，人民出版社 1985 年版，第 259 页。

精神的。

以上情况是边区三级政府和三级群众团体在实施大精简之前的一次预演。这证明，从1940年“黎城会议”起，本边区就把精简工作提到了工作日程上。1941年12月，边区接到了中央有关“精兵简政”的指示，看到了1942年9月、12月毛主席的两篇重要文章，使边区的精简工作迈出了新步子。在北方局领导下，部队和地方两大系统都在原先的基础上，加强了对这一工作的领导和监督，加快了工作的进程。

一、关于精兵方面

一二九师主力部队坚决执行中央决定，前后共进行了三次“精兵”工作。

第一次自1942年4月开始，到5月结束。

把许多机关合并，把少数新成立的旅与分区合并。

第二次是1943年3月，把仅有的几个野战旅合并到军分区。直属机关精简更严格，连师部各科长的专用乘马都取消了，司政两机关人数减少到最低限度，一个人做几个人的事。

第三次是1943年秋，一二九师师部和太行军区分开后，又进行了一次精简。

这三次大精简，都是刘伯承、邓小平亲自领导的。

1942年1月7日，刘伯承司令员向直属队作了“如何贯彻中央精兵简政的政策”的动员报告。1月15日，师部发出“关于实施精兵简政”的命令。确定“紧缩统率机关、减少指挥层级与骈枝领导机关，充实战斗连队”的原则，对野战军、军区及地方部队的精兵建设提出具体要求。从师部开始调整编制、减缩机关，减少人员马匹，充实战斗连队。同时抽调一批干部到地方武装和地方武装委员会工作（简称“武委会”），加强地方武装；抽调一批干部去抗大和陆军中学学习深造。另外，组织生产事业，动员一批人从事经营生产，并安置老弱战士和荣誉军人。

第一次也是最大的一次精兵工作是在反“扫荡”的间隙中进行的。经过整编，太行区师直单位、三八五旅、新一旅和各军分区，共裁减151个单位，20047人，比整编前减少单位35.9%，减少人员25%。师直由29个单位减少到12个，人员由2627人减少到1163人，分别减少58.6%和55.7%。上述数字说明，一二九师在精兵简政中是起了表率作用的，因而获得中央的赞誉和表扬。[1]

经过精简整编，领导机关改变了层次多、公文繁琐的情况，建立了集体办公制度，提高了工作效率，连队充实了员额和武器装备。由于大批正规部队干部调到地方武装，把良好的战斗作风和作战经验带到地方，加强了地方武装的建设，大大提高了地方武装独立作战的能力。由于相当数量的部队人员转入生产事业，减少了军费开支，从而减轻了人民负担，同时增强了社会经济力量。

二、关于简政方面

晋冀鲁豫边区的“简政”工作，也先后进行过多次。总的方针是紧缩行政机构，健全工作制度，提高工作效率，减少财政开支，减轻人民负担，在行政机构上精简上层充实基层，裁汰骈枝机关，克服头重脚轻现象，达到短小精干，适合敌后游击战争环境。

第一，从边区政府做起。边区政府机关由原来的548人精简为285人，减少了48%，各厅局机构实行大合并。伙食单位集中为一，如民政、教育合为一厅，财政、建设合为二厅，临参会、法院与边区政府合灶等等，边区政府起了带头作用。

第二，调整行政区划，合并县或实行联合县制，实行大区大村制。太行区：由原来的39个县划为33个县，减少了15%。其中并了四个县，两个县不设县政府；区由原来的213个划为133个，减少了37%；村由3597个划为2950个，减少了25%。太岳区：由原来23

[1] 太行革命根据地史稿总编委会：《太行革命根据地史稿》，山西人民出版社1987年版，第156—157页。

个县划为17个，减少26%；区由原来的120个划为68个，减少了43%；村政权由原来的1900多个减为900个，减少了53%。由于区划的调整，人员也相应减少了。

第三，提高专署权限，将原来由边区政府管理的一部分权力下放给专署管理。在财粮开支、干部调动等方面，在执行边区统一政策、统一制度的前提下，专署有权作出相应的决定。同时，专署和县、专署内部、专署与各业务局的关系，也作了适当调整，这样，能够迅速敏捷地解决战时发生的问题，适应游击战争环境，而且强化了一元化的领导力量，建立了各项工作制度，密切了上下联系。

第四，废除繁文缛节，减少不必要的事务。因此，自上而下的命令减少了，深入基层检查和帮助工作的多了，克服了机关的形式主义和官僚主义的领导作风，增强了干部为人民服务的观念。领导和群众加深了感情。

第五，在简政的同时，特别强调了减轻和节约民力，减少不必要的支差，使人民有更多的时间从事生产，休养生息，提高生产力。

第六，在简政的同时，开展反对浪费、严惩贪污的斗争。大力提倡节约，反对浪费行为，严厉惩办贪污分子。

以上是边区和太行区、太岳区的情况。

冀南和冀鲁豫一度合并。这两个地区的精兵简政工作也各有千秋。

冀南区在敌人进行残酷“扫荡”后，大部分中心区成为游击区或接敌区，有的成为敌占区，敌我斗争形势异常尖锐。军队和地方都受到严重削弱，因此，冀南区党委在贯彻中央这一政策时，根据冀南的特殊情况，把重点放在认真加强党委一元化领导方面，并且采取了一个与其他地区不同的措施，即把许多干部降级使用。区党委严肃沉痛地告诫干部说，以现有领导机关与领导能力与敌人斗争是有很多困难的，所以必须降级使用干部，这对个人的锻炼与进步也是有好处的。[1]

---

〔1〕《边区财政经济史资料选编》第一辑，中国财政经济出版社1990年版，第784页。

冀南区党委在进行精兵简政、加强党的一元化领导后，随即认真地检查了工作的实际状况。认为：地委一级虽建立了领导核心，但还不够坚强，个别地委还存在着互不服气的现象。特别是与群众直接联系的县级、区级还没有建立起坚强的领导核心。有些地方干部虽下放到基层，但实际工作未得到加强，简而不精，未能提高工作效率。简政中的本位主义，不愿精简，减后又要求加入等现象时而发生。区党委在检查之后所作的决定中，严厉批判了这种倾向，并提出了进一步贯彻精兵简政的具体要求：

第一，要切实建立和加强领导核心。军区一级由军区党委统一布置。地方党委要深刻讨论中央 12 月的指示，检查本单位的领导缺点与偏向，以整风的精神去反省党委的领导及个人思想有无谁不服谁，自以为是的观点。地委要讨论加强县区级领导及培养县区级领导核心。政府和群众团体也应根据这一精神进行反省。

第二，厉行精兵主义。尽管因环境变化大大减员，部队需补充发展。但是，不准成立新建制，要着重现有编制的满员和提高战斗力。领导机关和后方机关应再紧缩。派干部到游击队加强基层。野战旅与军分区合并，取消旅的番号。军分区要加强县、区游击队的领导，提高政治工作和军事技术。裁汰老弱，提高素质。

第三，简政。要坚决反对本位主义，提倡互助互让，提倡一个人做三个人的工作，提高工作效能。确定政府和群众团体总数不超过 1 万人，党委系统不超过 2000 人。

第四，加强财粮工作。要坚决反对贪污浪费，从党做起，党做模范。从首脑机关做起，领导做模范。一律停止宴客，尽量自己做饭，各系统认真检查贪污浪费现象。要建立严格的财粮预决算制度及审计收支对照制度，各机关每三个月清理一次，党政机关要减少粮食定量。每人每日战斗部队 1 斤 14 两，领导机关 1 斤 10 两，党政民人员一律 1 斤半。组织财粮监察委员会，审查各系统财粮收支，特别是粮食问题。在厉行节约的同时，要切实解决民食问题，发动群众种早收作物，发放农贷，组织粮食调剂。加强对敌经济斗争。以上是冀南区的精兵简政情况。

冀鲁豫区的敌我斗争形势同冀南区的情况基本相同，是异常残酷的。1941 年大“扫荡”前，全区有敌军据点 111 个，伪军据点 118 个。大“扫荡”后增加敌军据点 62 个，伪军据点 335 个，公路 23 条。根据地人口由 350 万，减至 200 万。原来的接敌区成为敌占区。根据地能征田赋的田亩数由原来的 8 万顷减少到 6 万顷（每顷 100 亩），合理负担地区只剩下 45800 亩，根据地被侵占的地区大部分是工作基础较好、对敌斗争坚决的地区，经敌人反复“扫荡”并安设大批据点后，使我无法公开活动。例如泰西县平均 6 个村设一据点，卫河县 285 个村庄有 117 个据点，平均两个据点相距不到 5 里，全区能公开活动的中心区方圆不过百里，靠近黄河故道平原沙地，连年遭受敌人和国民党军队的抢掠破坏，群众生活极苦，物产丰富地区完全被敌控制。在这种环境下，精兵简政是非常必要的。

冀鲁豫区党委实行精兵简政的主要措施如下：

在精兵方面：

第一，密切正规军与地方军联系。为加强地方军的领导，做到主力军地方化，主力军旅与地方军分区合并，原军分区干部加强下属地方武装。

第二，缩减纵队、军区机关，加强旅及军分区。

第三，合并职能机构，减少伙食单位。

第四，裁减老弱残疾，减少勤务人员，减少马骡，节约开支。

第五，精简机关干部，加强下层。

第六，以整风精神完成精兵任务。

在简政方面：

第一，合并机构，财粮合一，贸易、税务合一，巡视团、调查研究室合一，区党委与军区政治部，县委与县基干队政治办公室合署办公。

第二，确定政权编制。

第三，确定党委脱产人数。

第四，确定群众团体脱产人员编制。

以上四项限 8 月底完成。

第二节 精兵简政期间的思想工作和安置工作

“精兵简政”工作中，遇到的问题一是思想方面的，二是实际安置方面的。

在思想方面：（1）有些人对“精兵简政”工作有错误的理解。如有些同志把“精兵简政”简单地理解为“裁员裁兵”、“减少吃饭穿衣的人员”。（2）有些人把送军校、干校学习深造，认为“吃不开了”。（3）少数体弱年长同志另行分配工作，认为“革命革了多年，现在没有我的地位了，不要我了。”有一些需要转入生产营业部门工作的，极不乐意，甚至认为这是“影响了他的军事家、政治家发展”的前途。

与思想认识有关的错误行为偶尔也有发生。如不能按规定减少服务人员与马匹；个别合并单位，损坏公物，私分生产资金和盈余。有的在机构变革前，杀了自养的猪、羊，大吃大喝，自养的鸡鸭也“一扫而光”。这种现象，或多或少地阻碍着精兵简政工作的进行。

在实际安置工作方面，最集中的问题是如何处理编余人员问题。据边区政府民政厅长李一清向边区临参会报告，在编余人员处理中确有“潦草从事、简单化”倾向，还有“处理干部不慎重、形成自流”现象。另有一批地方干部，因家庭观念浓厚，不愿外调出境，或者不能继续工作，曾有一批干部回家了。太行的平顺一县就有30—40人，太行二专区三个县统计，县级干部30多人回了家，区级干部56人脱离工作。太岳区共有区级干部90人在精简时回了家。

对于思想方面的问题，边区领导极为重视。彭德怀、刘伯承、邓小平、左权等领导人及各大区党委领导人，都先后召开过各种各类会议，深入传达中央文件、亲自作政治动员。边区政府和临参会，发表告同胞书、告干部书、告战士书，部队政治机关还编写教材。如此大

规模的“打通思想”行动，是为了顺利实施精兵简政政策“扫清路障”。

对于人事调动工作中的偏向领导机关也适时地加以纠正。如规定：调整干部时，不单纯减员，而是加强下层，发扬干部特长，使干部受到锻炼；在干部使用上确定三个原则：（1）不能妨碍“三三制”的实行；（2）尽可能留用历史久的和大后方来的干部；（3）照顾妇女干部，照顾民选干部。

在精简中，领导机关再三注意把精简工作引导到政权的建设和反对官僚主义方面，这就可以纠正一些人总觉得精简只为省钱的误解。边区政府决定，专署加强对县的领导，检查到区、研究到村；县加强对区的领导，研究到村；并且规定了新的具体的领导方式十条。力求做到政令由繁而简，便于下级干部简便执行。

在精简工作中，强调爱护培养民力，使农民能够把时间用于生产，这一事实的成功也有助于解决对精简的误解。通过精简，使机关缩小、人员精干，加上机关人员劳动观念增强，从而使那些过去要当地农民为机关服务的劳动事项，和各式各样的差役大大减少。各地又在精简后，严格限制了乱派差役、停止了各村的日常听差制度，禁止了农忙季节的支差，纠正了民兵活动过多占用生产时间等现象。因此，农民的差役负担相应地有所减轻。据典型统计，精简前，农民劳力每人每月的差役负担是8天，民兵活动每月7—10天。精简后，每个劳动力每月平均支差不超过2天，民兵训练不超过4天。这些节减下来的劳力转移到农业、林业、副业、手工业、运输业，增加了生产效益。

以上各种办法的实施，配合着思想教育的开展，那些对精简工作中的消极态度、不良倾向，大大缓解了。

编余人员的安置，是精简工作中必须慎重对待的大问题。边区领导拟定了以下妥善的处理办法：

第一，抽调一部分可能抽调的人员，主要是干部，送到各类学校中去学习，提高干部质量。规定：凡过去工作时间长，而文化与科学知识水平较低的工农干部可以深造又必须深造的人员，尽可能抽出

送到学校去。

第二，各非战斗部门、各直属机关，尽可能抽出大批身强力壮的人员，充实到战斗单位中去，充实各种部队提高战斗力。

第三，抽出部分人员与干部投入生产营业部门，发展生产与经营事业，以减轻人民负担。

第四，部分不适宜于军队工作的老弱病残同志，家在根据地内的可安置回家，家在根据地以外不愿与不能回家者，在机关内妥善安置。也可在自愿原则下在根据地择地安家。这不仅是精兵简政的需要，而且为着关怀与爱护这些同志，使这些同志得到合理的待遇与生活保证。对于某些继续随军工作的伤残同志更要优待。伤残同志是为革命而受到敌人的摧残，是光荣的，对他们应有无限的热爱，非战斗部门的直属机关必须容纳一定数量的可能工作的伤残同志，分配他们能够担负的工作，关心他们的实际困难，伤残同志应以自己能力所及努力工作和学习。

第五，对于妇女同志，由于生理上的某些特殊，虽一般不适宜于军队工作，但也决不是全不能参加军队某些部门的工作，凡非战斗部门，特别是生产卫生部门及各直属机关，必须容纳一定数量的妇女同志，分配给能够担负的工作，主要从事生产、医务、财政和其他带技术性部门的工作。

第六，从编余干部中，抽调一部分分配到其他根据地工作，既可满足其他根据地的需要，同时也可以交流工作经验。

由于边区妥善处理编余人员，因此精简工作后遗症较少。

总的说：晋冀鲁豫边区的精兵简政工作，做得较好。毛泽东1942年9月为中共中央起草的文件《一个极其重要的政策》对晋冀鲁豫边区的精兵简政工作作了很高的评价。他说：“晋冀鲁豫边区的领导同志，对这项工作抓得很紧，做出了精兵简政的模范例子。”[1] 1942年8月，曾在边区工作后调到中共中央政策研究室工作的毛铎在《群众》杂志上发表了《精兵简政在晋冀鲁豫边区》的长篇文章，

〔1〕《毛泽东选集》第三卷，人民出版社1991年版，第880页。

详细地介绍了边区“精兵简政”的过程和经验。毛泽东看了文章后，立即写信给陕甘宁边区参议会议长谢觉哉等，再次肯定晋冀鲁豫边区精兵简政的成绩。1943 年 12 月 16 日，毛泽东和彭德怀致电邓小平，要求“巩固精简成果，努力生产、积存力量，准备和迎接更加艰苦局势的到来。”〔1〕

实施精兵简政后，大大减轻了人民负担，大大发展了经济，大大改进了工作，大大加强了党和人民的联系。

〔1〕 参见《毛泽东大辞典》所附的《毛泽东生平纪事》第 73 页。

第八章 减租减息 解放生产力

实行土地制度的改革，解放农民，发展生产力，本来是民主革命的任务。中国共产党根据中国社会的实际情况，制定了自己的革命纲领，把土地改革作为自己的革命目标之一，对孙中山先生的“耕者有其田”政策，不但口讲而且实做，使中国的民主革命面目一新。

抗日战争时期，为了团结抗日，中国共产党把第二次国内革命战争时期的没收地主土地分给农民的土地政策，改为减租减息、交租交息政策，这是一个很大的变化。实行这一政策的目的有两个方面：一方面是为使抗日和民主革命的主力——广大的农民群众，减轻一些被剥削的重负，略微改善一下自己的生产和生活条件，以便增强这支主力军的抗日、生产积极性；另一方面，是为了使地主阶级能够和各阶层人民一样安心建立和经营自己的家务，从而增进全民团结。这一政策的贯彻实施，对于抗日根据地的巩固发展起到了极为重要的作用。

抗日战争爆发初期，当时晋东南山西省第三行政区，在薄一波的主持下，为改善民生，公布了减租减息法令。1939 年，冀南行政主任公署发布了冀南区的减租减息办法。但是，当时的地主、农民以及干部一时还弄不清减租减息是怎么回事。这就还需要一个宣传、熟悉、了解这个政策的过程，所以在实际工作中，减租减息工作当时并没有得到贯彻执行。太行抗日根据地为减轻农民负担，在实际工作中，首先把改变不合理的摊派制度，作为减轻农民封建剥削的突破口来进行。因为不合理的摊派制度如不改变，抗日经费的重负，势必落在农民头上，就连当时山西的统治者阎锡山也都是清楚的，他在国共合作抗战的初期，也曾主张实行合理负担以改善民生。因此就以此为突破口，既合理又为统治者所允许，既可解决创建根据地之财政急需，又可从改变为合理的摊派制度中，减轻农民在负担方面的重压，以达到改善农民生活的目的。以后在北方局召开的“黎城会议”上，也曾经讨论过减租减息的问题，并提出了根据地内发动群众巩固群众组织方面的任务。但是，这次会议未能足够认识到当时许多地方减租减息的政策贯彻得很差，没有把发动群众减租减息提高到应有的位置，没有明确以群众运动为三大建设的灵魂。所以，在“黎城会议”后一段时期内，减租减息的群众运动较消沉。这一缺点，在四个月之后的中共中央北方局九月会议上得到纠正，这次会议把群众的减租减息运动“提到足够的分量”。[1]又过了一段，即1940年12月，北方局召开的县级干部会议上还专门作了减租减息群众运动问题的报告。从此，晋冀鲁豫边区的群众减租减息运动逐步展开。

第一节　农民渴望减轻剥削

同旧中国的广大农民一样，晋冀鲁豫边区农民所受的封建剥削是十分沉重的，仅在租佃与借贷关系上，由于农民负担过重，严重地影响了农民抗日的积极性，限制了农业生产的发展。

据调查，在边区的山区内，因交通的闭塞和文化的落后，地主对农民的剥削就更为严重和野蛮。这一带的租佃剥削主要有以下几种形式：

死租地，又叫白租地，这是一种最普遍的租佃关系。在涉县悬钟村一带，这种租地形式占95%，在武乡，死租与活租比例为10∶1。这种形式，地主只出租土地，规定租额，不论丰歉。租额根据各地情

〔1〕 邓小平：《在中共中央太行分局高干会上的结论》（单行本），1943年2月22日。

况不同差别较大，在山西一带大多为每亩 2 斗—3 斗，冀西通行秋三麦二，高者为 6 斗，在林县达 6 斗至 1 石。一般租额以 50% 左右为多，最高为 75%，最低也在 30%。由于抗战前中国农村日益凋敝，租额曾几次提高，有的地方租额占到了正产物的 100%，农民为了得到些瓜菜也被迫租种。租佃关系中的额外剥削也是非常沉重的，主要包括这几项：（1）大斗收租，比通行大斗大 1 升，有的地方大 2 升—3 升。（2）出租土地面积以少顶多，一般 7 分—8 分地即当 1 亩地。（3）佃户帮忙。地主有事，佃户须去帮忙，一般劳动有：为地主送粪、打场、担水等。（4）转嫁负担，一般地亩钱归佃户出，还有替地主交部分田赋的。此外还有过节送礼、预收地租等。死租地的佃权一般没有保障，如欠租，地主即可收回土地。

活租地。地主出租土地，秋后按成分粮。地租率一般为 50%，也有四六或三七分成的。柴草大多归佃户，山货归地主，有的地方柴草也对半分，佃户为地主服劳役很普遍。

伙种地。地主除提供土地外，还出种籽、牲口、肥料等，秋后先将这部分成本分于地主，余下的再对半分粮，佃户为地主还要做些杂役，如担水等。

安庄稼，又叫寿庄稼（在安阳地区又叫小种地，以与地主仅出租土地的大种地区别）、伙庄稼等。地主除土地外还提供种籽、牲口、农具、肥料的全部，并借给全年的粮食、住房。秋后除了种籽扣除，余下的对半分粮，柴草归地主，瓜菜按四六或三七比例分成。佃户是全家都住在地主处，为地主做一切劳役。此外，佃户还要为地主捎种一些土地，收获物全归地主，这种捎种，有的占总数的 1/4 左右。这种形式，佃户受劳役剥削很重。

顶地。又叫镢头地、托契地。地主占有大片荒山，外地农民向地主出价（顶价、镢头价），取得土地使用权，以后每年交山钱或地租。顶地户可以转顶。顶地户租额一般为收获量的 5%—15%，因为开荒时需付出很多劳动，土地便开好后，地主便要增租。佃户要向地主送礼、送菜，还要服些劳役。

此外还有包锄地、萝卜地、包种地等形式。

在借贷剥削上，高利贷剥削十分普遍。据调查，在武安负债户数为95%，林县为80%—90%，磁县索井为80%，涉县据4个村调查为60%，武乡33%，襄垣20%，负债者以中农、贫农为多，也有富农和小地主负债的。从利率上看，月利最低者1分半，普遍为3—5分。按年利，一般是以10个月为1年，年利3—5分。如果借粮食，是加2利、加3利，或加5利，春夏时借1斗，秋后还1斗2、3升到1斗5升。如果是借谷还麦的，则时间更短，利息也更高。当时各地流行的借钱月利息为：武乡3%—5%，太谷山地4%，赞皇3%，武安3%，林县2%，榆社2%。所有利息的计算都是复利，即利滚利，复利时间最长为10个月（即长盘），最短为9天（即短盘），到期不还，更利上加利，借钱皆有抵押，房产、青苗、土地是主要的抵押物。在太行区剥削最严重的是以下几种高利贷：(1) 大加一，又叫"老1分"、"10利"、借1元月利1毛，10个月便本利相等了。有的地方加利为1.5或大加2，即10个月为期，到期为150%到200%。(2) 子儿利。按天计算，借1元，每日1个铜子，折合月利7.5%。还有"日夜忙"，黑夜也按1天计算，一天实际上两个铜子。(3) 驴打滚，又叫"轱辘利"、"梯梯利"。借1元还2元，利息高低由期限长短决定，大多以1—3个月为期，月利便是33%到100%，这是最高的利息。(4) 现扣利，又叫"先扣利"、"里除利"、"倒抹利"、"八顶十"等。借约上写10元，实际上当时只给7—9元，免去头一期的利息，这是债主估计到期后还不了债息先行扣除的。(5) 借纸还现。地主借出纸币，文书上却写成现洋，还债时以现洋还本交利，由于纸币往往贬值，农民受剥削很大。(6) "放青"。时间多在麦收前。吃一还二。麦收前借一斗，麦收后还二斗。

此外，地主阶级对农民通常都要进行种种额外剥削，实行阴险的欺骗坑害手段。如此沉重的租佃与高利贷剥削，使广大农民陷入凄惨境地，失去土地，生活困苦，遭受到地主、债主的野蛮压迫。

由于剥削沉重，农民越来越为各种债务困扰，基本生活无法维持，不得已只能再度举债。据调查，农民举债的原因主要是为了维持生活，用在维持或扩大再生产方面的却很少，据对太行区芦寨27个

典型债户的调查，农民借债原因中，有23.3%是由于婚丧而举债的，其次为买米的占19.9%，做生意的占13.4%，买地的占11.1%，买牲口的占10%，捐款占8.9%。

为偿还债务负担，许多农民在走投无路情况下，只能将赖以生存的土地抵债，进入民国以来直到战前，农村土地集中速度加快。在武（乡）东，421户地主占有769顷土地，占全县土地的16%，其中1/5是民国以来特别是1926年以来集中的。磁县索井王义扬在1920年1年中，土地就由30亩扩大为300亩。武乡墨磴村仅在1934到1936年的3年间，失去土地的即占总户数的28%。在汤阴县，地主有160户，占总户数的1%，而每户平均占有土地1545亩，占全县土地的23.83%，广大农民由于失去土地后沦为赤贫。

为了维持封建的租佃与借贷关系，地主阶级除依靠政权支持外，还在乡里对佃户、债户实施野蛮压迫。许多地主家设有冷房扣押欠债欠息的农民，许多还施用私刑，如黎城复和隆（堂号），在每年腊月年头，把还不了账的农民拴到树上冻一夜，第二天早上将尿倒在农民头上冻成冰，还把农民拴到牲口槽上让吃草。林县债主叫债户跪着交息，涉县个别村庄甚至保留着对债户女眷有初夜权。最甚者是杀死债户，在和东有地主将农民活埋、砸死和从山上推下去的悲惨事件。种种压迫，骇人听闻。

农民在严重的剥削压迫下，他们要求生存，要求翻身，自然是理所当然的。因此，在八路军开创边区前，农村的阶级斗争已经相当尖锐。农民渴望减轻剥削。

第二节　减租减息政策的实施

晋冀鲁豫边区的农民运动，长期以来，持续不断。“七七事变”卢沟桥上的炮声震撼着中国大地，也震惊着农民。当共产党八路军开进本区各地时，各阶层人民最先见到的重要告示是中国共产党的

《抗日救国十大纲领》。在这个著名的纲领中，明确宣布中国共产党的主张是改善民生、减租减息。饱受剥削压迫的广大农民，看到这样的文告，无不欢欣鼓舞，奔走相告，本能地觉得翻身有望，精神振奋，革命情绪大大抬头，许多地方在抗日群众团体领导下，进行了小规模的改善民生的群众运动。为废除苛捐杂税，改革不合理的摊派制度，代耕逃亡地主土地，借种黑地、坟地、社地、庙地，开垦荒地等等，使广大无地少地的农民从中获得一些经济利益。个别地方在敌人大举进攻时，兵荒马乱，地主、农民都面临生死存亡问题，在这种非常特殊情况下，还曾出现过停租停息，甚至无偿或贱卖转移土地的事例。总之，从八路军到达边区抗日起，这种自发的和以区村为范围、有组织、有领导的小规模的农民运动就没有停止过。它的结果是：土地所有权发生了一点变化：地主阶级的土地占有数量逐渐减少，农民的土地占有数量不断增加。阶级结构也有改变：地主富农和贫农雇农有所减少，而中农却大量增加。这些趋势说明，一场土地变革运动已经开始。“十二月事件”后，山西第三专署公布了土地使用办法，分别对生荒地、熟荒地、黑地、逃亡地主土地、公地的使用问题作了规定，明确了农民的使用权。

“冀太联办”成立后，减租减息的具体法令逐步完善。1940 年 10 月，“冀太联办”发布《减租减息暂行条例》，以下简称《条例》。该项条例明确规定“出租土地人，其出租土地的租额，不论租佃、半种及其他不同名称之同类收益，一律照原租额减少 25%”，还规定“地租不得超过耕地正产物收获总额 37.5%，二五减租后，地租未超过 37.5% 者，依照主佃间的原约定办理”。“出租人不得预收地租，并不得收押租”。“地租交付以土地正产物为原则”。“耕地的土地资产负担及田赋，一律由地主负担，不得转嫁于承租人”。“耕地副产物，一律归承租人所有。”

《条例》为防止地主抵抗减租后抽佃，还专门规定“出租人如无法定理由及未得佃户、租户、半种户之同意时，不得将耕地收回转租、转佃、转半种他人”。

对于以往普遍盛行的租额外剥削，《条例》规定：“严禁庄头、二东家之剥削及停止大粮、杂粮、小租、送工等额外附加。”具体规定为，“承租人不得转租；统一公斗制，租斗一律以公斗为标准”等等。

关于借贷关系，《条例》规定“债权人利息收入年利率，一律不得超过10%（月利不得超过8.4%）”，“清理多年旧债应按年利率一分一本一利计算清理，其已付利息超过原本者，停利还本，其已付利息超过原来2倍者，本利皆免付。”

普遍的减租减息运动，使农村的封建经济剥削进一步削弱了，农民的经济利益和政治利益较过去也进一步增加了。

1942年1月28日，中共中央作出《关于抗日根据地土地政策的决定》，同年2月6日，又发布了《关于如何执行土地政策决定的指示》，指出发动农民和依靠农民是巩固抗日根据地的中心一环，建立农民政治上的优势，是进一步巩固抗日根据地抗日民族统一战线所必需的。在此前后，中共中央政治局委员刘少奇从华东返回延安的途中，曾先后视察了平原地区和太行、太岳地区的工作，对根据地的群众运动问题，也有所指示。

根据中央的文件和刘少奇的指示，边区所属四个区党委领导机关，先后召开会议进行部署，并分别作了许多减租息的调查研究和试点。1942年10月1日，晋冀鲁豫边区政府发出《减租减息的布告》，10月17日，又发出《关于减租减息工作的指示》。在加强了党的领导、统一了群众的思想和重申了政府的法令之后，抗日战争中的最大的农民运动，就在全区广泛开展起来了。

为使减租减息政策切实得以贯彻执行，各地都在运动展开前后，选派大量工作人员深入农村调查研究并指导运动的进行。尽管这场运动起步时间有先有后、有早有晚，但它的进程大体都是经过思想发动、经济算账、双减斗争、组织建设等等步骤完成的。由于这场运动是在中国共产党领导下的抗日根据地内，并有抗日政府的法令作保障的条件下进行的，因此，实现双减并不难。但是，少数地主分子，也不甘心情愿地失去自己原有的那些利益。他们也曾采取多种手段抵制和对抗群众运动，所以，减租减息运动也并不是一帆风顺的。

地主阶级反抗减租的手法主要有如下几种：有的地主以抽佃相威胁，有的则说“谁减租中央军来了捉谁”；拉拢上层干部，冷落下层干部，地主请上层干部到其家中，然后放出风说可以不减租；减租后对佃户实行精神压力，不分配给佃户活，坚持自己做，给佃户脸色看等。对此，工作队坚决为佃户撑腰，揭露地主阴谋，使农民敢于站出来与其斗争。在这一阶段中还有“倒粮”活动，让地主将过去多收的粮食交还佃户。但在“倒粮”活动中曾出现了严重过头现象，造成了一些不良后果。

实行减租减息之后，一些地主并没有死心，后又采取了另外一些手法进行抵制。有的地主以提高生产为理由，将地收回，自己耕种或用雇工耕种。对此，根据地政府规定，凡地主能自行生产可以收回，但须在3个月前向佃户声明，否则不准收回；若收回后交由亲属耕种，属变相出租，则绝对禁止。地主采取的另一种方法是“里打一股”，即将小种地佃户辞去1—2人，自己参加辅助劳动，或使用雇工里打一股，这是地主为挽回损失而加重了对佃户剥削。政府规定，减租后不准里打一股，若进行，须在3个月前声明。另外还规定里打一股后，应按出力多少分粮。对雇工实行粮食工资制。还有的地主将原来的小种地改为大种地，这就使缺少农具和耕牛的原佃户无法生产，以此抽佃。政府便规定，大种地地租，不能超过37.5%，通过合理负担政策的调整使小种地对地主有利。也有的地主是采取假当地的方法，实行暗租地，以便换佃户。政府规定凡已定年限契约的不能转移使用权，新佃户不交租，因为是典地，如发现是假典地，则按违法处理。地主最后一个办法就是采取分家和卖坏地的方法抽佃。对此，政府规定，分家后如仍出租，原佃户有优先权。

根据地在减租减息运动中，还根据各地的实际情况，实事求是地解决了所谓“二东家”、“出租”、“典地”和“庙地”及“税额”等问题。

“冀太联办”的《减租减息暂行条例》中规定“严禁庄头、二东家剥削”。所以在运动中，各地均严禁“二东家”剥削，有的地区把“二东家”全作为地主的一部分进行斗争。但是，在太岳区的安泽、冀氏、屯留及沁源南部地区却有另一部分“二东家”。这是由于一些外籍地主常常将整座山或一个小山庄子一并出租，承租人多为山东、河南客籍居民，老佃户租地较多，当大量新移民到来后，老佃户便将自己承租的一部分租给新移民，称之为“拨地”，这中间有轻微剥削（自己种好地，拨出去的多为坏地），实际上这种“二东家”仍然属于佃农，并不是地主。根据实际情况，根据地改变了对这类“二东家”的政策，提出团结一切佃农反对地主剥削，规定种好地的少减租，种坏地的多减租，团结了农民，孤立了地主。

活租地本来在根据地内比例很少，但是由于开始实行减租减息时，只减死租不减活租和负担政策上不扣除雇工工资等政策，使地主和富农愿意采取活租形式，另外由于战争破坏和灾荒，一些农民也愿意采取活租形式，这就使得活租地越来越多，如沁县西北村出租土地的共 26 户，抗战前只 6 户活租地，抗战后则增加到 16 户。活租地对农民来说剥削较死租地为重，大多是对半分，还要分副产物。更主要的是由于是活租地，农民不愿意对农田基本建设付出更多劳动，不注意施肥，使得地力日益变坏，产量速减，影响根据地经济发展。对此，根据地政府便转变政策，活租也减租，实行三七分，不分副产物，加上帮助农民恢复生产的政策，使活租地大为减少。

“典地”与“当地”在农村是很盛行的，在减租减息开始时对两者不加区分，一律称之为“典地”。根据调查，在农村中“典地”与“当地”性质有很大区别。承典土地的多是一些上升的中农、贫农，由于积蓄了部分货币又买不起土地，便承典些土地，出典者多是贫农、中农或破产地主，所以典地双方没有多少剥削。而“当地”则不同，出当地者多为破产的中农、贫农，主要是由于债务关系后出当的。承当土地者多是地主高利贷者，其承当土地是其集中土地的主要手段，因而是剥削行为。根据地对两者进行了区分，对典地双方均按民间习惯处理，对当地行为则反对高利贷剥削，支持农民在期限内抽回土地，当币值变化发生纠纷时，政府调解以不使农民吃亏为原则。

借钱押地形式，是农村中地主、高利贷者剥削农民、掠夺农民土地的主要手段，出押人是中农、贫农及破产地主、富农，由于所借钱

款都是高利贷，农民大多无法收回所押的土地。在沁州一带盛行的“贯利死契”最为残酷，这是把债务人的借本加上利息，全都作本写在契约上，言明到期不还土地便为承押人所有，不另换约，被押土地的价值必须要在借贷本的 2 倍以上。边区政府规定，对于战前形成的这种借钱押地关系，应当实行分半减息，如付息超过原本一倍者停利；还利超过原本 2 倍者，本利全停，土地收回。对“贯利死契”，则还本外，可再付一倍利息，收回土地。

农村中的“社地”、“族地”和“庙地”，以往这些均为地主豪绅掌握，对其收入大多为地主豪绅贪污。在减租减息运动中规定，对于“社地”，要从社首手中夺回交民选组织管理，其收入用作公益事业，一部分地按最低租额租给抗属及贫农租种，一部分给荣誉军人所有。“族田”处理方法与社地同，但仅限于同族之内。“庙地”也实行减租，已分给抗属及贫农的“庙地”则不追究。

关于租额标准，由于各地情况差异较大，各地的规定也不一样。如国民政府颁布的 37.5% 的标准，在太岳区许多地方由于土地不好，多是山区，原来的租额就低于 37.5%，如果按这一标准，对农民不是减了租而是加了租，所以太岳区根据当地情况提出了以三七分或二八分为标准。

以上这些具体问题的恰当解决，对稳定农村各阶层的情况非常有益。

第三节　巩固减租成果　总结减租经验

晋冀鲁豫边区的大规模的减租减息运动，虽然进展不够平衡，但总的说，1942 年这一次，声势很大，成绩显著。在政治方面，减租减息已普遍实行，农救会及其他抗日群众团体（如青救会、妇救会）亦随之健全并发展壮大，绝大多数的农民群众，阶级觉悟比过去增强，对敌斗争和生产建设的积极性空前提高。这就为边区进一步巩固、为战胜日本帝国主义和严重的自然灾害，为新的生产运动等打下了坚实的基础。在社会经济方面，经过这场运动之后，已发生明显的变化：（1）地主和经营地主的土地数量、质量和户数，均大大减少。（2）原来的富农和由地主、经营地主下降为富农的户数和土地数，总的计算没有增加。（3）中农的户数和土地数量激剧增多。（4）贫农的户数大量减少，土地数量和质量均大大增加。

减租减息最受益的是贫农。据调查，贫农的直接利益有以下几方面：

首先是租额大大降低，根据调查，涉县的两个村，原租额为433.08石米，减租后为218.64石米，和东一个村，原租额为309.51石米，减租后为153.30石米；平顺33个村，原租额为2049.44石米，减租后为997.20石米。在减息清债方面，根据几个县的统计，清债数目如下（战前币值）：武乡为247000元，左权489377.7元，涉县351439元，黎城130541.31元。由于债务解除，也引起了土地关系的变化，平顺3家债主被抽了2831亩地，左权抽地2419.3亩，黎城3个区抽了1531.97亩，涉县抽了4942亩土地。另外，对于雇工的工资也有了增加，大多将货币工资改为实物工资，据对涉县、林县、偏城等县部分雇工工资的抽查，在涉县一个村，原7个雇工工资为2030元，增资后纯增加了2030元；偏城30个雇工原工资为12230元，增资后，纯增加了34255元。在负担方面也趋于合理了，据对太行四分区的调查，1941年各阶层负担比例为：地主22.78%，富农17.4%，中农13.8%，贫农5.21%；1942年减租后，各阶层负担比例为：地主36.2%，富农22.8%，中农10.12%，贫农3.8%。

综合上述情况说明，经过这场大风暴之后，农村的封建剥削情况确已减轻。贫农、中农不仅停止破产，而且从中得到了很大利益，广大农民已在根据地占有优势地位，这一历史性功绩，应给予足够肯定。

但是，边区的减租减息运动，不仅发展不平衡，而且也发生了一些难以避免的错误和偏差。

由于1942年和1943年连续的灾荒，根据地集中力量战胜灾荒，

所以在灾荒较重地区没有深入减租减息，有的地区虽然实行了，但把重心放在了反恶霸、反贪污上，未引导农民转到减租减息上来。其次，在这次运动中，在一些干部中有严重的包办代替和恩赐观点，群众得到的利益很多，但觉悟却未明显提高，许多农民在减租后，反而觉得“亏心”怕“变天”，未把农民从封建思想束缚下解脱出来，在地主反攻时，出现了地主夺佃、死租变活租，租地变当地、明减暗不减等现象。另外，在一些地区，运动中出现了过“左”的错误，主要是在反贪污时，有的地方从几十年前算起，不顾政策地要求退款、退粮、倒粮，使许多地主、富农破产，一些富裕中农也受到波及，如偏城 26 个村 119 户富裕中农，平均每人拥有土地由 4.93 亩，减为 4.17 亩，减少 15%。襄垣 3 个村有富裕中农 54 户，运动中稍增或保留原有土地的有 14 户，无变化的 20 户，失去土地的 20 户，这样的结果，便使得有能力劳动生产的中农不敢过于投资生产了，影响生产发展。因雇工工资过高，雇工被解雇，使得许多雇工失业，生活发生困难。

为巩固既得成果，争取更大胜利，边区党政领导机关，都派人到各地调查研究，总结经验。北方局代理书记邓小平和其他重要负责人薄一波、杨秀峰、宋任穷、李雪峰等人，也亲自动手、深入实际，针对群众运动中的各项具体政策和问题，先后发表了一些重要讲话。邓小平指出：“群众运动有其自身的规律，党在指导群众运动中，必须掌握这些规律”。他具体的指出：“第一是发动群众，在发动群众中组织群众、武装群众；第二是在发动群众之后，立即注意整理与健全群众组织生活；第三是在发动与组织群众中注意群众的政治教育，在发动与组织任务完成之后，应将重心转入教育群众，把群众运动提高到民主政治和武装斗争的阶段，使群众形成一个自为的阶级力量，去参加统一战线，去参加群众性的游击战争，以巩固既得的政治经济利益；第四是把群众的经济斗争、政治斗争约束于统一战线范围之内。”邓小平还说：“不了解这些发展的规律，不懂得诱导群众运动逐渐由低级向高级发展，就会使运动脱节，就不能逐步地提高群众到

自为阶级的阶段，也就不能保卫其既得利益。”[1]

邓小平指出的“把群众的经济斗争、政治斗争约束于统一战线范围之内”的问题，是减租减息运动期间的一个最敏感的问题。这个问题，涉及既能发动群众又能巩固各阶层团结的目的。为解决这个问题，邓小平又提出了七条指导思想。对其中要害问题，明确指出：减租减息“是削弱封建而不是消灭封建”，“既改善群众的生活，也要使地主保有一定的经济地位”，“削弱封建不只是在经济上，而且表现在政治上……，但绝不能解释为消灭封建阶级的政治地位”。“对富农，削弱其封建部分、奖励其资本主义部分，不能把富农与地主一样看待”等等。这些重要论述是完全符合党的新民主主义纲领的。

但是，有些地方对这些正确的论述，并没有认真严格地贯彻实施。宁“左”勿“右”的倾向相当严重。有的人总想“消灭封建”，不愿保障抗日的地主阶级的人权、财权、政权、地权；把富农与地主同等对待，对明显的已发展到破裂统一战线地步的“左”倾错误，不予纠正等等，使一些地区的抗日斗争局面，出现了波折。

此外，在减租减息之后，对于引导农民发展生产的问题，这次运动也没有予以应有的注意。

吃一堑长一智。以上这些问题，在温村会议上曾作了郑重讨论，并在1944年的深入减租减息运动中引起各地领导的重视。

〔1〕“根据地建设与群众运动”，《邓小平文选》第一卷，人民出版社1991年版，第68页。

第九章 生产自救　战胜灾荒

晋冀鲁豫边区的许多地方，历史上就是自然灾害多发区。水、旱、虫、蝗、雹等自然灾害时有发生。每次大灾害，都有成千上万的人饿病死亡。

自古以来，如何对待灾荒，都是衡量一个政府清廉或腐败的尺度。每遇灾荒，贪官污吏乘机发财者有，开明人物乐善好施者有。但是这些善人也只不过是对因灾受害的难民，实行一些社会互济募捐活动而已，不可能解决大批灾民的生存问题。

晋冀鲁豫边区的党政军领导机关，对于灾害问题，采取了一条不同于历代政府的崭新态度，走出了一条明朗、宽阔的大道。这就是：充分发动群众，以人定胜天的决心，把救灾工作列入生产建设范围，有组织、有领导地开展生产建设事业，不仅要求战胜灾荒，而且要因祸得福，求得长远的防灾减灾和富裕之路。这是中国共产党为人民服务宗旨的突出表现。

第一节　敌害天灾　肆虐边区

1942 年秋至 1943 年夏，晋冀鲁豫边区所发生的灾荒，不仅比全国各个根据地的灾荒严重，而且比历史上光绪年间的大灾荒更有过

之。这是黎城会议之后边区生产建设进程中所遇到的大难关之一。

边区的严重灾荒是由以下三方面的原因形成的：第一是恶劣天气变化引起的；第二是日本侵略者灭绝人性的摧残制造的；第三是边区南边国民党统治区军阀政客不顾当地人民的死活，有灾不救、迫使大批难民到根据地逃荒而加重了根据地灾情。这三个原因中，边区政府多次发布的文告中都认定“敌寇实为其主要作用与制造者”。

敌害天灾，祸不单行，就是对当时灾荒情况的总概括。

实际上，边区的灾荒，从边区创建之初就屡屡发生。前者，1939年冀南发生过大水灾，后者，1944 年、1945 年，全边区又发生大蝗灾。“八年抗战、四年灾荒”就是边区灾情的真实写照。

据晋冀鲁豫边区政府不完全统计，在抗日战争时期，全区因旱灾减产 130 余亿斤，因水灾减产 52 亿余斤。全边区灾民达 150 万人。其中 1942—1943 年的大旱灾，农业收成只达常年产量的二至四成。

据史料记载，边区的灾情分为三种情况：

1. 敌祸、天灾都很严重的是边区腹心地带，属重灾区。但是，因全边区党政军民同心、同命运、全力以赴救灾工作做得好，饿死人的情况是个别的，逃亡的人也很少。

2. 敌祸重、天灾轻的边区外围敌占区和游击区，因敌寇汉奸破坏，加重了人民的苦难，曾有大批灾民死亡。太行区东部和北部敌占区，情况最为悲惨，曾出现过大片无人区，甚至发生吃死人情况。

3. 国民党政府控制的晋南、豫北一带，灾情并不重，但国民党政府置灾民于不顾，灾荒期间仍在压榨灾民，水旱蝗灾之外加“汤灾”（汤恩伯），致使大批灾民死亡（有些村庄饿死人口达 20%），更有大批灾民向根据地逃荒，约占人口 4%。边区内地安置的这类灾民，只太岳、太行二区就不下 25 万人。

在敌人疯狂的掠夺，农村经济枯竭，人民生活处于极度恶化的条件下，灾区势必引起疾病的流行。其中尤以伤寒、疟疾病和疥疮最为严重。这种情况，连根据地的腹心区轻灾地区也难以幸免。仅据太行区左权县拐儿镇一地的调查，差不多每 4 个人中就有 1 个染了病。旱

灾严重的冀南二专区巨鹿县，在 1943 年夏秋之交，因霍乱致死的达 3000 余人；同一个时期，三专区曲周县东王堡村、四专区威县南胡帐村、丘县梁二庄，在 620 户中统计死亡达 1110 人。由于劳动生产力的大量削弱，造成大量土地荒芜。刚从国民党控制下新解放的地区，如豫北的辉县、汲县、林南、修武、武陟、沁阳、博爱一带和晋南的高平、陵川等地，其惨状使人惊心！当时的一位记者，对此情景这样写道："初到豫北的人，如果登高一望，会看到一片片油绿田地，觉得秋禾还不错啊！但是走近一看，原来并不是什么苗，而是高达六尺的薰蒿，从田野长到村街中，长到房院中，到处都成了薰蒿世界。"〔1〕

灾情的严重性，还在于它是处在蔓延、发展的状态之中，以致旧的灾荒尚未过去，新的灾害又接连而来。同时边区政府还要安插和救济从国民党统治区和敌占区跑来根据地寻求生路的众多难民。因此，边区灾情的重压远远超出根据地所能承受的能力。由于根据地军民生活待遇继续下降，农村元气不断丧失，严重地影响着人民的生产与生存能力，影响到社会的阶级关系及社会秩序。如此发展下去，势必将要影响到根据地的巩固和坚持。

第二节　生产救灾　火速展开

面对灾荒日益加重的严峻形势，北方局、太行分局、八路军前方总部、一二九师师部和晋冀鲁豫边区政府等党政军领导机关，先后发出了救灾的决定和指示，号召边区军民一面继续加强对敌斗争，一面以生产为中心，开展群众性的救灾运动。

各领导机关的指示文件强调：党和人民不仅要咬紧牙关，克服一切困难，坚持对敌斗争，而且还要积蓄力量，以便时机到来和全国人

〔1〕 参见 1944 年 9 月 24 日《解放日报》。

民一道，取得抗日战争的最后胜利。因此，在灾荒面前，只有将群众组织起来，开展大生产运动，才是正确的道路。这些文件还号召：“用尽一切力量，把我们自己从灾荒中解救出来。”“要树立长期、整体、自救的生产观点，把生产救灾变成人民和干部的实际行动。”

为加强生产救灾工作的统一领导，1942 年 10 月，边区政府和各专县都成立了生产救灾委员会，太行区是边区政府直辖区，太行区的生产救灾委员会由边区政府主席杨秀峰兼任。杨秀峰和副主席戎伍胜、民政厅长李一清等人，曾不断到各县巡视，就地解决问题。

灾区各专县亦都迅速建立了生产救灾委员会。重灾县、区党政军干部全部下到乡村，一面领导群众生产，一面了解灾民实情。遇有断炊人家，立即给予急救并向上报告，请求运粮，力争做到不饿死一个人。

各级生产救灾委员会，都吸收了当地开明士绅和热心公益事业的代表人物参加工作。要他们帮助搞好互济工作，监督救灾粮款的使用。

在边区党政军领导机关的号召领导下，各级党政军机关团体，全力投入到生产救灾运动中，生产救灾成为一个时期的压倒一切的中心任务。

生产救灾总的方针是：“除了部分的社会互济之外，基本上是靠生产。”〔1〕

具体措施有如下几项：

一是减免灾区的应征粮款，进行大规模的社会救济；二是以工代赈，修滩掘井，开渠开荒；三是最重要的方面，即组织群众“生产自救”，利用各种可能的生产手段增加社会财富，使救灾度荒与发展生产有机地结合起来。

〔1〕“太行区的经济建设”，《邓小平文选》第一卷，人民出版社 1991 年版，第 81 页。

一、发放贷款，减免负担

边区政府根据当时财政情况，以最大的可能，向灾民连续发放了大量的农业贷款和救灾款。1943 年，政府向冀南灾区赈济粮款为：贷款 743 万元，贷粮 64.85 万斤；运输、纺织等项贷款为 351 万元；社会互济调剂粮为 3265845 斤，代食品 46000 斤，麦种 50 万斤。1943 年及 1944 年春荒期间，政府向太岳二专区士敏县所发各种贷款及救济粮款，折合粮食总计为 5103 石，比该县 1943 年全年负担粮款总额 4760 石还超出 7%。与此同时，太行区还调拨了大批粮食，支援太岳区灾民。

为了减轻灾民的负担，太行区规定："遇有荒歉年岁，土地收获在二成以下者，应全部免租，在七成以下者，依次按成折扣交纳"。1943—1944 年，边区政府向太行区"减免公粮共有 14.05 万石，仅由边区公粮拨出赈济低贷者，就有 21000 石，由西线调剂到东线有 20 万石，运输赚脚价有 3.5 万石，纺织赚工资米有 5 万石，实际用于救灾的各种贷款有 20000 元，总合起来，不算减免的粮食，部队机关和地方上零星赈贷，即有 386000 石"。如以太行区 300 万人口计算，平均每人可以得到 1 斗 3 升粮食。按边区财政岁入计算，每人每年负担平均不超过 3 市斗小米。这就是说，两年来人民负担的 21% 都用于直接赈济了。

二、节约募捐

边区政府在拨救济粮款的同时，广泛开展了群众性的节约募捐救灾运动。有的地区提出，非灾区要打破地域的本位主义和落后的封建思想，关怀灾区同胞。在灾区提出急公好义，仗义疏财，富济贫，有济无，亲戚帮助、邻里互济，开展全区"一把米"、"一升粮"和"一个窝窝"的互助互济运动。广大群众热烈响应，他们说："根据地是一家，我们不能饱汉不知饿汉饥，现在那里也闹灾荒，咱们救人家，将来咱们这里闹灾荒，那边也会救咱们。”与此同时，边区各领导机关领导的剧团和民间剧团都为救灾公演。动员士绅参加救灾活动，许多有名望的热心公益事业的人士日夜为募集救灾粮款而奔走。一些绅士们自动借出了余粮，有的还向平津敌占区亲友募捐，为数达10万元之巨。据不完全统计，仅一、三、四专区共募捐小米1990石，粮615725斤，糠面201斤，玉茭3195斤，炒面101斤。太行区内的机关团体和各界人士捐款187217元，小米235斤，杂粮4382斤，副食品439斤，上述捐献物品，均直接送到灾民手中。

三、军队、机关、团体节衣缩食

边区各军政民机关工作人员，在募捐救济灾民的同时，还带头节约。八路军彭德怀副司令员，极为关怀灾民疾苦，他亲示所属，每人每日节约小米1两，禁止用锅巴喂猪，号召全军节约捐献。在他的带领号召下，边区所有党政军领导的各系统、各单位、工厂、学校、报社、书店、剧团、商店，都自动参加了这一活动，他们先后提出每人每日节省小米2两、1两、5钱捐救灾民。时间少则两个月，多则8个月，并且节约的方式很多，有冷食一日，省下柴火费救灾者；有稀食三日，余米救灾者；有以野菜顶食，挪出粮食救灾者。

边区节约运动，以部队和政府机关的成绩最为显著。一二九师师部规定：办公、杂支、津贴费停发3个月，棉衣穿2年，夏衣一年发一套；后方机关每人每日吃粮由1斤半减至1斤4两。冀南平原上的子弟兵，每人每日的菜金全都自行取消。据1942年和1943年两年不完全统计：边区一级党政军民及直属单位，节省小米23401斤，杂粮2470斤，捐款3万元，一二九师直属单位节省小米16584斤。太行五专区各县节米8131斤；六专区（缺武安）节米403石；四专区（缺潞城）节米7213斤，杂粮73斤，第二军分区政治部节米2000余斤，捐款985元；四军分区政治部每人每日节约菜金1角；内丘县政府节约小米1925斤。

人民子弟兵除自己节约，支援灾民之外，还增加生产，减轻人民

负担。仅太行、冀南两军区统计，太行部队 1944 年开荒 10 万余亩，产粮 512 万斤，山药（山芋）、蔬菜 1266 万斤，做到自给粮食 3 个月、全年蔬菜和贴补油盐钱，共减轻人民负担 20 万石公粮。冀南部队在灾荒中，每个指战员种地 5 亩，作粮食、蔬菜半年自给。甚至有的连队灯油、火柴都节省下来，全力支援灾民。在严重的自然灾荒面前，八路军指战员与人民相依为命的高贵品质，受到根据地人民的无限爱戴。灾民们深有感受地说："一辈子遭过几次灾，也没有见过今天这样的军队和政府与人民真正同甘共苦。"并感慨地说，今年的灾情"比光绪三年还坏，政府人员把心都熬煎透了，为了救咱们老百姓。"

四、加强粮食调剂

与此同时，根据地内普遍进行了粮食调剂，有组织有计划地取得粮食、保护粮食与分配粮食。据当时估计，仅太行区一、四、五、六 4 个专区"灾民缺五个月的粮食，全部需救济者有 251000 人"，"总共需救济粮 85000 余石，调剂粮 2 万石，合计 205000 石"。边区政府自 1942 年 11 月至翌年 6 月，以 95000 余石小米，18 万斤糠和山药蛋、菜、副食品进行救济和调剂。其中依照灾民情况，在 1942 年秋为五、六两专区减免粮 45000 石，1943 年又给一、五、六三个专区减免公粮 15500 石，灾区负担面平均为 50% 以内。在粮食调剂中，经过普遍调查登记，通过群众民主评议，详细计算每家的收支和购粮情况后，再按灾民生活不同情况，以每人每日 6 两小米计算，分为三等：一是有购买力而无粮食，需要调剂者；二是有劳动力粮食不够，需要救济者；三是既无劳动力又缺乏粮食，需要急救者。依以上三种不同的情况发给平价粮、贱价调剂粮、救济粮购粮证。发放标准为每人平均有粮 95 斤的，准购市价粮；90 斤以下 45 斤以上者准购调剂粮；45 斤以下的准购救济粮，对完全断炊灾民则拨 100 斤粮食予以救济。边区还提倡社会互济，每当灾情紧急严重时，对在供自己食用还有剩余粮者，本着自愿原则，由政府负责出面将余粮以低利借贷给灾民。据林县、涉县、安阳、偏城和武安等县统计，共借出小米414201斤、款37520元。这样把粮食救济与粮食调剂结合起来，既发挥了调剂粮价的作用，又防止了粮食走私和囤积，可以更好地安定社会、稳定人心。

五、采集代食品

在旱灾最严重的年代，边区各级党委和政府工作人员，都深入农村，向群众了解并参与解决他们生产和生活上的困难，动员和组织具有生产能力的人们投入到生产中来，使生产自救工作经常化和计划化。从各家生产计划中，了解到要想渡过严重灾荒，必须采集野菜，准备大量代食品。尤其是在豫北、冀西“糠菜半年粮”的山岳地带中，更加显得重要。

边区群众，根据按家度荒计划开展了采集代食品运动，在全区形成了普遍采集野菜的热潮。如黎城彭庄和涉县岐口村，男女老幼，每天成群集队到野外采菜，不数日即采到野菜109500余斤。以这些菜蔬补助代食品3个月，可节省粮食810余石。党政军民学校机关团体，也都投入到这一运动中来。一、三、五、六四个军分区部队共采野菜781600多斤，八路军总部每人平均采菜100余斤，供给部不到100人的伙食单位，采了1万斤野菜。警卫团在10天之内，采集野菜3万余斤，十三团共采野菜44989斤；边府全体人员，一个月内共采了3万余斤。在两年的采挖野菜中，共发现了一百多种植物可以代作食物之用。其中叶可食的50余种，根可食的4种，叶和根均可食的5种，实可食的有13种，叶和实可食的有22种，花可食的3种。如此大量的采菜，对节省粮食，解救灾荒，减轻人民负担，起到了积极的作用，它生动地体现了部队机关与民同甘苦的高度友爱精神。

六、扶持家庭副业、手工业、运输业

大力帮助和扶持农村的副业和手工业，特别是发展了群众的运输和纺织事业，使“生产自救”运动普遍发展到生产的各个领域。1942年冬，太行区在对敌粮食斗争中，为了粉碎敌人的抢粮活动，将粮食运往灾区以工代赈，组织起庞大的运输队。其中青年灾民运输队，一人可担上65斤来回两天，每天赚7元5角的脚价，除去2斤米的吃喝和起伙费4元5角，每天还可剩3元，1斤救济粮价1元8角，可买1斤10两救济粮，就是说可养活两口人。对此，灾民们表示，“有办法，不能光躺着吃政府的救济粮。”

通常运输队由15人组成一个小队，队长由村长或农救会主席担任，中队和大队长由各救总会亲自担任。据统计，从1942年11月至1943年初，仅六分区的武安、沙河两县组织参加运输队救灾的就达13935人，共赚得脚费83455斤小米；平顺虹梯关到林县任村线、涉县河南店到磁武西口线，仅10月至1月，五专区灾民就赚脚钱701710斤小米。在运输上对灾民给予优惠，灾民运输一般比非灾民多赚一成半脚钱；并规定非灾民运输一次，灾民可运输4次。在运输工作中，出现过不少惊人的事迹。如三专区通过榆武公路封锁线时，组织150000人的运输队，由军队掩护，半个月运出15000多石粮食，邢台运输队，在1943年5月大“扫荡”时，由200里以外，冲过敌人两道封锁线和一个包围圈，将粮食安全运抵根据地内。

太行地区由西线向东线运粮。从1943年10月到1944年5月，边区政府组织参加运输的灾民9万余人，共运粮21万石、糠18万斤，共支付工资35000石小米。通常一个劳力，每日运粮所得除吃用外，尚可剩余半斤至1斤小米。可使两个灾民维持生活。此外，运粮还获得运费折换小米525万余斤，可供16万灾民食用一个月。同时，数十万石的救济粮和每年1500万斤左右的山货，也都是通过这条山路运出境外。

根据地内男的参加运输，女的则参加纺织。在灾荒岁月，纺织活动也普遍采取以工代赈的办法。在历史上，太行地区纺织手工业发展是不平衡的。冀南农村既有纺织传统也较为普遍，而太行、太岳大部地区，在战前没有纺织习惯。但在严重自然灾害面前，为了生产自救，边区政府在这一带大力组织妇女纺织度荒。因此，无论是冀南还是太行、太岳，在妇救会的领导下，通过互助合作形式，蓬蓬勃勃地开展了用纺车去战胜灾荒的运动。太岳区，1943 年仅一个县就有 670 人参加纺织，7 月、8 月、9 三个月“曾卖给工商局 6 万尺布，并且质量很好。”据太行区不完全统计，到 1943 年 6 月，共有纺妇 55970 人，每县平均为 2625 人，仅东线就一次发放纺织贷款 180 万元。又据太行统计到 1944 年底，六个分区共有纺妇 227000 人。1945 年秋，在平顺、左权、昔阳、榆社、黎城、陵川、涉县和邢台 8 个县的统计，又新发展纺妇 73649 人，平均每县高达 9206 人，占妇女劳动力的 38%。仅此一年，即织布 130—200 万斤。合作社规定，纺花 1 斤发 2 斤米工资，织布 1 斤发 1 斤 4 两。通常一个妇女三天可纺 1 斤棉花，每天即可赚 11 两米钱，足可维持自己的生活。太行区在不到两年中，仅组织起来的妇女就赚得工米 3 万石。在运动中出现了许多纺织村，如武安县的柳家河村，组织起 21 个纺织小组 105 人，占全村妇女的 90% 以上；全村 120 辆纺车，45 架织布机日夜不停，模范纺娘王不四、王堂英都得到了政府的奖励。在纺车的转动中，他们不但度过灾荒，并且趁灾荒地价贱，一个买进了 4 亩地，另一个买进了 12 亩地。妇女的纺织运动，不仅使平汉线两侧和太行山以东沿线数十万灾民免除了饥饿的威胁，而且使边区军民的衣着得到了解决，打破了敌人封锁的阴谋，同时还由于妇女的经济收入成了维持家计的一个重要部分，因而提高了广大妇女在家庭中的地位。

七、兴修水利

以工代赈，组织灾民修河筑堤，兴办水利也是防止旱灾、争取农业增产的重要手段。边区为大规模开辟水利事业，仅太行区就发放贷款 235 万元，粮食 20 万斤，在清漳、浊漳河两岸筑堤 10 余条，其中最大的有固新、清泉等大堤，还有著名的涉县的漳南和黎城的漳北大渠。两渠全长 48 里又 130 丈，共用工 142005 个，支款 308 万元，粮食 20 万斤。与此同时，军队也积极组织力量，自带干粮到各村帮助打井。在冀南全境共打井近万眼，几乎都有军队参与挖凿；1943 年

战斗最频繁的时期，军队仍一面武装掩护群众，一面参加紧急筑堤工作，使卫河及漳河两岸 80 里长的河堤得以迅速完成。太岳二分区官兵，在“我们多出一滴汗，群众多吃一碗饭”的号召下，也积极投入到群众性的兴修水利中来。他们前后总共开渠 40 里长，可浇地 4000 余亩。当地群众赞扬人民子弟兵是“救命救难的活菩萨”。

八、早抓春耕、严防春荒

一年之计在于春。每年搞好春耕，是农业生产的头等大事。为此边区政府于 1942 年至 1943 年连续发放大量的农业贷款和救济粮，帮助灾民搞好春耕，解决生产中困难问题。这两年由于灾害的严重，有些灾民已将农具和牲畜卖掉，种子吃光，有的因缺吃少喝体力极大减弱，难以投入春耕。为了解决这些困难，边区政府特提前发放春耕贷款，帮助群众提前春耕，争取实现早种多种。太行区一次就发放“贷款 300 万元，贷给贫苦灾民购买种子、农具、牲畜和肥料”。同时配合春耕季节发放赈济粮三次共 5400 石，救济和补助灾民生产之急需。每当分配救济和贷粮贷款时，都是经过合作社，由农会负责办理，确保款粮真正落到灾民手中。

为了推动和胜利完成春耕任务，党政军都直接投入群众的春耕、夏收和锄苗工作。中共北方局、总部直接参加指导左权县七区麻田附近各村播种，彭德怀副总司令和邓小平政委、滕代远参谋长都亲自参加开荒播种。中共太行分局、区党委、一二九师师部和边府直接参加涉县二区清漳两岸各村生产。一二九师师部为帮助太行五、六两专区春耕，特从其他地区调部队背着粮食前来协助。太行军区各分区部队也都投入春耕和夏收。其中五分区部队在 3 月份停止操练参加春耕半个月；直属部队和涉县、偏城、磁武、武安、朝鲜义勇军等单位，共开荒刨地 81 亩，担粪 2684 担，下种 187 亩，修河滩和修渠 615 个工，锄苗 1145 亩，拔苗 196 亩，割麦 525 亩，打麦场 172 次，担麦 14 亩；六分区派出 742 人帮助群众春耕，担粪 350 担，驮粪 530 驮，夏收 734 亩。一二九师 13 团派出 446 人助耕 109 亩 4 分，挖地 68 亩，耕地 75 亩，修地开荒 62 亩，担粪 3993 担，担煤 8 担，抬土 608 担，挖渠 203 丈，撒粪 119 亩。在群众之间，还开展了变工、拨工、找工、札工和卖晌等劳动互助。

由于边区党政军民的努力奋斗，使春耕春播任务进展很快，按时和提前完成了任务。五、六两专区由原定 7 天缩短到 3—5 天，抢在敌人 5 月大“扫荡”之前下好了种子，粉碎了敌人的破坏活动。加之边区在敌人“扫荡”前已发放大批赈济粮和低利贷粮，灾民有了反扫荡的干粮准备，民兵有力可以游击敌人，群众有力可以转移，这在打击敌人减少损失上起了很大作用。因此，灾民们感激地说：“八路军，好处说不完，他真正是我们救命恩人。”

九、组织互助

在救灾度荒中，为了将“生产自救”运动组织起来，边区党和政府特别致力于通过合作社进行生产救灾。1942 年起，特别是 1943 年中，在政府大力组织救灾和人民互助自救的迫切要求下，以“生产自救”为方针的合作社开始发展。当时，合作社使救灾、发展生产和扩大合作业务密切地结合起来，开始走的是“民办公助，发展生产”的道路。

1943 年 6 月底，太行区共有 416 个合作社，而灾区就有 297 个，占总数的 70%。合作社基金由三部分组成：一部分是社员入股，一部分是公家贷款，一部分是村公产投入。合作社规定，凡是粮食、山货、布匹、羊皮、麻头、白草，以及劳动力均可折价入股，使股金总额得以不断增加，从而促进了合作救灾事业的发展。

合作社组织起来后，适应了灾荒年代市场和人民生活的变化，减少了中间商人的盘剥，有助于“生产自救”运动。例如偏城青塔村，全村共有 212 户，800 多口人，1943 年 3 月间，没有粮食吃的户占本村户数的 24%，占人口 7%，如不设法解决，到 6 月全村将有 90% 的户绝粮。村合作社集中全力解决了这一困难，他们从外地贩运粮食，低价出售，共调剂小米 2703 斤半，玉茭 2416 斤，代食品（油饼）

3241 斤。合作社为了提高贫苦农民的购买力，和克服群众单纯靠吃救济的依赖心理，又组织群众从事烧木炭和上山割荆条编篓等副业生产。又如沙河柴关合作社，1942 年因旱灾，每亩地平均只收谷一斗，全村共收谷子 2400 石，而全村人共有 1200 人，每人平均只有 6 升米，还不足平年半月的食粮；秋收后，全村有一半人家没有饭吃，过了春节全村就绝了粮。当时，有的户准备逃荒，全村人都很恐慌。面对如此严重的局面，村干部以极大的力量，动员到 780 元股金，加上反维持退款 4100 元，作为抗属和贫苦农民的股金，两笔股金加到一起，才勉强使村合作社成立起来。最初，他们将全部资金投入棉纺和棉布的贩卖。由合作社供给棉花，组织全村 220 个妇女参加纺织，织成的布由合作社收购。组织前，妇女织布每斤只能换花一斤半，合作社成立后，每斤可换回 2 斤 4 两，从 10 月至 12 月底，三个月内合作社向纺妇共换花 3120 斤，使纺妇比组织前多换回 1170 斤。10 个月共赚利 116172 元，按时价可换米 12095 斤。1943 年 3 月，又贩运了近 2000 斤小麦，组织老人和少年磨面卖烧饼，他们除每人每日赚 5 元 3 角外，还获得 516 斤麸皮。经过合作社的辛苦经营，终于使全村从死亡的威胁下摆脱出来，保证了全村的生产，使群众树立起继续与灾荒斗争的必胜信心。

合作社为了适应农村度荒与生产的需求，他们在“靠山吃山，靠水吃水”的口号下，开展了各种各样的业务活动。据边区政府工商局的统计，仅太行区磁武县 71 个合作社中，除全部贩卖消费品和经营纺织外，还有 22 家兼营榨油，7 家开办煤站，组织刨药材的 12 家，运输 15 家，开煤窑的 5 家，铁厂、皮革厂、木厂和药铺各 1 家。这些业务的开展，有效地解决了生产自救问题。

边区的生产自救运动，是一次有组织、有计划的规模空前的活动。它密切了党、政府与人民的关系；它以无比的英雄气概，为人定胜天打开了一条广阔的道路；它消除了部分群众坐以待毙的“靠天吃天”的悲观思想；它极大地发扬了群众的创造性和战胜困难自救救人的可贵品格。正因如此，根据地军民终于克服和战胜了灾荒岁月，渡过了最严重的困难，从而坚持和巩固了敌后抗日根据地。

经过多年的救灾实践，边区领导总结出以下的经验：（1）一切从实际情况出发，制定自己的方针政策。一般灾荒之初，是干部和群众在思想上动荡的时期，或熟视无睹，或悲观失望失掉求生的信心。因此，救灾之始就要从实际出发，经过调查研究确定方针，克服官僚主义态度和不敢面对现实的怯懦情绪，最大规模地组织和动员各种力量，提高干部工作热情，坚定群众的斗争信心。（2）救灾要与对敌斗争相结合。救灾的主要任务是解决粮食问题，而根据地处在敌人四面包围之中，所以，反对敌人掠夺破坏与保卫粮食、保卫生产的斗争，必须与救灾同时并进。（3）救灾必须是群众路线，反对官僚主义。群众路线在救灾工作中的内容，首先是要把人力和物力主要放在灾民身上，其次是要动员、组织广大群众实行自救。（4）救灾要和生产运动和坚持敌后抗战紧密联系起来。（5）救灾要从长远着眼，厉行节约。有些地方很有感受地提出：越是灾荒严重地方，越容易发生畸形浪费。如富人怕灾民借粮，因而大吃大喝，政府捐款管理上的浪费，甚至有些中农、贫农也有所谓“有米一顿，有菜一烘”的思想。因此，社会节约运动不只是在常年，在灾年尤应提倡。

毛泽东对晋冀鲁豫边区的生产自救运动曾给予高度评价。他在七大前后说到如何克服困难时，多次以晋冀鲁豫的生产度荒为例，鼓励大家的斗志。他说：“克服天灾，太行有经验。”[1]

〔1〕 中共中央文献研究室编辑：《毛泽东在七大的报告和讲话集》，中共文献出版社 1994 年版，第 198 页。

第十章 健全贸易机构 加强物资交流

“黎城会议”提出了明确的商业政策。这就是“对外贸易统制，对内贸易自由”。彭德怀在阐述这一政策时指出“对外贸易统制”，就是“根据地的出口品，必须有计划地收集，向外输出，换回抗日根据地的必需品，商人运货出口，必须换回根据地的必需品。破坏敌人操纵农产品，原料出口由我统制，使敌人经济势力无法侵入”。“对内贸易自由”，就是“根据地内允许自由贸易，但不能贩卖毒品及其他违禁品。一切限制、排斥自由营业都是错误的，幻想的官办营业代替自由营业，必然要弄到自己封锁自己，还是根本不了解自由贸易是现社会生产方式下必然存在的分配商品的手段。”[1]

“黎城会议”之后，“冀太联办”就是按照这个政策开展商业工作的基础。根据实际情况，在工作步骤上首先抓了对内贸易。

第一节 健全贸易机构

贸易机构的建立和健全，是顺利开展商业工作的基础。组织边区创建初期，因开展商业工作的需要，各地抗日民主政权，先后组建了

〔1〕 彭德怀：“在北方局党的高级干部会议上的报告提纲”，《边区财政经济史资料选编》第一辑，中国财政经济出版社1990年版，第129页。

一些贸易管理机构。随着根据地商业工作的发展，各级贸易机构，都有所加强和扩充。

经过各级地方抗日民主政权和各级商业机构三年的努力，到1940年黎城会议前后，边区的贸易机构已经初步形成网络体系。特别是冀南钞和晋西钞先后发行。税务局的建立，使商业工作出现了新局面。

为了贯彻黎城会议关于对内贸易自由的政策，“冀太联办”成立后，以原先郭今吾领导的太行贸易总局为基础，成立“冀太联办”贸易总局，林海云任总局局长，郭今吾任副局长。统一领导冀南、太行、太岳区的贸易工作。太行区是总局的所在地，太行区的贸易工作直接由总局领导，不再设立区局。冀南和太岳两区分别成立了贸易局。太行区的6个专署相继成立了专署贸易局，业务上受总局领导，并在全区各县主要集镇，设立了经营业务的商店与货栈，经营贸易业务。1940年春，鲁西行署成立，亦成立了贸易统制局。同年10月，冀鲁豫行署亦成立了统制贸易局。至此，贸易机构已在全边区各地普遍地建立起来。这就使边区的商业贸易领导管理机构进一步完整和健全。

从“冀太联办”成立到1941年晋冀鲁豫边区政府成立的一年间，贸易总局的最大业绩便是把贸易管理机构继续向下伸展，将各个公营商业、合作社统一起来，建立太行全区自上而下的商业贸易组织系统，从组织上奠定了对内贸易和对敌经济斗争的初步基础。1941年7月，贸易总局与太行生产合作总社合并，改组为“冀太联办”生产贸易管理总局，它的性质是“政权机关的组成部分。领导人民经济斗争的执行与权力机关。”王兴让任局长、林海云任副局长、郭今吾任贸易部长、黎波涛任生产部长，1942年冬林海云调任冀南区工商局局长后，郭今吾任总局代副局长。同年9月，边区政府成立，其管辖范围扩至冀鲁豫行署区。这时生产贸易总局又更名为晋冀鲁豫工商管理总局，直接领导太行区6个分局：一分局长石瑛（后为侯昭炎），二分局长王秉天（后为蔡新德），三分局长张翼飞（后为彭润民），四分局长韩佩琦、刘云生，五分局长郭达、宋乃宽，六分

局长李汝修。另外还在太岳、冀南、冀鲁豫3个行署区设立了晋冀鲁豫工商办事处。不久，又将各区的工商办事处改称为工商管理局。各地的工商管理局局长是：太岳区高云生、李友三，冀南区李光军、郭献瑞，冀鲁豫区杨寿山，韩哲一（监委），分别领导各区的贸易、工商管理、物价管理和对敌经济斗争。

改组后的工商管理局，不但领导贸易工作，而且还统一管理公营工厂，使工业和贸易结合起来，从而使公营工业得到扶持，工业有了原料来源和市场销路，资金周转上也都得到了帮助。

1942年7月15日，为使税务工作更好地服务于对敌经济斗争和物资调剂，更有效地统一管理进出口贸易，晋冀鲁豫边区政府决定将税务总局与工商总局合并，同时合并了军队经营的商店，从事贸易经营的力量更加强大，同时，边区政府授予工商局对外贸易的统治权。工商局的责任加重。两局合并后，仍称工商管理总局，仍由王兴让任局长、林海云任副局长，原税务总局刘裕孚局长任总局监委。总局增设行政科，科长朱剑白，分管工商行政和税收；设合作科，科长董东复；成立合作总队，下设合作大队，分别指导各分区合作业务；成立太行实业社，领导所属20个公营工厂。各商店直属总局，分设了几个经理处，指导所属各商店的工作。

1942年8月，新的工商总局决定，太行区在历史形成的商品流通路线基础上，设立了3个经理处，分别领导若干小商店，它的任务是“组织与推动各该线上的经济力量，保证各商店任务之完成与各商店之间之有机配合”。第一经理处辖任村德兴货栈，西湾、虹梯关德记商店与该店所属支店，以及粮食调剂所；第二经理处辖谦记货栈、河南店恒记粮店、石梁德记商店，以及所辖的粮食调剂所；第三经理处辖阳邑德庆隆商店、索堡德记商店、西营德太兴商店、洪水德太恒商店、桐峪德太永商店，以及各店所属粮食调剂所与支店。1943年9月，太行区将各经理处按商品自然流向改为经济线，共8条，每线设一总店。具体分布是：第一线总店裕泰恒，活动于一分区大部地区；第二线总店晋和昌，活动于二分区大部地区；第三线总店德泰恒，活动于三分区大部地区；第四线总店万丰昌，活动于三、六分区

各一部地区；第五线总店德庆隆，活动于三、六分区；第六线总店谦记货栈，活动于五分区；第七线总店德兴货栈，活动于五分区；第八线总店豫兴隆，活动于四、八分区。

冀鲁豫区，从 1941 年 10 月成立晋冀鲁豫工商管理总局冀鲁豫工商办事处后，即统一了冀鲁豫区的工商贸易管理工作；1943 年春为加强本区的工商管理工作，又将工商办事处改为工商管理局，并在各地设立了工商管理分局：泰西区为一分局，中心区为二分局，鲁西北区为三分局，沙区为四分局，鲁西南为五分局，水东为六分局。同时还在分局以下各县设立了支局，分别管理所属地区的工商贸易工作。

建立工商管理机构，如同建立根据地银行机构一样重要，有了这二个机构就把边区的经济命脉牢牢掌握在人民手中，就能使根据地经济活跃起来，它的意义是深远的。边区各级商业管理机构和贸易体系网络的逐步形成中，显示了边区贸易事业已经开始进入正规有序的发展阶段。

第二节 各类商业的形成

边区工商管理机构在贯彻黎城会议决议、加强商业工作的过程中，认真总结了自己的工作经验，进一步明确了自己的方针任务，并纠正了过去工作上那些“左”的、“右”的缺点错误，决心为贯彻“贸易自由”政策作出新的成绩。

要实现“贸易自由”，就必须支持和发挥根据地内各种商业的积极性。

公营商业，即边区工商总局系统领导和经营的商业。它的组成分为二部分：第一部分是原先的军需物资采购商店和军人商店。这些商店，在保证军需供应、弥补财政收入不足两方面，起了良好作用。随着形势发展，这部分商业，改归政府领导。它们的任务也随之扩展，不仅采购军用物资，而且参加市场活动，成为根据地内的物资交流和

对外贸易、对敌经济斗争的一支重要力量。

太行区，各主要集镇都有军需商店改组的公营商业。这些商业收购农副土特产、供应人民急需的生产生活用品，还为公营工业推销产品，并专营部分山货推销业务。

冀南、冀鲁豫和太岳等区也存在着类似太行的情况。

第二部分是工商行政部门直接经营的公营商业。这一部分商业，原先都是地方政府为解决物资交流和弥补财政收入而陆续建立的。随着边区经济建设的开展，这部分商业日益扩大，成为根据地内商业的另一支重要力量。

以上两大部分的公营商业合而为一，构成边区的公营商业的主体。公营商业，是根据地商业战线的主力军，始终发挥着“主导”或“主渠道”的作用。它为发展工农业生产、促进物资交流、平抑物价、保证军民生活生产物资的供应，建立了丰功伟绩。

供销合作是公营商业的辅助力量。黎城会议后，太行、太岳、冀南等地，曾经花大力气发展合作社。有的地方，甚至想以合作社为主统购统销，包揽商业业务。这当然是行不通的。但是，由于各级政府支持合作事业，合作社曾有大的发展。这些合作社在恢复根据地市场、活跃根据地贸易方面，也起过一定的积极作用。然而，这些合作社多系官办，即使是以群众名义创办的，资金也多是采取摊派集股的办法，群众往往把这些合作社看成是集股生意，没有把它看成是自己的经济组织，对合作社的经营多不关心。而且这些合作社，往往是以较低价格收购农民的农副土特产品，使农民吃了亏。从敌占区采办的货物，又多是供给军政部门需要的物资，不能满足群众生产和生活的需要。结果这些合作社，绝大部分在组社以后不久，就昙花一现地夭折了。尽管工商业管理部门多方设法扶持，但总的看，以上地位的合作社当时没有成为根据地商业上的主力。

值得提出的是冀鲁豫的合作社事业。

冀鲁豫区的合作社办得较好。1940 年山东战时工作推进委员会曾把广泛发展合作社列入“战时施政纲领”，明确了合作社的性质和宗旨，并发出了“关于开展合作社的指示”。在鲁西行政主任公署的领导扶持下，鲁西地区的合作社陆续建成。仅据泰西、运西、鲁西北、运东四个地区部分县统计，即组织起运粮、消费合作社 49 处。鲁西区的合作社在运销粮食和生活用品，救济抗日军人家属和贫苦群众，安定人民生活，支持群众生产等方面，做了大量工作，增强了合作社的信誉，为合作社的进一步发展奠定了基础。由此说明，合作社能否发挥应有作用，主要是业务方向问题。

“保护私商”，是“贸易自由”政策的一个重要内容。抗战开始后，由于敌人的摧残破坏，私营商业极其衰落。根据地内的坐商、店铺大大减少，商业资本大量分散。在各级抗日民主政府建立前，大量私商处于游移、徘徊观望状态。从 1940 年开始，各级政府和工商管理部门注意到私商在恢复根据地市场和沟通敌我区域之间物资交流中的积极作用，加强了对私商的领导，对一些与人民生活关系密切的私商行业，给了一些资金、贷款，并对私商情况进行了调查。1941 年和 1943 年，太行、太岳、冀鲁豫区先后颁发了商人登记办法，对各自管辖地区的私商进行了登记。各地颁发的工商业登记办法规定，凡从事商业经营的根据地商民，必须向所在地政府办理登记、领取营业执照，始准营业。营业执照分坐商、行商两种。商人如中途歇业，也要向工商局申请注销登记。另外，如商人经营出入口物资，还要另行登记，领取出入证后才准营业。未领有营业证的商人，不得从事商业活动，不能享受抗日民主政权对于商人的法律保护与营业上的便利。为了把组织起来的经验运用到商业上，太行区还组织了商人联合会。所有这些办法，为根据地商业贸易的统一管理、统一制订各项有关经济政策提供了依据。同时，为制止根据地商业发展的无政府状态，制止投机倒把、哄抬物价及走私资敌，提供了管理规则。

但是，私营商业仍然不景气。新发展起来的私商多是小商摊贩，他们大半是战前商店的店员，有的在长期的经营中积累了些资本，他们拿这些资本拉些机关公股作保护，办些小商店，维持生活，不敢大胆发展。随着时间的推移，这部分商人中的许多人，都变成公营商店、合作社或机关生产的干部，私商更少了。

此外，边区各地还有一些私营店铺是历年来以部队、机关退下来

的“荣誉军人”、退伍军人办的。这部分私人商业数量不少，对人民的生活生产也起了一些辅助作用。

私人商业之所以发展缓慢，除私商本身的弱点外，工商管理部门对私商的政策偏之于“左”，对内贸易自由政策不落实是主要因素。有的商业管理部门，对私商强加着不少束缚手段，在商业活动上总想对它们加以限制，甚至垄断。在对待私商的态度上，普遍存在着偏见，总以为“无商不奸”，总怕商人赚钱，总觉得商人赚钱都不合理，总把商人看作是不务正业的人物。由于这些错误思想长期存在，私商很难发展。

1941 年 4 月，“冀太联办”召开的财经会议作出了加强贸易工作的决定。其中对团结商人、吸收私资，提出了适当的办法。此后，私商稍有发展。但是，与其他各类商业比较，私人商业始终变化不大。

以上情况说明，根据地的几种商业已经初步形成规模。它们都按照自己的特点，在根据地商业活动中发挥作用。但是，从上述事实也显而易见地看到，私营商业最薄弱。这种情况，必然使根据地的经济建设受到影响。

第三节　粮食专卖的利弊

太平洋战争爆发后，日军强化了对根据地经济封锁和物资的掠夺。为了加强对敌经济斗争，保证抗日军民的粮食供给，1941 年 12 月，边区政府发出指示，禁止粮食出口，实行粮食专卖。边区工商总局根据边区政府指示，决定首先在太行一、六分区及五分区一部地区试行。

同时，工商总局还决定，在对外贸易上，加强物资统制，实行山货归行经营。

据边区工商总局文件解释说：粮食是敌寇掠夺的主要物资，它在根据地内是带有半货币性质的一种商品，粮食价格的升降，往往成为

物价变动的主要因素之一，在货币的巩固上，也起着巨大的杠杆作用，因此粮食必须掌握在抗日政府手中。粮食专卖，就是防止敌人掠夺，切实掌握粮食，反对走私，有计划地进行部分粮食出口，以换回重要必需品的一种对策。

粮食专卖的正确执行，可以成为动员敌区人民粉碎敌寇封锁、对我输送物资最有决定意义的力量。

粮食专卖，就是粮食统制。但是，粮食专卖不是对敌占区之粮食买卖进行断绝，而是使根据地有计划地出口，使敌占区民众买卖粮食更方便。

粮食专卖，不是压低、平抑粮价，而是提高根据地粮价。这对根据地有利，便于做到粮食出口与必需品的入口达到平衡。

粮食专卖，并不是政府定官价，由专卖行完全收买。在根据地内部仍是自由贸易；卖者多，买者少，专卖行就以市价收买；买者多，卖者少，则由专卖行售存粮以平衡市价。

粮食专卖工作由专卖行具体实施。专卖行受政府工商管理局委托而经营粮食专卖的事宜。其权限是：

1. 凡经设立粮食专卖行的地区，其粮食的交易，必须经过专卖行，始能进行交易；

2. 受政府委托办理粮食购运证，及代发登记核付事宜；

3. 凡沿平汉线的粮食专卖行，于有利时，可以组织粮食出口。

为了发挥专卖行的统制效能，边区颁行了三种证件：一是粮食购运证。凡已向政府领有营业许可证的粮食商贩，必须向所在地的粮食专卖行领取粮食购运证，才准贩运粮食；二是购粮证。凡欲购粮之户，必须持有购粮证，才能向所在地的专卖行购买粮食；三是售粮证。凡欲出卖粮食之户，必须向村公所领取售粮证，才能向所在地的专卖行出售粮食。

为了实行粮食专卖，并在根据地调剂粮食供需，需要通过市场吸收粮食、调剂粮食，这是一项极其复杂和艰巨的工作。为此，政府组织了粮食市场，在各中心集市设立粮食调剂所，进行粮食交易。其职责是调剂本集市周围地区各村的群众吃粮，方式一是通过有组织的

粮食贩、脚夫将粮食运送其他市场；二是出口，兑换必需品与救济游击区敌占区群众。凡各村欲向市场售出粮食之农户，均需由该村村长出具证明向附近市场的调剂所出卖，并写明集市地点与路线。其所经之路线必须是相对指定集市的方向。

粮食价格，是根据市场供需数量变化而确定的。调剂所之调剂粮价，略低于市价，以调剂贫苦群众生活；输出粮价，则高于市场价格，以保证换回一定数量的必需品。如沿平汉线的边境地区就根据购粮的不同情况采取两种价格政策，对缺粮户购粮者，按照自由交易公平市价的价格政策；对贩运粮食出境者，采取高于市价的粮食价格政策。

各地区平均每月调剂多少粮食、转运多少粮食，由当地政府与粮食调剂所共同决定。粮食分配数量，则是根据调查各集镇粮食的交易额以及各集镇附近各村的供给量而确定的。各村民户购粮的依据，是详细了解各村户口人数、粮食收获量与合理负担情况，再计算每人（大小人口分别计算）平均需要数量，并需经各村群众讨论评议。

1942 年和 1943 年太行区遭受了严重旱灾，粮食产量大减，如何保证广大缺粮户吃粮，就成为粮食调剂部门的一项重要任务了，据郭今吾（时任边区工商管理局副局长兼贸易部部长）在晋冀鲁豫边区财政经济史座谈会上的介绍，当时实行的对内粮食调剂办法是：根据可能掌握的粮食资源，确定调剂的总量，然后按照土地、人口多少、收成好坏、生活困难情况等，将粮食调剂指标分配到缺粮区各个村镇。每户能买多少，要经过本村群众评议，然后发给购粮本，按购粮本上规定的数量购粮。对内粮食调剂，既要打击走私和哄抬粮价、投机倒把的奸商，又要做到保障受苦群众的粮食供给。因此，发动群众公平评议吃粮户的应购量，就成为作好粮食调剂工作的关键。

关于生产用粮，凡磨坊、粉坊、豆腐坊等作坊购粮时，其购买数量由该商户直接与调剂所接洽，调剂所根据该商人的所在地区与制成品的销售地区决定其价格。如制成品卖给根据地群众食用，就按市价计算；如输出至游击区，就按出口价格计算。从事该活动的商人首先要在县贸易局登记，取得许可。至于购粮数目，由调剂所审查决定。

未种地的商人用粮，经贸易局介绍，按市价到粮食调剂所购买。

凡群众中生活较好之户，粮食本来够吃，因灾害或其他原因以致缺粮者，由区政府审查介绍到粮食调剂所，按市价购粮。

凡领有购运证之粮贩，在根据地各市场内均可自由购粮。粮食调剂所按章抽过斗手续费后，沿线所经之其他粮食调剂所，不得留难阻拦及再加手续费。

因战争关系，有的地区市场粮食销售不够活跃。到 1943 年春，粮食紧张起来，市场上见不到粮食。冀西方面，临城石家栏每集调剂粮百余大石，购粮者 700 人以上，每人限购 1 斗或 5 升，有的等了两三天还买不到。内邱需粮很迫切，却无粮可供调剂。赞皇群众也叫喊买不到粮食吃。邢台、沙河、武北等县的老百姓渴望得到调剂粮，但无粮可供。阳邑粮食调剂所经常只有几百斤粮食，而需要调剂的数额却高达几千斤。

林安、磁武两县也有同样情况。黎城西井、南委泉，每集上市粮均不到一大斗，就地调剂都不够。左权、桐峪等集，集上不见粮食，粮店小米每斗定价 24 元，黑市达到 30 元。缺粮的人买不到粮，有粮的人又不愿卖。西营、洪水等地粮价较内地高，老百姓不断叫苦。

普遍的粮荒震动了根据地。太行五、六分区约半数人民无粮可食，饿死者时有所闻。武东二、四两区，活水村饿死 3 人，上焦寺饿死 5 人，继城饿死 2 人。

粮食奇缺的主要原因：一是 1942 年旱灾减产；二是敌人频繁“扫荡”掠夺粮食；三是 1942 年借公粮出口，没有估计到形势的变化可能带来的影响，这也是粮食紧张的一个原因。

边区政府为调剂民食，缓解当时出现的矛盾，对各地区粮食的管理与销售又作出了新规定。如 1943 年 5 月，工商管理总局太北分局为刺激粮食上市特规定：

六专区邢台、沙河、武北各县根据地村庄人民出售粮食不受限制，但在封锁地带以内村庄人民出售余粮，得由村公所证明到指定的四面集市出售。

三专区左权、武乡、襄垣、偏城各县，和东、黎城、涉县、沙河各县一部分根据地村庄人民出售余粮，得按照习惯取得村公所证明，自由到集市出售，不许不经集市或调剂所向外村出售粮食。

以上各县根据地村庄人民，可以自由在本村互济或买卖粮食。

凡持有购粮证的村庄（或户），除在本村自由吸收余粮调剂外，可以向一定集市或调剂所购粮：

1. 六专区邢台、沙河、武安各县，经过评议发给购粮证村庄（或户），在本区三县境内可以自由在乡村购买粮食，不需任何手续。但到集市或调剂所购粮，必须持购粮证，凭证购买；

2. 三专区武乡、襄垣、左权各县及其他专区部分县的一部分村庄，在封锁地带以内经过评议，发给购粮证的村庄（或户）人民购粮，得按照调剂区持证到粮调所或指定集市购买，不得在乡村任意购粮，但在本村买卖粮除外；

3. 游击区经过评议发给购粮证的村庄（或户）及敌占区持有特种购粮证的人民，向根据地购买粮食，须到指定的调剂所购买。

六专区的边沿地区，自武安之冶陶、三王村、石洞、赵庄、土岭、沙河、小继城、石家庄、翟家庄、南北盘水，沙河之王瑙、柴关、三瑙（彭陈村）、侯峪、潞家沟，邢台之白凡石、羊儿庄、老庄窝、横岭、前后沙盘、放甲铺、石滑止为封锁地带。对封锁地带村庄人民，由工商局统一制发购粮证到边沿集市或内地集市购粮，如集市无粮，可到村中自由购买。但购得之后，必须经过各地集市交易所检查，按实填注购粮证，并加盖戳记证明。封锁地带以内人民到内地搬运本人生产的地租粮或工资粮时，应先到当地区级政府声明，经村公所证明领取粮食搬运证，并持本人的购粮证，粮食搬运至边沿地区，需就近向工商事务所或区公所报请检查。封锁地带以内，村与村的买卖完全自由，不受限制。

对于太行部分地区实行的粮食专卖办法，中共太行分局在 1943 年 6 月召开的高干会议上，曾经指出，对当时实行的粮食专卖管理办法，在救灾方面起了很大作用。为了杜绝走私，保证根据地粮食自由贸易，在边境上一定地区实行一定程度的管理办法，是非常必要的。

但是过去用得太广泛，普遍用之于根据地各个地区，因而基本上限制了内地贸易自由，是违反政策的。因为根据地的商品以粮食为主，在根据地内各县区之间的商品流通，也和粮食的交流密切地错综结合着。目前的粮食管理办法，实质上接近于配给制度，根据地的粮食基本上可以自给自足，也不会有投机囤积的情形，实行这种办法是没有必要的。

实行这种粮食管理办法的结果，已经产生了严重后果；使根据地金融死滞，合作社业务缩小，社会资本力量削弱，相对地增加了货币膨胀程度；使手工业作坊和公私工厂遭受重大影响，因买不到粮食而停顿；形成垄断的官定价格，过分压低粮价，使农民遭受损害。这种办法如果继续下去，就会严重妨害农村经济的发展。根据这一分析，中共太行分局决定，撤销内地粮食专卖管理办法，粮食的交易运输完全自由。对于内地的粮食调剂，应逐步培养合作社来担任。

根据中共太行分局的决定，晋冀鲁豫边区政府于 1943 年 7 月发出指示：鉴于新麦上市，粮食供应缓解的情况，宣布以前颁布的粮食管理办法作废，恢复了粮食自由集市，根据地内粮食买卖贩运完全自由。但是，旧式的私营粮行不再恢复。并于同年 9 月 14 日，由边区工商总局发出《关于培养合作社担任调剂内地粮食任务的指示》，指出内地粮食管理办法撤销后，公营商店一般停止粮食调剂工作，应培养合作社担任内地的粮食买卖调剂，以防止私人囤积居奇。因考虑到买卖双方的便利，仍依以前规定的交易所组织办理，由各县工商局商同政府组织交易所、或由粮食调剂所、或由合作社选妥，办理过秤等手续，抽卖主手续费 1% 为酬劳，并于一、三、六专区粮食走私地带沿边境划出一条纵深 30—50 里的封锁线，以防止粮食走私资敌。于是太行根据地内的粮食调剂工作，就逐步改由合作社担任了。

接受这次粮食专卖的教训，在以后的救灾运动中，公营商店的主要任务，逐步转到以经济力量去扶持生产公营商店的力量，有重点地转移到刺激生产、平抑物价，保障供给方面。它的具体任务是：调剂季节性较大的物资，起全区生产上的吞吐作用；对保证部队供给有关的若干重要商品进行经营调剂。对其他的一般市场贸易，则应依靠合

作社和团结商人，发挥他们的积极性去完成。公营商店只能在根据地的市场贸易中起骨干和支柱的作用，决不能统治一切商业贸易活动。

第四节　合作事业进一步发展

合作社是各个抗日阶层联合的经济组织。合作社商业，是公营商业的助手，接受前期办社不成功的教训，晋冀鲁豫边区政府成立后，就十分注意对发展合作社工作的领导，1941 年 10 月 15 日，晋冀鲁豫边区政府正式颁布了《晋冀鲁豫边区合作社条例》，规定兴办的合作社为四种：（1）生产合作社；（2）运销合作社；（3）消费合作社；（4）信用合作社。以后在各地实际兴办的合作社中，多为生产、运销和消费合作社，或者是上述三种业务兼营的综合业务合作社，信用合作社在抗日战争时期多未举办。为了推进合作事业的发展，边区工商管理总局在本局内，设置了合作工作队，负责开展太行区的合作社工作。边区工商管理总局还于 1942 年 8 月发出了《关于优待合作社办法的指示信》，对公营商店为合作社代购原料、工具，代销成品及土产、山货给予了减收手续费的优待；合作社有向粮店购买粮食的优先权；对供应合作社的食盐、布匹、火柴、颜料等日用必需品，按售价减收 2%—5% 给予优待。由于从各方面对合作社给予扶持，边区的合作社随之在各地建立起来了。1942 年边区发生严重旱灾，为了救济灾民，首先是生产合作社在各地迅速发展起来，以后还有运输合作社和生产运销综合业务的合作社，也在各地迅速发展起来了。到了 1943 年上半年，仅太行区已登记的合作社已近 500 个，还有一部分公营工厂改组为职工人员的合作社，由公营改为私营，组成了 11 个职工合作社。太行区发展起来的各类合作社中，“以混合业务的合作

社占多数，约占2/3，生产、消费合作社共占1/3。”[1]其中纺织合作社发展的最多，榨油合作社次之。这些新发展起来的合作社，在组织群众经济生活，组织生产运销和解决群众度荒上，已经显示了它的力量，是以后边区经济建设中的一支生力军。对于太行区这种迅速发展起来的合作社，只靠工商管理局负责指导，就难免顾此失彼，因此，决定专县两级，都要组织合作推进委员会，负责推进所在地区的合作事业。从1942年秋以后，太行区合作社的发展很快。这一时期发展合作社取得的最大成绩是，从思想上开始打破群众对合作社的不信任、不欢迎的态度，而开始爱护它、欢迎它，有些模范合作社已经取代了公营商店的作用，能在平抑物价、互通有无、保护冀钞上发挥作用。但是，工作中也出现了许多偏向，主要是两个：一个是统制垄断，只许合作社做不许别人做；另一个偏向是，在经营上存在着投机取巧，不注意组织社员生产，不从事群众需要的经济活动。这两种偏向都是严重的。此外，在迅速发展起来的纺织合作社中也遇到了困难，因灾出现的粮贵棉贱，在产棉的冀南区曾出现了一斤米换二斤棉的不正常状况，影响了农民种棉积极性，纺织需要的棉花空前减少。以上这些严重问题，引起了领导的重视。

冀鲁豫区的合作事业一直进行得很好。在划归晋冀鲁豫边区政府领导以前，鲁西和原冀鲁豫区的合作社已经有了一定基础。1942年8月，冀鲁豫边区合作社推行委员会正式成立，成为本区合作社事业的最高领导机关。在群众尚未发动的地区和县，合作社由抗联（抗日救国联合会）领导，在抗联内设立合作社经营部，专职领导合作社的业务经营。1943年11月，徐达本在冀鲁豫区财经工作会议上，阐述了合作社在抗日根据地经济建设中的地位和作用，强调各级党和政府要充实加强合作社的力量。同年底，冀鲁豫区党委召开了高级干部会议，确定了党的财经工作重点，明确地提出了要进一步加强合作社工作的领导，要求凡属群众初步发动的地方，立即组织合作

〔1〕 晋冀鲁豫边区政府：“向晋冀鲁豫边区临时参议会临时大会的工作报告”，《冀南银行》第二册，河北人民出版社出版，第585页。

社，重点放在村社的组织建设和业务建设上，并确定了“一村一社”的原则，一个行政村要建立一个合作社。合作社要以生产为中心，实行综合经营，以增产粮、棉、靛和大力发展纺织为重点，还提出了政府对合作社工作的指导原则。冀鲁豫区财经会议和高级干部会议对合作社作出的一系列决定，极大地加强了合作社工作的领导，把本区的合作社运动，推向民主办社、正规建社的新时期。同年底，冀鲁豫行署又颁发了《冀鲁豫农村合作社章程草案》，同时规定银行对合作社贷款、公营商店对合作社供应货源、税务机关对合作社在税收上予以优待等，政府各经济部门，都要从组织、经济等各个方面大力支持合作社。

从此，各地合作社的组织形式，多注重了形式灵活多样，将群众要求和当地条件相结合，不仅有以村为单位的综合社，还有以自然村为单位组成的专业合作社、合作小组，合作社得到蓬勃发展，还出现了一些办得好的优秀合作社。合作社发展较多的一部分县、区还组建了联合社，进一步加强合作社的领导。

边区各地合作社的大发展，对生产救灾起了重大作用。在灾荒期间，各地都先后组织了灾民合作社，政府用于救灾的无息或低息贷款，是通过合作社贷出并组织灾民生产的。政府下拨的救灾物资，由灾民合作社发放。当时边区各地的合作社，紧紧围绕着以灾民的生产活动为中心，首先从解决灾民的吃饭问题入手，组织灾民运粮合作小组，用以工代赈的形式，组织灾民参加政府和贸易部门调运粮食的运输；组织灾区妇女，用政府的贷款、贷花，参加纺纱、织布，接受公营商店委托合作社代售货物，或向合作社定购产品。灾区合作社，还组织灾民因地制宜地组织各种工副业生产，开展生产自救活动，逐步把合作社事业扩展到广大农村中去。在创建灾区农民合作社的过程中，在党和政府的领导下，依靠公营经济的支持，以灾区群众为骨干，培养干部，实行民主管理制度，使合作社逐步成为根据地广大群众的集体经济组织，从组织生产到组织流通，都纳入了各种合作社的组织之中。有的地区，合作社实力比较雄厚。当地的小范围的生产自给、物资调剂、成品推销、平稳物价等任务，都可以担负起来，逐步

取代了公营商店在这方面的任务，这就便于公营商店能够集中力量经营一些更加有关国计民生的重大任务。

第五节　活跃的集市贸易

集市的繁荣是社会秩序稳定的重要标志，又是人民经济生活安定的主要表现。根据地的集市贸易是当地公私商业进行商事交易活动的主要场所，是广大农村的农产品和外来工业品的集散地。这种集市在边区各地普遍有较大发展，特别是根据地腹心区地处交通要道的那些集市，就比战前还显得繁荣。

边区各地的集市，都处于山区和农村环境，集市的繁荣与否，取决于农业收成状况。年景好，集市就繁荣；灾荒之年，集市就萧条。

集市的范围是很狭窄的。因各地农产品种类不完全相同，集市交易也显示出各自的特点，具有浓厚的地方色彩。太行区的农作物以小米、玉米、麻、烟叶为主，农副土特产品是花椒、红枣、柿子、核桃、药材、皮毛、猪鬃等，市场交易也以这些产品为主。太岳区农产品为粮食、棉花、麻、烟叶，棉花不能自给，其余均可输出。副产品有林木、皮毛、猪鬃、桃仁、鸡蛋等。手工业有铁货、榨油、卷烟、瓷器、火硝等；市场上上述产品很丰富。冀南区农产品以棉花、小麦、花生为主，没有特殊的山货。但硝盐很多，农民取土淋盐，既可得盐，又可得硝，这种盐有点苦味，在敌人封锁海盐以后，是这一地区主要的食用盐。这一地区手工业比较发达，如毛巾、榨油、卷烟、织袜、编席等家庭副业产品，充满市场。冀鲁豫地区居三省交界的大平原上，盛产小麦、黄豆、高粱、棉花、玉米、白麻、烟叶等，其物产为全边区之冠。家畜繁殖也很多，除了马、牛、羊之外，还有家禽。这一地区的耕牛特别多，是其他地区解决耕牛问题的最大来源。正因为这种原因，山羊皮、绵羊皮、羊毛、猪鬃、牛皮成为输出之大宗，织布、熬硝、榨油、编织草帽辫、造纸、酿酒也很普遍，且可自

制火柴，但不能自给。

集市市场的物资供销大都是作坊生产的，集市上商店和农民出售的商品和封建社会时期集市上的物品差不多。工业，主要是以农业为基础的简单工业，如打铁、皮革制品之类。但这些物资供应了军民的需要，是支持抗日战争的经济力量。正是农民生产和出售产品，活跃了根据地的经济，是根据地赖以巩固和发展的重要因素之一。

关于市场的功能与作用，边区各级抗日政府在抗战后期认识得已很清楚。依照农副产品的习惯流向，在各主要集镇和村庄，设立了各种商店。各集市都有市场交易所，旧有的经纪人被改造。大的集镇还设有粮食、棉花、土布、牲口等几种交易所，进一步促进了根据地集市贸易的繁荣，特别是在平原地区和游击根据地，交易所在组织集市贸易中起着重要作用。

为防备敌人破坏，根据地边沿地区每逢集日便在远处较高的地点竖起一种叫做“消息树”的信号。如遇到敌伪骚扰，就把树放倒，人们立即分散躲避。一村看一村，各村的消息树一时全倒，连牛、驴、骡马也跟着人一道疏散。在平原和游击区为避免敌人“扫荡”、掠夺货物集结点的集市，还创造了游击流动市场。那里的交易进行得非常迅速，定时而聚、定时而散，转眼工夫就把各自所换的物资带回家去。也有的将集市从原有的市镇转移到小村庄。

集市上流通的货币是冀钞或鲁钞。当然，在边沿地区集市也存在着混合货币市场。

以下介绍太行区几个主要集市的情况：

武安县的阳邑镇，地处山区与平原之间，是交通要道和货物集散地。抗战期间，每天驮运货物和粮食的毛驴有三五百头，川流不息。该镇经商人口有 3 万多，各种货物都可以在这里买到，当时被人们称为“小上海”，不过仍以山货、粮食、饭店等行业为主。据统计，山货栈有 20 多家，棉布、杂货店有 40 多家。归属民主政府和部队经营的有“永贸昌”、“经营处”、“实业公司”、“泰记货栈”等。“永贸昌”经销布匹、纸张、食盐等。“经营处”经销杂货、羊毛线、毛毯、皮制捎包等日用品。“实业公司”属一二九师后勤部，经营药品，也搞一些科研生产。私营商店有“庆丰祥”、“庆丰玉”，都是经营桃仁、柿饼、花椒。私人开设的山货栈有“同济货栈”、“信承店”、“没耳跟店”、“永盛店”、“乱石岩行店”、“三成公行店”、“华风祥货栈”等24家。粮店和粮站有“公义斗”、“老心”、“侯有的”等12家，阳邑东池和西池设粮食市。洋布庄有“安振兴”、“聚盛成”、“豆大银”、“孟令会”、“三斜的”、“孟虎林”等。杂货铺有“德聚成”、“德源和”、“聚泰成”、“五和兴”等。此外，还有饭店、肉铺、蒸馍铺、木匠铺、铁匠铺、理发铺等多家，都是很原始的小买卖。每逢集日便摊贩满街，出售粮食、蔬菜、土布、小型农具、镰刀、铁耙、干鲜果品等，都是农产品或与农业有关的物品。方圆二三十里的农民都去赶集，驻军和政府部门也从集市上采购粮食、土布之类物资。

武乡县洪水镇是该县四大镇之一，位于县境东部，距县城50公里。北通左权，东临黎城，西靠榆社，为武乡东部山区的商业贸易中心，其集市繁荣，闻名省内外。早在明末清初，商业服务就已占满三条街道。商号店铺挤满街道两旁，有京货铺、当铺、银匠铺、烟铺、酒坊、粉坊、毡坊、染坊、油坊、磨面坊、豆腐坊、店坊、饭铺等70多家。几家大的商号，是河北顺德府（邢台）、河南开封府的人开办的。每逢2、5、8集日，各种百货、粮食、蔬菜、编织品、陶瓷、铁木器、小型农具、干鲜瓜果等摊商满街，方圆四五十里的农民都来此赶集。远地货物，有榆社的粮食、黎城及左权的大牲畜和各种山货等。到民国初年，粮食每集成交300余石，集市贸易额可达银洋1万元。

抗日战争时期，为方便群众和粉碎敌人的经济封锁，驻军和地方政府许多生产单位都投入市场，在洪水镇开设商业店铺30多家。县政府在洪水镇开办晋武总店和绸布店，经营棉布、棉花、日用杂货等。

左权县桐峪镇位于县城南30公里处，镇两侧高山矗立，太原至邯郸大道穿镇而过，交通方便。桐峪集市形成于公元1922年，逢农历每旬3、6、9为集日。抗日战争时期，这里曾是晋冀鲁豫边区政府

部分机关的所在地，自然也成为活跃在革命根据地的一个繁华集镇。据史料记载：1942 年，边区政府工商管理局在桐峪镇设有市场管理所。当时，镇里有各类商行店铺 20 多家，饭店、客店 20 多家，集期仍为每旬 3 日、6 日、9 日，是左权、武乡和河北涉县的粮食、煤炭、棉花、布匹、药材、山货等商品的集散地。

榆社县云簇镇位于榆社县境西部，距县城 20 公里，西南紧连武乡，北靠太谷，历史上就是三县毗邻地区的物资集散中心。该镇四周群山环绕，漳河由西向东穿镇而过，河两岸地势平坦，土地肥沃、产玉米、谷子、高粱、豆类等，故有榆社“粮仓”之称。抗日战争时期，这里是活跃在解放区的一个小集镇。当时，镇内有粮店 4 家，客店、饭铺 17 家，杂货铺 20 余家。逢单日赶集，每集成交粮食 20 余石，棉花 10 余担。那时由于敌人实行经济封锁，解放区市场上缺少日用品，所以通过云簇的特殊地理条件，将武乡、榆社的粮食、中药材等物资运往太谷（敌占区），再从敌占区换回食盐、棉布、火柴、煤油、纸张等必需品，供应根据地的军需民用。

襄垣县西营镇是襄垣县北部的一个古镇，距县城 26 公里，在浊漳河北源河畔。抗日战争时期，该地是活跃在太行区革命根据地的一个重要集镇，十分繁荣。当时，八路军在镇上开办了毛巾厂、纸厂、鞋厂、小煤矿以及“华兴隆”、“德兴恒”等工商企业，为西营镇市场的兴旺发达起了重要作用。每逢 2、5、8 集日，武乡、左权、榆社、黎城、涉县等地商客云集于此，摊点密布，商品琳琅满目，上至绸缎，下至葱蒜，应有尽有。大街小巷，人流如织。市场上买卖公平，秩序井然。

从“黎城会议”到“温村会议”，短短两年半时间。边区的商业工作就取得了上述几方面的显著成绩，为边区的军事、政治、经济建设作出了突出贡献。邓小平对这一段时间的商业工作给了高度评价。他认为由于商业工作的成绩，“大大加强了对敌斗争的力量，增加了税收，繁荣了市场，保障了人民的需要。太行、太岳物价之低，在很

长一段时间内，为他区所不及。”[1]

但是，商贸工作毕竟是边区党政机关比较生疏的工作，知识经验都很缺乏，因此曾经走过一些弯路，犯过一些错误，吃过一些苦头。这些，都在实践中得到纠正。

〔1〕“太行区的经济建设”，《邓小平文选》第一卷，人民出版社 1994 年版，第 83 页。

第十一章 展开对敌经济斗争

边区的贸易机构既承受“对内贸易自由”的职责，又担负“对外贸易统制”的任务。“黎城会议”之后，在抓紧根据地内物资交流的同时，展开了对敌经济斗争，力求“对外贸易统制”政策切实贯彻。

第一节　建立对敌贸易决策机构颁布外贸法规

根据地的对敌经济斗争，主要形式是以对敌贸易的形式进行的。对敌贸易，是对敌经济斗争的主战场。

“冀太联办”成立之前，冀南、太行、太岳各地区的商业机构和军事后勤单位，都多多少少地进行过一些对敌贸易，输出了一些土产，换回了一些日用品。1940 年春，太行区贸易总局，制定过一个“贸易政策”实施方案，把出入口商品分为奖励、限制、禁止三类，使太行区的出入口贸易正常发展。

“百团大战”之后，日军对我根据地的进攻，除了军事上、政治上施行残酷毒辣的“恐怖政策”外，同时在经济上施展阴谋；不仅实行商品倾销、霸占市场，掠夺我物资资源，而且对根据地实施严密

经济封锁，破坏我根据地贸易，以扩大其经济占领范围，从经济上绞杀根据地。因此，展开对敌经济斗争、巩固根据地的经济，是根据地经济部门、军事部门、政治部门共同的重大的任务。有计划的、深谋远虑的对敌贸易，已经摆在经济领导机关的议事表上。

要慎密地、主动地、各行各业配合地进行统一的对敌经济斗争，必须有一个强有力的对敌贸易决策机关。这是取得对敌经济斗争胜利的重要条件。

1941 年 4 月，“冀太联办”召开经济工作会议，决定成立“晋冀豫区财经会议”，就是在上述背景下进行的。“晋冀豫区财经会议”由各军政机关及群众团体负责人组成，包括：“冀太联办”主任（或副主任），十八集团军后勤部部长，一二九师师部代表，冀南银行行长，“冀太联办”财政处长、实业处长、贸易总局局长、税务局局长，各救总会代表。财经会议每两月开会一次，共同研究设计对敌经济斗争的重大对策以便联合各方面的力量，统一步骤，密切配合，集中全区财经部门的力量，加强对敌经济斗争。

会议还决定，聘请专家和机关团体代表，列席“晋冀豫区财经会议”。

这是边区对敌经济斗争的重大措施。此后，“晋冀豫区财经会议”一直是边区对敌经济斗争的决策机构。

在这次会议上，出席会议的人员对当前对敌经济斗争的形势以及边区经济战线上的问题和困难，做了深刻分析，提出了相应对策。

在这次会议上，还对边区有计划地组织输出入工作进行了研究。会议提出，当前边区的最大问题是，入超惊人，输出减少。要求各地组织军政联合采购委员会统一领导和组织根据地的出入口贸易。

这次会议之后，“冀太联办”于 1941 年 6 月 10 日正式颁布《冀太区贸易暂行条例》，凡边区对敌贸易的有关事项，均有明确规定。这是边区有关对敌贸易的第一个章程。该《条例》将对敌占区贸易之进出口货物分为四类，通过税收的征免予以奖励和限制，《条例》规定：

1. 免税出入口货物。凡非根据地所必需的大批土产或消费有余

的土产，均免税奖励出口。凡军用品及人民重要的必需品，不能以土产代替者，均免税奖励入口。

2. 许可输出入口货物。凡于根据地人民生活有利，于抗日经济无害，或非供给敌人侵略战争的重要用品者，均课以较轻的税，许可出入口。

3. 限制出入口货物。凡非根据地所必需的货物，输入过多有害者，课以较重的税，限制入口。凡为根据地所需要的货物，输出过多有害者，课以较重的税，限制出口。

4. 禁止出入口货物。凡重要工业原料为根据地所需，且为供给敌人侵略战争的重要用品者，均禁止出口。凡非人民生活必需品，有害于根据地经济者，均禁止入口。

《条例》还规定：出入口货物，得于必要时择其关系人民生活及根据地经济利害特别重大者，以法令规定，由政府所属的贸易机关，统一或单独经营。这条规定，就预示在某些形势发展必要时，可授权公营商店垄断经营。

这个《条例》的颁布执行，将边区的对敌贸易斗争，纳入法制化的轨道。但是这个条例对于如何统制外汇没有规定，当时的对外贸易机关，是“冀太联办”的贸易总局和各地的贸易局，它只是根据“冀太联办”制订的“对外统制”的贸易政策，和私营商业一样同敌占区进行贸易，政府并没有赋予它对外贸易统治权，它不能在对外贸易上对其他经营进出口商发号施令，和私商一样处于自由竞争状态。结果大量外汇落到私商手里，未能换回军需民用的必需物资。

为此，1941 年冬，晋冀鲁豫边区政府又颁布了《晋冀鲁豫边区特种出口货统制暂行办法》，强调以货易货，为换回外来必需品而输出，以此控制外汇流失。该办法实施后，在太行五、六分区收到了较好效果，必需品和军用品入口增加了。

上述两条例、办法颁布后，边区的对外贸易情况，总的说是好的。据戎伍胜撰写的《晋冀鲁豫边区财政工作的片断回忆》一文中说，对于边区和敌占区进出口贸易实施奖励和限制的物资分为三类，具体奖励和限制的物资是：

1. 凡是我急需的物资，如枪支、弹药、通讯器材、药品、印刷器材、食盐等，奖励入境；凡是我多余的物资，如柿饼、核桃、花椒、烟叶、草帽辫、阿胶、党参等，奖励出境；

2. 凡是我一时不能代替或制造的商品，如火柴、煤油、油光纸、细布，允许或限制入境；凡是历史上我传统的出境商品，如粮食、棉花、生猪、活羊、羊毛、羊皮等物品，允许或限制出境；

3. 凡是奢侈品、消耗品，如香水、香皂、卷烟、酒、人造丝等，一律禁止入境；凡是敌人所需要的战略物资，如生铁、废铜、硫磺、枪支、弹药等，绝对禁止出境。

上述这些奖励和限制进出口的货物，和 1940 年 3 月 15 日原山西省第三督察专员公署公布的出入境货物暂行分类税率表所列项目基本一致，只是税率表所列项目更多更细。边区政府规定的这些输出或输入的商品，并非一成不变，而是依据形势的变化随时修订的。譬如，为了度过灾荒，边区政府于 1943 年 8 月规定：各种猪羊及猪羊肉类一律禁止出口；山药蛋、豆腐、粉条、干粉及各种植物油油饼等一律禁止出口；大麻籽、芝麻籽、麻籽、木料一律禁止出口；核桃仁、柿子、红枣、黑枣、栗子凡可充作军民食用者，节制出口。

在根据地实行“对外统制、对内自由”贸易政策的同时，日伪在华北各地的“物资对策委员会”，实行物资出入许可制度，以统制物资和封锁边区。一切物资的运输，必须经该会许可。实行的结果，反而自食苦果，敌占区物价不断上涨，许多商人囤积居奇，难以收到“统制物资”封锁边区之效，只得被迫取消这个许可制。1942 年，日伪在第五次“治安强化”运动中，又成立了华北开发会社，并组织了治安强化运动协力委员会，随后，敌占区各地出现了许许多多的组合。如棉业组合、纺织品组合、粮食组合、纸烟组合、油业组合、木业组合、炭业组合、皮毛组合、糖业组合等，不断收买、统制各种物资，压榨敌占区群众，并利用走私吸收根据地农产品。为对付敌人的这一新花招，边区政府和工商总局，先后发布了一些法令，对每一种产品的出口，均采取了具体对策，尽可能保持出入口的平衡。

第二节　争夺粮食的生死搏斗

粮食是最重要的战略物资，是根据地军民赖以生存的物质基础，能否安定军心民心，能否把抗战坚持到最后胜利，最重要的一条，就是看我们能否掌握粮食。谁有了粮食，谁就有了一切，谁就有了制胜的主动权。

在八年抗日战争中，粮食始终是敌我双方争夺的焦点。1940 年以后，根据地的对外贸易，一直围绕着粮食进行，粮食斗争成为对敌经济斗争的重要战线。

太行区是全边区粮食斗争上最激烈而多反复的地区，其经历是曲折的，采取的对策是多种多样的。主要的措施是粮食专卖和控制出口。

从 1941 年起，日伪政权为了控制和掠夺粮食，在敌占区推行“紧急粮食对策”，实行“主要粮食配给统制”，他们一方面对敌占区人民粮食消费严加控制，另一方面又对根据地和敌占区产粮地区千方百计地“收集粮食和棉花等物资”。[1]

针对敌伪的阴谋，1941 年 9 月，“冀太联办”发布命令，要求生产贸易总局在根据地口岸集市专理经营粮食出口，以破坏敌人征粮计划和制止粮食走私。

1941 年底，晋冀鲁豫边区政府又颁令严禁粮食出口，实施粮食专卖。

粮食专卖办法，对根据地内的贸易带来了一些消极因素，后来停止专卖。但是，作为对敌经济斗争的一个武器，专卖办法仍然在边沿地区变通进行。这对保护根据地粮食不被敌人贱价收买以及制止粮食走私、打击奸商投机倒把哄抬粮价，都是必要的。

---

〔1〕 天津市政协编译组：《华北治安战》（下），天津人民出版社 1982 年版，第 254 页。

在粮食专卖办法基本停止后，太行区的粮食政策有一次大的转变。这就是改变以往严禁输出粮食的限制，有计划地进行粮食出口。目的是利用粮食在经济战线上的特殊作用，打击敌人，争取对敌经济斗争的主动权。

由于自然和人口分布情况不同，太行山西部的白晋铁路沿线，一向为重要的粮食产区。太行山东部平汉铁路沿线，地少人多，粮食产量低，不够食用，向来依靠西粮东运。历史上就有“东人吃西米”之说。1941 年以前，由于根据地规定不许粮食出口，人为地截断了历史上形成的粮食由西向东的习惯渠道，加上东部地区敌祸天灾日益严重，粮食更感匮乏，东西粮价过分悬殊。有些不法商人，利用了这一情况，大量地进行粮食走私活动，使不少粮食，由西线流入敌占区。

面对这一实际情况，边区贸易部门，审时度势因势利导，改变过去严禁贩运粮食的规定，组织大批人力到西线运粮，一部分用于根据地内部调剂，一部分用于向东部敌占区出口，换回根据地军民急需物资。

在组织西粮东调过程中，贸易部门利用白晋线和平汉线两地之间的巨额差价进行了机智巧妙的经营。主动地向敌伪展开了一场粮食攻坚战。

当时的情况是，敌人在西部白晋路沿线一带布置了抢粮计划，利用伪组织向农民征派粮食，用低价强买，并组织清乡队阻止根据地从敌占区购粮。根据地有关方面也针锋相对地组织大批力量到西线和敌人争夺粮食。具体办法是：依靠当地党组织、游击队和进步群众，开展宣传活动，破坏敌人抢粮，并组织和动员群众向抗日民主政府交粮；还用大量伪币购粮，同时拿一部分伪钞高价购买冀钞，使西部伪钞粮价上涨，币值下降，冀钞粮价下降，币值高于东部冀钞；当冀钞币值上升到一定程度时，也用冀钞大量吸收粮食，群众看到冀钞比伪币值钱，愿意多卖粮食换进冀钞。同时又感到伪钞跌价，纷纷拒用伪钞。在东部平汉路沿线敌占区，先用伪币高价买粮，使粮价上涨，然后把从西线购进的粮食在东线出售，只收冀钞，不收伪币，并在保持

利润的条件下，逐步降低粮食售价，这就使冀钞对伪币的比值上升。人们为了购买粮食，纷纷抛出伪币，向我方换取冀钞，更加剧了伪钞颓势。这样，使我方以较低的代价取得了伪币外汇。通过这些办法，我们掌握了白晋线一带的粮食资源，沉重地打击了敌伪掠夺粮食的计划，从西线运粮到东部平汉线一带销售，获得了高额利润，又沉重地打击了伪币，提高了冀钞的币值，扩大了冀钞流通区域。这样，使我方取得了粮食斗争和货币斗争的主动权。由于我方手里有粮食，许多敌占区的商人也争着同我方做生意。这就使我方突破敌伪的经济封锁，吸收了大批根据地急需的食盐、棉花、布匹、医药及其他日用必需品。这次粮食斗争，因组织群众从西线往东线运送粮食，使群众赚了大量运费（百余万元），林县、安阳、平顺、壶关等县灾区参与运粮的群众增加了收入，度过了灾荒。

在大量组织粮食出口的同时，还组织了大量山货土产出口。在一部分游击区征收公粮时，采取公粮折收冀钞（不收伪钞）的办法，取得了一定的效果。一时间，对敌贸易由入超变为出超，伪币币值迅速下降。以林县任村镇为例，1942 年 6 月冀钞和伪钞之此值为 1∶0.2 元，到 1943 年 1 月，冀钞和伪钞的比值上升到 1∶0.5 元，在短短的半年时间里，冀钞的比值上升了一点五倍。由此又一次证明粮食斗争和货币斗争相结合，是对敌经济斗争胜利的正确途径。

第三节　粮食斗争中的一次重大失误

当粮食斗争取得重大胜利的时候，却在粮食斗争中发生了一个严重错误。这就是贸易部门机械地理解“今年打败德国，明年打败日本”那条鼓舞人心的口号，错误地过分夸大了边区粮食对敌斗争的大好形势，误认为存放粮食不如改为出口换回物资更有利。于是，说服边区领导，批准他们将边区多年艰苦积蓄的一批老本——30 余万石储备粮食，全部出口，同时还借用了一部分公粮用于出口。这就是当时边区人所共知的粮食出口过头事件。

实践是检验真理的唯一标准。实践证明，这是一个严重的失误，造成了无法挽回的损失，影响了边区军需的供给。边区原本就存在粮食紧张问题，这样更是雪上加霜，不得不在一部分地区采取派购的办法解决当时面临的粮食急需，使得边区对敌粮食斗争的被动局面，在很长一段时间都难以扭转。当我粮食出口呈现过头，再也拿不出粮食与敌对抗时，而敌人却趁势反攻，提高了工业品出口价格，轻快地将前一段在粮食斗争上的被动局面反转过来，使边区一度在货币斗争上取得的优势，因缺少物资支持，币值迅速下滑。太行区 1943 年 1 月，伪钞对冀钞的比值为 1∶2，到同年 4 月，猛涨到 1∶5。到 1943 年底，冀钞 1 元仅抵伪钞 1 角左右了。这就使根据地的外来工业品价格扶摇直上，如海盐从原来的 2 元 1 斤猛涨到 4 元 1 斤。这次失误，对经济斗争影响很大。教训极其惨痛！

1943 年 6 月 21 日中共太行分局召开重要会议，对这一事件负有责任的有关部门给予了严肃的批评，会议的决定指出："从去年秋季粮食斗争以来，不只在与敌人争夺粮食的斗争上，我们胜利地完成了任务，而且以粮食为主，开展了大规模的对敌贸易斗争，比较更多地掌握了敌我之间及不同的敌占区之间的市场规律，掌握其中敌人的弱点，发挥其中对我有利的方面，主动积极地破坏敌人掠夺和封锁的阴谋。"

决定还指出：半年来粮食出口是过火的，这种过火的出口，使我们没有能够掌握到更多的粮食，使 1943 年春夏之交，在粮食调剂上发生了困难，使归还公粮发生了障碍，不只赔了钱，而且被迫从根据地实行派购归还一部分公粮，使得对敌经济斗争的力量，没有得到应有的准备，陷入被动，这对于根据地则是很大的损失。出口的粮食没有完全到了敌占区人民手中，一方面影响灾民更多地上山，另一方面没有团结敌占区更多的人民，粮食出口和对游击区、敌占区的工作开展结合得不够，没有在开展游击区、敌占区工作上，发挥其应有的作用。

在货币斗争及贸易斗争当中，粮食一项，无论就其价格与数量，

均起了极大的作用。近来，因为粮食的作用非常大，就发生了把粮食的出入口，作为对敌贸易斗争的主要内容和靠山的偏向，产生了对敌经济斗争的畸形的投机性的发展。这种投机性的发展，就一定会形成对根据地积极组织生产、创造并组织点滴出口这些基本工作的放松，而且会产生一种希望，把克服财经困难，部分地寄托在投机性的业务上。

1942 年大批的公粮折款及大批的借公粮出口，就掌握粮食、保障军需上讲是冒险的。一方面增长了粮食出口的投机性，一方面带来了公粮的困难。实在的公粮变成了欠条或货币。要把这个欠条和货币在根据地变成公粮，需耗费很大的力量，增加了一个极其繁重的工作。如果到敌占区去买，这是不完全可靠的，敌人的“蚕食”和“扫荡”，都会使这个办法发生危险。“对西线吸收粮食的困难，也是估计不够的。没有足够设想到西线敌寇如‘蚕食’加紧，粮食吸收计划就不能完成，公粮就不能保证归还。”

“工商管理局没有及时地全力把公粮速还，致赔偿很大，必须足够估计它所给予我们的损害和困难。”

对于造成这次错误的原因，决定指出：“是对于经济上敌强我弱这一思想不明确，夸大自己看轻了敌人，不认识困难。对自己的困难了解不够，对自己的家当估计不够，根据地的物力财力，经过六年的抗战，已经很大地削弱，社会积蓄在灾区可以说已经消耗殆尽了。在其他区域，存粮也已经非常贫乏。今年灾荒救济中，1/10 的人口无粮食，缺粮者更多，整个农业生产是在降低的。当平年时节，太行东西调剂仅足自用；灾情严重，非灾区人民警惕着灾情而力求保存粮食时，对本区内的调剂都已感困难，对于这种现象，我们了解和警惕都是不够的，甚至在今年初，就准备了“征购”，没有估计到征购粮食是表示根据地的一种危机，是根据地人民生活走到困难的极点，是非到绝路时不能采取的办法。”[1]

中共太行分局的这一决定，既肯定了边区在对敌粮食斗争中的

---

〔1〕 中共太行分局：《关于太行区经济建设工作的检查和决定》，山西人民出版社 1943 年版。

成绩，也深刻地指出它的错误及其错误的原因，为以后的工作指明了方向。这次错误得出两个教训：一个是必须把立足点放在发展边区生产的基点上，下苦功夫扶持边区生产事业的发展，才是治本之法。单纯依靠商业，依靠从敌占区买进，是不能根本解决根据地的供给问题的。任何投机思想和侥幸心理都是错误的。另一个是必须瞻前顾后，对重要物资必须有储备。为了打破敌人封锁，换回边区缺少的必需品，适当出口一些重要物资是必需的，但也要有节制。如果 1942 年边区贸易不是那样无节制地大量出口粮食，而是适当储存一部分，1943 年边区的粮荒还不至于闹到那么严重，工作也不至于弄得那么被动。

错误教训了人们。此后的对敌粮食斗争，就采取兢兢业业、稳扎稳打的办法，力争做到：先进后出，快进慢出，多进少出，以达到根据地更多掌握粮食的目的。对敌占区粮食的吸收工作，原则上取消派购方式，发展商业路线，组织商人小贩去进行。粮食的入口和出口，要组织专门商店去进行，取消内地粮食专卖管理办法，粮食的交易运输完全恢复自由，在东线边境，划定纵深 30 里至 50 里的封锁地带，继续实行出入口管理，并加强缉私工作。

第四节　山货归行的得失

在太行部分地区试行粮食专卖的同时，边区政府还在 1942 年 4 月下令实行山货归行及土产出口购运证制度。山货归行就是规定：各种特种出口货物，必须由政府指定的经营特种出口货物的行店经营。凡在本区开设行店，采购土产、山货，均得领取特种出口货购运证始得经营购运。否则没有购运特种出口货的经营权。实行这种办法的目的在于统制外汇。

“冀太联办”成立后，作出决定，允许商人经营进出口业务。这在当时是正确的措施。但是在作出这一决定时，没有及时规定相应的

外汇管理办法，因而商人输出物资换回的外汇，贸易、银行部门都难于掌握。这种外汇管理上的自流状态，既影响外汇的集中合理使用，也影响冀钞币值的巩固。结果造成根据地急需物资的恐慌，价格猛涨，人民生活陷于困境。

为加强外汇管理，做好对外贸易，1941 年秋边区政府颁布了《特种出口货统制暂行办法》。这个办法的精神，是冲破敌人的封锁，掌握外贸的主动，为输入而输出。办法规定实行兑货制度，在一定程度上控制了外汇的流失。1942 年春，又对上述办法作了一些补充，由工商管理局颁发了《经营特种出口货管理暂行办法》，这就是俗称的山货归行。这个办法的内容，就是在指定集镇上，允许设立一定数量的山货行，领取营业许可证，然后按各行店资金的多寡，逐月颁发给山货购运证，行店持证进行采购。行店将山货买好后，运往边沿地区，换取山货出口证，登记外汇，上税后，即可出口。县局对山货行的管理和掌握，主要是依靠购运证和出口证管理物资。县局经常要检查行店购运证，核计采购与出口数量，以防止走私、盗取外汇。实行这种办法，对于外汇的掌控、物资交流的组织与管理确实有效。许多行店按照规定积极寻找各大城市和敌占区城镇商人的关系，将根据地的山货经常输出到敌占区出售，也使边区贸易、银行部门掌握了大批外汇。但这种办法经过一个时期后，外汇增长的势头放慢。

于是，边区政府又于 1942 年 8 月 12 日，颁布了《太行区出入口贸易暂行办法》，这个新办法的精神，是鼓励输出，限制输入。它规定一切入口货必须有许可证才准入口，办理过出口的才能输入，既要入口就必须出口。敌占区商人要把外来品输入到根据地来，只允许他换走根据地的土产。这样，可以争取出入口平衡。实行这种办法后，特种出口货必须在银行登记外汇，汇价在一定限度内可以自由交易。有外汇必须登记。买外汇的必须先取得工商局许可，在银行内进行交易，这样，便防止了买空卖空的投机事业，消灭了外汇黑市，也便利输出。

这种新办法实行后，进一步加强了对敌占区贸易进口与出口物资的统制。1942 年和 1943 年冬春之交，边区的山货行栈还配合当时的粮食大出口，采取孤注一掷的办法，以边区的山货土产倾注全力向敌区推销，企图一举扭转在对敌经济斗争中冀钞对伪钞的不利形势。采取这种突击式的出口的办法掌握了大量外汇，一度使边区由入超变为出超，在对敌货币斗争中使冀钞的币值迅速上升。这是实行山货归行和配合粮食突击出口取得的成绩，这对防止走私、掌握外汇，收到了一些实效。但是，山货归行给外贸工作也带来了一些负面影响。

一个是，实施山货归行，垄断对敌占区的进出口贸易，虽然控制了外汇，却又影响私商的积极性，限制了一般小商贩从事进出口贸易的活动，使他们受到了损失。不利于长期开展对敌贸易，也影响对敌占区进出口，对更多地吸收外汇无补。

另一个是，不能及时以出口物资换回边区所急需的军需民用物资，使敌人对我施展封锁花招，有机可乘。如日伪一方面在边区东线封锁棉花和军火器材，在西线封锁麻皮、毛皮、粮食，另一方面又在东线用土布、食盐换取根据地的粮食、麻皮、皮毛、油料及山货，大量倾销奢侈品。邯郸的情况就是典型事例。那时邯郸是一个物资集散地，有许多日本的商业组合、洋行和代理店，都从事掠夺性出入口贸易。外地购买山货的商人不直接上山而是通过邯郸商人携带伪钞赴阳邑，兑换根据地的冀钞，然后转赴山区购买山货、土产。贸易部门掌握的山货土产却不能及时换回边区急需的军需民用物资。

第三个是，采取山货归行，垄断对敌贸易，并不能持久地扭转边区在对敌经济斗争中的劣势。太行分局就曾指出，边区有关金融贸易部门“对敌估计过低，认为敌人在经济上可以被我们打倒，伪钞可以被我们打垮，改变伪钞优势的形势，而且打倒之后不会再有很大抬头。不了解伪钞是日本币在华北掠夺中国人民的化身。伪钞一方面依靠它军事上的绝对优势，一方面也有雄厚的经济后盾，它是敌人在华北统一的货币，有极大的互相支援运转的力量可资动员。它在对农户原料的依赖上，即使完全摆脱我们根据地个别战略区的供给，也没有决定意义的影响。因此，我们只能在季节性上，有一定时间、一定地区的局部的相对优势。只有在这种情况下，伪钞和冀钞的关系表现对我们有利的变化（我们必须争取这种变化），冀钞与伪钞只能是波浪

式的变化，但在相当一个时期内，基本上仍不会改变伪钞的优势。

由于对伪钞、冀钞两者间关系的规律，有不正确的估计，就产生了对敌货币斗争的错误策略，拿速战速决的办法来代替长期的持久的货币斗争；采取倾注全力把山货与粮食孤注一掷出口的办法，代替经常掌握物资力量进行持久的斗争；拿打垮伪币的冒险进攻，来代替基本上是防御的、从打击伪钞中巩固本币的方针；没有把秋季以后的出口作为一定程度的出口攻势，从攻势的胜利中蓄积后备力量，去准备春夏的有力防御。因此，当 1943 年 2 月间伪钞猛跌以后，我们自己也精疲力竭，到夏初不利时期，没有了足够的力量去支持。春季赔钱抛出大批伪钞的事情，尖刻地指出了对伪钞估计的错误。”〔1〕中共太行分局的上述批评是十分正确的，它为边区以后的对敌贸易斗争和货币斗争指明了方向，必须对敌我经济形势作出正确的估量，必须稳扎稳打，量力而行。转变这种敌强我弱的经济斗争形势，是要经过一个长期的、反复斗争的过程，不能采取冒险的行动，否则会招致更大的损失。

第五节　适当掌握“统制”的力度

晋冀鲁豫边区的对敌经济斗争，经过实践、认识、再实践的反复过程，使经验逐步成熟。最主要的经验是正确认识敌强我弱的基本形势，适度掌握统治的力度。这是一条基本经验，所有的成功和失误，都与这一点基本经验有关。

边区初创时期，敌占区和根据地之间的贸易往来一度中断。1938 年下半年以后，双方松动，贸易开始恢复。原山西三、五专署和新成立的冀南行政主任公署，先后在它们所属地区，设置贸易统制局和税务局，公布了出入口物资种类的法令，实施对敌贸易统制。但由于边

〔1〕 中共太行分局：《关于太行区经济建设工作的检查和决定》，山西人民出版社 1943 年版。

区当时片面理解“抵制仇货”的方针，强调“政治上的尊严”，不愿在贸易上和敌人多接触，有的甚至禁止和敌人直接交易。在当时敌强我弱，敌有我无的经济形势下，采取这样的对敌贸易姿态，对我十分不利。而敌人却乘机采取“促进输出主义”，大肆鼓励对我贸易、倾销仇货，夺取法币外汇，使边区在对敌贸易上吃了亏。吃一堑，长一智，由此总结出一条经验，边区不能不和敌人交易。外贸“统制”，并非外贸绝缘。这是初期外贸掌握“统制”力度上的一次曲折。

随着战争的持久、延长和华北敌占区的物资供应日益困难，敌占区的吃粮问题，成为突出问题。敌人除了从华中、东北向华北调粮外，从1940年起，还向根据地大肆抢购粮食，并对根据地实行统制贸易。在敌占区的各重大城市，由特务机关主持组织“物资对策委员会”，对根据地进行经济掠夺和经济封锁，企图以此达到“以战养战”的目的。但是，由于广大农村被我控制，敌人的目的，并未完全实现。在这种形势下，有些地方，过分估计了我方力量，竟想趁势对敌发动攻击。这显然是从过去对敌经济绝缘转到对敌经济反击的冒险作法。应该看到，当时尽管敌人的经济实力不如前两年，但是，它的军事、政治、经济综合力量，仍远远胜过于我。敌人可以凭借它占据的城市、工业、交通、资源、科技等特殊优势，打击我、压迫我，边区在入口总量上，一直处于入超态势。对此，边区必须正视这个客观事实，只能在战略上防守并寻机进行战术出击。忽视这一基本形势、违反了战略防守原则，其结果会吃大亏。这又是一个如何掌握“统制”力度的问题。

对敌的经济斗争，是对敌军事斗争、政治斗争重要组成部分，对于这一点丝毫没有争论。但是，对敌经济斗争又毕竟还有它自身的特点，它和对敌军事、政治斗争还不能完全同等。在政治、军事斗争中有明确界线的一些口号，并不能机械地搬到对敌经济斗争中来。如有些地方怕“资敌”，规定了“敌需要的东西一律不给”的“统制”办法。只要是敌人需要的物资，便不准出口，什么东西也不愿卖给敌人，于是便出现了因蛋清、蛋黄可供工业原料，就禁止鸡蛋出口的情况，大大影响了边区群众的副业生产。因怕生铁被敌人吸收，就未积

极支持群众早日恢复上党的铁业，致使对河北等地民用铁器的运销发生了困难。冀南盛产棉花，棉花又是敌所需重要物资，为避免棉花资敌，冀南行署就曾号召群众少种棉花或不种棉花，致使边区不能用棉花出口换取边区所需的重要物资。后来，彭德怀提出要适量扩大冀南的棉花种植面积，问题才得以解决。边区还有一些地方，曾出现过为了“抗战需要”，规定了“我需要的，一律准予入口；不需要的一律不准进口。”这些规定，并未仔细研究进口物资的产地和市场，也未了解它的直接间接用途，更不清楚这些进口物资对根据地的工农业生产和群众生活将会发生那些有利或有害作用，是把经济斗争简单化了的错误做法。也是各地对“统制”力度掌握不好的实例。由此得出一条经验，经济战线的对敌斗争，基本上还得靠经济手段以外贸“统制”的方式反复进行，不能硬搬军事政策。

掀起边区经济建设的高潮

1943年1月温村会议——1945年8月抗战最后胜利

第十二章 温村会议与边区经济建设高潮

1943 年 1 月 25 日至 2 月 20 日，中共中央太行分局在涉县下温村召开高级干部会议，史称“温村会议”。会议根据中共中央提出的“发展经济，保障供给”的经济工作和财政工作的总方针，以及北方局 1942 年 12 月 23 日发布的《关于华北敌后抗日根据地 1943 年方针的指示》精神，全面总结了边区创建以来的军事、政治、财经、群众运动和对敌斗争工作，研究了如何更快地扭转边区的困难局面和全面开展根据地建设的问题。这次会议是一次工作转折时期召开的重要会议，是研究“根据地建设规律”的会议，它标志着边区自此进入一个新的起点。即边区党政军领导明显地将领导重点放到经济工作上。从此，边区经济建设进入新的提高质量的时期。边区的总形势处于兴旺发展之中。

第一节　经济建设提到边区领导的重要议事日程上

在温村会议上，太行分局书记邓小平作了《五年来对敌斗争的概略总结与今后对敌斗争的方针》的报告和会议总结。全面论述了抗战以来晋冀鲁豫边区三个发展阶段的成败经验，总结了根据地建设的规律，制定了新形势下的工作方针，确定了今后工作的具体任务

和完成任务的必要措施。会议期间，邓小平概括了建设抗日根据地和对敌斗争的十条基本经验，指出“敌我斗争不仅是军事力量的竞赛，而且是全副本领的斗争，不仅斗力、更主要是斗智”，“今后的斗争更加巧妙而尖锐”，要“切实”提高对敌斗争的能力。他还反复强调，“敌我斗争的胜负，决定于人民”，“谁关心人民的问题，谁能帮助人民想办法去和敌人斗争、保护人民利益，谁就是群众爱戴的领袖”。邓小平这些理论有深刻的历史意义，对边区各项建设事业影响巨大。

会议上，太行分局副书记兼宣传部长李大章作了《过去群众工作的简单回顾与今后的工作方针》的报告。

在这次会议上，引人注意的是邓小平把经济工作提高到与军事工作、政治工作同等重要的地位，他不仅在自己的报告中，对各个阶段的经济工作，都与各个阶段的军事斗争、政治斗争联系在一起作出概括的评论，而且还在这次边区最高层次的重要决策会议上，把经济工作列为会议三大议程之一，由主管边区经济工作的政府副主席戎伍胜作《进一步加强财经建设开展对敌经济斗争》的报告，这在边区史上是少有的。

戎伍胜在报告中，首先回顾了边区五年来财经建设的概况，指出：早在 20 世纪 30 年代末期，中共中央和北方局就已提出要重视和掌握财经工作。但在当时，许多地方领导人对此并没有足够的认识，视其为一种单纯的供给事务性工作，没有真正理解根据地财经建设是有力地开展对敌经济斗争的保证，因而也就未能形成一套适应本区具体环境的财经建设办法，使其易于产生左右摇摆的倾向。1940 年，“黎城会议”后，大家对根据地财经建设才有了进一步的认识，开始将其列入工作议事日程，并逐渐成为根据地全年中心任务之一。

报告中强调，在接近胜利的困难面前，边区财经建设的方针是：发展生产，首先是农业和手工业生产，组织一切力量，建立自给自足的经济；加强经济战线和工商管理工作，开展对敌经济斗争；进一步调查国民经济财富，力求实行合理的、累进的公平负担办法；彻底实行精兵简政，提倡节约，肃清贪污浪费，节约民力，以减轻人民

负担。

上述方针任务的实现，必须树立整体的财经观念，反对本位主义；必须从长期建设积蓄财力物力着眼，反对不爱护根据地、不爱惜物力、贪污浪费的现象；必须依靠群众打开大门，放开眼界，反对闭关狭隘和束缚手脚的做法。

报告中提出，要以一切力量努力开展群众性的生产建设，增加与积蓄国民财富，建设自给自足的经济。边区农业生产水平虽然很低下，但它的生命力是强大的。敌后抗战事业能够持久进行，是因为这项事业建立在农村生命力异常强大的条件之上，是建立在广大农民的伟大的艰苦努力的基础之上。这就要求根据地军民应当在长期战争中，培养这种生命力，使其不失元气，培养土地的丰富生产力，使它更能够滋养军民，坚持持久抗战。因此，在生产建设上就必须做到：

1. 努力增加农业产量。根据地人口90%—98%是农民，他们是生产建设中最大和最主要的部分。为了增加农业产量，报告中提出：(1) 应着重于水利建设，因为它既易于动员群众，又能与敌挖沟修墙形成鲜明对照；在平原地区可广泛打井，在山地可推广水车。(2) 根据各种不同土地，每亩平均施肥25担。(3) 进行种子的交换调剂及简易的选种消毒，如温汤温种和田间选种等。(4) 注意消除病虫害，特别着重小麦和谷子的症病，如黑穗病、蚜虫和核桃虫等。(5) 在农业技术的推广上，要开展广泛的宣传，打破过去对技术的神秘观点。与此同时，要提倡家庭副业和植树造林。家庭副业，主要是牧畜饲养和酿造等。它们既能增加农民的经济力量，还是促进全体人民参加生产的重要途径，也是促进农村金融活动的重要手段。

2. 发展手工业。它一方面是为了增加国民收入，另一方面也是为了达到经济上的自给自足。所谓自给自足，不仅仅限于自己用的自己制或自己制的自己用，更主要的是在于逐渐争取输出入的平衡，改变以原料换成品不利的输出入状况。1941年以后，太行区的纺织、榨油等手工业发展较快，已达到或超过了战前的水平。因此，今后要多方面发展手工业生产，尤其是纺织、榨油、造纸、煤和铁的发展。

同时，也不放弃有利的对外输出品的制造。

边区手工业的发展，在技术指导思想上，一方面不要放弃一切传统的技术，另一方面也要加强技术上的改良，奖励新的发明，推广已有的先进工具，并在可能的条件下，组织分工协作和部分的专门化，以提高劳动生产力。

3. 开展合作事业。合作社是群众性的经济组织，是群众生产、运销相结合的组织，也是动员广大群众参加对敌经济斗争的组织。它在生产上可以吸收许多闲散劳动力，可以将零星生产和集中运销结合起来，把分散生产组织起来。在商业上，可以抵制一部分行会和前资本主义商业资本对农民的严重剥削。在金融上，可以吸收游资，办理小额款的存放，与银行密切结合，变成银行在群众中的基础，抵制高利贷的盘剥。由此可见，合作社可以将自然经济和小商品经济生产和金融等，经过群众自己统一结合起来，是刺激农村小商品生产和健全商品流通机构、活跃金融的最好形式。在一些具备发展手工业地区，可专门组织工业合作社。当前，一般地着重发展混合业务的合作社，兼营生产、运销和信用等业务。在合作社发展上，要建立一个巩固一个，使之真正成为群众发动起来进一步巩固加强生产战线的组织。合作社在吸收资本上，不应拒绝地主、富农入股，而要大胆吸收和奖励地主、富农的资本，引导他们走新民主主义道路即新的资本主义。因为，“在目前的农村根据地内，主要的经济成分，还不是国营的，而是私营的，而是让自由资本主义经济得到发展的机会，用以反对日本帝国主义和半封建制度。这是目前中国最革命的政策，反对和阻碍这个政策的施行，无疑是错误的。”[1]

报告中，对如何领导生产建设问题，提出了若干具体要求：(1) 农业建设的关键是将组织生产工作贯穿全年，从春耕、下种、锄苗、夏收、秋收、秋耕和秋冬造肥等全部农业生产过程都要组织领导好，才能确保粮食增产；因此，各级领导要通过抗战胜利快要到来

〔1〕 毛泽东：“农村调查”的序言和跋，《毛泽东选集》第三卷，人民出版社1994年版，第793页。

的宣传教育，在各个环节上提高群众的生产积极性。（2）在经济上要开展反对封建残余和发展新资本主义的斗争。在一些地区，由于减租减息尚未彻底进行，残余的封建经济势力比基本群众的经济力量略占优势，因而影响了基本群众发展经济的积极性，束缚着商品经济的发展。改变这种状况，有赖于通过减租减息、负担政策、生产贷款、组织合作社、限制奸商投机等方面，有效地扶持中小农民及小工业的经营，充分发挥其最好的同盟者和主力军的作用。（3）积极吸引和奖励富农的游资，使其投入到农、工、商、合作、生产等事业；同时也要设法吸收敌占区工商业的民族资本到根据地从事各种经营事业；对于有经营能力的中、小地主在劳工法的原则下，允许雇工经营土地，使其由地租地主变为经营地主。（4）号召广大妇女参加各种生产事业，如农业生产、家庭副业和手工业等。这不仅是为了补充劳力之不足，更重要的是妇女自身求得解放的关键。

在温村会议上，对全面开展对敌经济斗争的问题，经过分析、讨论，取得了以下几点统一认识：

1. 由于敌我在经济上的斗争日益尖锐复杂，它在整个战争发展上的重要意义日益显露出来。因此，从思想上要进一步认识到只有搞好对敌经济斗争，才能破坏敌人建设自己。

2. 对敌经济斗争必须要和全面斗争相结合，方能有效地完成其所担负的任务，因为它不仅仅是经济意义上的斗争，而且也体现了政治意义上的斗争。因此，衡量对敌经济斗争的标准，主要是视其在完成政治任务上所发挥的作用。

3. 财政与经济工作，都是直接关系到人民生计和国家力量的问题，正确的财政政策能保证经济的发展与对敌经济斗争的胜利。而经济斗争与建设的开展，又保证并扩大了财政的力量，这两者的有机配合，都是为了富民强国的实现。

4. 统制贸易、货币斗争与发展生产，是对敌经济斗争的三个不可分割的环节。因此，既要研究三者发展的规律与斗争的知识，同时还要善于掌握它们互相间的影响与关联，才能正确地组织与运用力量，得到应有的发展和巩固。统制贸易组织输出入，才能团结群众，

粉碎敌人对边区的封锁与对敌占区的统制，达到稳定币值和造成发展生产的有利条件。同样，币值的巩固，也就有利于物资交流输出入的组织与生产的发展，更加坚实有力地对敌开展经济斗争。所以说，发扬民力，发扬群众性的生产，是主要的也是最基本的。

5. 由于经济上的变动迅速而复杂，每个区域必须加强联系、互通情报，争取平衡发展，以免给敌人留下空隙，损害边区经济利益。

6. 敌人占领的是城镇，它最缺乏的是粮食与原料。因此，一方面要加强粮食和原料的控制，组织军民进行反掠夺的斗争，另一方面要力求自力更生，摆脱对城市的依赖。

7. 战争的发展，改变了过去经济上的一些规律，同时也出现了一些新的特殊的复杂情况，因此，要善于运用一般经济发展规律和新的因素，经验证明，对敌经济斗争“有便宜不沾，必然吃亏”这个道理。

8. 一切要从群众的切身利益与削弱敌人力量出发，才能发动群众从经济上对敌斗争，并对我联系和依靠。

9. 经济上斗争的尖锐性，敌必将采取一切手段破坏根据地的经济生活，因此，在斗争中要更加善于保存力量，尽力避免无谓的喧吓，以利麻痹和欺骗敌人，达到克敌制胜的目的。

会议期间，八路军副总司令、北方局代理书记彭德怀也在会上作了《论敌后抗日根据地的三个中心工作》的报告，他提出：根据北方局 1943 年工作方针的指示，在华北敌后抗日根据地有三个中心工作，第一是战争，第二是教育，第三是生产。战争是目前一切工作的中心，我们发动群众减租减息、增加工资是为了战争，我们进行生产建设是为了战争，我们开展教育工作是为了战争，我们部署对敌斗争，进行政治攻势与开展敌伪军区域一切工作，也都是为了达到坚持战争的目的。

第二节 边区经济全面建设的新起点

"温村会议"一致通过邓小平、李大章和戎伍胜的报告，并通过了关于贯彻执行上述报告的决议。会议全面系统地总结了边区五年来的工作，提出了今后的具体任务：

1. 继续贯彻实现民主政治作为巩固统一战线的基本方针。在根据地内要将民主政治作为一切工作和党、政、民组织的基本精神和内容；有步骤地改造各级政权机关，特别是着重改选区村两级政权机关，吸收广大人民直接参加管理国家的工作；加强民主教育的实施，使其贯穿于一切日常工作和斗争中。

2. 根据各地区具体情况，继续深入发动群众运动。在群众尚未发动的区域，应实行减租减息与合理负担等法令，发动群众进行争取经济、政治权利的斗争；在群众尚未充分发动的区域，应深入检查土地、劳动等政策执行程度，制止封建残余势力的任何翻案复辟的企图，同时要健全和巩固各群众组织内部生活；在群众工作已深入的地区，应特别着重民主、生产、文化教育和人民武装等建设工作；在游击根据地和游击区，则应以发动群众、团结各阶层一致对敌、减轻人民对敌负担、保存民族力量为一切工作的主要出发点。

3. 在深入发动群众的基础上，加强人民武装建设，开展群众性的游击战争，坚决打击敌人的"扫荡"，从根本上制止敌人的"蚕食"进攻，巩固与扩大抗日根据地。

4. 发展生产，建设自给自足的经济。加强根据地经济建设，必须发展农业和手工业的生产，战胜灾荒，保证军需民食。

5. 开展敌占区和游击区的工作。要加强敌占区人民的组织工作，加强争取伪军的工作。要求敌占区人民积蓄力量，配合保卫抗日根据地的斗争。同时还必须坚持敌进我退方针，组织更多的敌后武工队、小部队，大力开展敌占区的工作。

此外，为了实现以上各项任务，会议还指出，全区必须坚决贯彻党中央的指示，加强党的一元化领导，深入进行整风，彻底实行精兵简政，主力兵团全部地方化，地委、军分区以上的机关进一步精简合并。

中共太行分局温村会议是继石拐、黎城会议之后的又一次重要会议。会后，太行分局所属的晋冀豫、太岳、晋豫（中条）和冀南区的各级党委，结合本地区对敌斗争的经验教训，先后召开了扩大会议，传达落实“温村会议”精神。这次会议，为晋冀鲁豫边区的进一步巩固和发展，为迎接抗日战争的最后胜利起了决定性作用。

为了把温村会议提出的加强经济建设的任务真正落到实处，在温村会议结束三个月之后，太行分局又在1943年6月21日召开了一次经济工作会议。这是边区经济战线上的又一次极其重要的会议。会议通过的《关于太行区经济建设工作的检查和决定》，全面总结了太行区经济建设工作上的成绩和进步，指出了工作中存在的偏差和错误，分析了产生错误的原因，提出了经济建设的具体方针任务。

决议强调指出：敌后的三大任务（战争、生产、教育）中，生产、教育是薄弱环节，生产是最薄弱的一环。决议郑重指出“足够警惕根据地经济危机”、“足够认识没有生产战线的胜利，就不能保障战争胜利的严重意义”。决议明确指出：“今后应把生产当作一切工作的中心环节。”决议语重心长地告诫各级党委：“（如果）无法保证军需民生，经济建设、对敌斗争，都是空话，根据地也难以坚持。”

会议还对农业生产、手工业生产、粮食斗争、金融贸易、物价政策、经济机构等等问题，一一作了周密安排。

《检查和决定》是一个影响深远的历史性文件，它对太行区乃至全边区的经济建设工作，曾产生过巨大推动作用。[1]

紧接着这次会议，邓小平应延安《解放日报》之约，发表了《太行区的经济建设》一文。文章立足于太行，面向边区，全面回顾

〔1〕《边区财政经济史资料选编》第一辑，中国财政经济出版社1990年版，第301页。

了抗战以来敌后的经济战线的斗争状况和经验，精辟地论述了敌后经济斗争的重要性，强调生产建设的作用。明确提出："发展生产是经济建设的基础"，号召全区"百倍地加强经济建设的领导"。

这篇重要文章，不仅把2月温村会议和6月经济工作会议有关经济工作的决议，化为具体行动目标，而且严肃地论述了敌后经济战线的斗争在根据地各项建设任务中的地位。他用明确的语言说："敌后经济战线斗争的尖锐程度，绝不亚于军事战线。敌人对我们的经济进攻，是与军事、政治、特务的进攻密切结合着的，是极其残暴的。"这一论述把经济斗争的重要性提到了一个新高度。《太行区的经济建设》是邓小平在抗日战争时期经济论述的代表作。从中可以看到邓小平继承和发展毛泽东思想的历史轨迹。

在上述两次会议和邓小平论文的指导下，边区经济建设的方向更明确，任务更具体，措施更实际。

从此时起，边区经济建设迈进到新时期。

第十三章
轰轰烈烈的大生产运动

当边区人民根据温村会议和6月会议精神，加强经济工作、努力增产粮食时，中共中央《开展根据地的减租减息、生产和拥政爱民》指示发表了。这是毛泽东为中共中央起草的一个重要文件。在这个文件中，党中央第一次正式地把大生产运动的任务提到各个抗日根据地军民面前。所说的大生产运动，就是要“在全根据地内实行自己动手、克服困难的大规模生产运动。”〔1〕

这是一个非常及时的指示。从此，全边区军民总动员，掀起了一场空前规模的大生产运动。一切经济部门也都把为大生产运动服务作为自己的中心工作。

第一节　大生产运动的孕育与兴起

晋冀鲁豫边区的大生产运动，从孕育到兴起再到高潮，经历了一个极不平常的过程。邓小平说：“抗战初期，我党中央和毛泽东同志就提出了‘自给自足、自力更生’的经济建设方向，六年来我们就是在这个方向下进行我们的建设工作。经过了无数曲折，遇到过不少

〔1〕 毛泽东：“开展根据地的减租、生产和拥政爱民运动”，《毛泽东选集》第三卷，人民出版社1991年版，第911页。

的困难，到现在，我们才摸索出一条道路，这条道路使我们不仅保障了抗战的需要，保护了人民的利益，打击了敌人的掠夺计划，而且为反攻和战后建设做了不少的准备。”[1]

这些论述，正是晋冀鲁豫边区大生产运动兴起之前六年生产建设历史的基本概括，也是大生产运动孕育过程的完整叙述。

历史是不能割裂的。如果没有大生产运动之前长达六年的生产建设的基础，就不可能有 1944 年及以后的大生产运动。

关于大生产运动之前边区的生产情况，党中央和毛主席是了如指掌的。毛主席说“前方的条件，比陕甘宁边区更困难，不但有严重的战争，有些地方还有严重的灾荒。但是为了支持战争，为了对付敌人的‘三光政策’，为了救济灾荒，就不能不动员全体党政军民，一面打击敌人，一面实行生产。”[2]毛主席的这些话，虽泛指“前方”，但因讲到“有的地方还有严重灾荒”问题，所以晋冀鲁豫边区的军民觉得特别亲切。总以为毛主席的话，就是针对本边区情况讲的。

接着，毛主席还说：“前方的生产，过去几年已经有了一些经验。”更说明党中央、毛主席对敌后各根据地的生产建设事业是肯定的。

实践证明，毛主席和邓小平同志的话完全是事实。晋冀鲁豫边区的大生产运动之所以能够很快形成高潮并在运动中创造了一些经验，确实有历史的因素：

第一，连续不断的生产度荒运动，为大生产运动提供了宝贵经验。实际上，全民性的生产自救运动，就是边区的第一次群众性大生产运动。在生产救灾中广大群众动员起来了，一切经济部门，也都为生产救灾做工作。经过生产自救，发展了农业、手工业、纺织业、运输业，人民从灾荒中站起来，这就空前地密切了党和群众的关系，各项工作都有改进。在生产救灾中建立的群众基础，是新的大生产运动的强大动力。没有这样一次生产救灾运动，新的大生产运动不可能那

---

〔1〕“太行区的经济建设”，《邓小平文选》第一卷，人民出版社 1994 年版，第 78—79 页。
〔2〕《毛泽东选集》第三卷，人民出版社 1991 年版，第 930 页。

么顺利地掀起。

第二，减租减息、交租交息和正确的负担政策，为大生产运动开辟了广阔道路。由于边区几次进行减租减息运动，并在财政税收政策上照顾了广大农民的利益，广大的农民群众亲自感受到经济上的宽松、精神上的愉快，因而大大提高了生产积极性，踊跃地投入到新的大生产运动中。如果没有1942年以来的减租减息，就不会削弱发展生产的阻力，也就不会形成大生产运动的主力军，新的大生产运动就不可能坚持长久。

第三，干部、党员作风的大改变，使开展大生产运动有了组织保证。毛主席说的："一切领导人员都须学会领导群众生产的一全套本领。凡不注重研究生产的人，不算好的领导者"，"农村党员，应以发展生产为自己充当群众模范的条件之一"[1]等等指示，经过整风，得以贯彻。各级干部和全体党员，全心全意为人民服务的思想，也进一步端正，因此，都全力以赴地为帮助群众发展生产而努力工作。这一条，对大生产运动的开展，有着重大作用。如果没有整风以来，自上而下领导作风的大改变，也就不可能有真正的大生产运动。

第四，从边区初创时期开始，在边区没有统一的政权机关之前，各地方新建的抗日民主政权就注意领导春耕秋收等生产事业。这些年度性的或为期几年的"小生产"，也为大生产运动作了实验或铺平道路。如果没有这些常年生产工作的实践积累，也不会有新的浪潮式的大生产运动。

以上四个因素正是边区新的大生产运动的前期准备和基础。

在观察总结大生产运动的孕育经历时，重视和强调前三个因素，无疑是正确的。但是，轻视或忽略第四个因素显然是片面的。

大量史料说明：边区各级政府，对农业生产很早就引起注意。它们都无例外的为增加生产做了大量工作。比如在"冀太联办"成立前，冀南行政主任公署为解决春耕中的问题曾作出专门决议：耕牛问

〔1〕"开展根据地的减租减息、生产和拥政爱民运动"，《毛泽东选集》第三卷，人民出版社1991年版，第911页。

题，由政府与民众团体帮助灾区民众单独或集体购买；所需款项可由政府借贷，或到灾区附近村庄雇牲畜耕种。种子问题，对受灾惨重及贫苦人家，由政府负责筹集散发；自行筹借者，在偿还时数量上借几还几，在种类上“借秋还秋”或“借麦还麦”，不得高利借贷。同时发出“一人要栽一棵树，一人要喂一只鸡，一家要养一头猪，不要荒废一寸地”的号召。

太行、太岳和冀鲁豫的地方政权，也都先后采取过类似冀南的那些办法。华北《新华日报》曾不断登载各地军民进行生产事业的报道，1940年春天，曾为春耕运动发表重要社论。社论指出：春耕运动的目的，为的是提高抗日根据地的农业生产，以保证我们抗日军民的物资供给。一切活动都应该以此为中心。社论要求，切实解决春耕中的一切困难，作好春荒救济，高度发扬劳动农民的劳动热情，争取春耕运动的全部胜利。

以上情况说明，在边区尚未建立统一政权之前，根据地的各级党政军领导机关已经在异常艰苦的条件下，认识到生产的意义并在实际工作中指导了生产事业的进行。

“冀太联办”边区政府先后建立后，边区的农业生产大大加强。领导人杨秀峰、戎伍胜说：“扩大生产是巩固根据地的一个重要环节，军事加生产，等于巩固根据地。”他们还认定农业生产是开发国家资源，组织人民财富、改善人民生活的“顶重要”工作，是决定战争胜负的重要因素之一，指导思想非常明确。在具体工作上，边区政府成立了建设厅和农林（包括水利）局，调配了大批专业工作者，为农业生产服务。对于农业生产中的一切实际问题，如劳力问题、畜力问题、肥料问题、种子问题、农具问题、水利问题、人畜疾病问题等等，都尽可能地帮助解决。每年都要发放大批农贷，支持群众的生产事业。在第一次专员县长会议上，还制定了农业生产计划，并进行了认真细致的讨论，对机关、团体、部队的生产问题也作了比较周密的安排，可以说，有了统一政府之后，边区的农业生产较前一时期更见成效。

温村会议之前，彭德怀副总司令提出了一个具体号召：全边区每

亩地增产三升粮食。受到边区党政军民热烈响应。为了完成这一任务，全边区军民都投入到这一增产运动中。“边府”为落实彭总的号召，又在实际工作中做了精细的组织工作，包括：

（1）要求各种不同土地每亩平均上粪25担；（2）农业生产贯穿全年，保证及时地耕种锄草及三耕六耙；（3）进行种子的交换调剂及简易的选种消毒；（4）提倡消除病虫害，特别是小麦和谷子的白发病、黑穗病两种病害及蚜虫、核桃虫两种虫害。在农业技术的推广上，要打破过去对技术的神秘观点，造成一种广泛的宣传，并且要作为大众教育的内容。事后检查，不论增产三升的任务是否完全实现，但全区各地的农业生产却大有进步。

邓小平在回顾边区的生产建设时指出：“正因为我们注意了生产的组织与领导，人民许多困难被克服了，‘增加生产、改善生活、准备反攻’的口号，响遍了太行山的每个角落，获得了生产战线上年复一年的胜利。”〔1〕

这一论断，就是大生产运动之前六年间生产建设的总结。因此，在研究大生产运动的孕育、兴起时，对此次大生产运动前的这段历史，是绝对不能不着重提出的。

大生产运动前，在领导组织和生产工作上，也并非万事如意的。它的缺点是：刚刚起步时，有些地方政府和群众团体有仁政观点和放任观点，把支持农业生产、为农民解决实际困难当作对群众的恩赐，不认为这是应尽的责任和义务。还有人觉得，群众会生产，不支持，不领导，照样过得去。这些缺点，阻碍了农业生产的进展。后来，各级政府虽明白了农业生产的事业不能恩赐，也不能自流，必须认真组织，精心指导，但只是把农业生产问题，仅仅限于一年一度的春耕问题。春耕时忙活一阵子，春耕后就很少过问。以后，逐渐克服了这一缺点，把领导农业生产作为“贯穿全年”的任务，但依然存在着“单调”生产的现象。也就是说，农业生产没有形成运动，它和群众的抗日斗争、减租减息运动结合不够。所有这些缺点，都是在北方局

〔1〕“太行区的经济建设”，《邓小平文选》第一卷，人民出版社1994年版，第80页。

领导下逐渐解决的。有一点应该说明。这就是毛泽东严厉批评一些地区“只知道向他们要救国公粮，‘而不知道首先用90%的精力去帮助群众解决他们的救民私粮’的问题”。这种情况，在开展大生产运动以后大有改变。

克服了工作中的缺点，改进了工作作风，使边区的生产建设走上轨道。所以说群众性的大生产运动之前边区所进行的生产建设，不论成绩或缺点，都应该正确总结都是有益于新的大生产运动的蓬勃发展的。

以上，就是边区大生产运动的孕育、兴起过程的简略经历。

第二节 “组织起来顶机器”

“组织起来”是毛泽东倡导的群众路线的科学领导方法在经济建设运动中的集中体现，是中国共产党领导的农民运动在抗日战争时期的一种新形式。把群众的力量组成一支劳动大军，开展大生产运动，“是由穷变富的必由之路，是人民群众得解放的必由之路，也是抗战胜利的必由之路”。

晋冀鲁豫边区的大生产运动，由于较好地贯彻了“组织起来”的方针，因而，使大生产运动热火朝天，经久不衰。可以这样说，不是“组织起来”开展生产运动，称不起大生产运动。

农民是农业生产的主力军。在生产建设上把农民“组织起来”的形式是合作互助。广大的贫困农民，历来就有团结合作、互助互济的传统习惯。他们为求得最低限度的生存条件，进行着繁重的简单劳动。在劳动中，经常以帮工、换工、折工等形式，联合起来，共同生产，提高效能，以求得到更多的利益。

边区创建之后，各级政府对群众中那些自发的组织形式，一直是鼓励和支持的。但是，成为群众性的“组织起来”的运动，还是1943年底毛泽东发出“组织起来”的号召之后才迅速发展起来的。

1944 年和 1945 年，形成运动的高峰。

全边区四个大区的“组织起来”情况，各有特点。太行区在北方局、太行区党委、边区政府直接领导下，“组织起来”的规模较大。据太行区党委统计，在 1944 年的大生产运动中，全区各县群众，共组织了 23266 个互助组，有 219841 人参加，平均占总人口的 15%—20%。在一些工作基础较好的县，参加互助变工的户数占总户数的 40% 以上，劳力畜力参加互助变工的，占全部劳力畜力的 50% 以上。

这些人是怎样参加劳动互助的呢？太行区党委分析，大致有三种类型：一是完全自愿的。是农民真正体验到互助合作好处后积极参加的。由于是真正自愿参加，因而，这样的互助组织较巩固。组内的领导核心也比较坚强、各种制度较完善。二是半自愿的。大多是为了克服生产生活困难，由干部组织的。有些人是勉强参加的，有的是强制参加的（如懒汉）。三是完全由行政命令硬性编组的。这类互助组织，极不牢固。一遇困难和纠纷，很快垮台。

各种互助组是怎样发展的呢？太行区总结，大体有三条不同的途径。一是经过生产自救、节约度荒的道路，实现了“组织起来”。太行区的东部地区，沿太行山脚由北到南十几个县，就是这样的情况。这一带在减租减息前就遇到连续不断的严重自然灾害。在这种情况下，通过群众性的生产自救活动，把群众组织起来了。二是在减租减息中团结起来的。减租减息之后兴起了大生产运动。这些经过“第一次革命”的基本群众，在“第二次革命”中组织起来，顺理成章。太行二、三、四分区和其他分区一部分地区是这种情况。三是坚持生产与战斗相结合，将边沿区的群众组织起来，建立起一条新的生产战线。它的特点不只是普遍地把战斗与生产相结合，用战斗掩护生产，监视敌人，而是创造了许多具体的结合形式，生长了一批像庞如林式的、集战斗与生产一身的双全英雄。冀南区的大部及太岳区部分地区是走的这条道路。

组织起来，劳动互助，是随着农业生产的进行而发展和巩固的。一般说，从春耕到夏锄，是劳动互助旺盛期。在这一时期，群众踊跃参加劳动互助，各式各样互助组，一拥而上。但是，这一时期的互助组，大多数是临时性的，很不巩固。这是因为春季劳动，多半是干大活，组织起来干得快、干得好，劳力畜力都能派上用场，且容易变工调剂。到了锄苗季节，做细活多了，时间性强了，谁都愿意先做自己那点活，都想抢时间把自己的苗锄出来。加上计工、折工还缺少细致办法，领导上对互助合作也缺少经验，因此，许多互助组是在这一时期垮台的。

据太行偏城、黎北等七县调查，在全部互助组中，临时的互助和不巩固的互助，竟占到总数的70%以上。具体情况如表13－1所示。

表13－1

县名	互助组总数	临时性的		不巩固的	
		组数	占总数%	组数	占总数%
偏城	652	304	46	220	34
黎北	921	374	40	290	31
和东	1121	580	52	295	26
井陉	237				75
襄垣	734	283	30	150	21
邢台	692	571	82		
磁武	201	163	80		

注：襄垣是4个区的统计，磁武是8个区的统计。

由此说明，如何巩固劳动互助组织，是“组织起来”之后的一项严重任务。为此，太行区采取了一些有效措施：

1. 纠正强迫命令，坚持自愿原则，以典型模范互助组为榜样推动其巩固。如辽西劳动英雄郝成明，他们领导的蒿沟村，共有50余户，抗战前是比较富裕的村庄，历来耕作是互不帮忙的。抗战后，1940年虽将全村组织起来，但由于采取强迫命令和互助没有任何代价的做法，不久就垮台了。到1944年春耕季节，村里有的因病不能及时下地，有的因无牲口而无法耕种，因此，村民普遍要求组织互助。郝成明以自己过去在和顺变工省工的经验动员大家，组织起4户人家的互助，共有4个半劳力，2头牲口。组织后立即投入送粪、耕地、创边、垒堰和担挖黄土，共省工32个，并补足了以往的亏空。这样，大家都感到组织起来好，干得更加有劲了。到锄苗时，郝成明为了扩大成员，对大家宣传说："毛主席号召互助不是害人，是为人"，你们"可以来试试看，不行再退出去"。这样三天内即扩大到18人。又如平顺劳动英雄郭玉恩成立的互助组，也是4户人家，共有4个全劳力、2个半劳力和2个畜力。春耕大忙季节，他们以畜力和一个半劳力送远地粪，3个全劳力和1个半劳力送近地粪，2天就将过去3天的粪送完，共省工47个。郭玉恩以省工和劳力、畜力可以调剂的事实，在民校内宣传，使村民感到"人家互助，粪早送完啦，咱们没互助，粪还没送完，还是互助起来好。"在郭玉恩的带动影响下，全村又成立了三个互助组。

2. 要给群众以看得见的利益，使群众觉得劳动互助不吃亏，才能长久地办好互助组。太谷温家庄劳动英雄岳万寿觉悟到：减租减息后有了地，仍不能很快发财，就是因为个人干，困难多，特别是土地东一片、西一片，一个人顾东顾不了西，费工费时，收效差。互助在一起，人多手稠，样样顾到，大家成一家，你会这，他会那，又省工又省劲。地里多下工，就能多打粮食。他用这个道理动员大家参加互助，很快建立了四个组，秋后算账，比单干有利得多。

又如武乡劳动英雄史成富、榆社劳动英雄郝二蛮、偏城劳动英雄张喜贵，都是边区出名的劳动英雄。他们都是在组织起来后很快使群众看到实惠，才把互助组巩固的。

3. 打破组的互助界限，扩大互助范围，使互助组得到巩固。黎北劳动英雄石寸金组织的6户互助组生产成绩好，影响了全村。很快成立起6个组，其中5个组是经常互助，1个组是临时性的拨工。到夏收时，由于各组畜力强弱不同，有些组不能解决问题，都要求合并，使畜力与劳力实行调剂。于是经过大家讨论，6个组合成2个大队，后又经群众要求，将2个大队合并为1个大队。又如，太谷岳万寿领导的生产互助组，在锄苗时有不少穷户无粮食吃。为了解决这个问题，岳万寿依据该村过去卖工与赶脚运输的习惯，组织起运

输队，以 3 头牲口和 1 人为 1 组，共组成 7 个组。外出运输和折工的土地，均由村里的拨工队耕种，实行大变工。还有左权赵申年组，在担粪垒堰中，发展到连妇女、儿童共 10 个组后，到拨苗时，因有些组地多且远，别的组已拨完他们还没有拨完。为此，他们及时提出组与组互助，经组长协商组员通过，扩大了互助范围，巩固了互助组织。

4. 加强和改进互助组的领导，是巩固互助组的重要条件。许多农村干部政治觉悟高，有组织能力，能发现问题，提出问题，解决问题，为当地群众拥护，他们参加互助组的领导和站在互助组外领导互助组，其结果大不相同。太行区的做法大都是由群众公认的“好管家”或“好干家”或有生产经验的农民当互助组长，有的还以这些人的名字为互助组之名。干部在互助组内帮助组长推动工作，实现领导。事实说明，凡是比较巩固的互助组，都有踏实、苦干、遵守纪律、民主作风好的干部参加互助组的领导。

经过连续不断的、结合生产进行的整顿，太行区的互助合作事业，日渐走上轨道。劳动互助对生产的发展，愈加显出成效。至 1944 年秋，太行区劳动互助组织不仅在数量上有了很大的发展，而且在质量上也有了显著的提高。在组织形式上，由人与人之间的互助扩大到以户为基础的互助，由几个人的互助发展到十几个人，甚至几十个人的互助队或劳动互助社；在生产关系上，由原先临时的单一的劳动，发展到各种各样粗细活和家里家外活，带有较长期的复杂的互助，甚至组织起担脚和贩货等生产，充实了互助的经济活动内容；在互助的内部关系上，已由组员与组员的拨工发展到与全组全队或全社的拨工；计工的方法也从简单的脑筋记忆发展到记账、工票等形式。

在组织起来劳动互助运动中，太行区涌现了不少劳动英雄。许多劳动英雄是因在“组织起来”上有突出贡献而成为劳动英雄的。武乡县树辛村农民李马保，在太行区党委委员兼太行三地委书记彭涛亲自指导下，把全村农民组织起来进行大生产，取得了很好的成绩。为此，李马保说过一句很有道理的话“组织起来顶机器”。此话一

出，语惊各地，受到了边区各级领导的重视。这话不仅反映了农民中的先进分子对“组织起来”的切身理解，也说明太行区的“组织起来”已经有了相当的广度和深度。

在边区劳动互助运动中，劳武结合的互助组，有很大的发展。这是边区周围游击区群众实行战斗与生产相结合的一种好形式。

具体情况是：

第一，劳武互助的变工。组织少数人员站岗放哨，靠近敌岗楼的地块由民兵负责收割，监视敌人，多数人可以安心生产。每当发现敌人时，如是小股，由民兵应付，如是大股，即由民兵掩护群众有组织地转移。如路城劳动英雄冯庭则，因其村距敌只有 3 里，过去因无组织，不敢接敌种地。1944 年开始实行劳武互助变工办法，全组民兵 7 人单独成立小组，平时在村附近做活，发现敌人掩护群众转移。情况紧急时，则单独行动，与敌斗争；地里的活由互助组拨工队负责。每当群众下地时，除留下少量便于拿走的东西外，其余均搬到地里，一旦发现敌情，由留村妇女带走留在村里的少量物品。这样就解决了在没有互助的情况下，群众往往乱跑而耽误了生产。

第二，劳力武力与土地集股合作生产。这种办法是将人力、畜力和土地、（地权不变）都折成股份，共同组成战斗生产合作社。合作社下设武装保卫股，负责监视敌人、掌握敌情、掩护群众；劳动组织股，负责劳力、畜力配备及记工；生产计划股，负责全年生产计划和制定入股办法。通常是全劳力 1 工顶 1 股，畜力耕 1 亩地顶 1 股，民兵活动一昼夜顶 2 股。秋后按股分粮，多劳多得多分粮。这样，既解决了劳武互助变工，又调动了大家的劳动积极性。如榆次劳动英雄杨栓科领导的战斗生产合作社，拥有 59 亩地，共用劳力、武力 102 个工，顶 102 股，畜力耕 59 亩，顶 59 股，土地共顶 19 股，共为 180 股，共收黑豆 47.2 石，麻籽 4 石，杂粮 51.2 石，除种籽 1.2 石，净收 50 石，这样每股分粮 2.77 斗。

第三，卖工队与互助社。所谓卖工队，就是组织青壮年到敌占区去卖工，既可以解决生活问题，又可以帮助敌占区人民搞生产。当时的口号是：“鬼子到咱们这里来，咱们就到那边去，他越挣扎，咱越

前进”。卖工队外出后，村里的互助社替其耕种田地，使外出生产与后方生产联系起来。如寿阳庞如林领导的村子，是被敌人3个据点包围的小村子，敌人将其造成“无人区”，而庞如林领导的卖工队却把这个“无人区”的生产包了起来。全村实行大变工，卖工队赚的粮送回村按价卖给缺粮户，没钱的便用自己的劳力来偿还，以工折米，按每日3斤半折换，还不了的秋后结算，使全村在敌人掠夺中度过了灾荒。

太岳边沿地区，在劳武结合上，有突出成绩。太岳各地采取的办法是：(1) 联防互助，即动员和组织敌占区群众监视敌人，递送情报，并以人力、畜力帮助边沿区群众生产；边沿区人民则以民兵打击小股抢粮之敌，保护敌占区粮食，并给予适当的物质报酬。或组织根据地与游击根据地的人力、畜力和武力支援边沿区；边沿区各村民兵组成游击网，一村发现敌情，各村立即支援。(2) 组织民兵扎工队和卖工队。他们不仅做工，而且也进行宣传工作，起到部分武工队的作用。(3) 成立战斗生产合作社，其做法与太行区基本相同。通过上述组织形式，使太岳区的边沿地带，在生产上得到了较大的发展。

边区劳动互助事业的兴起和发展，使一批游手好闲的懒汉得到了改造，使其成为从事生产的新人。他们中有的曾经是贫苦的劳动农民，因为遭受残酷的剥削，弄得一身净光，无法继续劳动而无奈过起游民生活；也有的是自幼受家庭娇养，从小不事生产，吃喝嫖赌长大，浪荡成性；还有的是抗战以来的某些村干部，脱离群众，好逸恶劳，逐渐变成懒汉。这些人通过合作互助的群众力量，对他们运用劝说、教育、帮助、鼓励和批评等方法，在生产劳动中加以改造，多数人有了大的转变，效果是显著的。据太行区的昔东、辽西、太谷、榆社等10个县的调查统计，原有游手好闲的人为1557人，经过劳动互助被改造好的为948人，占原有懒汉总数的60.8%。[1]由此可见，互助合作运动不仅提高了社会的生产力，而且也是改造旧社会所造成的不务正业懒汉的一种有效手段。

---

〔1〕 参见1945年5月30日《经济汇编》创刊号。

晋冀鲁豫边区，各地依据不同的经济条件和战时环境，在组织起来开展劳动互助方面创造了丰富的经验，其中最基本的经验是：

第一，坚持自愿原则。由于互助组是建立在个体私有财产基础上的集体劳动组织，成员最关心的是能否通过互助合作得到好处，担心的是怕吃了亏。因此，互助合作运动必须坚持自愿原则，并要照顾到每个成员的具体利益，使他们得到现实的好处，否则，任何的组织都难免流于形式。

第二，实行等价交换。只有采取精确的记工折工办法，使其做到互利，才能提高群众的积极性。在边区实施的记工折工分配的办法，既体现了等价交换的原则，也体现了自愿结合组织互助的本质。早期的许多互助组织，往往因为过分强调“憨厚”，不计较吃亏占便宜，而弄得垮了台。可是要从分散琐碎的农村劳动中找到一种准确计算和衡量的标准，是比较困难的。边区农民在实践中曾花费了很多时间和精力，才找到比较理想的记工折工办法。这个办法是按人按活儿统一计工的，即将每个组员按其手艺的高低、体力的强弱，进行公平评定，然后每个组员按其土地的多寡，顶工分数，经大家讨论确定其计工数。由于它是按标准升降定分，比较公平合理，因而也就能够充分调动每个成员的生产劳动积极性，消除了群众怕吃亏的疑虑。

第三，灵活地组织拨工和换工，合理地解决互助合作业务范围的扩大、生产季节性强和剩余劳力的问题。在边区比较通行的办法是采用“整拨零还，零拨整还”、“大拨小还”和“男拨女还”等办法，解决了人力畜力间的换工，并能组织起老弱妇女等半劳动力参加互助合作。这种办法，使剩余的劳力可以在较大的范围内加以调剂，为发展农业、手工业和运输业，开辟了合作的广阔前途。

第四，互助合作要本着自力更生原则，最大限度地动员地方资金，减少政府贷款。如此，方能改变那种单纯依靠贷款组建合作，甚至为少数人谋利的错误倾向。在经营方向上，要使大量的互助合作成为生产型，建立专业性和综合性的生产合作社。

第五，实行民主管理制度和必要的劳动纪律。民主管理的实质是等价交换，因此，只有经济管理上的民主才能真正巩固互助组织。边

区的互助合作运动，凡是开展得好的和比较好的，都坚持自愿原则。群众既可自愿参加，也可自愿离去。同时，要制订必要的劳动纪律，使民主和纪律有效地结合起来。实践表明，凡是比较巩固的组，都是在发展过程中经过群众的讨论，自下而上形成制度和纪律，并非自上而下的包办，因而也就能够得到群众的拥护。

第六，组织起来，要培养积极分子，树立一批真正劳动英雄，以榜样的典型推动一般。边区在互助合作运动中，涌现出一大批劳动英雄，如李须达、郝成明、郭玉恩、岳万寿、张喜贵、冯庭则、陈万寿、李马保、禹锁则、梁金德。他们的模范事迹，极大地推动了合作事业的发展。

第三节　大生产运动中的农业基本建设

要发展农业生产，保证稳产、高产，就必须加强对农业基本设施的建设。通过开渠打井、修滩整地和植树造林，提高农业抗御自然灾害特别是旱涝灾害的能力，扩大耕地面积、增加水浇地面积、防止水土流失、改变气候条件，只有这样才能使根据地农业生产有较大程度的提高，保证抗战事业的需要。根据地党组织和政府，在战争环境下领导根据地民众开展了改造恶劣自然条件的斗争，同时又对当时的保守思想和习惯进行了斗争，取得了重大的成就。

晋冀鲁豫根据地大部分地区，十年九旱，缺水是影响边区农业发展的主要因素，另外洪涝灾害在有些地区也很严重。这区政府把开渠打井、兴修水利作为发展农业的一项重要措施，在大生产运动中掀起了群众性的兴修水利运动。

在根据地的范围内，抗日战争之前的水利工程寥寥无几。旧政府曾在冀南修过一些河防，但年久失修，早已无法利用。

根据地各级抗日政府建立后，十分重视水利建设，早在 1939 年 9 月，冀南行政主任公署就发布了命令，要求下属“专员县长相机督

促所属，动员群众，一方修堵缺口，培筑加厚，一方设法保护，以求堤工完整，务使河防巩固免罹重灾是为至要。”

边区政府建立后，多次指示，要各地注意兴修水利。为此制定了一系列的政策，1943 年 1 月，边区政府制定了《兴办水利暂行办法》，对于开渠工程，《办法》规定，凡下村开渠，必须占上村土地者，上村不得拒绝，下村应按地价或按亩付租；下村因故退出原渠另开新渠者，其理由应向当地区级以上政府申请核准后，始得兴修；上下村合用之渠道，其所占土地面积之租金或地价，应按全渠的灌溉面积，按亩摊认；每年灌溉用水，以全渠溉亩数，由上流开始依次轮浇，中间如有停顿，再流水时，接续轮浇；凡关于整个渠道的工程费用，灌溉渠应按亩摊款出工，饮用渠应按人口及牲口数出工，按合理负担之比例出款；凡较大的水渠，其工程费能于一年内所增产量收回者，得强制兴修。这些具体规定保证了开渠有关群众的利益，调动了各方的积极性。根据地政府在号召组织的同时，还为农民开渠提供贷款等帮助，有的地区还采取以工代赈的方法兴建水利工程。

太行区在 1942 年秋到 1943 年秋先后开挖了两条大渠，即黎城上遥至东社、涉县温村至南庄，其灌溉面积有 7500 亩。另外还开挖了 34 条小渠，总灌溉面积达 7336 亩。太岳区自“十二月事件”后，加强了根据地建设，到 1943 年秋季先后在绵上县郭道以上至倪庄一带修渠 10 余条，在沁源马西、四维村修渠 2 条，在安泽的唐城、上县、小黄和屯留的一些村庄修筑了水渠，使农田灌溉面积超过了战前一倍以上，达 7400 余亩，水渠总长 1150 里。

边区大生产运动中著名的水利工程是涉县的漳南大渠。为战胜自然灾害，开展大生产运动，中共太行分局、一二九师和晋冀鲁豫边区政府领导机关根据群众要求和当地条件，召集涉县抗日政府、河南店区政府及王堡、赤岸等 8 个村的干部开会决定利用清漳河水为民造福。1943 年 5 月 1 日，在一二九师政治部支持下，涉县县政府、县水利局和区政府组成修渠委员会，决定用以工代赈的办法组织群众修建。为保证质量，一二九师政治部派景乾元、边区政府派秘书陈杨之、工程师曲万里、傅鼎等 5 名干部参加组织和技术指导。工程于

1943 年 2 月 24 日正式开工，到 6 月底主体渠道基本完成，但因遇日军 5 月大“扫荡”，工程暂停，到粉碎敌人“扫荡”后继续进行，于 1944 年 4 月 5 日全部竣工，顺利通水。该渠渠口上至温村、尾到茨村岗上，全长 15 公里，平均宽 5 尺，渠高 8 尺，为建渠共开凿了 4 个长达 40 丈的石洞，在悬崖绝壁上劈开了长达 600 丈的高空水渠，还修建了马港河大石桥和浪港沟大石桥，最长的为赤岸桥，该桥长 40 丈，高 4 丈、宽 4 尺。该渠总用工 12 万多个，投资 166 万元。边区政府共拨粮食 19 万斤，除土地吃用外，8 个受益村的民工还赚得小米 13 万斤。在资金上，边区政府共给予贷款 160 万元，边区和太行军区还借给伪钞 1 万元，用于到敌占区采购工程物资。大渠开成后，可浇地 3500 亩，给沿渠的河南店、南庄、茨村、庄上、沿头、会里、赤岸、王堡等 8 个村居住高处群众的生活用水带来方便。由于旱地变水田，每亩可保证增加细粮 2 斗（1 斗为 28 斤），全年增产 700 石。

晋冀鲁豫根据地内幅员广阔，在山区治水是以开渠为主，在广大平原地区则因地制宜，以打井为主。为解决春耕中用水问题，冀鲁豫行署于 1943 年 2 月 20 日公布了《掘井工作队组织办法》，加紧推行掘井贷粮和种植旱苗工作，该《办法》规定，为掘井救灾，改进掘井技术，组织训练与团结掘井人才，各专区可以根据实际需要，成立掘井工作队，掘井工作队系临时性组织，归专署主管部门负责领导，队长由专署聘请对掘井富有知识和实际经验者充任，下设干事由队长聘请熟练井匠充任，掘井工作队队长为春耕委员会当然委员。《办法》还规定，各专区可以根据需要，本着寓学于工的精神，成立训练班招收自愿学习掘井或由县选送介绍的群众分期训练，毕业后分赴各地，推动掘井事业。《办法》还规定掘井队队长如确系掘井专门人才，由专署根据边区政府优待技术人员办法予以优待。对掘井队的开支除由掘井户提供外，办公杂费由政府开支报销。

平原地区广大群众在政府号召下组织起来以工换水、以工换工，互助打井等形式，在政府支持下迅速打出水井，解决了春耕中急需用水的难题，除土井外，还修筑了砖井、柳木井，并改造了提水工具。

在山区，则是修建蓄水池，并且也打了部分水井。太岳区在1944年春耕中士敏、安泽、冀氏3县打井13口，灌溉面积57亩。太行区从1942年秋到1943年秋共建蓄水池175个，打井3口，灌溉面积达682.6亩。

大生产运动中的另一项农业基本建设是修滩整地，扩大耕地，提高地力。太行、太岳根据地山区河流湍急、年年有季节性涨落，在这些河流两岸形成大量荒滩。这些荒滩土少石多，如果改成良田，还需洪水淤垫，非一日之功。在群众组织起来之后，这样的困难就容易克服了。

边区政府1943年1月5日公布的《兴办水利暂行办法》对修滩工作有专门规定，《兴办水利暂行办法》中提出，凡较大的防洪堤，其工程费用较大，民力不能举办者，斟酌情形，由政府垫款兴修。这些垫款以后由受益者按水利款征收；根据边区《土地使用暂行条例》，凡公有之河滩地，如经当地县政府呈请核准后，其土地所有权归修滩人所有；凡河滩地所有人放弃修理者，他人可以向当地区级以上政府申请重修，修竣后，根据《土地使用暂行条例》及当地习俗，与河滩所有人订立5—20年的免纳地租契约；河滩地修竣后，自生产之年起，免纳5年资产及收入负担。

在政府号召、组织与帮助下，在大生产运动中，太行、太岳两区开展了大规模修滩整地运动。据不完全统计，仅太岳区就修滩18400亩，绵上一县就有7600多亩。沁县徐村一处就有5000亩。太行区不完全统计，仅1943年秋就修滩地4170亩，其中平东860亩，左权2000多亩，涉县1000余亩。

在垒堰修滩的同时，各地还大量开垦荒地，扩大了耕地面积。太行区从1942年秋到1943年春共开生荒地5140亩，开熟荒地15146亩，共计达20286亩。太岳区在1943年春耕中开生荒地70736亩，开熟荒地49878亩，加上修滩地，仅这一年春天，该区便增加土地面积达124110亩。1944年太行区6个分区又开垦生荒地29725亩，消灭熟荒地30358亩。党政机关部队开荒95801亩，合计开荒达335886亩，相当于6个分区原有耕地面积的13%。

植树造林是农业基本建设的一项长远性工作，根据地政府从人民的长远利益出发在大生产运动中动员和组织群众进行了禁山造林运动。另外植树造林不仅对于水土保持、改变气候有长久作用，而且通过造林，特别是营造经济林，还可以较快获益，增加收入。

为推动植树造林和封山工作，根据地制定了许多有关规定和政策。早在 1940 年 4 月，冀南行政主任公署便发出布告，号召开展“一人栽一树”运动。还规定“盗窃或损伤树木者，经树主告发或由军政民查获，送交政府，予以严办。”为解决群众烧柴问题，边区贸易局还大量购运煤炭。

1941 年 10 月，晋冀鲁豫边区制定了《林木保护办法》，规定边区一切军队、政府、团体和人民均有保护公私林木之义务；公有林木非经主管部门批准，任何军政民团体不得采伐；村有的禁山林木应逐年增植；一切林区只准造林，不准开荒；边区人民都可呈请用公有荒地植树造林；为固结土壤以防水患，山间野生灌木的根一律不得掘采。

太岳行署十分重视造林保土工作。1943 年，太岳行署规定。清明时一周内定为植树周，要求每人植活两棵树。不论机关和群众，都规定了造林区，还建立了苗圃，提倡种植桑树、核桃树等经济林木。边区政府在每年植树期间大力宣传植树造林的意义和保护林木的有关法律规定，使该区植树造林工作取得了很大成绩。

太行区把植树造林作为发展生产、改善环境的一项重要工作。据统计，仅在 1944 年 1 年间 16 个县就共植树 50 万株，其中平东县植树 9 万株。武乡县植树 9 万株。榆社县植树 4 万株，和东县植树 4 万株。太行各县十分重视培养经济树，左权县的经济树占 72%，黎北县达到 60%，磁武县为 52%。

广大边区群众在植树造林中还创造出许多好方法。黎北劳动英雄王同会将杂乱的山林中的杂树杂柴砍去，保留下可成材的树种，促其生长，使育林速度大大加快。涉县嫁接能手郝兴尚共嫁接成活了 1500 株果树，辽城吕金全 1 人植活 210 棵花椒树。左权的左文才几年间共培养了 800 株核桃树。边区政府号召各地自己养植苗圃，做到每百户以上的自然村均有一个 5 分到 1 亩的苗圃，每个行政区建立一个松柏树苗圃，还发动互助组办苗圃，使植树造林事业迅速发展。

第四节　惊天动地的扑蝗运动

1944 年春天，边区普降喜雨，干旱的土地，得以及时耕种，夏季农作物长势亦好，人民喜气洋洋，盼望生产自救的初步胜利，积极投入新的大生产运动。不料，一场历史上特大的蝗灾又一次威胁全边区人民的生存。

蝗虫是从敌占区和国民党统治区蔓延而来。早在 1943 年春，冀南、冀鲁豫和黄河故道南岸敌占区和蒋管区就发生了蝗灾。但是，无论日寇或者国民党顽固派，对此都束手无策，不但听天由命任蝗虫繁殖，而且还向抗日根据地驱赶。

太行区的蝗虫，就是由河南经过林县而来，随之蔓延到三、四、五、六专区的左权、涉县、黎城、偏城、潞城、平顺和沙河等县。5 月初，冀南的企之、广曲、邱县、曲周、馆陶、大名等地相继发现蝗蝻，先后繁殖 18 次之多，并逐渐变成飞蝗，向四周蔓延。6 月底豫东的飞蝗越过陇海路北上。7 月，滏阳河以南，陇海路以北，冀鲁豫区纵横数万里的土地上，几无一县幸免，其中冀南和沙区尤为严重。豫北和冀西一带，最大蝗虫群长达 60 华里，宽 50 华里，飞来时遮天盖日，一落几十顷（一顷为 100 亩），禾苗顿时一扫而光。据当时记载："飞蝗来时，是十分怕人的场面。飞时好像云彩一样，遮天盖日，而且能够飞半天不落地。一落地就是几座山、几道沟，使人看不见地皮，严重的地方有一二尺厚。落在树上，能把树枝压弯，甚至于压折。一棵谷子上能落十七八个，有时，本来一块谷子长得齐楚楚的，但飞蝗一落，全地谷子立刻被压倒，变了模样，平漠漠的，好像暴风吹倒了一样。苇子那么粗，那么密，但飞蝗一落，也照样被压倒。一棵苇子上能落八九十个。沙河孔庄一带几十个村，飞蝗冲进村

里，老百姓吃饭时，旁边要有一个人站岗赶飞蝗，否则就飞到锅里，……一个人站在一个地方不动，两手在身上摸，摸了一把，马上又飞来一身，足足供给上两手一直摸。要是在蝗虫丛里踏一脚，鞋底上立即踏成蝗泥，走时还则则作响，好像在雨后的稀泥内趟过一样。”[1]

在蝗灾面前，有些群众悲观失望，封建思想作怪。他们认为蝗虫是“神虫”，是“天定劫数”，凡人不可抗拒。一些巫婆趁机磕头烧香，在地里插上黄旗，弄神卖鬼。更多的群众参加祈雨求神活动，有一些在抱头痛哭，甚至悬梁自尽，跳井自杀，造成边区严重的社会问题。党政军领导，坚持唯物主义态度，号召人民紧急行动起来，破除封建迷信，树立“人定胜天”的观念积极参加剿蝗运动。以此来激励群众消除靠天等待思想，使人们认识到只有靠自己的力量，才能克服和减少蝗虫所造成的损失。一场惊天动地的捕蝗灭蝗斗争在全边区展开。

太行区为统一领导灭蝗斗争。从边区政府到各县均设立剿蝗委员会或指挥部，村成立大队、中队和小队。各地都颁布了《扑灭蝗虫暂行奖励办法》。

通过深入细致广泛的宣传与组织工作，边区党政军民都立即行动了起来，参加挖、打、捕杀蝗虫的热潮中来。许多地方以区为领导单位，组织村与村联防，打破区与区之间的界限，按街、队、组进行地区封锁，各村除每户留一人外，其他所有人员，不分男女老幼，均积极投入包围和歼灭蝗虫的战斗。甚至武工队、游击队及一切在敌占区活动的武装部队和工作人员，也都协助所在地群众的防蝗灭蝻工作。据统计，参加打蝗的人员达到百余万，用工千万个，创造了挖卵10万斤、打蝗1800万斤的空前纪录。经过2—8月，整整半年的捕打，终于将蝗虫阻止和消灭在太行山脚下，保障了麦收和秋收。可是到了9月，蝗虫又飞越太行山天险，分两路袭入左权和平顺，严重威胁到二、三、四分区和太岳区。但由于军民齐力奋战，又终于打了一个歼灭战，仅左权县一地就消灭了蝗虫360万斤，保卫住最后一道

[1] 袁毓明：《太行人民打蝗记》，河北人民出版社1992年版，第28—29页。

防线。在这次灭蝗战斗中，太行区驻军，上自司令员，下至每个指战员，普遍参加，协助人民消灭蝗虫。一、二、四、五、六分区部队、太行大队、军区直属队、区文工团和集总直属队，共计参加270806人次，打蝗14万斤。这个战果是极其伟大的。

边区在打蝗运动中，军民运用生产救灾和军队作战经验，将群众有效地组织起来，不仅克服了迷信、落后和自私心理，而且发扬了团结互助友爱的精神。在运动中充分发挥了群众的聪明才智，创造出许多打蝗的办法，出现了像曹三录式的大批扑蝗英雄。太行区灭蝗办法主要有：

1. 划分剿蝗区，按其发展情形，统一调配人力，或分散以组为单位，或集中为一队、数队人力，分别包围一块一块消灭。

2. 蝗蝻多的地里，在其周围挖深宽各尺半的土沟，两旁堆起2尺高的土坡，每隔一丈远在沟底挖深宽1尺小沟，沟内放布，大家一起用扫帚赶蝗入沟，再由大沟赶到小沟而聚歼；蝗虫早晨不起飞，藏在麦叶下面，用比麦陇稍宽之筐，一手端平，在麦的半腰处顺陇来回跑动，蝗虫即可落于筐中而灭之。

3. 在夜里用柴烧一堆火，蝗虫见火飞集而来，将蝗虫赶入火中烧死；或用火把在蝗虫多的地方来回跑动，可将其烧死或将其翅膀烧伤便于打捉。

4. 凡没有种植的庄稼地里，如蝗虫多时可用牛拉带刺针耙田，将其耙死。

5. 按照蝗虫移动的方向，尽力捕灭，使其不能向他处蔓延。

6. 蝗虫是一批一批生长，因此不可一劳永逸，必须不断打杀，以求根绝。边区林农局曾创造过科学灭蝗法，即涂毒和毒饵诱杀法，功效很大，但因受当时条件所限，未能广泛使用。

冀鲁豫区是剿蝗的另一个战场。

为了进行大规模捕蝗运动，冀鲁豫区从专署直到县、区、村各级都成立了剿蝗指挥部或剿蝗委员会，由村长、合作社主任、小学教员和开明士绅等人组成。在党和政府的领导下，经过广泛的宣传和教育，及时扭转了群众中存在“靠天吃饭”的悲观情绪，并根据不同

的时机，提出适当的口号进行鼓励，以保持群众捕杀蝗虫的积极性。在初期提出“打一个少一个”，“打蝗有饭吃，不打就挨饿”和“坚决消灭在本地，反对一轰了事”；在打的过程中，又提出“服从指挥，争取模范”，“不分你我，大家互助”；在大部分消灭以后，进一步提出“不打完不心静”。这些口号已变为群众打蝗的实际行动，因而发挥了很大的作用。

在打蝗运动中，冀鲁豫的主要领导人黄敬、宋任穷等人都加入了群众捕蝗行列。由于各级干部亲自动手，深入基层，体察民情，能及时发现问题予以解决。在长期捕蝗活动中，有很多的贫苦农民生活无法维持，为此，政府规定以蝗换粮与按地出夫的办法，解决他们的生活问题。在此办法实施之前，濮县郭村每天只打 10 来斤蝗虫，但实施以后，两天内就扑灭 800 余斤，参加人数占全村 60% 以上；在曲周、观城、鸡泽等县，实行这个办法后，大批儿童和妇女都参加了捕蝗，青壮年便能抽出时间进行开苗、锄地，做到灭蝗不误农时。

在打蝗中，冀鲁豫行署实行了多种奖励办法。有些地区每天都要总结一次，选出捕蝗英雄，并立即发给奖励米，使灭蝗工作在竞赛中得到了普遍的开展。各村群众，组与组之间，儿童团与妇救会甚至夫妇之间，军队班、排、连战士之间都举行竞赛。就是刚从敌人手中解放出来的内黄城区附近，在政府与军队帮助之下，也组织起剿蝗委员会，城内商人自动停市，学校停课，组织了 1300 余人的捕蝗队，八天之内，将蝗虫全部捕灭。老百姓颂扬说：“八路军有天分，自古从没有办法的事，现在都有办法了”。

冀鲁豫边区军民，从 5 月初到 8 月底，苦战四个月，取得了辉煌的战果。但由于敌伪禁止捕打蝗虫，蝗虫吃完敌占区庄稼后，又成群地飞到根据地来，加重了根据地捕蝗斗争的困难。因此，随着剿蝗斗争的继续进行，群众的对敌斗争也就更广泛的开展起来。

太岳区的捕蝗运动，规模很大。太岳区的蝗虫大都是由河南、汾南飞来，在洪洞、浮山、沁南、翼城、王屋、济源等县，一经发现，即为成蝗，据统计，蝗虫波及地区约占太岳区的 1/2。其中最为严重的是洪洞与士敏县。据士敏捕蝗英雄潘永福讲：“在蝗虫最严重的时候，一足可踏住220多个”。这样大的密度是十分惊人的，它所造成的灾害也是令人吃惊的。仅据洪洞县78个自然村的统计，共损失田禾49648亩，士敏被吃掉的麦子、谷子共2912亩。

在灾害面前，太岳行署立即发出指示，要求各县紧急动员起来，各级负责干部均要亲身参加领导，在组织群众捕杀蝗虫过程中，做到多、快即投入人员要多，扑打行动要快。在干部亲自动手，以身作则的带领下，边区军民迅速地投入到灭蝗虫中来，取得了丰富的经验和巨大成绩。太岳区的捕蝗办法，主要是：

第一，发现蝗虫，立刻组织群众集体扑杀，不可个别捕杀，以免扩大蝗灾面积。要根据人数和地区，严密分工，赶的管赶，打的管打，侦察的只管侦察。

第二，蝗虫因性喜热，产卵时多在向阳避风的石堰、坟地、白草坡上，因此，秋季应进行冬耕，烧草坡、坟地和石堰边的杂草，以达到消灭残蝗的目的。

第三，天刚明，趁潮气湿润飞蝗翅膀不灵活时，用笤帚扫进口袋里，以手抓捕之；或于晚上照以火光与灯光诱而捕之；或用蒿把、簸箕围结一圈，向壕内扇火灭之；或在地陇与田禾的地里，每10人一组，9人扫，1人用拍打死；或以10—20人组成一组，随扫随打；或先挖好战壕群起围剿之；或于夜晚蝗虫宿在干圪针和白草坡内，用火烧之，等等。

由于上述办法行之有效，太岳区取得了巨大的捕蝗战果。仅据蝗虫严重的士敏、洪洞、浮山等县的统计，共刨蝗卵250余斤，捕杀蝗虫470951斤。在运动中涌现出许多捕蝗英雄，其中著名的有洪洞靳堡村捕蝗英雄刘晋臣，一家三口一天就打蝗73斤；士敏贾峰村捕蝗英雄潘永福，不仅是捕蝗能手，而且还创造了吃蝗虫的办法，使全村渡过了半月灾荒。

晋冀鲁豫边区减蝗大搏斗的经历，中共中央曾多次表扬，延安《解放日报》发表的《太行剿蝗经验》认为这是一件空前盛举，是生产方面一件破天荒的成就，值得大书特书。

旧中国，不知发生过多少次蝗灾，没有哪一个政府能为人民除害。但是，在抗日根据地，共产党和抗日政府却能带领人民，群策群力，捕蝗灭蝗，取得剿蝗的伟大胜利。而这样的事，还发生在紧急的战争时期。实不愧为惊天动地的英雄事业。这件事雄辩地证明，只要在共产党领导下，将人民组织起来，就能人定胜天。

第五节　大生产运动中的机关生产和“滕杨方案”

机关生产这一概念，是抗日战争期间抗日根据地的部队、政府、群众团体和各类干部学校自己动手，发展生产的统称。

抗日战争中进行的机关生产，是抗日根据地开展的大生产运动的一个组成部分，是革命军队和革命工作人员继承红军传统和自力更生、艰苦奋斗精神，适应新形势的一个新创造。

晋冀鲁豫边区大生产运动中的机关生产，很有特色、很有创新。

部队的机关生产，大体上是三步走：第一步，助民生产。第二步在助民生产的同时，自己动手，解决蔬菜的自给。第三步，在上述基础上，达到2—3个月的粮食自给。

八路军一二九师是边区人民的保卫者，又是人民的子弟兵。它们一贯保持着人民军队的军民团结、军政团结、互相支持、同舟共济的光荣传统，从进入本区开创抗日根据地的第一天起，就在打仗、建军的同时，帮助驻地农民劳动生产。每年春耕期间（除敌人扫荡外）部队、机关、团体都停止办公若干天，分散到农村帮助农民春耕播种，保证不误农时。夏天，麦收和锄草紧张时，部队、机关、团体、学校也都先后抽调大量人力、畜力帮助人民进行农忙劳动。秋收和冬耕，也照例帮助农民抢收、积肥、翻地。一年四季帮助农民生产，已成为初期机关生活中的固定制度。

1940年以后，国民党政府对八路军不发分文、不给粒米、不供一弹；同时，日军对根据地蚕食、封锁、频繁扫荡，疯狂地执行

“三光”政策和“总体战”，大肆掠夺我根据地资源、粮食；再加上连续的自然灾害，农田荒芜，粮食减产，这些因素综合在一起，使得边区的部队、机关、团体的经济生活陷入空前的困境中。广大指战员，衣不挡寒、食不果腹，经常饿着肚子打仗。机关、团体工作人员，连最低的生活供应也难以保证，二年不发一套棉衣，一年不发一套单衣，油盐更是常常断顿。为了保存部队斗争力，减轻人民负担，部队开始了自己种地，主要是生产蔬菜，也产一点粮食用以补助主力部队的给养。为了把部队的生产搞好，一二九师早在 1940 年就成立了生产部，生产部的任务除指导部队的农业生产外，还要在全边区农村的农业生产方面，做些科技示范活动。

同时，部队机关团体，特别是各领导机关，由彭德怀、刘伯承、邓小平、滕代远等首长带头，利用业余时间在驻地附近见缝插针种植蔬菜的生产活动，逐渐成为机关工作的内容。早晨和晚饭后，伴随着歌声笑声，一队队、一组组的机关干部，遍布山前河畔，一派生机。

对于机关生产的历史情况，邓小平有如下的描述：“……军队提出生产问题也很久了。1940 年就成立生产部，说明了我们对生产问题的重视。几年来我们是有成绩的，一年比一年好。假如机关、部队没有生产，借靠一毛二分钱的菜金来改善生活和维持体力，是不可能的。我们能够过得去，并改善了生活，维持了体力，没有影响到部队的战斗力，不能说不是努力生产的结果。”〔1〕

1942 年和 1943 年，空前严重的敌祸天灾，使边区经济更加困难。“部队只有枪而没有饭吃，是不能打仗的”。因此，边区党政军民领导机关决定，对机关生产提出了新要求。北方局温村会议决议中指出：“军队和机关的农业生产，今年虽比去年好，但强调得不够，具体办法也不多，还没有认识这是渡过难关、减轻人民负担、改善部队机关生产的主要步骤之一”。〔2〕因此从 1943 年起机关生产不仅要解决吃菜的问题，而且要解决部分粮食问题。这就是说，吃粮问题不能

〔1〕 杨国宇等编：《邓小平 28 年间》，中国卓越出版公司，第 136 页。

〔2〕《边区财政经济史资料选编》第一辑，中国财政经济出版社 1990 年版，第 302 页。

全靠农民负担。人民负担过重，影响生产情绪，就会出事，我们党政军民就会“弄到无饭吃，又无群众，不能支持斗争的严重地步”。[1]因此，部队、机关、团体、学校的机关生产又上了新台阶，规定了生产指标：旅以上每人每年应生产 100 元，团以下每人生产 60 元。前几年的机关生产是随意的，没有硬性规定，任务是否完成没有严格检查。从这个时候起，机关生产指标成为必须完成的任务，只能增产，不能自流。

南泥湾军垦的成功和边区灾荒的发展，促使机关生产的指标更高更严。北方局决定：军队要更多的学习延安精神，特别加紧农业生产，解决一部分粮食。[2]一二九师规定：部队要解决三个月的供给；政府、机关、团体，凡地委以上单位每年必须自己解决二个月的粮食蔬菜（按小米 90 斤、蔬菜 730 斤计收），县级以下机关，必须解决一个月的粮食和蔬菜。晋冀鲁豫边区政府规定所有应该完成的生产数量，一律由粮食部门依数减少供给。

据后来的检查，一二九师各部队全都完成生产任务。有很多单位如三八五旅、三八六旅等均超额完成任务。活动在太行区的国际友人朝鲜义勇军、日本军人反战同盟，都较好地完成了任务。

又据统计，1944 年太行军区所属单位共增产粮食 30 万担；太岳军区所属单位，共增产粮食 14 万担。

八路军总部、北方局所属单位的机关生产成绩也很突出。它们不仅完成了全年的蔬菜、粮食生产自给任务，还解决了办公杂支烤火及副食补贴经费。

冀南和冀鲁豫两区是平原地区，战争环境特殊，但是，那里的部队、机关、团体也巧妙地利用战争空隙进行了一些机关生产。1944 年后，那里的敌情缓和，机关生产亦曾出现喜人景象。

在部队完成生产计划之后，一二九师曾将这一情况报告党中央、毛主席。毛主席回电：“关于去年军队生产成绩及今年生产计划的报

---

〔1〕 杨国宇等编：《邓小平 28 年间》，中国卓越出版公司，第 136 页。

〔2〕《边区财政经济史资料选编》第一辑，中国财政经济出版社 1990 年版，第 307 页。

告阅悉，甚为欣慰。你们的方针是正确的，望妥善执行。”

地方机关的机关生产，进行得也很好。以晋冀鲁豫边区政府为例；为响应党的号召，推动各级政府的机关生产，边区政府全体工作人员除在驻村设法生产外，还由戎伍胜副主席（主席杨秀峰赴延安学习）带领，停止办公，到黎城、左权的山上大生产。计：开荒 157 亩，种熟荒 29 亩，修整水浇地 5 亩 7 分，共收获谷子 9108 斤，麦子 4617 斤、玉米 1236 斤、豆子 1084 斤，黍子 192 斤、山药蛋 9680 斤、春菜 17993 斤 12 两，夏秋菜 27831 斤。根据以上收获，按照机关编制人数，除完成二个月食用外，尚余小米 3881 斤。至于蔬菜任务，自不必提，早已超过。

从 1943 年秋季起，边区掀起轰轰烈烈的大生产运动，边区的机关生产也随之进入一个更新的阶段。它的规模之大，增产数量之多，是过去从未见过的。机关生产成为群众性的大生产运动的一个方面。它对大生产运动的促进和军民的亲密团结所产生的影响，远远超过了机关生产本身的作用。

在大生产运动中，机关生产的突出特点是：首长负责、亲自动手。部队方面，彭德怀、邓小平、滕代远、张际春、李达、李雪峰、周桓、黄镇等；党的机关李大章、刘锡五、杨献珍；政府方面戎伍胜、李一清、刘岱峰等等，都承担着生产任务，不要别人代耕代交。据李达所著《抗日战争中的一二九师》记述：邓小平和张际春、周桓、李大章、刘锡五等人，征得驻村政权同意，租了二亩公产水田，立下“军令状”，保证来年按规定交租、出负担（指交公粮）。他们聘请农民当顾问，作技术指导，每日天一亮就下地。[1]晋冀鲁豫边区政府机关生产总结中也写过领导人劳动情况：“戎副主席、刘厅长，在全部（指自始至终）开荒中，不但亲自参加，而且没有比任何一个积极的模范劳动者少刨一镢，多休息一分钟”。[2]由此说明，领导干部是真干的，它的影响是深远的。

〔1〕 李达：《抗日战争中的八路军一二九师》，人民出版社 1985 年版，第 286 页。

〔2〕《边区财政经济史资料选编》，第一辑，中国财政经济出版社 1990 年版，第 1360 页。

在首长带动、群众影响下，各机关的工作人员，都自觉参加，没有“见外”思想。有的同志把参加生产和学习马列主义、毛泽东思想结合，更有收获。人人都有一些模范事迹，选举机关生产劳动模范时，既非常容易（人数多），又非常难办（互相谦让）。这些情况再次证明：机关生产运动，决非单纯的生产运动，而是机关生产的政治学习运动。

在大生产运动中产生的“滕杨方案”，把机关生产推向更高的热潮中。

“滕杨方案”是八路军前方总部滕代远参谋长和杨立三副参谋长于 1944 年 4 月 1 日制定的《总部伙食单位生产节约方案》。

“滕杨方案”的产生过程是这样的：正当边区部队、机关、团体、学校的机关生产运动搞得热火朝天时，却招来少数有极“左”思想的同志的攻击。他们严厉斥责生产成绩好的同志和单位“搞资本主义”，给他们扣上了“经济主义”、“金钱观念”、“发财思想”、“富农意识”等等大帽子。而部队中一些右倾观点如“有枪就有饭吃”、“上级总会给米吃”、“当兵就有饭吃”等等言论，也就挫伤了许多同志的生产积极性，影响了机关生产运动的发展。

看来，如何端正对机关生产的认识，并用具体政策和可操作的规章制度，保证机关生产积极的继续进行，是摆在运动面前的大问题。它不仅关系今后的机关生产运动的前途，而且关系到部队的建军原则。

中共中央北方局代书记、八路军副总司令彭德怀听到这些各式各样的观点后，认真地进行了调查研究，并于 1943 年 1 月 15 日写信给邓小平，信中首先谈到一二九师重视生产，“这是很好的”，接着就指出“我认为在军队机关方面，还犯了严重的平均主义。比如杨立三领导的后勤部，历来是生产很好的，因此他们的给养也比较其他部门要好些。许多同志批评杨为本位主义。总部机关管理科长谢汉初除参加集体生产外，私人还喂了几只鸡，被斥为资本主义思想。这样不恰当的批评，必然会阻碍集体与个人生产的发动。去年，后勤等单位伙夫，利用午睡时间自制冬衣，不要公家发给。这是军队的劳动英雄，应当表扬，使之成为推动军队生产运动的模范例子。因为我们受着历史上党内反资本主义的束缚与错误理解，忽视了群众中生产的创造性，放过了这样的典型人物。要发动个人生产，从生产中得来的私人积蓄不仅不应反对，而且是允许的。某一单位生产好，吃得好，应当奖励。只有那些好吃懒做的平产分子，才应受到批评与指责”。[1]

邓小平对彭德怀的上述观点完全赞同和支持。在他亲自领导的一二九师生产运动中，在历次生产工作会议上，他都反复强调部队生产的重大意义，并根据具体情况，制定了从事生产、运输、经商收入的分配制度，奖励原则。1943 年 9 月，在边区党政军民联合召开的生产动员大会上，邓小平作了《努力生产，渡过困难，迎接胜利》的报告。在报告中，明确提出“奖勤罚懒”的“赏罚制度”，宣布了相应的“命令”。在“命令”中规定，个人模范、劳动英雄，给予 100—200 元的奖金。针对有的同志反映，这是否过高了？邓小平斩钉截铁地说：“不高。”他说“这是由于其劳动所获得的，又不是贪污所得，是应该的。”他还说“对于懒惰不积极的，要给予处分。懒惰、生产不好的单位必须自己吃苦。否则赏罚不明，就不能将这项工作做好。”后来，这个报告在太行《新华日报》发表时，邓小平又将奖金数额提高到 200—300 元。当时部队的战士每日津贴费只有一元五角，干部也不过 2—5 元，二三百元的奖金额，真可谓重奖了。这一措施的提出，极大地调动了部队机关生产的积极性。

为了使奖勤罚懒的措施制度化，在邓小平的支持下，“滕杨方案”顺利出台。

“滕杨方案”的序言“写在前面”中写道：“在生产节约的政策上，毛泽东同志的指示是公私兼顾”，“敌后的斗争环境是艰苦的，我们的生活是困难的。现在我们正进行生产工作，……愉快努力地为完成今年的生产任务而斗争，这是光荣的事业。……为了进行这一生产节约运动，特遵照毛泽东的公私兼顾的指示及李富春同志的先公

---

[1] 杨国宇等编：《邓小平二十八年间》，中国卓越出版公司 1989 年版，第 135 页。

后私、公私两利的原则，规定了本单位的生产节约的初步办法。”前言还说：“我们过去把共产主义的远景作为现在的实际，把共产党的骨干的思想观点，作为群众的意识，认为以劳动所得而积蓄起来是‘经济主义’、‘金钱观点’，或名之曰‘富农思想’、‘发财观念’等等，这是主观主义的表现，我们要在思想上清除这种毒素。……同时，我们坚决反对个人经营商业、投机取巧、损公私己、损人利己的不正当的唯利是图……”前言又说：“我们提倡劳动、奖励劳动，只要是劳动所得，自己就有权享受，你生产得越多，你所得的也越多。我们提倡节约，奖励节约，你节约的越多，所得的也越多。我们提倡积蓄，只要是劳动所得的代价，你越积蓄的多就越好。……大家努力吧！要克服困难，改善生活，减轻人民负担，增加社会财富，是要人尽其力，是要我们亲自动手的啊！”

方案中正式规定了参加集体生产节约所得以二八分红（即公八私二）。个人利用业余时间从事生产的，以七三分红（私七、公三），个人采集野菜、饲养全归私人。

“滕杨方案”是一个马列主义毛泽东思想与晋冀鲁豫边区部队生产实际相结合创造性的文件，是当时的一个大政策，它纠正了一些极“左”观点，正确地处理了生产和分配的关系，集体和个人的分配关系；它不仅推动了部队的机关生产运动，而且对当时的社会经济生活具有很大的导向意义。

“滕杨方案”的出台，标志着晋冀鲁豫边区机关生产已经走上全面发展的道路。在这之后，边区的机关生产运动掀起了更大高潮。

第六节　大生产运动中的科技兴农活动

运用农业科学技术增加粮食产量，一直是晋冀鲁豫边区党政领导者和农业生产主管机关领导群众农业生产的重要指导思想。中共中央北方局在边区统一、临参会即将召开、边区政府即将建立前提出

的《对晋冀豫边区目前建设的主张》和根据这个文件由边区临时参议会郑重通过的《晋冀鲁豫边区政府施政纲领》均对此有过明确的方针。两个文件都写着“发展农业生产、扩大耕地面积、发展水利，改良种子、肥料、农具，开办农业试验场，提高生产技术，……”由此可见，农业科技问题，在晋冀鲁豫边区是注意较早的。

在“冀太联办”召开的第一次专员县长会议上，杨秀峰、戎伍胜也都讲到增产的手段问题。戎伍胜代表“冀太联办”所作的会议总结中，对农业技术问题，讲的较具体、较明确。他说：“农业生产只提到扩大耕地面积，兴办水利是不够的，应注意提高技术，使生产科学化。虽然敌后的生产不能如资本主义和社会主义国家的科学化，但我们应尽可能根据农村的具体条件使它科学化。要从大后方，敌占区各方面去吸收技术人才，优待技术人员，动员各样人才来参加我们的生产路线”。[1]

为了贯彻落实上述的方针原则，1942 年 7 月边区政府颁布《关于改组经济建设机构决定》。其中第二项规定：“成立农林局、增设农业指导所”。农林局是在水利局基础上扩大组建的，它的任务是“本区农林畜牧之调查研究试验推广等事项；有关水利之指导推广及经营事项”。农业指导所之工作是“农业技术的指导、推广事项；优良品种的推广、繁殖事项；简易之农作物试验；苗圃之经营指导事项”。关于农林局和农业指导所的关系中又规定：“农业指导所受农林局之直接领导及县政府的监督指导。在技术指导范围内，农业指导所应配合全县生产运动，接受县政府的指挥”。

尽管边区领导上对这个重要问题有言在先，但是，因环境的动荡和其他条件限制，全边区的农业科技活动，有一段时间并未摆在各专县领导机关的日程上。北方局在关于经济建设问题的决议中，就批评“在推广优良品种如金皇后玉茭等，没有引起足够的注意，致贻误时机，把很多顷地的种籽大部分浪费，是很大的损失”。所以提出“明年要贯彻几种优良品种如美国金皇后玉米、开封一二四小麦、太谷一

[1] 《边区财政经济史资料选编》第一辑，中国财政经济出版社 1990 年版，第 242 页。

六九小麦的推广。水利工作要继续贯彻”。[1]

农业科技工作上的冷清局面，在轰轰烈烈的全民性大生产运动中，有了重大突破。广大农民在大生产运动中，一方面亲自经历了“组织起来”、集体劳动，从而提高了劳动效率，增加了粮食产量，增加了收入，尝到了实惠。另一方面又觉得光靠“组织起来”还不能改变千百年来祖祖辈辈在农业耕作上所使用的简单、笨重的劳动工具，也不能减轻繁重、重复的体力劳动，更不能很快地增加产量、更多地增加收入，难以早日达到丰衣足食的目标。这是广大农民在经过减租减息、调整负担，冲破封建束缚，取得了土地，部分的改变了生产条件，提高了生产情绪，参加了集体劳动，并看到机关生产中因地制宜地进行了一些技术改进之后，思想上萌发的一种求新上进思潮。这个新思想，随着大生产运动的深入发展越发显得突出。特别是一些农民中的先进生产者、劳动英雄，对这一问题更敏感、更觉悟，他们对农业技术的兴趣越来越浓，依靠科学增产的决心越来越坚定。当时的边区头名农业劳动英雄、武乡农民李马保所说“组织起来顶机器”，说出了“组织起来”的优越性，也说出了他们渴望真机器（不愿光靠组织起来“顶”）的朴素感情。

大生产运动和其他政治运动一样，都是群众自觉的行动。“运动在发展中，又有新的东西在前头，新东西是层出不穷的。”[2]在这样的全民大动员中农民要求新的农业科学技术，称得起是大生产运动中的新动向、新课题。这就要求边区党政领导机关，不仅要正确指明大生产运动的政治方向，而且还必须满足群众的最新要求，加强大生产运动的科学技术指导，帮助他们学习先进、省力的增产方法。

在人才、资料、书刊、仪器极端缺乏的战时农村，如何进行农业科技活动是领导颇费脑子的一桩大事。经过调研确定：把研究、总结和推广当地种地能手、作务把式积累的丰富的耕作实践经验，作为提高农业科学技术和普及科学知识的首要内容。这一思路是当时的唯

〔1〕《边区财政经济史资料选编》第一辑，中国财政经济出版社 1990 年版，第 307 页。

〔2〕“中国共产党在民族战争中的地位”，《毛泽东选集》第二卷，人民出版社 1991 年版，第 534 页。

一正确选择。这是一条事半功倍、容易推行的好办法。

中华民族以农业立国。农村中的种地能手、作务把式，在耕种技术上、掌握时节上，各有一技之长，各有特别的绝活。多耕多锄多上粪是多打粮食的主要手段，但同样的多耕多锄多上粪，效果却大有不同，这说明种地技术大有讲究。因此，在学习种地能手、作务把式的生产经验时，先从多耕多锄，多上粪上入手。

“庄稼一枝花，全靠粪当家”、“种地不上粪，真是瞎胡混”。这两句人人皆知的农谚，说的都是多上粪，这当然是农民种地的切身经验。但是，到底每亩“多”上多少粪？什么样的地质上什么样的粪？各种粪的效力以及上粪与改良土质的关系，许多农民是会操作的。他们虽不能说出准确的科学道理，但他们都能因地制宜，巧上粪，多收获。这种本事，并非一日之功。

多耕多锄，是种好庄稼的基本方法之一。多耕多锄的时间选择，很有学问。能手、把式就很会掌握火候。

基于以上种种原因，边区农业生产主管机关，在多耕多锄多上粪上开展活动，有计划地安排现场表演，做到村村、组组都有种地能手。

后来，这种活动普遍发展成为一个“深耕细作”运动，它把农业生产上的许多技术问题都包含在内。凡是有关多耕多锄多上粪、繁殖牲畜、防止畜病，兴修水利、整治土地等等“土”办法，由农林技术指导机关认真总结，组织推广，并予以科学的说明。这一称作“深耕细作”的农业科技活动，在晋冀鲁豫边区大生产运动中开展起来了，但总的说不够普遍。晋冀鲁豫边区政府建设厅在总结“深耕细作”活动时，一方面肯定取得“辉煌成就”，另一方面又希望把这些活动广泛开展。并且指出“深耕细作是我们在组织起来之后应当努力的方向，从这里来提高技术和生产量。互助组自然会巩固起来，农民的经验与科学便会结合起来。”[1]

在1944年的大生产运动高潮中，“深耕细作”的活动较前更扎

〔1〕《边区财政经济史资料选编》第二辑，中国财政经济出版社1990年版，第295页。

实。在边区腹心地区的一些先进生产村庄，为真正达到深耕细作的要求，增加农业产量，自发地组织了“农业技术研究会”，有的村还专设了农业技术研究员。据黎城、潞城、平顺、武乡、邢台等八个县统计，村农业技术研究会有600多个，参加的会员很多，仅黎城一县就有1600多人。其中大多是劳动英雄和种地能手或某种作业好的把式。这些研究会，一面劳动，一面琢磨，创造、发明了不少增产办法，打破了农民在生产中的许多保守观念，受到农民的欢迎。黎城霍家窑村的农业技术研究会研究出背阴地宜上骡马粪、阳坡地宜上追堆肥。偏城等地提出锄地不用韭镰、改用小锄。榆社过去不垡豆茬，经研究会研究，部分地改变了这一习惯。此外，在修地、犁地、抗旱、点播、棉花打杈等等方面，也都学习推广了一些老把式的好技术，收到了一定的成效。经过技术研究会的组织，群众性的互帮互教活动，也搞得红红火火。懂技术、讲技术、求技术的人一天天多起来，农业技术也就一天天提高，将将就就、马马虎虎种地的人越来越少。许多县总结工作时说：他们是靠这个办法，使亩产水平超过战前的（当时的口号是亩产应超过战前）。以上所述，只是边区大生产运动中农业科技活动的一个侧面，它还有另外一个侧面，这就是边区农业科学家们进行的农业科技活动。这一活动，引起了边区农民的更大兴趣。对边区的农业生产产生了巨大的“轰动效应”。边区的领导人邓小平等对此评价甚高。

抗日战争开始后，大批爱国知识分子奔赴敌后，直接和辗转到达太行的也相当多。其中就有不少是农业科学技术上的专家或在农业高等、中等学校学习的学生。边区人民较熟悉的张克威就是边区首屈一指的农业专家。张克威，东北人，是第一次世界大战时期流落到美国的华工，依靠刻苦自修，考进美国的一所大学专修农业畜牧。以后加入了美国共产党。后来回国参加革命。抗战开始后，他参加抗战，曾在石友三的部队做政治工作。石友三叛变后，他来到一二九师。刘伯承、邓小平任命他为一二九师生产部部长。1942年后，还兼任晋冀鲁豫边区政府农林局局长。和张克威一起从事边区农业科技活动的还有席凤洲、李俊、林英、曲万里、冯子钦等在农林水利方面学有

专长的知识分子。他们也是以自己的专业全心全意地为人民努力工作。

一二九师生产部，由张克威这样的专家当部长，并设在师政治部之下，说明生产部不单纯为部队生产粮食蔬菜，也不单纯管理部队机关生产，而是一个既领导、管理部队生产，又要进行农业科学研究、农事实验和农业科技普及指导的部门。可以说是边区最早的农业科技机构。

科学工作者对事业有一种“欲罢不能”的精神。尽管边区处于战争环境下的贫困农村，连科学实验的起码条件都没有，但是，他们还是闲不住，他们不在困难面前止步、等待，而是千方百计、因陋就简地选择一些易于推广、短时见效的科研项目，以便成功后为更多的科研任务开路。经过张克威等人的慎重研究，他们最先的科研任务是两个优良品种的引进、推广，另一个是为增加粮食产量的，一个是为增加蔬菜品种的。这就是至今仍为边区人民怀念的金皇后玉米和西红柿。

据史料记载：“远在1941年，一二九师生产部为了改进本区玉米的品种，以提高产量，特派专人到山西太谷铭贤中学购买金皇后玉米二市斤。首先在生产部直属农场作生长状况的比较观察、试验其科学栽培方法，研究其在本区的适应性，并严格地保持纯种，设计推广步骤。”〔1〕

金皇后上了太行山之后，是严格按照科学程序进行试验推广的。前两年，在一二九师生产部农场培育、试种。1941年种了三亩，第二年就繁殖了7亩。1943年，扩大到26亩，并开始小规模推广。为确保种籽的纯正，这次小规模的推广选择在黎北县南委泉村。经过周密的计划，先在南委泉选择了一片种籽繁殖区。种籽区农户自愿参加者，聘为“特约农家”（共71户）。他们在农林局技术人员指导下，成为试种金皇后的第一批农民。经过这次小规模的试种和农林局三年的实种试验，金皇后玉米呈现的优点是：穗长、穗粗、匀称、轴

〔1〕《边区财政经济史资料选编》第二辑，中国财政经济出版社1990年版，第84页。

细、轴轻、籽粒多、行数多、产量大。这些特约农户简称："穗大、籽厚、骨头（轴）轻、分量重"。在这同时，农林局根据三年的观察和实验，得出结论：金皇后不仅产量高，而且耐寒、耐旱，营养价值高，太行山的气候、土壤、雨量，都适宜它的生长。农林局还实事求是地说明金皇后玉米出面率低于当地玉米 1%（皮厚、麸多）。但是这与产量和营养率比较，不会影响它的推广价值。

农民是看实际的。在农林局试种期间，有些农民已经看到了"洋玉米"长得好，产量高并悄悄采样种植。有的县的农林部门，也设法"搞"一些纯种，自行种植。群众自发种植的结果和农林局严格规范种植的结果，在产量方面是和其他方面大致相同的。因此，金皇后玉米就神奇般地传遍太行各个角落，也传到了太岳山区和冀鲁平原地区。南委泉村农民范孟喜，积极试种洋玉米，按照技术要求，精心作务，每亩实产 695 斤，增产 99.4%。范孟喜的弟弟土地质量不比他差、施肥数量不比他少，只因怕冒险不种洋玉米，而种植土玉米每亩实产仅 220.9 斤，比他的哥哥每亩少收 474.1 斤。秋收后，范孟喜兴高采烈，他的弟弟后悔莫及。这一典型事例的对比，曾在太行山上广为流传。太行区党委书记李雪峰在一次报告中也讲道"种和不种金皇后玉茭的范家兄弟，给我们一个很好的经验"。

1944 年是边区大生产运动的高潮时代，金皇后玉米的引进推广，成为大生产运动中的热门话题。金皇后上山，是边区农业科技的一个典型活动，它为大生产运动增光添彩。

张克威和农林局的专家们，除在粮食生产上做了这一好事外，还有一个激动全区人民的活动，就是他们把西红柿也引到边区，引到千家万户农民家里。

八路军没有到达本边区之前，太行区的农民是没有见过西红柿的。一二九师生产部派人到太谷铭贤中学购买金皇后时，顺便购买了一些西红柿种子。由于广大农村祖祖代代以南瓜、豆角、萝卜、土豆、菠菜为家常菜，对西红柿不感兴趣。有的农民试种了几畦，收获下来，觉得有怪味，不愿吃。甚至说西红柿秧蔓也"难闻"，有的还说吃了会"拉肚"（泻肚）。为使农民接受这个新的营养丰富的产量很高的蔬菜品种，生产部和农林局把他们培植的大量种籽和幼苗，交给边区党政军民各机关团体部队学校自种，从1941年开始到1943年秋，住在清漳河边的单位，如八路军总部、中共中央北方局、一二九师、边区政府、太行区党委以及这些单位的下属机构，都按农林局的技术要求，见缝插针，在河边、沟沿、荒滩，大种西红柿。西红柿很容易栽培、产量比其他蔬菜高，结果的时间很长，各机关种植的西红柿在集中收获季节都吃不完，请群众帮助吃。起初老农不吃，青农吃，后来连农家老汉老太婆，也觉得“越吃越好吃”，因此改变了主意，改变了习惯，在1944年大生产运动中，西红柿也成了“高科技”产品，不推而广，村村户户都学会种西红柿。自此，西红柿和金皇后一样，一炮打响，西红柿在边区扎根。

部队换防，人员交流时，山区人把西红柿带到平原。平原人较开化，对西红柿的种植，无人观望、怀疑，很快就遍及冀南、冀鲁豫。

在金皇后和西红柿的推广过程中，太行《新华日报》出版了《农事半月》副刊，系统地普及种植金皇后、西红柿的科学技术和理论知识，并借机传授一般农作物的选种、浸种、施肥、治虫以及果树栽植、嫁接，养蜂、养蚕等等方面的常识和技能，选登老农种庄稼的诀窍。太行新华书店，也编辑出版了一些科技读物（如《风雨雷电》等书），向农民宣传自然科学道理，破除信神信鬼的落后意识。农村的农业技术研究会，以《农事半月》、科技读物为教材，联系实际，学习先进知识，推广先进经验、搞得很活跃。以上情况表明，农业科学活动已因推广金皇后和西红柿而带动深入基层，深入千家万户，各行各业都在配合。

引进、推广金皇后和西红柿的典型、生动的事实，为边区大生产运动增加了活力，扩大了范围，提高了质量，拓宽了路子。换而言之，晋冀鲁豫边区的大生产运动，不仅在“组织起来”方面显出威力，而且在科技普及方面，初露锋芒。这就是本边区特别是太行区大生产运动的特色。也可以说，太行大生产运动超出了“以组织起来为中心的”既定目标，它为全边区和全国抗日根据地的大生产运动写下了光辉篇章。

金皇后、西红柿两个典型产品在大生产运动中的推广，虽是星星点点的科技活动，却也成为燎原大火，成为“太行经济建设中空前的事业”。[1]这一出人意料的轰动，其影响之大，远远超过了两个品种推广本身的价值。它对边区的政治、经济、文化建设产生了以下三方面的重大效应：

第一，由于引进两项良种，因此明显地多打了粮食（亩产超一倍），吃上了优质蔬菜，人民生活从而有所改善，公粮负担也相应的有所减轻，群众得到了看得见的实际利益。

第二，由于科技上山，学到了一些科学种地知识，群众看出科学种地就是好。他们眼见只要按科学的方法作一两项改革，就能使粮食大幅度增长，因此，大开眼界，大长见识，大大信服了科技的能量，从而增加了爱科学求先进、要改革的进取上进精神。这对于冲破农民的思想闭塞，克服种种保守情绪、推进社会的大步前进，有不可低估的作用。

第三，由于群众切身感到共产党、八路军和抗日民主政府，不仅带领大家打日本、保家乡，还真心实意地为他们的生活富裕问题出谋划策，既解决救国公粮，又解决“救民私粮”。群众把这些铁的事实和旧社会比较，和南面国民党统治区“水旱蝗汤”灾害对比，因而更加感到生活在根据地的幸福，从而就更自觉地拥护共产党、八路军和抗日民主政府。这样的思想，反映到工作上，就是各项工作都较前好做。曾经是较难做的扩军和征粮，此时已经变得轻而易举。扩军时，一周即可超额集齐；征粮时，三五天即可超额入库。这些政治上的收获，是难以按经济数量计算的。

把以上三点概括起来说明：晋冀鲁豫边区（主要在太行区）的大生产运动既是一次经济建设，又是一场技术引进，也是一次社会改革，所有工作都因而带动起来。这就为取得抗战的最后胜利和随后为保卫胜利果实而进行的上党、邯郸两大战役奠定了物质基础。

〔1〕《边区财政经济史资料选编》第二辑，中国财政经济出版社1990年版，第88页。

第七节　大生产运动中的奖励先进政策

在大生产运动中边区党政军领导机关除了千方百计地领导、组织、扶助群众的各项生产活动外，还制定了一系列的对于各种先进生产者、发明创造者和各种有突出成绩者的奖励办法，以表彰先进、鞭策落后，提高生产活动的质量，增加各项生产的效益。

早在大生产运动前，晋冀鲁豫边区政府就制定了《奖励生产技术办法》和《工业奖励办法》。这两项规定的奖励范围包括：对工农业生产工具或方法有所改良与发明者；以本区的原料制成替代仇货及舶来品者；对各种日用必需品的制造有所发明与改良者；首次引用其他地区进步的农业工具或方法者和大量制造或开采军用品及原料者；制造输出品货物者；从事制造经政府特别指定的日用必需品者等。奖励手段包括颁发奖金、享受政府的低利贷款、减免其原料进口税与成品出口税、公营贸易机关帮助运销成品及采购原料和颁发奖状等。《办法》中还规定，凡有重大发明对根据地贡献极大者，给予特别的奖金。还有，凡被奖励的发明及改良，政府得公布全边区采用，如政府认为有保密的必要时，得令发明人保守秘密。

在大生产运动中，为鼓励先进，各地都先后制定了具体的涉及各方面的奖励办法。

增加农业生产是大生产运动中的核心，各地都有切合实际情况的奖励措施出台。各地根据晋冀鲁豫边区政府颁布的《春耕奖励办法》，对春耕中的模范人事，加以奖励。这种奖励多在春耕总结时进行。届时，每县选男女老幼英雄 10—14 名，各奖镰一把，其第一名，男女各奖锄一把；同时选模范农家 5—9 家，各奖锄等 4 件；模范代耕队 3—5 队，模范队员奖镰 1 把；模范互助小组 5—10 组，各组中每户奖镢 1 把；模范民兵 5—9 名，每名各奖步枪 1 支；模范儿童3—5 名，各奖小粪叉 1 个，其第一名加奖粪筐 1 个；模范士绅 3—10 名，

发奖状，有特殊成绩者，另奖匾额；模范村3—5个，第一名奖冀钞300元，其余奖200元，唯奖款只限作村中生产建设用途。

在大生产运动高潮中，各地又重申了对于生产技术发明与改良的奖励。1944年6月，太岳区就颁布了《奖励生产技术发明与改良条例》，规定凡在工农业生产中有所改良或发明以及采用土法利用边区原料生产代替外来品的，不论集体或个人，政府均按其实用成效的大小，给以2000元以上，5万元以下的奖金。对于首次从外区引来进步工具或方法者给以500元以上，1万元以下的奖金。还规定，凡对于各种发明改良积极介绍、宣传，倡导的各级工作人员及人民，政府应按其效果，随时予以荣誉及物质的奖励。

各级党政机关、学校和部队的机关生产是大生产运动的一个重要方面，为了鼓励机关人员生产，根据地也制定了相应的办法。1943年9月，太行区党委机关就制定了《关于劳动生产的奖惩办法》，《办法》规定了在开荒和生产上的奖惩措施。关于开荒，《办法》规定，凡地委以上机关人员平均开地超过每人应开地的15%者且能在12月以前完成的，或种麦、种萝卜、采野菜、割马草有突出成绩的可分1—3等奖予以奖励，并可在刊物上公布表扬。对于伙食单位的开地超过每人20%者也予以奖励，一等奖为羊1只和粉连纸2刀。关于收割后的奖励规定，地委区的人员，凡平均实际收获超过应完成每人粮食的15%者或蔬菜收获超过每人全年15%者及节约上或割马草上有突出成绩的可评为生产模范，除在刊物上（或通报）表扬外还给予物质奖励。伙食单位生产平均超过每人粮食的10%至20%的给以1—3等的奖励，除表扬外，并奖给羊（一等奖3只）和纸张。《办法》专门规定了对劳动英雄的奖励办法，规定凡超过他应开地数量一亩者且一直表现突出的和超过他应完成粮及菜的30%或全年打马草在700斤以上者即为劳动英雄，对劳动英雄的最高奖除授予一等红色英雄荣誉外，并奖给毛巾一条、肥皂一条，钱150元，各单位还得从本单位生产所得中，发给奖金100元—200元。

《办法》中还规定了对于完不成规定任务的惩罚办法，包括“不劳动不得食”和予以一定处分，在刊物上通报批评等。

节约也是大生产中的一项内容，为鼓励节约，除按“滕杨方案”中规定的办法予以奖励外，银行部门还专门开办了“生产节约储蓄”。1944 年 6 月冀南银行“生产节约”储蓄“存款简则”中说，“此项存款专为奖励私人积蓄，发展私人生产而设”。银行规定，凡边区机关团体或个人一切正当收入或由节约所得欠款，经本单位首长证明均可在本行存款。存款为定期，分 3 个月、6 个月、1 年 3 种，利率分别为 2 分、2 分 5 厘和 2 分 8 厘，均以月息计算。对于积蓄达 5000 元者将予以表扬。

大生产运动中的奖励政策不仅运用于生产和金融方面，还应用于对敌经济战方面。1944 年 6 月，太行第五专署、五分区司令部联合颁布了《对敌粮食斗争奖励暂行办法》，规定对从敌人手中截获的粮食，不论部队、民兵、群众均可得到奖励。其中从敌人给养和仓库中夺来的，部队提奖 50%，民兵、群众全部奖给；在反扫荡中打退敌人保卫了公粮的，部队提奖 5%，民兵提奖 20%；从路途截回被敌掠走公粮、民粮的，公粮，部队提奖 10%，民兵提奖 30%；对于保守公粮、民粮秘密的也给予适当奖励。

边区政府为加强缉私，还规定了缉私奖励办法，对有功人员给予奖励。1944 年 9 月，沙河抗日县政府在《严禁山货出口加强缉私的通令》中提出要广泛发动群众，打击奸商，严查走私，对有功人员予以奖励。

通过以上的种种奖励政策的实施，大大调动了广大群众和机关干部努力参加生产、发明创造、努力节约和对敌经济斗争的积极性，取得了重大成果。

由于政府奖励发明创造，在大生产运动中出现了许多改良工具的能手。在纺织业上，宋福田制造的纺纱机，效率高、容易学，农村妇女三五天便可使用。每天可纺一斤半至二斤。沁源阴子荣发明拐线车，比手工拐线快 10 倍。屯留劳动英雄张庆怀发明了缠穗子车和络线车。在农具上，阴子荣还发明出一种轻便犁，可用人拉，在犁底及驼头上增加两个轮子，减轻了地面的摩擦力，可减少用力 40%—50%。晋城五区任得胜改造的人力犁，2 人一天可犁地 3 亩，3 人一天可犁地4亩，4人一天可犁地6亩。在水利上，士敏冯水源试制了单轮自动水车，一天能浇地11亩，土地按10天到15天浇一次。可浇地150亩。太岳行署水利组段强恕等在安泽试制成双输自动水车，在沁河沿岸水利工程上使用，发挥了作用。

实践证明，晋冀鲁豫边区的奖励政策是成功的、有效的。1944年11月至1945年1月，边区各大区分别举行的群众会，是这一政策的硕果。

第十四章
快速发展的军事工业和民用工业

在以农业生产为中心的群众性的大生产运动的影响和推动下，边区的军事工业和民用工业也有所发展，形势喜人。

全边区处于远离城市的古老农村，而且是在日军严密封锁层层包围之下。在这样的环境里，一无机器、二无动力、三无技术，实在是缺乏工业建设的基本条件。然而，就在这样极端困难条件下，晋冀鲁豫边区硬是在全力发展农业、林业、家庭副业、个体手工业的同时，还进行了公营工业的建设。

第一节　军事工业茁壮成长

军工生产是根据地财经建设中的一个重要方面，是在敌后长期坚持独立自主的游击战争的迫切需要。1937 年 10 月 21 日，毛泽东曾致电朱德说：我们必须在一年内增加步枪一万支，主要方法是自己制造。1937 年 11 月，在石拐会议上朱总司令除了传达贯彻中共中央关于创建以太行山区为依托的晋冀豫抗日根据地指示外，还对军队的军工生产问题作了安排。会议上，朱总司令、彭副司令指示，除已定每个师都要建立兵工工业外，又确定各旅、团，各游击队以及地方政府和自卫队，也要招募技术工人，开办修械所和子弹厂，制造地雷和手榴弹。由此开始至抗战胜利，晋冀鲁豫根据地内形成了一支由军工战士、产业工人和民间匠人组成的修械和军火生产大军。

在八路军总部朱总司令和左权参谋长精心安排下，1938 年 6 月成立了总部第四科，1939 年 3 月在襄垣县上河村又成立了总部第六科（都是主管军事工业的），统一领导晋冀鲁豫边区内的军工生产。

军工生产走着一条由小到大，由少到多；先修后造，由简到繁；从分散到集中，从集中到分散，最后，又从分散到集中的发展道路。具体说：军工工业是由零星的修械班、修械所渐渐凑成中等小工厂，这些小工厂，又经过化整为零（应付敌人扫荡），又集零为整的发展变化，成为一支相当雄厚的军工生产力量。

边区的军事工业生产力量基本构成情况如下：

1. 一一五师平山修械所；唐（天际）支队安邑修械所；一二九师高平富荣村修械所；同蒲铁路工人；四十一军修械所工人；晋城铁厂、打蛋厂工人等组合成水窑一所（对外称工兵营）。

2. 武乡县鄗山铁厂改组为焦作二所，对外称铁厂。

3. 一二九师师供修械股；南宫县北街炸弹厂修械所；一二九师先遣支队修械所；武安县政府修械所；以及磁县义利煤矿公司的机器和工人，榆次纱厂工人；正太铁路工人等组成了三所（对外称高峪工作队）。

4. 接管的原张荫梧、候如墉部修械所；一二九师先遣支队部分工人；晋冀军区修械所等组成了梁沟第四所，对外称左权自卫大队。

5. 二专署修械所及延安中共中央军委机器厂枪厂的工人和机器部组成了二所（对外称太南平顺留守处）。

1939 年 6 月，军工部正式成立，对各军工单位实行统一领导，边区军事工业由分散走上集中。由于技术工人与机器设备的不断充实，军工系统已由简单的维修枪械转为批量地生产军火装备。

军工部一所于 1939 年 7 月迁至黎城县的黄崖洞后，工人已达 700 余人，可生产步枪、“八〇”迫击炮弹和掷弹筒；二所有工人 200 余人，制造的“七九”步枪，月产达二三十支；三所有职工 200 余人，1940 年 4 月与二所合并后，主要生产步枪和掷弹筒；四所有职工 600

余人，可生产手枪、步枪、掷弹筒和“六〇”迫击炮弹。

由军工部领导的军工单位还有以下几处：

军工部柳沟铁厂。1939 年 4 月，八路军总部第六科接管柳沟铁厂后，扩大生产，加强和充实了一批技术和管理人员，在原有的基础上，增设炼铁、翻砂、木工、完成 4 个股，工务、材料和管理三个科，职工发展到 600 余人，炼铁量由最初每月 45000 斤，增长到 180000 斤，月产手榴弹 20000 多枚，成为太行军事工业的重要基地。

军工部复装子弹试验厂。该厂组建于 1940 年 3 月，厂址设在黎成县下赤峪村。试验厂配有冲床、车床和钻床 8 部，以及子弹壳紧身机、收口机、车床机等专用设备 20 多部。全厂职工 100 余人，日产复装子弹近千发。仅 1940 年 3—8 月，就生产子弹 10 万余发。

军工部炸弹厂。1941 年 3 月，军工部抽调柳沟铁厂部分人员和设备，在和顺县青城镇组建该厂，对外称第二焦作。全厂共有职工近 300 人，主要铸造地雷、手榴弹和炮弹壳。

军工部机器厂。1941 年 1 月，军工部从一、三所抽调部分技术人员和设备在辽县泽城的尖庙村正式成立，对外称“油房”。机器厂共有职工 100 余人，主要制造子弹厂的冲床、剪机等产品，并担负着为冀南银行印刷所、《新华日报》（华北版）印刷厂、卫生部制药厂和供给部被服厂的机器维修任务。

1941 年，总部下令生产“五〇”小炮。这是 1941 年军工生产的最艰巨任务。军工部组织水窑一所、高峪三所和柳沟铁厂技术人员，协同研制。当年研制成功，全年生产 800 门。开创了军工厂单独制造小炮的历史。

1941 年底，为粉碎日军对根据地的疯狂“扫荡”，边区开展了广泛的地雷战，为此晋冀鲁豫边区政府决定建立一批地雷工厂，主要在太行区的一专区赞皇、昔东，二专区的和西，三专区的武乡、榆社和辽县，四专区的黎城、平顺，五专区的涉县、磁县、林北，六专区的武北、邢西等县，每县设立一地雷工厂，每厂职工 10 余人。

太平洋战争爆发后，日军加紧了对我敌后抗日根据地的“扫荡”，根据地处于十分困难的时期，敌后军事工业受到很大破坏。

1941年11月，日军大“扫荡”时，黄崖洞工厂被日军闯进，钳工房被炸毁，9部机器零件被抢走，三角皮带及小工具基本丢失。1942年日军发动“五一”大“扫荡”中，尖庙、看后、青城、梁沟等工厂都遭到不同程度的破坏。梁沟工厂厂房全部烧毁，机器设备损失3/4，到1943年6月底，仅太行区军事工业就损失机器108马力，占机器总数的58.5%，房屋被毁250多间，粮食、服装、现款损失150余万元，停工损失182342个工，约折合生产步枪4000余支，职工有50人被俘，在战斗中牺牲30人。

为了坚持军工生产，适应残酷的战争环境，军事工业又开始从集中到分散“集整为零”，缩小兵工厂的规模，组成单一产品专业厂，分别设立在距敌较远的山村。同时对军工领导机构也实行“精工简政”，缩小机关编制，减少非生产人员。按照这些原则，晋冀鲁豫根据地军事工业由1941年的9个单位，3200多职工，分划为15个单位，职工减至1700人。

调整后的军工单位是：军工部一所，所部由黄崖洞迁至辽县苏公村，所长徐长勋，指导员熊杰，职工减至339人，分散为3个小厂。一厂，代号“河北”，分设于苏公村及邻近村庄，清漳河水纵流厂区，工厂在河北沟开渠引水作动力，冲动木质水车，带动机器，生产“六〇”、“八二”迫击炮弹。二厂，代号“黄山”，仍设在黄崖洞水窑山，有职工百余人，修复了部分厂房和机器。改产“六〇”、“八二”迫击炮弹。三厂，代号“石灰窑”，由武乡县显王村迁至漆树沟村，供应一、二厂的产品锻件。另有一所一部分人员在涉县东椤村成立一所机器修造厂，修配被敌人破坏的机床和制造工装，不久由于敌人“扫荡”，迁至苏公村与一厂合并。

军工部二所，由原柳沟铁厂改建，所部设于马岚头村，所长高原，副所长杜吉祥，教导员陈海清。1943年5月，日军在蟠龙镇设立据点，距柳沟村仅5里，为隐匿目标，职工减至243人，分散为3个小厂。一厂，由原柳沟工厂的铁工股组成，迁驻庄子村，继续炼铁和铸造迫击毛坯。二厂，由原青城工厂的工人和柳沟工厂的部分工人组成，迁至黎城县八牛村建厂，生产地雷、手榴弹。三厂，由柳沟工

厂的火工股组成，先迁武乡县石门村，后又迁黎城县斗鸟村，生产炸药。

军工部四所，在1942年5月反“扫荡”后，所部由梁沟搬迁至脑子沟村，所长陈志坚，教导员张弥，职工减至417人，分散为3个小厂。一厂，原梁沟工厂烧毁后，职工随所部一起迁驻武安县脑子沟村，重新建厂，修复部分机器设备，生产手枪、步枪。二厂，1942年2月，日军“扫荡”辽县，高峪工厂厂房被炸成废墟，机器所剩无几。工厂搬迁到邢台白岸镇以北的小芹泉村重建，归属四所领导，生产掷弹筒。三厂，原为看后复装子弹厂，调整后划归四所，1943年5月遭敌“扫荡”破坏，厂房所占庙宇全部烧毁，工厂迁至黎城县南井沟村重建，继续生产复装子弹。

新建白布礁化学厂。1942年5月，军工部为自造复装子弹发射药，在黎城县南委泉镇以南15里的白布礁村新建工厂，主要试制无烟火药，工厂制酸工房设在村中云崖寺内，有职工30余人，月产硝化棉发射药二三十斤。

太岳复装子弹厂，对外称“木厂”，是于1942年3月，由原南臭水子弹厂和看后子弹厂的部分工人，调至太岳军区，在沁源县永守沟组建成，1943年因敌情变化，搬迁至安泽县红泥沟村，有职工120人，月产复装子弹3万余发。

新建阳城化学厂，于1943年9月，由王锡暇带领太行工业学校化学专科班的部分学生赴太岳区，在阳城县董封镇东庄村新建，生产无烟火药，有职工60多人，月产子弹发射火药80余斤。

经过分散重组，边区军工机关更加灵活机动，即使在最困难的反“扫荡”中，军工生产也一直没有停顿，由于边区军民的英勇斗争，粉碎了日军的一次次“扫荡”，到了1944年，日军在各条战线上均受挫，已无力再对敌后根据地开展大规模“扫荡”了，根据地相对稳定。根据形势的变化，边区军工机关决定再一次调整兵工厂布局，将原来分散的工厂，按产品分类、工艺性质归并调整、扩大规模，提高生产能力，支援敌后根据地局部反攻。

边区军事工业将所有人员、设备进行统一调配，重新编厂，调整后共建成九厂一所。一厂，位于左权县（原辽县）苏公村，生产“五〇”炮弹和“六〇”炮弹，厂长齐宣威，政委熊杰。二厂，位于平顺县西安里村，生产“八二”炮弹，厂长徐长勋，政委赖荣光。该厂原为新二所，是在1943年9月我军收复太南后将一所二厂从黄崖洞迁来的，该厂下设3个分厂，机械加工和成品分厂，随厂部驻西安里村；火药化学分厂，驻仙居村；毛坯翻砂分厂，驻白家庄村，冶炼股在赵城村。三厂，位于邢台县明水村，生产“七九”步枪和“五〇”炮，厂长徐璜智，政委肖光明。四厂，位于武乡县柳沟村，铸造“五〇”炮弹和“八二”迫击炮弹毛坯，厂长陆达，教导员陈海清。五厂，位于武乡县显王村，锻造“五〇”炮弹尾毛坯，厂长韩国珍，指导员吕炎。六厂，位于左权县云头底村，生产“八二”迫击炮弹，厂长李作锦，指导员张非我。化学厂，由白布礁迁黎城县源泉村扩建，并从部队调入百余名青年战士培养化学工人，对外称“太行青年学校”，生产无烟火药，厂长李非平，政委欧阳远。化铜厂，位于左权县麻田镇，试制子弹铜片，厂长先后有孙艳清、吴贵祥。子弹厂，位于黎城县南井沟村，生产复装步枪子弹，厂长刘贵福，指导员李宝庆。实验所，位于黎城县上河村，研究武器的改进和制造专用工具设备，由郑汉涛负责。八路军军工部领导机关也进行了调整新增了采购处，部长刘鼎调延安后，由政委赖际发全面主持，机关工作人员近200人。这时太岳军区还管辖了由太行区迁去沁源的复装子弹厂和阳城西庄化学厂。以上各单位，共有职工2800余人，机器设备120多台，标志着根据地军工事业已经恢复并开始扩展。

除八路军总部和一二九师师部直属的上述设在太行、太岳山地的军工生产单位外，冀南、冀鲁豫地区也有自己军工生产单位：

1938年1月山东西区人民抗敌自卫团成立时，立即建立了随军修械组20余人。除修枪外，还组织铁匠炉，制造了一千余把大刀。一二九师先遣队挺进鲁西后，将这个修机组扩大为修械所。不久，各地抗日武装也先后建立了修械组和手榴弹工厂。1939年8月，一一五师挺进泰西以后，建立了被服厂，成立鲁西军区金山兵工厂，开始制造手榴弹，复装子弹等的批量生产，还在王桃庄河滩上进行“八二”炮弹的试制工作。随后泰西军分区也在五虎门建立了炸弹所，制造手榴弹。

活动在直南、豫北的抗日武装也建立了修械所。1940 年春还接收了丁树本南逃遗弃的刘官寨修械所。冀鲁豫军区成立后，以这个修械所为主，建立了冀鲁豫军区修械所。此外，还建立了布鞋厂、皮革厂。

为加强军工领导，冀鲁豫军区后勤部成立了军实科。为适应环境，军工生产采取了工厂小型化，活动游击化，管理军事化的措施，金山兵工厂一分为三。并在生产中提高技术，已能制造机枪、炸药等。

1944 年，冀鲁豫与冀南两区合并后，军工生产又有新的发展，新组成的子弹队，每月生产复装子弹 20000 多发。之后，在清丰成立炸弹厂，生产多种炸弹。这时，各军分区的军工生产也迅速发展，一分区在平阴建炸弹厂，月产 3000 枚。湖西军分区炸弹所，月产“八二”炮弹，120 多发。在军工股长袁可辛领导下，改装了迫击炮，试制了燃烧弹、照明弹。

据冀鲁豫军区 1945 年日本投降时统计，该区军工生产已发展到 22 处，职工 2600 余人。它为冀鲁豫的对敌斗争和根据地的建设立下了很大功劳。

全边区的军事工业生产是为战争服务的，是同边区的政治军事形势相适应的。在 1943 年以后边区掀起的大生产运动中，军工系统为响应党和边区政府自力更生、开展大生产运动的号召，又开展了以提高工效、多造武器，支援前线为主要内容的增产节约竞赛运动。广大军工职工以昂扬的斗志努力生产、钻研技术、厉行节约，为边区军工发展作出了极大贡献。在运动中涌现出了一大批英雄模范人物，如甄荣典、邵希明、柴栋良、尚文元、相鸿章、孙永福和张浩等。他们的先进事迹广为传播，进一步推动了增产节约运动的开展。

甄荣典，河北唐县人，出身雇工，曾在粤汉铁路工地做工，1938 年他在家担任了抗日自卫队队长，1940 年参加八路军，不久，调黄崖洞兵工厂当车工。在工厂里他努力钻研技术，积极生产，不断改进刀具，使生产效率显著提高，别人一天车五六十发，他能车100多发，当别人车到100发时，他车到150发，当别人车到400发时，他能车480发，一直名列前茅，成为提高生产的带头人。在生产中他注意节约，对产品质量要求极严，达到“要生产一颗能用一颗。”他不论包工、变工都一样努力，常常超额完成任务，每天坚持做一小时义务工，他遵守劳动纪律，团结工友。在他的带动下，全厂产品质量显著提高，产量增长20%。当1942年根据地遇到空前困难时，他带头节衣缩食，节约工资米170斤，相当于4个月的口粮，并半年不领工作衣、肥皂等劳保用品。在几次反“扫荡”中，他参加自卫队，拿起枪保卫工厂被评为模范自卫队员。当工厂恢复生产后他以顽强精神带头苦干，实行突击生产。工人们说，甄荣典是劳动竞赛运动中的“飞机”。人们称他为“炮弹王”。

1943年8月，甄荣典被光荣地评为晋冀鲁豫边区新劳动者运动50名劳模代表之一，参加了新劳动者运动比选大会，在会上又被选为边区“新劳动者旗手”第一名。会后，太行区军工战线的18名军工劳动模范联名倡议，以甄荣典为榜样，创造新成绩，向各兵工厂职工提出挑战。在他们的号召下，新劳动者竞赛运动逐步发展为学习炮弹王甄荣典竞赛运动。

在1944年，在学习甄荣典竞赛高潮中，军工职工大搞技术革新，发明创造，使生产效率大大提高，促进了军事工业的发展。化学厂职工改进技术，增添了很多土设备，保证了硝化棉、硫酸和炸药的生产需要。炮弹厂职工车炮弹小头，由日产300发，提高到日产400发，车炮弹螺纹由日产500发，提高到700发，并发明了“五〇”炮弹螺纹引信。在生产运动高潮中，甄荣典提出为完成军火支前任务，实行10小时工作制，广大职工夜以继日，突击生产。工人岳如海，白天做罐子，夜间化铜翻砂，做出突出成绩。

冀鲁豫军区各军工生产单位，也响应中央开展“新英雄主义”运动的号召，军工战线职工广泛展开了争当生产模范的运动。1945年春天，生产进入高潮，厂与厂、班组与班组、个人与个人，开展了不同形式的劳动竞赛，竞赛内容是多造武器，支援前线。在该区举行

的群英会上，杜茂才、刘贵吉、刘官兴、杨达波等被选为全区军工系统的劳动英雄。

边区的军工生产是在彭德怀副总司令和左权参谋长直接领导下进行的。左参谋长直接管理军工事务，多次到各厂视察指导。他为军工事业呕尽心血。

军工战线上，不仅有大批的老红军（如赖际发、徐长勋等）和一批像甄荣典那样的模范技工，而且还有一批学有专长的高级知识分子，投入到军工生产的战斗中。如德国留学生刘鼎、陆达，英国留学生张华清，国内著名大学的学生李非平、郑汉涛、高原、陈志坚、程明升等等。这批人团结奋进，互相学习，并千方百计地钻研科学技术，采用土洋结合的办法，因陋就简，克服了一系列军工生产中的技术难题。根据地境内工业落后，以往的传统冶炼工艺所产出的生铁含碳量高，质脆而硬，茬口呈白色，故称白口生铁。它只能直接浇铸地雷、手榴弹，而不能切削加工制成炮弹。为解决炮弹所用材料。1940年冬，边区老工人孙兆喜创造出一种土法焖火（淬火）技术。将白口生铁铸的炮弹毛坯经土法焖火炉焖火，可使毛坯表面软化，可以切削加工，这一技术开创了根据地军工制造炮弹的历史。但这种焖火方法，质量不稳定，因焖火致废的半成品占半数以上。1944 年 7 月，八路军总部军工部成立试验所，把弹坯焖火技术作为重要课题。特派冶金工程师陆达等到柳沟兵工厂研究试验。陆达等查阅了国外焖火技术资料，结合边区条件，试验成功了一种用美国密封式焖火原理与土法焖火炉相结合的新的焖火技术，经过这种焖火处理，白口生铁表面约 2 至 3 毫米厚的碳化铁中的碳被分解，变为质软的中性碳和纯铁的化合物，具有可锻性。此后，经过摸索掌握了最佳炉温，使产品合格率达到 95% 以上，由于这种加工后弹坯表面质软，用轨道钢刀具便可切削，以后使产量大幅度提高，由月产炮弹 4000 发，一举提高到 30000 多发。

根据地内军工原料十分缺乏，在大生产运动中，边区政府号召广大人民群众动员起来，广泛收集生铁、生铜和组织火硝生产，支援军工事业。1943 年冬，由于日军“扫荡”封锁，太行山区各兵工厂原

料短缺。1943 年 12 月 16 日，晋冀鲁豫边区政府向左权县长下达指令，要求该县长立即发动组织群众完成军工原料收购计划，并结合即将到来的拥军运动月深入动员与教育群众，保证完成任务。其任务为，集中生铁 50000 斤；收集铜元 5000 斤，收集生铜 6000 斤，每斤按冀钞 3 元付价。还命令收集道轨，每斤 5 元。还要求榆社、武乡、襄垣、黎城、潞城等县组织火硝生产并实行专卖，各县任务为 1 万至 6 万斤。由于掀起了群众性的献铁铜和熬硝运动，有力地支援了军工生产。

在大生产运动中，为了有利于吸收外来技术工人和干部，推动军工生产，还规定了军工系统内优待外来工人的条件。在供给标准上，本区工人每人每月折合小米 97. 6 斤，外来工人折合小米 110. 6 斤；在津贴待遇上本区工人一级一等者小米 13 斤，外来工人一级一等者折合小米 46. 5—46 斤；对于外来高级技术工人家属每月发给小米 27 斤，本区人员则按随军家属待遇。这种方法大大地有利于吸收外来技术工人，对于提高职工生产技术发挥了作用。

1943 年太行区军事工业取得了丰硕成果。这一年共生产步枪 1872 支，复装子弹 680780 发，生产手榴弹 40456 枚，生产“五〇”炮 350 门、“五〇”炮弹 48883 发，“八二”炮弹 4253 发。边区军工职工的大生产运动，为根据地的巩固和准备局部反攻提供了重要的武器装备。

除此之外，八路军总部和一二九师后勤部还组建了许多军需工业。如被服厂、制药厂、皮革厂、染印厂、制鞋厂等等，基本保证了军需供给，为抗战胜利立下大功。

总之，整个抗日战争期间，边区军工战线的职工以忘我的精神，不怕艰苦，不怕牺牲，坚持生产，努力进行科学试验，直接为敌后抗战作出了贡献。据统计，八年抗战期间，仅太行各兵工厂，自力更生制造的主要武器就有：步枪 9758 支，复装子弹 2237524 发，手榴弹 580774 枚，掷弹筒 2500 门，“五〇”炮弹 198020 发，“八二”迫击炮弹 37967 发，雷汞 144 个，发射用火药 7236 斤，甘油炸药 3227 斤。

在敌后的战争环境中，工业建设上首先抓军工这是理所当然的。所有的军工生产由八路军总部和一二九师师部领导，并且实行严格的安全保卫措施，实行军事化管理，也是完全必要的。但是边区的各级政府和人民群众，对军工生产也并非不管不问。所有军工单位的一切投资和后勤供应，都是政府拨款，为军工生产所用的大批民工，大部分由政府按“支差条例”的规定调集。人民群众为保卫这些军工单位尽力而为，也作出了贡献。

第二节　民用工业从无到有

晋冀鲁豫边区的党政军领导机关，对工业生产是很重视的。但是边区的工业生产，没有现代化设备，基本上是手工操作。这里叙述的民用工业，实际上是民用手工业。

“冀太联办”成立后就制定了一个三年实业计划，并报请边区临参会讨论通过。这是边区有计划地进行工业建设的开端。华北《新华日报》为此事发表社论称：经济建设是坚持敌后抗战的“生死问题”。“冀太联办”制定的三年计划，“是一件艰巨的大事”。社论认为“晋冀鲁豫边区本来不少天然资源，山西之煤甲天下，铁矿亦甚丰富，河北平原又富农产，只要有计划地加以开发和改进，不仅足够晋冀豫军民的应用，而且可以发展新民主主义社会经济基础”。社论还认为：实业计划内容虽然非常简单，“但举凡煤的开采，冶金工业的建立、纺织工业的发展、化学工业、陶冶工业的创建，农业的改善，以及创办职业学校，培养实业干部等问题均包括无遗，只要按部就班有条不紊的去做，那么，燃料问题、生产工具问题，及日常衣食住问题，都将有大大的改进，晋冀豫边区一定可以走上自力更生的大道。”

这个社论精辟地说出了北方局等领导机关对工业生产的指导思想。

“冀太联办”的实业计划，因受客观条件的限制，不能提出过高过急的要求，只能因地制宜，因陋就简，按照客观实际提出如下的具体目标：

（1）主要纺织品的自给自足；

（2）主要文化用品的自给自足；

（3）大量制造药材，减少药品之输入；

（4）制造肥皂、电池、硫酸、玻璃、陶瓷；补充军民急需。

为完成这些任务，研究制定了防止敌伪破坏保卫工厂安全和筹集资金，提高技术，奖励发明创造，培训职业人才等具体措施。

这个计划是切实可行的，边区的工业建设就是根据自力更生自给自足精神，一步一步从无到有，有的还从小到大，在新中国成立后加入了国家工业建设的行列。

边区的工业建设比农业副业的生产，要困难得多，复杂得多。但是，边区工业战线上的工人和技术人员，有抗日激情，有艰苦奋斗的勇气，有学习技能的决心，硬是在极端艰苦的抗日根据地生产出许多军需、民用工业产品，为根据地军民的生产生活提供了必要的条件。

从 1941 年边区三年实业计划公布之日起至 1945 年日本投降止，边区的工业生产也像军工生产一样，取得了显著成绩。

1. 建设了一大批小型的手工操作的工厂和作坊。如煤矿、铁厂、瓷厂、硝磺厂、机械厂、造纸厂、针织厂、卷烟厂、丝织厂、毛纺厂、制药厂。因太行区比其他区相对稳定，所以太行区建设的工厂稍多，如和顺青城煤矿、涉县合漳造纸厂、涉县索堡卷烟厂等等。太岳区和冀鲁豫区也有一些产量较大管理较好的工厂和作坊建立。

2. 生产了大量产品。1943 年以后，边区的纸张、灯油、毛巾、袜子、肥皂等日用品已能自给自足，有的产品还能出口。1944 年 1 月，边区财经会议上正式决定，限制 54 种敌占区货物的进口，以便保护和发展边区工业产品。

纸张的自给，对根据地的文教建设发生重大影响。1943 年以后，《新华日报》和新华书店出版的报纸图书杂志，基本上用的是自制的麻头纸和自制的油墨。在改良土纸和自制油墨过程中，《新华日报》经理部主任王显周（抗战前是大名师范的物理教师）、冀南银行经理部负责人杨介人（抗战前在天津跟我国造纸专家杨十三教授学过造

纸），发挥了重要作用。

一般药品的生产是八路军总部、一二九师及各军区后勤卫生部门办厂解决的。有的厂规模较大，它们克服种种困难坚持生产。抗战胜利后，有的迁到中小城市与当地药厂合并、扩大、发展，有的还坚持到新中国成立后迁往北京。

3. 扶持了纺织业和印染业，为解决穿衣困难作出了贡献。太岳、冀南、冀鲁豫的机械厂主要产品是轧花机、弹花机。这对广大农村展开的纺织运动支持很大。在抗战胜利的前一年，边区的土布，已能满足军民的简朴生活，纱、线、布、带、毛巾和毛线、毛衣、毛毡、毛毯、麻袋、布袋等，均已自给，有些还向敌占区出口。

4. 最大的收获还是培训了人才，锻炼了人才。抗战胜利后，边区的这些小厂、作坊，全都迁入中小城市，并按行业与中小城市的同类厂合并，然后扩大规模，增加生产，凡在边区参加过工业建设的干部、技术人员和技工，无一例外地投身于和平建设中，成为扩大了的工厂的坚强骨干。这批干部和工人，努力学习，积极创新，在自己的工作岗位上掌握技能，钻研业务，使自己所在的工厂增加生产，支援解放战争。经过四年的锻炼，他们的业务水平、管理水平都大大提高，初步学会和完善了一套工厂的经营管理制度（制定了许多条例）。在新中国成立后，这一批专门人才，又全都先后调进大城市，为国家的工业建设服务，有的成为我国社会主义经济建设工业战线上的领导干部。

战争环境中的工业建设，困难重重。工作过程中的缺点错误难免发生。有的问题还相当严重。主要问题是：受供给制影响，工厂办成了机关。生产不计成本，产品由公营企业和机关团体包销，多数工厂是靠政府补贴维持的。这些缺点，经过领导的批评和多次整顿，大有改进。

第十五章 财政税制的新建设

改革税制是财政建设的重要任务之一，同时也是边区经济工作的重要内容之一。根据温村会议提出的经济建设方针，按照边区临参会的决议，1943 年 5 月间，晋冀鲁豫边区政府正式颁布了《晋冀鲁豫边区统一累进税暂行税则》。这是边区政府总结实施合理负担办法的经验和吸收晋察冀边区统一累进税税制中的精华而制定的，是边区著名法规之一，对全区人民抗战、生产、生活关系极大。它的颁布是边区税制的一项新建设。

邓小平对统一累进税的实施给予了极大的支持。他说："边区临时参议会通过的统一累进税办法，将于今年在太行区实行，这确实照顾了各阶层的利益，负担面有了扩大，完全符合中共中央规定负担人数达到总人数 80% 的政策。统一累进税实行以后，不仅可以进一步奠定财政的基础，而且必然提高各阶层的生产热忱。"[1]

统一累进税的贯彻实施，在边区财政经济发展史上谱写了新篇章。它的颁布标志着边区财税制度已进入到新的阶段。

第一节 统一累进税的制定与实施

1941 年 7 月，晋冀鲁豫边区临时参议会通过了边区政府施政纲

〔1〕"太行区的经济建设"《邓小平文选》第一卷，人民出版社 1994 年版，第 84 页。

领。纲领规定：“逐渐确定统一的财政制度，实行统一的累进税”。同年 11 月，边区政府在召开专区财政科长会议讨论从合理负担改为统一累进税时，得悉晋察冀边区按照北方局指示实行了统一累进税，效果很好。同时，临参会开会时，也有些参议员提议派人到晋察冀实地观摩。经边区政府和临参会驻会委员会商定，1942 年 2 月，选派临参会秘书长王乃堂和边区政府财政厅秘书、经济学家张友莲等人组成的考察团，越过敌人的封锁线辗转到达晋察冀边区，在两个月的时间里，考察团先后请教了晋察冀边区领导人和财政界著名人士，并深入农村调查研究，搜集了许多典型材料，把晋察冀边区的税则、细则和执行中的问题，基本弄清。考察团返回后，曾向边区政府和临参会驻会委员作了详细汇报。边区政府决定参照晋察冀的办法，草拟本边区的统一累进税税则。为了使税则符合本区实际，边区政府选择了 10 多个有代表性的村庄，照晋察冀办法的原样进行试算研究，听取了基层干部的意见，为起草工作提供了可靠的依据。1942 年 9 月间，边区政府根据试点情况和数年来实行合理负担的经验，拟定出《统一累进税试行草案》，经边区临参会第二次全体会议讨论原则通过后，再拿到几个村庄试行。经过试行，又开了多次座谈会，反复讨论研究。在许多争论难点问题得到统一认识后，确定了统一累进税的全套文件（税则、细则、税率计算、纳税分数对照表等等），为取得党的领导的关心，将全套文件送请太行分局邓小平审查。邓小平亲自逐条审阅并作了一些修改。1943 年 5 月，完成立法程序正式颁发。

《晋冀鲁豫边区统一累进税税则》的基本精神有两个：(1) 团结全民，坚持抗战，发展实业，奖励生产。抗战是全民的伟大事业，要想制胜，非动员广大的人力、财力、物力不可。因此在负担上，就应以“有钱出钱、有力出力”为原则，实行统一累进税，一方面照顾人民生活，另一方面还要从抗战大局出发，为抗战作贡献。这两者是相辅相成的，只有坚持这个原则，才能团结全民取得最后胜利。(2) 抗战是革命的、持久的和富有建设性的战争，一切应从长期着眼，它在优待劳动和辛勤耕作者，在优待资本家和节俭的储蓄者，在奖励开展“吴满有方向”上，目的在于鼓励增加生产和发展资本主义方式的经营，是国民经济发展的主要因素，是开辟根据地财政的根本来源。不这样做，敌后的抗战将会遭受更严重的困难。

统一累进税暂行税则全文，共分七章29条，包括总则、富力的折合、税等税率和累进率、分数的计算与征收、调查评议和定分、罚则、附则等内容。为便于执行，又发布统一累进税税则施行细则57条，对统一累进税税则的各条规定，作了详尽可操作的规定。边区政府主管财政工作的领导人归结了以下五条特点：

1. 它是直接累进简易的税制。因为是直接的，所以纳税者不能将负担转嫁于人；因为是累进的，故适合各阶层实际情况与“钱多多出”原则；因为是简易的，所以现实易行。

2. 资产负担面缩小。除土地外，其他如存粮、存款、存货、房产等一律不负担，以奖励节俭储蓄。

3. 农业收入的负担进一步明确。对各种不同性质的农业收入，如地租、自耕、佃耕、工资，都有明确的折合与减免的规定，这在奖励生产上大有好处。

4. 累进税率是平稳上升的，税率的级距之间不是阶梯式的跃进的，而是采取一线平稳上升的，这可以避免因人口多少的不同而造成负担上的畸轻畸重。

5. 工商业和农业税率是分别累进的，照顾了农业和工商业的不同，而且优待了工商业，便利工商业的发展，这对于繁荣边区的工商业是一个很大的鼓励。

实行统一累进税，涉及边区工作的方方面面。尽管由于灾荒的袭击，使对其全面实施增加了困难，但是，由于党政军民各领导机关的重视，广大群众又切身感到抗日政府为他们想方设法减轻负担和使负担公平合理，因而热烈拥护。所以，统一累进税首先在环境比较稳定的太行区实施。

为了贯彻统一累进税，太行区的中心地区进行了系统的国民经济调查，深入地研究了各县的基本情况和国民负担能力，切实研究了各阶层的负担情况和土地经营方式，逐村逐户丈量土地，进行了产量的评定，在这方面是下了一番苦功的。晋冀鲁豫边区政府领导人和财政厅的负责人、研究室的专家都亲自动手调查研究，为边区财经工作留下了一批宝贵史料。

为统一认识、掌握税法精神和方法，边区政府直属的太行各专署、各县和太岳行署，都先后举办了统一累进税干部训练班，逐条学习和掌握税则内容。边区政府和各专署，还派出调查研究组和巡视组，深入各地帮助工作。经过训练、调研，广大财政干部都通晓了税则。有几位专署财政科长，如太行一专署翟昌宗、二专署杨文蔚、三专署刘征田、四专署张通等先后发表文字论述有关问题，成了统累税专家。他们在新中国成立后分别担任了几个省的财政厅长或分管财政的副省长。

边区党政军民领导机关，积极支持统一累进税的工作。各机关都派人帮助驻地区村学习税则的精神和核算方法。特别是彭德怀，为了了解实际情况，特派李琦带工作组帮助左权县麻田镇搞好统一累进税工作，参加了麻田实施统累税的全过程。他发现了许多值得重视的情况和问题，提出了进一步修改税则的建议。他经过 10 个多月的努力，钻研创造出统累税简易计算法。用这个计算法核算，可以节省时间，而且通俗易懂、简便易行。边区政府副主席戎伍胜曾将李琦的简易计算法在边区政府刊物上作了推荐介绍，并对李琦的贡献加以表扬。[1]

1943 年，统累税成了人人关心、家喻户晓的大事。

第二节　统一累进税是边区农业税制的第二次改革

农业税，是边区的主要税种。全边区的财政支出，80% 以上靠农业税收。因此，采取什么样的农业税制，一直是财政工作上的主要课

〔1〕 李琦，即原中央文献办公室主任。

题。自边区创建以来，在农业税制方面先后实行过三种税制，即征收田赋——合理负担——统一累进税。实行合理负担和统一累进税是两次重大改革。

田赋制度（旧称皇粮）是旧社会延续二百年的征收税制。自清朝康熙末年到抗日战争初期，基本上没有变化。在这样长的时期，由于贵族、地主想方设法转嫁负担，早已出现了有地无赋、有赋无地、地好赋少、地劣赋多等怪现象。民国年间，这种现象更为严重。

根据地创建初期，民主政权建立前提出“取消一切苛捐杂税”的口号，田赋也一度停收。抗日民主政权建立后，为保证抗日经费的供应，首先恢复田赋的征收工作。对田赋制度的严重弊病进行了一些“整理”，如清查黑地、核实田亩等。名称虽然沿用田赋，实际上，它初步具有合理负担的基本精神。

1940 年黎城会议前后，原山西三专署发布了《整理田赋及征收暂行办法》。冀南根据地初期也有一些县实行田赋制，但是也都把合理负担原则，正式规定在条文中。

整理田赋工作，是一项艰巨的任务。各地在执行中遇到不少困难。山西三专署发布田赋征收办法后随即又指示各地，就组织和整理方法提出具体要求。要点有四：

第一，以村为单位建立田赋征收制度，废除旧制沿袭的里甲都社代完代收的剥削制，建立以户为单位的红簿，将原来一户数名或数户一名改为 1 户 1 名，统一粮户，按照统一制发的格式编制红簿。

第二，核实土地亩数，按照土地数量、土质优劣核定产量，确定纳赋数额，户主自报，互相监督，张榜公布，铲除匿报积弊。

第三，建立县、区、村三级整理田赋委员会，加强领导，由行政领导、财粮负责人及群众团体负责人组成，据实编制红簿清册，为实行按级征收的合理负担和实行统一累进税奠定基础。

第四，规定田赋征收时间，仍按上忙、下忙两次征收。省、县附加征收自 1940 年下半年起一律停征，对 1938 年以前的积欠，一律豁免。

总的说，田赋制经过整理、修订、实施，对克服抗日根据地创建初期财政征收上的混乱局面起到了一定的作用。但是，田赋制毕竟是旧社会的

财政制度，已不合时宜，逐渐被进步的公平的税制——合理负担所代替。

实行合理负担，是农业税制上的初次大改革。边区统一颁布的“合理负担条令”，从 1940 年公布之日起，到 1943 年实行统一累进税，每年都作些修改和补充，它是边区财政收入主要税种。这一“条令”对根据地的负担平衡起了重大作用。“条令”缺点是累进率太快，中农、富农负担较重，计税财产范围虽然缩小了并按比例征收，但仍然保留了按财产征收的痕迹（如“条令”规定按土地等级、存粮、存款、林木、固定资产等比例征收）。因此，在公布合理负担“条令”时，就说明，合理负担还不是最好的税收制度，将来还要改革。因此，这次正式实行统一累进税税制，是早有准备的。统一累进税，不仅比田赋制公道，而且比合理负担税制更加公平，方式方法更为完善。所以实施统一累进税确实是边区财政工作又一大进步，使合理负担走向更公平合理阶段，是财政税制上的新发展。它的颁布实施，对稳定财政收入，支持抗战，对安定民生、调动群众抗战积极性和生产积极性，都产生了重大的影响。

第三节　边区统一累进税与晋察冀边区统一累进税的比较

晋冀鲁豫边区的统一累进税，是从晋察冀边区学来的，它的基本内容保留着晋察冀边区统累税的原则。但是，它是经过本边区认真研究并根据党的战时财政经济政策和本边区的实际情况，作了重大修改的。比较起来，它既吸取了晋察冀边区的成功经验，又有本边区的新创造。具体情况如下：

一、关于各阶层负担能力与负担政策

晋冀鲁豫边区各阶层的财富，一般比晋察冀边区要低一些，特别

是贫农、中农比较低。据边区政府1942年典型调查，每人平均收谷：贫农一般不到1石（每石125市斤），最高的3石；中农为3—6石；富农为6—10石；经营地主为10—25石；地主在25石以上。边区政府根据各阶层不同的负担能力与保证抗战财粮的需要，确定各阶层的负担比例（负担占总数收入的比例）为：地主48%—60%，富农28%，中农13%，贫农3%—5%。这个比例是制定统累税则时设计税率的基本出发点，比晋察冀的负担稍轻。关于统累税的负担比例，与原来执行合理负担时的规定比较，更具体化了。原来规定最高负担比例可以超过30%，但无最高限度，在执行时出现了地主负担过重的偏向，影响统一战线的开展。这次规定控制在60%以内，纠正了某些偏向，又比晋察冀的办法更切合实际。

关于负担面的控制，统累税规定以县为单位，负担人口以80%为标准，因各地区富力不同，个别县区可以超过80%或者降到70%，村的负担面如超过90%或低于70%由专署核准报边府备案，给予县较大的机动权。这同晋察冀边区1941年实施的统一累进税不同。该区规定全边区纳税人口达到全人口的80%，采用以行政村为单位，升降免征点的办法，因各村富力不同造成同一负担面村与村负担不合理的现象。晋冀鲁豫边区在制订统累税税则时，吸取了晋察冀的经验教训，在一县之内，各村负担面有较大的升降幅度，以适应不同村庄富力差别较大的具体情况。

二、关于征免范围的规定

边区的统累税办法同晋察冀比较，征税的范围较窄，免税范围较宽。主要在资产税方面，只就耕地一项征税，其他各种资产一律免税。这也是吸取过去实行合理负担时的教训而制定的。合理负担的征税范围包括土地、房屋、林木、畜养、存粮、存款、工商业存货等征收资产税，晋察冀边区的统一累进税将这些也列为征税的资产项目。导致部分地区发生砍林、卖羊、不愿存粮、存款等现象。在这一点上比晋察冀边区有了较大的改进。

征收耕地资产税的理由是：（1）边区处于农村环境，如只征土地的收入，不征资产税，要减少财政收入，影响抗战供给；（2）各阶层占有土地数量、地质不同，地主、富农不仅占有数量多且多为肥沃良田，征收耕地资产税有利于减轻贫农、中农的负担，也会刺激地主投资工商业，有利于发展经济；（3）征收耕地资产税配合减租减息，有利于适时削弱剥削，提高人民抗战的热忱。

对存粮、存款、存货不征资产税是利国利民的。实行合理负担的经验证明，调查资产非常困难，极易发生偏差，促使一些人不愿节约储蓄而挥霍浪费。取消征资产税，既避免纠纷又奖励储蓄，政治上经济上都深得民心。

三、关于土地与各种收入的计算与扣除

边区的统一累进税同合理负担一样，也是以“富力”为计算单位，以分数为计算征收单位的，土地与各种收入折合富力的办法不同，农业收入与工商业收入折合富力的办法不同，农业收入与工商业收入折合富力和扣除消耗的办法也不同。

1. 土地以亩产 60 市斗谷计一富力，土地产量以战后平常年景（即八成年景）评定应产量（即新中国成立后确定的常年产量）。勤于耕作而增产者不增计产量，怠于耕作而减产者不减计产量。这是征收土地资产税的计税依据。

2. 农业收入，以亩收入 60 斗谷计一富力。但以收入性质不同，依上原则计算应税产量。租佃土地者，佃耕地扣除地租，出租地不扣除消耗。

3. 农业以外的各项收入，均以纯收入计算，工业纯收入，按当地时价折谷，每 15 市斗谷折 1 富力。商业及其他纯收入折谷 10 斗折 1 富力，以示工轻于商。

在资产和收入方面，晋察冀 1941 年实施的统累税除计算资产税的范围已如上述外，边区与之相比还有以下三点不同：（1）计算方法不同，晋察冀边区对土地征税是将资产税与收入税合并计算的。先

将土地折成标准亩再折成富力，晋冀鲁豫边区和统累税是将资产与收入分别计算的；（2）计算标准不同，晋察冀是按当年实产评议计算，晋冀鲁豫是按常年应产量计算的，不再年年评定；（3）扣除消耗不同，晋察冀边区不扣除。这些不同之点，证明边区政府在制定统累税时是从本地区的实际情况出发的。

四、在实施过程中的机动灵活性较大些

从 1943 年实施统一累进税到 1944 年的两年实践中，收到了较好的效果。

1. 保证了财政收入任务的完成，随着大生产运动的广泛开展，被天灾敌祸严重摧残的经济得到迅速的恢复和发展，财源增长了，财政收入有了显著的增长，从而保证了战争和各项建设需要。1944 年边区实现了财政收支平衡，冀币的币值也得到稳定，这在敌后革命根据地的财经史上开创了新篇章。

2. 在实施统累税的同时，开展了减租减息运动，这两项政策相互配合，削弱了封建地主经济，促进了封建的土地由集中走向分散，使无地、少地的贫苦农民获得了土地，调动了广大农民抗日救国和发展生产的积极性，推动根据地经济的发展。

3. 由于对家庭副业、羊群、林木、存粮存款、存货免征资产税，鼓励农民从事家庭副业、养羊、植树、造林的积极性，开展了节约储蓄，有力地推动了农村生产运动的发展，党和政府的富民政策收到了显著的成果。

4. 由于对按常年产量征税、实行增产不增税和开荒免税的税收政策，广大农民生产积极性大大提高了，人民的经济生活得到很大的改善。从 1944 年起，边区的经济面貌发生了重大的变化。天灾敌祸造成的困难基本上克服了，大生产运动成果显著的地区出现了一派繁荣昌盛的景象。

当然，这一巨变，主要是贯彻执行“发展经济、保障供给”的总方针带来的丰硕成果，但是，实行统累税这一政策，也是不可忽视的重要因素。

随着经济的发展和农村阶级关系的变化，统累税的某些规定已不能适应客观的要求。边区政府审时度势，于 1945 年 7 月颁布了新的统一累进税暂行税则。修订要点如下：

1. 停止征收土地资产税。由于减租减息的深入贯彻，地主经济进一步削弱，土地由集中走向分散，中农、贫农成为土地的主要占有者，征收土地资产税，已失去原来的实际意义，而且计算繁复，因此，决定停征土地资产税。

2. 减少了税等，提高了起码税率和最高税率。在 1943 年发布统累税条例时，考虑到当时农村经济遇到严重灾荒，边区政府为了照顾人民的困难，在厉行精兵简政的同时，大幅度地减少公粮征收任务，部队的供应降到了最低的程度。战胜灾荒后，农村经济有所恢复，农民生活得到改善，为了迎接反攻，必须恢复部队原来的供给标准，边区政府考虑到战争的需要与农村经济的发展，适当调增公粮征收任务，相应提高了税率。同时，随着减租减息的深入，一部分贫农上升为中农，少数富农成为中农，因此，中农的比重越来越大，公粮负担主要靠中农承担，因此调整了税等和税率。

3. 适当降低免征点。原税则规定免税点为 1.2—1.5 个富力，修订为 1—1.5 个富力。其他免税照顾基本维持原税法未动。

4. 为奖励种靛、种棉，其收入仍按粮产计算，如遇天灾种棉每亩产棉不到 15 斤者免征统累税。

边区统一累进税虽然得到拥护，但是，这个税率等级计算方法过于复杂，难以人人掌握。这是统累税难以坚持下去的重要原因之一。此外，对于靠工薪收入的人员征收统累税，也不符合当时的实际情况，收入不多，影响也不好。因此抗战胜利后，统一累进税即停止执行。

统一累进税实施结果，总的看是很成功的。主要成绩是：第一，保证了革命战争的需要和军队的供给；第二，奖励了农业生产，保护了工商业；第三，基本上达到了“军民兼顾”、“公私兼顾”，稳定人民负担的要求，得到了广大人民，特别是农民的拥护；第四，削弱了封建势力，团结了各阶层人民，巩固了抗日民族统一战线，统一累进税和合理负担，地主阶级由靠地租收入转为将资金投入工商业，从而

刺激了工商业的发展。第五，培养和造就了大批财会人员，他们深入群众进行大量调查研究，提高了业务水平，1941 年是边区人民负担最重的一年，1942 年起，由于实行精兵简政和大生产运动的开展，边区的财政支出大为降低，负担减轻，人民的生活，虽有敌祸天灾，仍逐步改善，据 1945 年 3 月边区政府副主席戎伍胜在晋冀鲁豫边区第一届参议会太行区会议上的报告所述：人民的负担，自实行统一累进后比较更为公平合理，而且从 1942 年起是逐步在减轻。1942 年每人平均负担 2 斗 9；占其平均总收入的 16.96%；1943 年，每人平均负担 1 斗 6 升 3，负担占其总收入 10.5%（以上两年因为灾荒收得少，负担减得较多）；1944 年，安排数以当时人口计算，每人平均负担 2 斗 5 升 7，负担占总收入 12.75%。[1]

第四节　太岳、冀南、冀鲁豫继续实施合理负担

晋冀鲁豫边区在贯彻实施统一累进税进程中，并非全区同一步调，全面推行的。而是根据各地区的实际情况，周密研究、逐步推开、稳步前进的。第一步，只在太行区推行。但太行区的游击区、接敌区也没有实行。不实行统一累进税的地区，继续实行原来的负担办法。第二步，在太岳区推行。但直到 1945 年太岳区才颁布了《太岳区农业统一累进税暂行条例》的命令，该条例规定的征税范围较边区政府公布的统一累进税范围小一些，只限于土地耕种、地租、林木及果园收入、房租及其他一切租息收入。对于工商业收入、手工业作坊及自由职业者的薪给报酬收入等，均未列入征税范围。其计税标准、累进率与负担的最高限额，均是根据太岳区的具体情况制订的。但对负担的最高限额规定的较高，一般以不超过收入的 40% 为准。

---

〔1〕 戎子和："晋冀鲁豫边区财政工作的片断回忆"，《中国财政》1984 年第 7 期。

冀南区和冀鲁豫区一直未实行统一累进税，冀南区依照人民的习惯，仍继续实行公平负担办法，只对原办法作了若干修正。1942年冀南行署公布的《修正公平负担暂行办法》，扩大了征税范围和负担面，使抗日负担人人有份。对于贫困户免税点作了适当提高，凡有负担能力的民户，均应承担程度不同的纳税义务。对于租佃户的公平负担，按边区政府土地法的精神重新作了规定。公平负担的累进率级距增为21级，21级以上不再累进。新办法实施后，停止征收田赋。

冀鲁豫区最早实行山东省战时工作推行委员会颁发的《乙种合理负担办法》，1940年冀鲁豫行署颁布《合理负担暂行办法》，边区政府颁布统累税税则时，为了照顾群众的习惯，仍继续执行合理负担办法，但各专县之间有不同，有用六级合理负担办法计算征收的，有用75%的田赋地亩计算征收的，有按每人除去一亩负担亩征收的，还有仍按田赋地亩平均计算征收的。由于征收办法极不统一，致使各地区、各阶层人民负担不平衡，也影响到政府的收入。为此，冀鲁豫行署根据公平合理、简单易行、争取负担人口达到80%的规定，并照顾到各阶层人民的利益和巩固发展农村统一战线的原则，拟定了合理负担新办法草案及实施细则草案，经半年试验后经边区参议会冀鲁豫办事处审查通过，于1942年7月1日，由冀鲁豫行署正式颁布。新办法规定富力大的多负担，富力小的少负担，贫困户不负担。负担最高额以不超过每人全年总收入30%，负担人口以县为单位达到80%为原则。办法共分7章38条，包括总则、计算负担、累进等级与累进率、减免、调查评议、罚则等有关事项。这个办法和太行区实行的统一累进税暂行办法、冀南区实行的公平负担办法，基本精神是一致的，都是按收入的多少用累进的办法征收的，政府征收公粮、柴草款，均依本办法负担。所不同的是田赋仍照常征收。

冀鲁豫区新合理负担暂行办法颁布以后，在一些新解放的地区尚难以实施，冀鲁豫行署又于1943年3月18日另行颁发《简易合理负担暂行办法》。这个办法更加简便易行，规定只以土地为标准计算负担，其动产与人力收入均不计算负担，其负担面和负担的最高限额，均同于行署颁布的新合理负担办法。为了使负担合理，将土地分为特等、上等、中等、下等及劣等地五种，依土地质量的好坏，均折算成中等地计算负担，按比例征收。

第五节 出入境税和其他税收

边区各级政府在向农户征收田赋、合理负担与统一累进税的同时，还征收了出入境税、烟税、酒税等税收。

一、出入境税

出入境税是边区财政收入一项重要来源。早在边区政府成立之前，为了加强对敌经济斗争、保护根据地经济和增加财政收入，各地先后开征了出入境税。

1939 年冀南区行政主任公署颁布了《冀南区征收棉花运销救国捐及不资敌货出境税暂行办法》和《冀南区征收外货入境税暂行办法》开征了出入境税。1940 年 4 月，冀南行署针对税收部门干部成份复杂、不注意政策、组织不健全、领导不力、与各方联系差的缺点，向各专署、县税务局发出《关于加强税务工作的通令》。同年 9 月对出入境税条例作了部分修订。

1940 年 3 月山西省第三专署发布了《出入境货物暂行分类税率表》。对入境货：奖励入口货免税，许可入口货课税 5%，限运入口货课税 10%—40%。对出境货：奖励出口货课税 5%，许可出口者课税 10%，限运出口货课税 30%。禁止出入口货依法处罚。

边区政府成立后，按照对内贸易自由、对外管制的贸易政策，1941 年 10 月颁发了《晋冀鲁豫边区征收出入境税暂行条例》。《条例》分为总则、税率标准、稽征办法及手续、处罚办法及手续、提奖办法、附则六章 30 条。《条例》对奖励出入境货物一律免税，许可出入境货物课税 5%—50%，禁止出入境货物除特殊者外禁止出入境。对于边区境内各地区间的贸易，通过敌人封锁线时，取得起运地区以上政府证明者一律予以免税；对于出入边区境外的货物，只征收一次出入口税。1941 年 12 月，边区政府特许其他区域商民运输奢侈品过境查验征收 50% 的过境税。完税后，按指定的路线通过边区各地不得借故留难，以利各友邻地区之间的物资交流。

二、烟　税

烟税，包括烟叶税、卷烟税。

烟税，在历史上已有征收习惯。主要是在大宗交易环节征收。边区开辟初期，有的地区制定开征卷烟税的办法。但是，大部地区没有实征。“冀太联办”成立后，为了增加财政收入，颁布了《冀太区征收烟产税暂行条例》。《条例》规定：烟类产销税税率：土产水烟按价征 10%，土产旱烟征 10%，土产卷烟征 20%。对外来的土产水烟、旱烟、烟叶，收入境税一次，烟叶征收 10%，水烟、旱烟征收 20%。凡制销烟类之工厂、作坊均须向所在地县政府登记领取许可证，凭证营业依章完税。对无营业执照制销私烟者、贩运私烟者、货与执照不符者、未盖有经征机关查验戳记而销售者，除照章纳税或补税外，并课以应征税额 2—5 倍之罚金。凡不受经征机关之检查或抗不纳税者处以 5—10 元之罚金，处罚后仍须照章完税。

三、田房契税

田房契税是历史上沿袭多年为保障产权而征收的一种税，推行已久，群众已有缴纳的习惯，把缴纳契税视为政府对他的田房产权的确认，都主动缴纳。根据地建立后，田房买卖典入典出变动较多，为了保证产生的合法权益和增加抗日民主政府的财政收入，继续征收契税。在根据地创建初期，晋东南地区、冀南和冀鲁豫地区，对田房契税的征收是不统一的，有的征收，有的没有开征，契税的附加各地也不统一。晋冀鲁豫边区政府成立后，1942 年 3 月统一制订了《晋冀鲁豫边区田房契税办法》，办法共分六章 29 条，分别就契税的总则、税率与征收、立契与报税、补换契约及补税、罚则和附则的有关事项作了具体规定。本税法规定，田房卖税依下列标准征收：

（1）买契税，按契价征收 8%。

（2）典契税，按契价征收 4%。

除正税及工本费外，不准征收任何附加或手续费。

这个办法公布后，在冀南和太行、太岳各区开始执行，冀南行署要求各地于 1942 年 8 月底以前，限期完成报税立契或换章补契、换契工作。后在执行中，为使人民踊跃纳税起见，又将边区政府原定税率适当降低，即买契税由 8% 减为 4%，典契税由 4% 减为 2%。自 1942 年 12 月 1 日起执行。

冀鲁豫区没有执行边区的田房契税办法，1943 年 11 月冀鲁豫行署根据本区的情况，另行制订了《冀鲁豫区修正田房契税征收办法》，该办法规定凡本区人民置买或承典田房，应依本法规定向该县抗日县政府照章纳税，并领取正契，否则政府对其田房所有权不负保证责任。本办法规定的田房契税税率比边区政府颁发的契税税率为低，其中：买契税率按实际买价 6% 征收；典契税率，按典出价 3% 征收。另收契纸费 5 元。以后冀鲁豫行署又于 1944 年 3 月对田房契税征收办法作了修正，但对买契和典契税率均未作变动。

1944 年 3 月，冀鲁豫行署根据契税征收工作中出现的新问题，又向专署、县府发出训令。为鼓励报税，对地价的估价不宜过高，应比目前实际价格适当减低。训令还要求解决好契税复交工作。征收契税不能单纯为增加政府收入，应在契税中解决民众之产权纠纷与清理土地及负担关系，在被敌人蹂躏过甚、收成减产、目前无力报税之个别民户可先报税缓期缴纳。在从速解决减价收税期内人民踊跃报税出现的繁忙情况，除增加临时干部外，可令各村于减价期间先向县政府进行税契登记。凡是经过登记的，事后办理税契时，仍按半价计算。必要时，由县政府呈请专署核准，可延长减价税收期间。灾区暂缓进行，税契征收工作不要影响扩军及发展生产，在 4 月以后进入农忙期间，同时麦收准备工作即将开始，可停止税契工作。

以上这些税法的公布实施，也为边区财政收入疏通了渠道。据统计，边区财政收入中，统一累进税和合理负担税收约占90%左右，其他税种的收入约占10%左右。因此证明，实行以上各种税收是完全必要的，不是可有可无的。

第十六章 理财制度逐步完备　理财经验日益丰富

财政的管理，即通常所说的理财。

理财包括两方面的内容：一是开源，二是节流。关于开源，晋冀鲁豫边区政府从“温村会议”之后，遵照中共中央和毛泽东制定的“发展经济、保障供给”的财政经济工作的总方针，坚持从经济到财政的原则，发展生产，增加财力，完善税制，公平征收、减轻人民负担，稳定人民生产情绪，调动人民的抗日、生产积极性，已取得了显著成绩。有关开源情况，前一章已经叙述。本章将偏重叙述边区财政工作中的节流方面的经历。

“冀太联办”戎伍胜副主任向边区临参会作财经工作报告时指出：“节流是节制财政用途。它的意义：第一，在以经济效益为原则，以最小限度的消费，发挥最大的效用，办最多的事，收最大的效果。所以节流不是勒紧腰带省饭饿肚的办法，它也有一种积极的作用。第二，紧缩支出、防止浪费贪污，使一文钱、一粒米，都用到正常的、必需的用途上，不使个人占便宜或者是自己浪费掉。开源节流，都要从长久上着眼，只顾眼前，不顾将来，就是毁源决堤的自杀办法，必须纠正。”[1]

由此说明，晋冀鲁豫边区自从建立了最高政权之后，不仅注意财

〔1〕 戎子和：“敌后抗日根据地财政建设的基本方针”，《戎子和文选》，中国财政经济出版社1991年版，第23页。

政的开源，而且也很注重财政的节流。

大量的史料证明，晋冀鲁豫边区政府及其所属各级政府，是善于理财的。它们不仅制定了合理负担和统一累进税等负担政策，而且在财政收支、财政体制、财政的管理、财政监督等方面，制定了比较完整的规章和条例。这就确切地说明，边区的理财经验日益丰富，理财水平逐步提高。

第一节　财政的收入和支出基本平衡

一、边区的财政收入，主要包括农业税、工商税、罚没收入、公产收入、缴获收入和机关生产收入等几大类

收入项目，各个时期有所不同，但总的说主要靠农民缴纳的农业税。

具体情况如下：

1. 农业税收入，占抗日战争时期边区财政总收入的85%—93%。

2. 工商税，包括出入境税、工商营业税、烟税、酒税、牲畜交易税、盐税，约占财政总收入的6%—14%。

3. 罚款收入、公产收入和其他收入，约占财政总收入的1%左右。

抗日战争期间边区财政收入每年平均按小米计算，约在3.5—4.5亿斤左右。此外，国民党政府按协议发给八路军总部和由总部转发给一二九师的军费和山西省政府发给决死一、三纵队的军饷，以及社会团体和群众直接支援部队的捐献款，均由部队直接管理，这些收支未列入政府财政概算，但也是边区的收入。

据八路军总部后勤部供给部财政科账目记载："国民党政府从1937年到1940年共计拨款1640.6万元，其中，1937年192万元，1938年448.9万元，1939年500万元，1940年10月止499.7万元，

1940 年停发。”社会团体及群众支援，从 1937 年到 1941 年，各部队上交供给部有账可查的有 892.4 万元，其中 1937 年 3.6 万元，1938 年 200.1 万元，1939 年 60.4 万元，1940 年 550.3 万元，1941 年 78 万元。山西省政府按核定编制发给决死队军饷无资料可查。1939 年 12 月以后停发。

以上就是边区收入的大致情况。边区财政收入是稳定的、牢靠的。就是在天灾敌祸最严重时期，财政收入也没有大幅度减少。充分说明，边区人民对抗日战争、对八路军和人民政府是信赖的。

二、边区的财政支出，大部用于保证战争需要，军费最多，地方经费为次

1. 具体项目列如下：

（1）军费。其中包括一部分战勤费，约占边区财政支出的 80%—90%。1941 年—1945 年，边区政府拨给八路军总部和一二九师的军费合计 76050 万元。其中，从太行区拨发 70890.6 万元，从冀南行署拨款 5160 万元。拨给其他部队的军费无资料可查，按兵员人数计算将大于此数。上述军费均以现金拨付，粮食柴草的供应尚不在内。在粮食支出中军粮的比重占半数以上。

（2）行政费，包括党、政、群众团体、司法机关的生活费、办公费和一部分战勤费。

（3）建设费，包括生产投资和修河开渠筑坝的生产水利、拨付公营工商业的资金（不包括银行贷款）等。

（4）文教费，包括公办的大、中、小学和专业学校的经费（公办的中小学教育费，一半由公产收入解决，一半由政府开支。村小学由村收入自行解决），出版报刊、卫生和文化部门的经费等。

（5）社会救济费，包括救济灾荒、安置荣誉复退军人、党、政、军、民人员死亡抚恤费。

以上(2)(3)(4)项支出合计，约占边区财政支出的 10%—20%。

财政预算收支相抵，除 1944 年由于部队生产节约、部分自给，

减少了财政拨款，实现收支平衡外，其余每年都有 10%—25% 的赤字，靠银行发行货币弥补。

为了说明军费的收支情况，现将八路军前方总部供给部和一二九师供给部财政科在激烈的战斗环境中保存下来的一份宝贵资料，摘录如下：

据账目记载，八路军总部及一二九师在抗战时期，财政收入为 94180.5 万元（1939 年 11 月前为法币，1939 年 12 月后为冀南币，两种货币等值计算，下同），总支出为 89366.5 万元，到 1945 年 8 月抗战结束时节余 4811 万元，这是账目记载数，实际收支超过此数，这是因为：（1）抗战初期，部队分散作战，自筹自给，自筹部分未统计在内；（2）在困难时期，各部队开展生产自给运动，收入很大，统计入账的只是上交部分；（3）在最困难的 1942 年、1943 年，降低和停发了部分费用，未统计入账；（4）太岳、冀鲁豫两军区由各行署负责供给，收支均未包括在内。

2. 部队财政收入来源如下：

（1）国民政府拨款，从 1937 年到 1940 年 10 月共收到 1640.6 万元，这些经费包括经常费、战务费、米津及兵站补助费、医药补助费，本来就不足以解决军队的需要，杯水车薪，又加以部队人员扩大，物价上涨，1939 年后未增发一分钱，部队过着极为艰苦的生活。1940 年 10 月全部停发。

（2）社会团体及群众支援，从 1937 年到 1941 年各部队上交供给部的捐款，有账可查的即有 892.4 万元，实际收入多于此数。

（3）向边区政府请领，1940 年 9 月“冀太联办”成立后，从 1941 年 1 月到 1945 年共领到经费 76050.6 万元，约占总收入 80.8%，这是八路军总部和一二九师军费的主要来源。

（4）战场缴获、没收汉奸财产和一部分罚款加上杂项收入共计 4770.6 万元，占总收入 8.1%。

（5）1942 年后生产经营和节约的收入，据不完全统计有 9035.8 万元，占总收入 9.6%。

（6）红军时期留下的家底 23 万元和调入部队带来的经费 1766.5

万元。

（7）向冀南银行贷款，从1939年到1943年共贷款10386万元，依靠这笔贷款，帮助部队解决了困难，渡过了难关。1944年部队将历年生产节省的粮食按市价折款，如数归还了银行。因而未列入收支数之内。

3. 军队财政支出：

抗战八年，供给部总开支89366.5万元，除支付延安后方及其他根据地部队少量经费，总部直属各单位和一二九师共开支77910.2万元，各项开支如下：

（1）人员生活费11256.9万元，占总支出的14.45%。部队粮食主要靠边区政府支拨实物。

（2）骡马费1295.9万元，占总支出的1.66%，主要是马鞍、装具、马药等费用，1940年后马草料由政府供给实物。

（3）公务费2438.2万元，占总支出的3.13%，包括办公、杂支、路费、烤火、出差等费用。

（4）各种事业费54367.7万元，占总支出的69.78%，主要是被服装具、通讯器材、医药材料、军工材料、子弹、印刷材料、运输和各种建设材料费等。

（5）教育费255.3万元，占总支出的0.33%。

（6）优抚费823.3万元，占总支出的1.06%，包括优待费、保健费、残废费、负伤费、抚养费、埋葬费等。

（7）各种活动费1948.3万元，占总支出的2.5%，其中优待俘虏费334万元。

（8）作战费77万元，占总支出的0.1%，用于作战时雇请向导及赔偿损失等。

（9）特别费及其他开支5447.6万元，占总支出的6.99%。

以上收支相抵结余4811万元，为后来的自卫战争积累了微薄的资金。[1]

---

〔1〕 黄同："八路军总部及一二九师的财政工作概况"，《边区财政经济史资料选编》第一辑，中国财政经济出版社1990年版，第790页。

三、财政收支的成绩和问题

总的说，晋冀鲁豫边区在财政收入支出方面，成绩很大，缺点也不少。

1. 成绩方面：

（1）边区的财经工作是执行了毛泽东提出的“发展经济、保障供给”的方针的。特别是1942年12月以后，遵照中共中央的指示，边区各级党、政、军、民广泛而深入地开展了大生产运动，减租减息政策的实行，大大提高了贫苦农民的生产积极性，使边区经济迅速发展，随着军事斗争的胜利开展，根据地不仅恢复了大“扫荡”前的地区，而且又有新的发展和扩大，负担面积与负担人口增加，从而扩大了财源，为保证抗战的物质需要奠定了日益发展的基础。

（2）边区的财政是取之于民、用之于民的。取之于民是不少的，人民的负担是比较重的，尤其是根据地的中心地区，人民贡献了相当多的财力、物力和人力。但是，如果同敌占区和国民党统治区人民的负担比较，则要轻得多。因为根据地废除了苛捐杂税，实行了减租减息，减轻了封建剥削，禁绝了敲诈勒索和抢劫的人祸，人民的物质生活基本上有了保障。在1942年精兵简政、厉行节约和1943年开展大生产运动后，减轻了人民的负担，边区的财政是取之有度，用之有道的。

（3）边区财政自“冀太联办”成立以后，严格执行了预算制度，坚持量出为入与量入为出相结合的方针，对于收入严格执行政策，坚决反对竭泽而渔、诛求不已的错误做法；积极帮助人民发展生产，使人民有所失也有所得，做到民负虽重而不伤；对于支出，抓得很紧，管得很严，精打细算缜密研究，量力而行，在边区政府成立以后，没有发生了追加预算的情况，实现了预算收支的基本平衡。

2. 缺点和错误方面：

（1）1941年以前，对于发展经济保障供给的方针注意不够，大部精力是向农民征粮征款，向农民索取的多，而帮助农民发展生产没

有用力去抓，在屯粮工作中发生了不少违反政策的做法，造成不良的影响，财粮管理不严，不少地区发生了贪污浪费的现象。

（2）1941年派太行区的公粮重了一点，农民叫苦，影响所及，黎城县在秋粮征收时曾发生过一次离卦道暴乱投敌事件，原因是多方面的，但借口是公粮重，负担不起。接受这个教训，从1942年起，着手减轻了人民负担。

（3）公营工商业在战争期间，主要任务应该是维持手工业生产和市场，供应人民必要的消费品，平稳物价，巩固货币币值，开展对敌经济斗争，不能依靠它盈利，补助财政。1941年曾指望边区工商总局交纳一定的财政任务，结果完全落了空。

（4）在贫困落后地区，战时发行公债是困难的，1941年晋冀鲁豫边区政府成立后，曾决定发行公债600万元（后增加为750万元），结果由于战争环境不稳定，北洋军阀和国民党旧政策发行公债的恶劣影响，再加上人民无钱购买，发行公债的工作没有完成，几乎连印刷费都未收回来。

第二节　财政体制基本稳定

财政体制是划分财政管理职责和权限的根本制度。是各级政府对财政实施具体管理的依据。是分工领导、监督财政的强有力的手段之一。

“冀太联办”和边区政府是边区的最高政权，边区的财政政策、财政管理、财政法规制度、财政收支分配等等，均应依照边区临参会通过的法令，由边区政府统管。但是，由于战争环境的变化，全边区的财政管理体制，始终未能做到这一步。

抗战初期到1940年以前，边区的财政管理体制同行政体制一样，分为三个行政区，即晋东南的山西省第三、第五两个专区和新成立的冀南区。在三、五专区内，沿用旧山西省政府体制，省对专署和县实行财政包干（村一级自理）。专署、县政府人员每月的薪给和机关经费，按省政府规定的数额在上解收入中坐支。抗战开始后，由于日军的入侵，专署和县组织抗日武装，开支增加，上解省的收入很少，甚至不上解。冀南行政主任公署成立后，一切开支由专署和县上解供应，专署和县的开支，在上级规定的数额内由收入中支用。这个时期，财政收支基本上是自收自用，没有建立统一管理的制度。有些部门和地区一度发生各自为政和违法乱纪、贪污浪费现象。

1940 年“冀太联办”成立后，根据中共北方局“黎城会议”关于财政统收统支的决定，对财政收支作了统一的规定，将太行、太岳、冀南三个行政区的财政收支实行统一管理。由于北方局、八路军前方总部、一二九师师部、“冀太联办”及其附属机关，部队、团体，都驻在太行区，在编制 1941 年度财政预算、布置财粮收支时，计划从冀南区上交“冀太联办”一部分麦子、棉布，从太岳区调入一部分粮食，以减轻太行区的负担。但是，由于根据地形势恶化，敌人对平汉、白晋铁路的严密封锁，各区之间的来往日益困难，所以，这一计划一直未能实现，从 1942 年起，冀南区又遭到敌人的残酷“扫荡”，根据地变成了游击区，该区内部已不能统支，只能以专署为单位统一收支，个别敌情特别严重的县区不得不以县为单位统一收支，冀南行署、军区一级即靠所在专区就地供给。从 1943 年上半年，环境更加恶化，冀南区与冀鲁豫两区暂时合署办公，一部分后方机关被迫转移到太行区，依托太行区供给。原定的财政体制已无法实行。

冀鲁豫区从 1941 年后半年起，正式划归边区政府领导，由于环境紧张，边区政府只能在法令制度上遥领，在财政体制上，包括鲁西银行的管理和发行，都是相对独立的。

总的说来，抗日战争时期边区的财政体制，实行的是行署区（边区政府兼太行区）一级的统收统支制度。所谓统收统支，是指由八路军前方总部暨一二九师和边区政府大体规定行署、军区、专署、县（包括区）的军政编制、供给标准，由各区依照本地区的情况确定支出。允许各地有条件地在一定范围内作适当变动，收入由边府、行署按照边区统一的征粮征税法令原则，并根据以本区的敌情态势、经济情况、负担人口等等条件确定征收数额，分配到专署、县，由县区负责完成。专署、县在完成上级分配的粮额任务内，留下本身的支出后，余额上解边府、行署。银行的发行、贷款，除冀鲁豫区外，其他各区由八路军前方总部一二九师、边区政府管理。从财政体制上说，边区实行的是边区政府、行署级的统收统支制度。专署级、县只是执行机关，没有独立的立法权限。村级财政，有的由县管理，有的由县规定收支范围和标准，由村自行管理。冀南情况特殊，连行署级的统收统支也有一段时间做不到。

但是，边区的主要税法原则是统一的；党政军民供给制度基本上是一致的；财政管理制度是大体相同的。全边区的财政政策，是服从党中央和北方局决议的。

实践证明，实行这样的体制，是完全正确的，十分必要的。它既保证了边区、行署一级统一集中的需要，又照顾了专、县的一些特殊困难，给了他们一定机动财力，没有一刀切。因而全区各地认为这一体制，基本上是适应当时的实际情况的。

第三节　财政管理制度日臻完善

加强财政管理，严格财政制度，是厉行节约、防止贪污浪费，实现财政任务的重要手段。

“冀太联办”，特别是边区政府成立后，为克服财政管理上的分散和混乱状况，前后制定了一系列财粮管理制度，使财政管理逐步走上正规化道路。在执行上述制度的过程中，得到了各级领导和财会人员的大力支持。

但是，在执行中发觉有些制度不适应战争多变的环境，执行时感到困难。

有鉴于此，1944 年下半年，边区政府副主席戎伍胜和二厅（财

政、建设）厅长刘岱峰召集边区富有财务会计工作经验的干部讨论了进一步修订财粮管理制度事宜。

会议决定，由边区政府第二厅会计科长、会计专家张新周牵头，约请边区会计专家和会计实际工作者组成起草小组，制定一个新的完整的财务行政制度。张新周等人，经过调查研究，集思广益，将原先颁布的有关财务行政管理的十几个文件，加以综合归并之后，写出草稿，再经过试行、修改，形成《晋冀鲁豫边区暂行财务行政制度》。1945 年元旦，由边区政府颁布实行。

新制度的颁布，标志着边区财政管理的一个方面，即支出管理方面，向前迈出了一大步。如果说统累税的颁布是收入管理方面的改进，那么，财务行政制度的颁布就使支出管理方面更加规范。它的意义是不能低估的。

《晋冀鲁豫边区暂行财务行政制度》分为：总则、财务行政机构及其职权、粮票、科目及细目、审计、会计及统计、金库、仓库出纳及保管、交代与接收、附则共九章。凡财政管理上的事务，基本上应有尽有。各种实际问题，大都有明确的处置规定。

“总则”首先说明制定这一制度的意义和目的是，“为确立财务行政秩序，实行统筹统支，保证军政供应”。明确规定一切岁入岁出款项、粮食之审计、会计、统计、出纳、保管及金库事宜，“悉以本制度行之”。

“财务行政机构及其职权”一章中，确定审计：会计、统计、出纳及保管人员，“得在法令规定范围中，独立行使职权”；“政府一切收入，均需经过会计手续，取得正式会计凭证，始在法律上发生效力”；“政府一切支出，非经会计手续，持有正式会计凭证，不得向出纳、保管或金库部门支取”。对于不经审计、会计手续，动支、扣留征收、缴获之财物者，“以贪污论处”。这些规定，都是切中时弊、有的放矢的。它对于克服一些地方行政长官随心所欲地支配财力现象，具有严格的制约作用。

在这一章中，还有一条重要规定：即在经费困难时，坚决保证军费优先。“各级政府因征收不力，致使金库无款、不能支付军费时，

由政府负责；金库因调拨现金不当，以致贻误军政经费开支时，由银行负责。为保证军费之供给，各级政府及银行并应依据下列原则，支付军政费用：一、军费第一，政费第二；二、军费之中，大军区及各纵队军费第一，地方军区军费第二。”由此可见，边区政府对保证军费是采取了坚决果断手段的。

“审计”一章中规定：边区粮、款岁入岁出总预算及追加预算，应由边区政府根据历年收支及财政经济发展状况，并参照本区各机关部门需用情况，由财政厅编制，以边区政府名义送请边区参议会通过交政府执行；地方粮款岁入岁出总预算及追加预算应由县政府财粮部门编制，以县政府名义送请县参议会通过，交政府执行（无县参议会者，由县务会议通过），但应呈报专署备案。这些规定，使预算制度进一步做到法律化，纠正了一个时期的游击习气和“抓一把”的错误做法。

该制度还在各章中作了许多详细的规定。

这一影响较大的财政管理制度颁布后，边区政府严厉督导各级政府切实遵行。对于任何违反这一制度的人员，不论其职务高低，为革命事业贡献多大，都将受到批评、教育甚至纪律处分。对樽节支出执行制度的，将受到奖励。根据对太行八个专署的检查，1945 年 2 月 7 日，晋冀鲁豫边区政府发出财密字第 46 号通令，奖励坚持审会计制度人员并处分违反审会计制度人员。

通令指出：太行区的财粮工作成绩很大。“但是一年以来，在财粮工作上也发生了严重的混乱现象，即许多专署、县抛弃制度，隐瞒上级，私自任意开支粮款。仅款项方面说，一至八专区共有 12083267 元。”“等于全区各专署、县及区三级全年行政费的二倍，等于全年行政费的 3/4。这是多么可怕的现象，而这种现象是在长期隐蔽不报中发展着，一直到今年初的检查中才发现。”

通令又指出：“这种不应有的混乱现象，已经严重地破坏了我们的预算，而且造成财政上的危机。”“这种对边府隐报的乱支乱借，紊乱了边府掌握财政的数字与对各项开支的步骤，不能不向银行透支很大一批款，而且使边府库存经常是一文不名，陷入空前困难。”

“这是不符合为人民服务的原则的。因此而不能及时保证军需，……是具体的不能很好爱护军队的表现。”

通令批评一些财政部门不经批准借给军分区独立营经费的问题，指出“借给一部分机关款项而顶支拨军费命令，……实际上是起了破坏军队系统的审会计制度的作用，增加了军队系统坚持审会计制度的若干困难。”

通令表扬太行军区司令部分文未借。

通令对太行一专署、二专署及时改正错误加以鼓励。对曾因违反财政纪律受到记过处分的七专署专员、武安县长，进行自我批评予以嘉奖。对太行二专署专员、代专员，坚持审计制度、全专区均无滥支滥借现象，各予记功一次，二专区各县县长（除寿阳外）均予通令嘉奖。左权、武乡、榆社、沙河等县坚持制度，从未借支粮款，对左权前县长、武乡县长、榆社县长、沙河代县长均予嘉奖。二专署粮站宋兰禄一年间保存粮食5000石，丝毫未损坏，记功一次并通令嘉奖。

通令还对太行四专署浮支滥借负有责任的专员给予记过一次处分，给该专区黎城县（随便借款数目最多的一县）代理县长记过一次处分。给五专区浮支滥借负有责任的专员记过处分，给该专区涉县代理县长记过处分。六专区偏城县机关生产浮支借款，给该县县长记过处分，邢台县机关生产浮支借款，给该县县长记过处分，邢东县长私人借款15000元不知用途，给予记过处分。邢台县某区长私借3万元作商业生产，给该区长记过处分。八专区陵川县，机关生产浮借，给该县县长记过处分。一专区和东县机关生产浮借，给该县县长记过处分。

通令要求各专县，均应召开署务、县务会议，传达文件，进行反省检讨，并检查本地有无财政混乱情况。受处分人员，须亲自来边区政府检讨。

通令重申，“如再有埋伏款项隐瞒不报的，专员、县长应受到刑事处分”。“会计制度不健全，是财政科长的责任。而审计制度上的不健全，必须由专员、县长负责”。

以上通令，共计给二位专员和十几位县长记功奖励，给三位专员

和十几位县长记过处分。这足以证明，边区政府执行财政纪律是严肃的。

第四节 财政管理的严厉手段
——惩治贪污

惩治贪污是边区重要的财政纪律之一，是保卫革命财物免遭损失的严厉措施。

抗日战争时期，边区各级政府工作人员，绝大多数是自觉自愿不怕牺牲参加抗日工作的，不是为职业为做官而来。他们参加抗日工作后，抱定抗日救国和为人民服务的宗旨，舍生忘死艰苦奋斗，全心全意努力工作，遵纪守法，不谋私利，甘为公仆，廉洁奉公。因此，在边区政府建立、财政工作走上轨道之后，贪污事件很少发生，浪费现象亦少见，这是中国近代史罕见的治事清廉时期。为防患于未然，早在 1939 年，冀南行政主任公署即颁布《冀南税务经征人员惩处暂行条例》，规定贪私舞弊税款 500 元以上者处死刑，舞弊 100—500 元者判处 3 年有期徒刑至无期徒刑，10 元以上 100 元以下者处以百倍的罚金。晋冀鲁豫边区政府施政纲领第三款第五项中，仍然突出地写着“建立廉洁政府，肃清贪污浪费”等鲜明内容。1942 年 2 月 11 日，在敌后抗日战争最艰苦的时期，晋冀鲁豫边区政府颁布《晋冀鲁豫边区惩治贪污暂行办法》，作为整顿纪律、节约物资、根绝贪污、树立廉洁政治的法律依据，使边区的施政纲领成为实际行动的准则。

惩治贪污，从纲领的宣示，到严肃的立法，意义十分重大。首先，它充分显示抗日民主政府是忠于人民的本质。人民政府的工作人员是为人民办事的，他们清廉公正、两袖清风，与人民同甘共苦。它和旧的政府截然不同。其次，制定这个法令，可以防患于未然，以儆效尤。俗话说，不怕一万，就怕万一。抗日民主政府工作人员虽绝大多数是好的，但是，难免有个别不良分子鱼目混珠，钻进革命队伍办

坏事。也难免有个别人经不起艰苦生活的严酷考验，蜕化变质，贪污腐败，因此，制定这一法令，对抗战大业有百利而无一害。

《晋冀鲁豫边区惩治贪污暂行办法》颁布后，引起广泛的注意，各方面坚决支持。它的最大特点是个“严”字。

《办法》全文十五条，足以警世的条文是“贪污500元以上的处以死刑”。

原文规定：凡有下列行为贪污达500元（大约折合小米5000斤）以上者处死刑。

（1）吞没克扣公款公粮公产者。

（2）购买军用品、卫生器材及一切物品从中舞弊者。

（3）盗买公粮、公物、公产以自肥者。

（4）凭借势力勒索、强占、敲诈财物者。

（5）以公用舟车马匹等运输力装用违禁物品或偷漏税物品者。

（6）受贿徇私包庇者。

（贪污公粮、公款、公物之价值以时价折算之）。贪污不足500元者，处以下徒刑或劳役：

（1）300元以上未满500元者处5年以上10年以下的徒刑。

（2）200元以上未满300元者处2年以上5年以下的徒刑。

（3）100元以上未满200元者处1年以上3年以下的徒刑。

（4）50元以上未满100元者处6个月以上一年以下的徒刑。

（5）不满50元者，处6个月以下之徒刑或劳役。

《办法》还规定，未经上级同意，浮派粮款擅自增加人民负担者，视同贪污，如将浮派粮款贪污中饱者，两罪合并惩处。

《办法》又规定：“各级政府工作人员发生贪污情事依法惩处时，其直接上级受连带处分”，“教唆或帮助他人贪污者以从犯论”。

《办法》强调定案准确、证据确凿，依法办事，规定处理重大贪污案件“非经边区高等法院或该院明令委托代表之机关核准，不得执行”，“在抗日政府成立前之贪污行为不得诉追”，“诬陷或诬告他人者依法从重处理”。

边区惩治贪污暂行办法的实施，为边区财政管理起了强化作用，引起各方注意。边区领导人邓小平在讲到严惩贪污时，对贪污500元以上就处以死刑予以肯定。

据晋冀鲁豫边区财经工作领导者戎子和回忆，惩治贪污办法起了好作用。实际上从颁布这一办法至边区政府撤销，只惩办过少数贪污分子。判死刑的只有十几个。其中有一个是边区政府秘书处总务科管理员。此人贪污了一些粮票，折算超过500元，经边区政府机关送驻地涉县司法机关审理，证据确凿，本人认罪，涉县司法机关呈请边区高等法院核准，将这一罪犯押回边区政府驻地（涉县弹音村）枪决。高等法院审判庭长马起，结合案情讲话表示，高等法院对贪污分子决不宽容。

第五节　会计工作在理财中的特殊贡献

实践表明，晋冀鲁豫边区领导人是理财有方的。晋冀鲁豫边区的财政管理制度之所以能够日臻完善，并成为历史的宝贵遗产，除党的领导、“大将理财”、各级党员的模范作用、领导干部的以身作则等等因素之外，还应归功于边区党政领导重视会计工作，重用运筹善算的会计人才，充分发挥会计专家和会计科学的作用这样一个重要原因，这是晋冀鲁豫边区财经领导者高明远见之举。

记、算、管账等，自古以来就是官府、民间各种经济往来的必需工具。从边区创建、财政工作建立开始，各级政府就克服一切困难，选择一些廉洁奉公、能写（有文化）会算（打算盘）的人员担任财政会计工作。会计，成为各级抗日民主政府的必设职务和必备干部。

随着财政工作的发展，会计业务的重要性越来越明显。没有会计业务，实在不能成为完整的财政工作。缺少会计监督，财政工作难以进行。

“冀太联办”成立之后，根据中共中央北方局彭德怀、邓小平等

领导人的指示，逐步选调了一些熟悉会计专业的知识分子和曾经接触过会计业务的人才充实财政部门。并按照中共北方局指示，为使财会人员安于职守，对调入从事会计的干部，不能随意调出，要求他们专心致志安心工作，钻研业务，成为本行专家。1941 年春，中共中央发布了关于党员参加经济技术工作的决定，批评轻视经济工作和技术工作的缺点错误，据此又有一些懂会计的人员走上财经战线：当年，边区政府颁布《晋冀鲁豫边区优待专门技术干部办法》，将会计师与工农业技师、医生，列为优待对象。受过大学教育或有同等学历的会计每月津贴 40—50 元。有大专学历或有同等学历者津贴 30—40 元。受中等专业训练或有同等学历的会计，每月津贴 20—30 元。就连初级会计（初中程度），亦每月津贴 15—20 元。足见边区领导对会计人员的尊崇。

抗日战争时期晋冀鲁豫边区的著名会计专家有：冀南银行行长高捷成（厦门大学经济系肄业，作过多年会计工作）、冀南银行副行长胡景沄（受过专业训练）、晋冀鲁豫边区政府财政厅科长张新周（受过专门训练、曾在武汉某银行当过会计），边区工商局科长王风来（受过专门训练，后来任边区会计学校副校长）、八路军总部供给部财政科长黄同（受过专门训练）。以上，除高捷成（1943 年壮烈牺牲）、胡景沄是领导干部，未授予职称外，张新周、王风来、黄同三人，曾被晋冀鲁豫边区政府第一批正式授予会计师职称。广泛流传的边区三大会计师，就是指的上述三人。

会计人员在财政管理上最大的贡献，是他们按照科学的会计原理，结合边区的实际状况，建立了一套新的会计制度，并对古老的陈旧的记账、算账方法和账簿单据进行彻底改革，使财政管理业务能够得到科学的组织计算、稽核、统计、整理、分析、鉴定、对比，及时地正确地、全面地反映财政收支情况、监督各部门的违纪行为，提出改进财政工作的各种建议，充分发挥新会计制度的优越性。

据史料记载，在边区财政统一之后不到 5 年，边区政府制定、颁布的预算、决算、审计、会计制度；军政经费、科教经费、生产经费、优恤经费、妇幼保健经费等开支办法；各种供给标准；各种财粮保管支出制度；各种专门人才优待奖励办法；各种行政奖惩办法和惩治贪污办法等等近百件，都有会计专家和会计人员参与起草工作。有的是他们帮助写成并完成法制手续的。与上述各种单行制度、办法、标准配套的账簿、表格、单据、凭证、传票等，也是会计人员研制的。他们在制定这些成套文件时，不是完全抄袭国民党的，也不是完全引进外国的，而是实实在在采取科学态度，根据党的有关政策和指导原则，针对实际中的问题和难点，发扬理论联系实际的学风，一切从实际出发，以实际应用为前提，因而他们取得的这些难能可贵的成果，符合边区特点，符合财政政策，通俗易懂、简明适用，许多制度、办法和账簿很有创造性。个别制度也有因情况了解不透，现状掌握不实，文字繁琐累赘，难懂难行，因而夭折的（如实物会计）。

总的来说，边区的会计专业人员，是边区理财队伍中掌握文化科学知识较多的人，是理财业务方面的先进力量，他们在党的领导关怀下，在政府机关直接组织领导支持下，他们确实能够在组织上为他们提供的良好环境和生动具体的多变化情况下，充分发挥了他们的聪明才智。上述会计专家胡景沄、张新周、王风来、黄同等，在1949年新中国成立后，都成为新中国的著名会计学家，成为国家银行、财政、贸易等方面会计制度的开拓者、奠基人。

1945年春，日本投降之前，晋冀鲁豫边区财经领导人，为了更充分地发挥会计人员在边区经济建设中的重大作用，把边区经济工作提高到新水平，也为了提高广大会计人员的理论素质和业务能力，迎接抗日战争胜利之后的新任务，边区会计人员，在边区党政军经济部门领导人杨立三（八路军总部副参谋长兼总后勤部长）、戎伍胜（边区政府副主席）、刘岱峰（边府财建厅长）、王兴让（边区工商总局局长）和胡景沄（冀南银行副行长）、郝季甄（边府新任委员、副厅长、民主人士）等人率先倡导，并联合边区财政经济部门工作者和会计人员贾林放、董东复、贾冲之、张新周、黄同、魏玉明、王文焕、郝效芳、李海旺、杨遐岭、韩福华、曹江一、安梅、杨文蔚、安资让、包一山、王学海、张济民、王风来、闵一民、刘福汗、丁之平、唐文华、李茂才、杨哲省、王连云、杨涛、霍士俊等30余人，

共同发起组织晋冀鲁豫边区会计学会。经过积极筹备，于 1945 年 6 月 10 日，在边区政府驻地涉县温村，召开了边区会计学会成立大会。从此，边区财政经济战线上第一个学术团体便正式诞生。

成立大会上，胡景沄作了报告。他讲述了成立会计学会的重大意义。要求学会积极开展学术研究，大力发展学会组织，把全边区财会人员团结起来，努力学习，交流经验，不断提高理论水平和技术水平，为迎接即将到来的抗日战争的彻底胜利、建立联合政府、完成经济建设新任务发挥更大作用。接着，刘岱峰讲了话。最后宣读并原则通过了《会计学会章程》，选举理事七人。理事互推胡景沄为理事长，王风来、张新周、黄同、张济民、刘恕贤、翟绪昌为常务理事。学会诞生后，积极开展各项活动。为了多层次地进行研究工作，确定边区一级设总会，军队系统和各专区以及边区政府直属部门设特别分会，各县设分会。

学会创办了刊物，召开了多次学术会议。一直到解放战争胜利，活动才宣告终止。

晋冀鲁豫边区会计工作和会计理论探讨，为新中国的会计工作提供了经验，为边区财政经济史增添了光辉的一页。

第十七章 经济部门为生产建设服务

1943年6月底召开了太行经济工作会议。这次会议及其决议的很多内容是针对边区各经济部门的工作方针任务的。会议肯定了"温村会议"关于财经工作决定的正确性及以后一段各经济部门的工作成绩，同时，严肃指出，"在许多新的胜利当中，也发生了许多偏向和错误"。会议分析了产生错误的原因，并严肃地批评了一些经济部门的投机思想、"商人哲学"，忽视一元化领导等思想倾向，"责成政府党团再进一步从历史上把经济工作的每一个决定布置及有关的法令，加以检查，从中总结它的经验和教训。"

会议决定今后经济部门的中心任务是努力增加生产，展开各方面的对敌斗争，为迎接抗日战争的最后胜利而努力工作。

会议对边区财经战线，特别是银行、贸易部门的工作产生了巨大影响。

从此，边区政府各经济部门，遵照这次会议的决定，进一步端正了自己的业务方向，把增加生产、积蓄物质力量，作为本部门的中心工作任务。

第一节　银行发行政策转向扶植生产

前两年，即"黎城会议"至"温村会议"期间，边区的银行工作主要是活泼金融、整顿货币。其目的在于通过肃清杂钞、打击伪钞、保护法币，确立冀南银行和鲁西银行币在本边区金融战线上的信誉，巩固它的本位币地位。在这些工作取得决定性的胜利之后，冀南银行和鲁西银行都积极参加对敌经济斗争，创造了贸易斗争和货币斗争相结合的对敌经济斗争新经验，使全边区的对敌经济斗争更有组织性、计划性，“为对敌经济斗争打开一条广阔的道路”。[1]

但是，在这一段工作中，在货币政策上也出现了一些严重缺点和问题。如太行分局决定所指出的那样，不仅在对敌经济斗争方面有“非法弄外汇倒票子”以及“外汇管理的‘左’的现象”，而且还因此影响到银行的组织贷款、促进生产、调剂通货流通等基本业务。

对于太行分局的批评，冀南银行曾作了认真的检查，并根据太行分局的决定和边区政府财经会议的具体指示，迅速将银行的业务方针转向“增加生产、扩大根据地财富、发展工农业经济建设事业上”[2]，为此，冀南银行决定，首先要配合全区的大生产运动，为最迫切的事业发放贷款。在发放贷款时，要总结过去的经验，克服漫无组织、漫无调查的做法，有计划、有重点地进行。

上述这一情况是抗日战争时期边区银行业务方向和发行政策上的一次大转变。即银行在货币发行上由财政发行与经济发行并重的方针，向基本的经济发行方针过渡。这是银行工作上的新进展。

从冀南、鲁西两行成立之日起，它们发行货币的数量就由边区党政军领导机关直接控制，一直采取谨慎、严格的态度。并曾规定：军费和贸易两方面所需货币各占发行总量的一半。

虽然如此规定，但边区领导始终坚持一个政策，即用于弥补战时军费的透支——财政发行越少越好。两行是遵照这一政策行事的。

冀南银行历年的发行情况如表 17 – 1 所示。

〔1〕《边区财政经济史资料选编》第一辑，中国财政经济出版社 1990 年版，第 301 页。
〔2〕《边区财政经济史资料选编》第一辑，中国财政经济出版社 1990 年版，第 908 页。

表 17－1

年度	发行额（万元）	财政透支占%	经济建设投资占%
1939	134		
1940	2975.25	81.10	18.90
1941	5987.84	57.20	42.80
1942	6201.48	50.05	49.95
1943	35587.10	25.10	74.90
1944	105918.15		100.00
1945	353769.40	59.49	40.51
合计	510573.22	44.58	55.42

由此说明：在严重的战争年代，在国民党停发八路军军饷的情况下，银行的货币也并非全用于本区的军费。

又据八路军总部供给部统计，1940—1942 年间，我军的经费来源情况如表 17－2 所列。

表 17－2

年度	移借冀钞经费（万元）	占同期军费开支%
1940	2185	69
1941	3359	96
1942	2684	51

这一统计足以印证：八路军的经费并非全靠冀南银行的货币发行。

此外，据调查统计证实，因冀南银行严格控制发行数额，边区的物价比较平稳。冀钞的币质一直较高。以 1940 年为基期，冀南银行 1941 年货币发行比 1940 年增加了两倍，而同期物价只上涨了半倍。1942 年货币发行比 1940 年增加了 4 倍，而物价也只上涨了 2.8 倍，这也说明，冀南银行的货币发行是严肃的。决非眼睛盯着印刷机。

鲁西银行的货币发行情况，大体和冀南银行相同（如表 17－3 所

示)。

表 17－3

年度	累计发行额(万元)	其中财政透支占%	经济投资占%
1940 年 5 月至 1941 年 7 月	483	91.28	8.72
1942	2198	54.41	45.59
1943	13412	13.89	86.11
1944	75198	76.43	23.57
1945	244853	78.99	21.01

在以上统计中,还可以看出两行对经济建设的投资大体上是逐年增加的。具体情况如表 17－4 所示。

表 17－4

年度	经济建设投资占全部货币发行总数的比例及增加比例			
	冀南银行	较前一年增加	鲁西银行	较前一年增加
1940	18.90		8.72	
1941	42.80	23.9		
1942	49.95	7.5	45.59	36.87
1943	74.90	24.95	86.11	40.52
1944	100	25.1	23.17	

又据统计,冀南银行和鲁西银行,在抗日战争中,总共发放各种经济贷款 20 多亿元,占发行总额的 50% 以上,其中太行区 4 亿元,太岳区 6 千多万元,冀南区 5 亿多元,冀鲁豫区 12 亿元。其中农业水利贷款占总数的 23% 以上。这些事实都值得重视。在战争期间,能够做到这一步的确不容易。

充分地肯定银行发行政策的正确和成绩的同时,也要看到,银行在发行货币时,有一段时期,生产观点是不明确的。主要表现是:银行的资金用于商业、手工业和贸易方面多,用于农业方面的少,而且逐年下降。这是不符合抗日战争时期党的农村政策的。

表 17－5 所列的资料,可以看到这一明显事实。

表 17－5

年度	经济建设贷款总额（万元）		农业		工业		商业		其他	
	贷款额	%	贷款额	%	贷款额	%	贷款额	%	贷款额	%
1939	930	100	560	61.90	220	23.00	150	16.00		—
1940	1760	100	680	33.00	526	35.50	518	29.40	36	2.10
1941	4366	100	1251	28.70	1317	30.10	1788	41.00	10	0.20
1942	8727	100	1297	14.80	5371	61.60	1396	16.00	663	7.60
1943	28589	100	9474	33.10	9948	34.80	8951	31. 3	216	0.80
1944	47855	100	17039	35.50	17448	36.50	8729	18.20	4639	9.80
1945	108728	100	15844	14.70	34749	31.90	40379	37.00	17756	16.30
合计	200955	100	46145	23.00	69579	34.60	61911	30.80	23320	11.60

此外，银行在发行货币和紧缩货币两个方面，一直存在着过于谨慎或过于放松的倾向。该发行时，没有发行，不该发行时，却发行；该收缩时，不收缩；不该收缩时，却收缩等等，脱离生产实际的情况屡有发生，严重影响经济工作的进行。太行分局 1943 年 6 月 21 日经济工作会议决议中曾对这种情况有过评述。评述说："根据地是农村，从秋天到旧历年关，是农民吐出粮食、山货换取必需品的最兴旺的时候，是手工业者买进原料较多的时候，从物价上讲是全年最低的时候，也就是货币的购买力较好的时候；从出口上讲，是出超时期，也是外汇比值较有利的时机。这是根据地农村市场季节性的规律，是农村金融不平衡的规律，在这个时候，紧缩通货，不但不能克服这种季节性的不平衡的弱点，而且会相对扩大这种弱点，并且紧缩了生产事业的发展。"[1]

根据太行分局决议的精神，冀南银行决定坚决改进货币发行工作中的缺点。银行正式表示："要更加活泼我们资金的运用，尽最大

---

〔1〕《边区财政经济史资料选编》第一辑，中国财政经济出版社 1990 年版，第 303 页。

限度，把力量放到生产战线上去，以扶助、发展和刺激一切工农生产事业的进行，加强农村经济建设并繁荣各种手工业和农副业。”[1]

银行的这一方针，无疑是恰当的、正确的。

从此之后，银行一直把支持农业工业生产的贷款，置于一切贷款的优先地位，并将这一措施，“作为考核”各分行支行“工作成绩的实证”。[2]

至此，有关银行的放行方向问题，妥善解决。银行的发行方针基本上全都面向经济。

在解决银行放行方向问题的同时，有关银行发行和紧缩的时机问题，也统一了认识。这一重要问题的解决，也使银行工作前进了一步。抗日战争胜利之后举行的华北财经会议（1947 年 6 月党中央委托当时的晋冀鲁豫中央局负责人薄一波主持）上，冀南银行副行长胡景沄对此作了专题发言，提供大会参考。他认为：发行的正确与否，对市场的影响极大。所以发行与紧缩的正确掌握，是货币发行工作重要的原则之一。过分的紧缩，会使工作处于被动。如发行失控，便会造成市场物价的暴涨，这对市场及生产都会造成很大影响。所以银行的货币发行或紧缩通货，都要有计划地进行，这样可以避免市场物价的暴涨暴跌，保持市场物价的稳定。他还说：为了稳定物价，防止战时恶性通货膨胀，财政发行越少越好。但对于不可避免的财政透支，如在可能和有利的时机，通过贸易周转办法，用之于供给会更好一些。通过实践而得的经验是：

1. 在有利条件下，如地区扩大、人口增多、农业大丰收、物价下跌的时候，即应争取时机多发行一些货币，用于生产贷款，或掌握物资，这样可以使财政透支比例相对降低。

2. 在不利条件下，如地区缩小、遭受灾荒、季节不适的时期，即应尽量减少财政透支，应即时将生产贸易各方面的物资拿出一部分，以抵透支，避免新的财政透支增加发行，对市场影响不大。

---

〔1〕《边区财政经济史资料选编》第二辑，中国财政经济出版社 1990 年版，第 908 页。

〔2〕 同上。

以上两点经验，就在于事先将用于财政透支的发行款项，先经过生产贸易的周转，再去供应军政费，这对于季节性或地区间的调剂照顾、争取工作的主动与发行、紧缩之配合，都有很大好处。

关于发行与紧缩时机的具体掌握和具体方法问题，胡景沄提出：

1. 要根据市场季节的需要程度，去决定发行货币的数量。

2. 发行货币的地区，适当分散，不要集中于少数点线上。

3. 发行货币的时间，适当拉长一点，不可用突击方式。

4. 用于军政费的财政透支发行，要尽可能地经过贸易周转，减少对市场的冲击。

5. 货币发行应与货币斗争相结合，如地区扩大、形势有利，这时就应有计划地多发行一部分，争取占领市场，驱逐出伪币。

紧缩通货的方法是：

1. 紧缩通货是控制物价、调剂市场物资供求的有效办法之一，应经常注意发行和紧缩的结合，突击性的货币发行与紧缩，均不宜常用。

2. 银行采取货币紧缩，必须有充分地物资抛售，作用很大。此外，还应该动员公营商店等部门的所有力量，主要起带头作用，各方力量的动员，对市场心理影响很大。

3. 大量财政透支，要与贸易部门的抛售物资相结合。在吸收物资及发放贷款时，应与财政部门的征收工作相结合。

4. 收回贷款、提高利率吸收存款，也可以配合货币紧缩工作，此种作法在城市效用大，在农村效用小。

5. 货币发行与紧缩的适度比例，根据几年来实践工作的经验，紧缩发行货币额的1/10到3/10，市场物价即可稳定，甚至下降。

以上这些经验说明，正确的货币发行方法与正确的货币紧缩方法，对活泼金融，对根据地金融货币市场的正常运行，对防止金融货币市场发生混乱，都有重要作用。

第二节　贸易等部门把掌握物资、发展生产作为主要业务

边区的贸易、税务、合作、运输等经济部门，也像上述的银行部门那样，根据“温村会议”关于经济工作的决议和中共太行分局六月会议的具体指示，从1943年秋季开始，逐步地端正了为生产建设服务的思想，坚决地把自己的主要业务转向“掌握物资、发展生产”的新路子上。

据曾经长期担任边区贸易部门领导工作的郭今吾回忆，“这一时期的特点是全边区贸易机构已大体健全，各项政策已日臻成熟，贸易部门按照党的政策，灵活巧妙地组织商品输出输入，不仅粉碎了敌人对根据地的经济封锁，打乱了敌占区实行的物资统制配给制度，而且保护了边区的重要物资不使资敌。同时，还提高了冀南银行币值，适当地平抑了边区内地的物价。这一时期的另一个特点是，贸易部门批评了一度冒头的单纯贸易观点和投机思想，认识到同敌人进行经济斗争必须以发展边区的生产、增加边区的物质力量为基础。只有物质力量强大了，才能使贸易工作由被动转为主动。因此，贸易部门开始树立生产观点，把组织生产和支持生产，增加根据地的物质财富放在第一位。”〔1〕

商贸部门经营思想的进一步端正，对边区的经济建设进程影响极大，对其他经济部门（如税务、合作、运输等等部门）的业务经营的改进，也起了积极的促进作用。

工商行政管理部门明确地提出为支持根据地的农业生产、工业、手工业生产服务。对农业，提供种籽、农具、耕畜，为农民推销农产

〔1〕 郭今吾在晋冀鲁豫边区财政经济史座谈会的发言“晋冀鲁豫边区的公营商业”，转引自《财政研究资料》1985年2月28日，专辑版增刊（1）。

品；对工业、手工业，一方面，帮助那些家庭式作坊（如纺织）提高技术、推销产品；另一方面，又着手兴办一些群众无力开办的矿山开采，纸张、肥皂等日用品的制造工业。据统计，经工商行政部门的扶持，太行区的小型工厂和手工业作坊，都得到恢复和发展。如太行二分区，在1943年以前，就看不见工厂、作坊，手艺工人也不活跃。1943年以后就新建了铁厂和印刷厂，作坊发展到70多家，其中有皮坊、染坊、毯坊、醋坊、豆腐坊等，还有铁匠、毛纺、银铜匠、石匠、木匠等，其中大部分是制造农具的。这些手工业作坊生产，有的是把原料制成成品，供给军需民用或用于出口，无论是从反对敌人掠夺上，或增加根据地财富改善人民生活上，或帮助群众生产上，都有很大好处。特别是工商部门对合作社的组织领导和扶持，发挥了很大的推动作用。1943年上半年，太行区的合作社即增加了四倍。对于太行区蓬勃发展起来的纺织合作社，工商部门为他们解决了原料棉花和收购土布，不仅为解决根据地的军需民用和救济灾民度荒，起了积极作用，还有助于争取进出口的平衡。

又据冀鲁豫区资料：1943年11月26日，冀鲁豫区党委根据中共北方局的指示，在观城县红庙召开了高级干部会议，决定大力发展生产，克服困难，渡过灾荒，为大反攻做好物质准备，根据这一指示，全区军民掀起了以农业生产为中心的大生产运动。全区各商业、合作等部门，也都把中心工作转向支持大生产运动。如为群众的生产自救活动，供应棉花，组织妇女纺纱织布，以工代赈，兴修水利。扶持各种工副业，收购群众的土特产品，帮助解决种子、耕畜、农具的困难。在这些活动中，不仅扶持了群众的生产运动，工商贸易、合作等经济部门也随之得到扩大和发展。

贸易部门面向生产为生产服务，重点是按照中共太行分局“经过工商工作及市场关系，促进农民积蓄，帮助农业生产”[1]的原则来进行的。

具体工作上，主要抓了两项牵动全局的重大业务：

[1] 《太行分局关于太行区经济建设工作的检查和决定》，1943年6月21日。

一是平稳物价；二是畅通销路。

物价的跳跃式暴涨、暴跌，对生产事业十分不利，要支持边区的生产建设，贸易部门就必须像蓄水池那样，起到水的调剂供应作用。

据边区工商总局典型调查，从抗战开始到 1945 年 4 月，太行区的物价，曾经暴涨过三次，给人民的生产生活带来了很多痛苦。涉县索堡 1937 年 6 月的小米、小麦、棉花、食盐、土布、花椒、桃仁等主要商品物价变动指数，八年间平均指数由 100 上升到 22367，上升了 200 多倍。

其中的三次大暴涨情况如表 17 – 6 所示。

表 17 – 6

	小米	小麦	棉花	海盐	土布	花椒	桃仁	平均
1939 年底至 1940 年春	4 倍	3.5 倍强	2 倍	3 倍强	5 倍弱	1.5 倍	2 倍强	3 倍强
1942 年夏秋季	4 倍强	5 倍	0.5 倍	0.5 倍强	0.5 倍弱	0.5 倍	2 倍强	2 倍弱
1943 年至 1944 年 2 月	21.5 倍	19 倍	22.2 倍	14 倍	14 倍	12 倍	22 倍强	8.4 倍

由此可以看清，第三次暴涨比过去的两次都要厉害。

在上述三次物价暴涨中，多以粮食带头，而且涨势也较必需品及山货更猛。

第一次暴涨，粮食先涨，开始于 1940 年春季，其余开始于秋季。第二次、第三次也同样是粮食先涨，其他两类随后上涨。

由此也看出粮食上涨指数最大，必需品次之，山货第三。而且粮食与必需品之间的差距比必需品与山货之间的差距显得更大（如表 17 – 7 所示）。

表 17 – 7

	粮食类	必需品类	山货类
第一次	4 倍弱	3 倍	2 倍弱
第二次	4.5 倍	0.5 倍弱	1.5 倍强
第三次	21 倍	17 倍强	17 倍

冀鲁豫区，物价上涨也呈现出同样情况，以 1940 年 2 月为基期，到 1943 年 2 月下列各种物资的价格上涨的指数是：土布为 17.77 倍，

纸张为50倍，食油为68倍，小盐为25倍，麦子为111.11倍，小米为137.5倍。[1]粮食价格增长的幅度最大。

再看物价暴跌情况。1944年，由于根据地农业丰收，物价曾连续下跌，以太行区为例，详情如表17－8所示。

表17－8

	粮食类	必需品类	山货类
1944年2月	127600	33867	11715
1944年11月	19756		
1944年12月		25500	3379
下跌%	84.52	24.71	71.16

由此看出，在物价猛跌过程中，粮食又跑在前面。山货受粮食影响，跌得也猛。

从以上情况看出，粮食的价格，决定着其他商品的价格。粮食是基本物资，掌握粮食是贸易部门稳定物价、支持生产的关键。

贸易部门执行了“掌握物资、发展生产”的方针，取得了可喜成绩。但是，贸易部门在执行这一方针时，不是把掌握物资、畅通物资销路、促进物资交流当作促进生产的重要环节，而是单纯掌握物资，结果形成囤积居奇，与生产脱节，不仅使根据地的生产建设受到损失，而且还导致了1943年秋后物价的猛涨。同年11月25日到12月中旬，短短的20天之间，太行区各种物价就平均上涨了一倍。同时，冀钞对伪币的外汇价格也随之猛跌，1943年6月，冀钞对伪钞的比值一般1:0.3左右，到12月份已降到1:0.13，也就是说1元冀钞只抵伪币1角左右了，降到历史上的最低点。一反往年冬季秋粮、山货上市后，市场物价和外汇价格下降的规律。

这次物价波动还有其他原因，如对于农业生产的季节性和各种物资生产上的地区性注意不够，没有及时组织季节性的和地区间的

〔1〕中共冀鲁豫边区党史工作组财经组：“冀鲁豫区物价统计资料”，《财经工作资料选编》下册，山东大学出版社1989年版，第61页。

物资调剂，也没有将应该出口的物资及时组织出口，换回群众所急需的日用品，致使市场供需脱节等等，也是物价上涨的因素。特别是近年来市场物价一直上升，一些军政机关生产单位、商人和群众，把囤积货物视为经验，物价越涨越不出手。此外。银行发行大额本票，造成误解，群众拒收，或折扣行使。还有军政机关提前购买 1944 年服装用布，大量货币涌入市场等情况，也起了推波助澜的恶劣影响。

1943 年 12 月 14 日，边区政府召开财经会议，研究了边区近期发生的物价波动问题，作出了《关于目前物价暴涨、外汇跌落紧急处置的决定》，批评了贸易部门在掌握物资认识上的错误。并指出掌握物资决不是囤积居奇，而是频繁地抛出和吸收物资，调剂和供给解决军用民需的困难，刺激和发展群众生产，从物资的调度过程中，使物资增量，财产增值，从物资增多和物价稳定上来衡量工作成绩，不是单纯从盈余多少货币上来考查工作的好坏。

为制止物价暴涨可能给边区经济带来的恶果，会议决定：（1）军政机关生产单位、银行、公营商店，所存各种土产山货，立刻全部出口，以支援外汇之稳定；（2）银行与机关生产停止一切商业活动，收回与私商合资经营的资本，紧缩商业贷款；（3）银行现存之粮食，悉数交工商局各分局代卖，限于旧历年底前卖完，以平抑粮价；（4）军政机关生产，严禁投机、囤积，政府工作人员以财政收入款挪作商业投机、银行人员以大批资金贷予私人投机居奇、军队以农业生产贷款挪用于商业投机等现象，必须立刻克服。如有违法行为，送司法机关依法处理；（5）为避免部队采购服装材料在市场上出现的混乱，并维持预算起见，对所有军用布匹、棉花，决定由政府负责按计划供给，由工商局统一采购；（6）政府、公营商店及银行，必须尽一切力量收回或兑换本票，以紧缩通货，消除群众对大额本票的误解；（7）对于粮食的调剂工作，要注意手工业生产者、赤贫人民的需要，要严格注意不要把调剂粮卖到投机商人手里。对根据地的粮食交易所仍要加以适当与管理，取缔买空卖空及投机囤积行为；（8）要求各军政机关生产单位，必须遵守各地之市场管理办法；（9）加强各边沿区之对敌人抢粮斗争的组织工作，团结一切中国人，反对敌人抢

粮；（10）立刻以现有收存的棉花，开展纺织运动，争取棉布自给。这些措施是非常有力的，为了保证上述政策的正确执行，工商总局根据边区财经会议决议，对工商局的工作任务作了明确规定：

1. 工商局的工作任务是，掌握对敌贸易斗争，从调剂内地市场中，来完成军需民用之物资的调剂掌握及供给工作，必须管理出入口、管理外汇及采购重要公用物品。

2. 工商局的实际工作，是团结与组织群众进行生产及贸易的经济机构。而公营商店便是直接进行对敌经济斗争的单位，是广大群众贸易、生产活动的核心，在工农业生产上供应调剂原料、种子，帮助农业、手工业、家庭副业提高生产力。

3. 公营商店是经济战线上的野战军，要面向铁路线，领导对敌贸易斗争。内地业务要尽量让给联合社，选派干部参加联合社，为联合社服务，帮助联合社发展业务。

对于公营商店，提出五项任务：第一，面向铁路线，发展敌占区和根据地的商业关系，成为边区伸向敌占区的触角和神经系统。第二，沟通两个根据地间的物资交流。第三，组织和敌占区的输出入贸易。第四，供给重要军用民需物资。第五，组织生产、设置小规模工厂，使生产力提高一步，向群众发挥示范作用。

边区财经会议之后，工商总局坚决执行了会议的有关决定，特别是在为根据地的工农业生产推销产品上给予了全力支持。在稳定物价上，取得了明显效果，从 1944 年开始，物价在逐步下降，但发展不平衡，一般是农产品价格下降，工业品价格上涨，总的趋势是下降的。

经过贸易部门的努力，涉县索堡价格做到 10 斤米—1 斤花，1 斗米—4 斤盐。达到全区物价相对稳定。

贸易部门对合作社采取了扶持和依靠的政策，帮助合作社发展，扶持合作社在生产、运输、消费三方面繁荣市场。在资金上，在物资的收卖、保管推销上，优先照顾合作社，克服对合作社的统制支配与利用观点。贸易部门还提出要向合作社学习，要帮助合作社建立县区联合社，把县区联社作为贸易部门的依靠力量。

公营经济与民营经济的结合，是根据地贸易事业发展的关键之一。各地区都有这样的经历，公营商店未建立前，民营商店也不景气。公营商店成立之后，小贩小商大大发展，有的还单独活动。同时，公营商店亦随之更加壮大，个别大商人的囤积居奇、高利盘剥也受到限制。随着公营商店的发展，进一步为小商小贩解决了供销困难，又吸收团结了大商人，从而公营私营都可扩展。据此情况，贸易部门对民营商店也采取了积极的扶持政策。

太行区个别县（如涉县）的贸易部门，根据毛泽东“组织起来”的号召还进行了商人组织起来的试验。

运输事业是繁荣根据地经济、便利物资交流的重要条件。随着经济形势的好转，交通运输事业亦逐渐发展起来。

边区的交通运输业，是由最初的运销合作社日益成长壮大的。1941 年底统计，仅冀西的赞皇、临城、邢西等县统计，已有运销合作社 44 个，占当时这些县的各类合作社总数的 49.49%。1942 年，贸易部门大力帮助各主要集镇设立公营商店和几个对敌斗争的地下大商店，形成商业网，随之即开辟了沟通太行东西的八条运销线。其中西营—洪水—索堡—阳邑；上遥—石梁—河南店—西达—两岔口，是贯穿边区腹心的两条经济运输干线。运输事业的发展，促进了贸易的发展，便利了物畅其流、打通销路。骡马成群、人挑肩背的几支运输大军活跃在贸易网点之间。

1942—1943 年的生产救灾中，运输业作为生产救灾的一项重要出路，得以进一步大发展，出现了空前繁荣的大好局面。边区政府对灾民运输队格外优待，除运费优惠外，还组织了几十处骡马大店，便利运输队休脚住宿。仅在大规模的“西粮东运”中，就运输 21 万石粮食。

1943 年以后，贸易部门对运输业的要求更多、更重，运输业又有突飞猛进的发展。以太行一、三、六专区七个县统计，1943 年 6 月共有商运结合的运输合作社 263 个，1944 年底，发展到 548 个。太行全区商运合作社增至 1177 个。这些运输业的发展，对边区物资流通和工、商、副、手工业的生产销售，起了很好的促进作用。

敌占区、游击区的运输业，在党的敌工部门和地下工作人员指导下，通过日伪机关内的我地下人员，冒险收购大批物资从敌占区运出，又将根据地出口货物运进敌占区，为根据地的经济建设，作出特殊贡献。

以上这些情况说明，尽管这些运输组织还没有形成专业化的运输机构，但是，它已在各种形式的运输中大显身手，为创建新型的运输企业奠定了基础。

随着边区经济情况的进一步好转，商品流通的大幅度增加，原有的运输队、个体脚户等已不能够满足需要。在运输中，因缺乏统一管理，运价不一、道路失修、店房收费过高，也阻碍了商品物资的运销。特别是大宗货物，不能及时迅速运输，过多地向人民派差，影响群众生产。为此，边区政府决定筹建太行运输股份有限公司。边区工商局秘书主任贾冲之，阳邑商店监委靡镛受托起草了《太行运输公司组织章程》、《太行运输公司办事细则》，并立即举办了业务学习培训班，培训管理和会计人员，经过紧张筹备之后，太行运输公司于1945年4月正式成立。贾冲之任董事长、靡镛任总经理。下设营业部、财务部，并根据实际情况确定了东西主干线和支线，设分支机构和运输站。这是华北各抗日根据地之中兴办最早的运输公司。

太行运输公司采取与公营贸易部门挂钩，组织“基本脚户”固定运力、接受货主委托代购代销、保管储存等经营方式，业务发展很快。短时期内就兴旺发展起来。

该公司除过经营日常运输任务外，还曾组织过一次规模较大的托运食盐任务。半年内从敌占区运盐200万斤。

太行运输公司的成立，给边区经济建设注入了新的活力。它的一套规章制度，为抗日战争胜利后组建的边区运输机构提供了经验。它的出现，又一次说明，在经济活动中，没有交通运输的配合是难以发展的。

第十八章 抗战后期的对敌经济斗争

从1943年下半年开始，敌后的抗战形势，日益向有利于我方发展，边区的对敌经济斗争逐步全面展开。在规模、内容以及与其他部门联合作战等方面，都较过去有所进步。它是总结了历史经验，重新设计之后开始的。整个斗争是稳扎稳打稳步前进的，有时，也采取主动出击的姿态。这是边区抗日战争期间对敌经济斗争的最后一战。

第一节　端正对敌经济斗争的具体方针

具有深远历史意义的太行分局经济工作会议所通过的《关于太行区经济建设工作的检查和决定》中，有关对敌经济斗争的内容，占有很大篇幅，是历年来边区对敌经济斗争的深刻总结。会议首先指出："从去年秋季粮食斗争以来，不只在与敌人争夺粮食的斗争上，我们胜利地完成了任务，而且以粮食为主，开辟了大规模的对敌贸易斗争，比较多地掌握了敌我之间及不同的敌占区之间的市场规律，掌握其中敌人的弱点，发展其中对我有利的方面，主动积极地破坏敌人掠夺和封锁的阴谋。"

"从贸易斗争中，得到更多的货币斗争的知识，在利用伪钞本身的矛盾（不同地区伪钞的差额，各个地区伪钞与市场特点的关联）

以打击伪钞上，在比较有计划的组织起根据地输出的力量，并充分运用这个力量来破坏伪钞巩固冀钞上，积累了更多的经验。”

“贸易斗争和货币斗争的密切结合，是我区对敌经济斗争的宝贵经验，这种结合，使得太行区周围的每个边沿角落都展开了全面的对敌经济斗争；这种结合，使得全区的对敌经济斗争在不同时期内能够规定具体统一的斗争目标，使各个特点不同的地区能够得到有机的联系。这就是说，全区的对敌经济斗争有了更大的组织性，打破了过去分道扬镳的现象。这种组织性，在太岳、冀南、冀鲁豫等各个战略区之间也开始发展，为我们的对敌经济斗争打开了一条广阔的道路。”

以上这些论述，是太行分局对边区对敌贸易斗争所取得的成绩的肯定和鼓励。

接着，会议就严肃地指出，“在过去半年多的对敌贸易斗争中，粮食出口是过火的，把实实在在的粮食倒弄成货币，以后不只赔了钱，而且还使对敌贸易陷于被动。在货币斗争上，发展了一种投机性的倾向。这主要表现在想办法弄外汇倒票子上，放松了对敌货币斗争基本工作上的努力和研究，对于如何组织贷款促进生产、如何调整货币流通促进物资交流和稳定物价、如何配合输出入贸易巩固冀钞等工作很少研究，而却把很大的注意力放在倒弄外汇上，结果造成外汇管理上的‘左’的倾向，私商外汇一律归公，外汇牌价挂牌过低，这些都妨害了对敌占区输出贸易的发展，对根据地造成了很大损失。”

这是太行分局对边区对敌贸易斗争中的缺点错误所作的明确而恳切的批评。

当会议批评各经济部门忽视发展生产这个重要的方向性问题时，又一次针对对敌贸易斗争工作提出了批评。指出：“在对敌经济斗争上，也忽视了增加生产的重要，放松了这个基本工作，而把努力的主要方向，放在贸易斗争和货币斗争上，脱离了保护生产、发展生产的方向，就一定会把贸易斗争、货币斗争孤立起来，很容易发展到投机性的道路上去。特别是当贸易斗争、货币斗争胜利发展的时候，就会

使自己忘记巩固币值、积蓄物资、加强生产战线这个基本阵地。”〔1〕

以上这些批评，都是讲的方向性的、根本性的大问题，不是个别的、局部的小问题，因而引起边区政府和工商总局的强烈震动，是很自然的。边区政府和工商总局以及对敌贸易机关，都严格地、坦诚地作了自我批评，并认真地总结经验教训，积极制定改进措施，很快扭转了局面，走出困境。

事过几十年后，有关这一经历的历史资料已经难以搜集齐全，但是，从有关领导的一些言论中，仍然清晰地看到其鲜明观点。正是他们全心全意为人民服务的正确思想，对人民事业无限负责的精神和有错必纠、知错必改的态度，才使边区对敌贸易事业在成功和失败的反复锤炼中发展壮大。

边区政府副主席戎伍胜，向边区参议会作政府工作报告，说到贸易工作时，一方面肯定贸易工作的显著成绩，另一方面又指出：“正如毛主席所说，由于我们不了解战时和农村环境，‘带着城市观点’，以主观的愿望去处理问题。从 1943 年起，工商系统没有在生产战线上和内地市场建立上，起应有的配合作用。这是一个很大的损失。今后必须从实际出发，老老实实补救这个漏洞。”〔2〕这实际上是边区政府在边区人民代表面前对太行分局批评的郑重表示。

边区工商总局王兴让局长在一次工作研究会上，说出了他对太行分局批评、指示的体会。他说：1940 年“冀太联办”成立前，不知道正确运用政策建设财经工作。1940 年“冀太联办”成立后，明确了各种财经政策，但不知发展经济才能保证供给。忽视对敌经济斗争，出入口只是为了财政收入。没有深刻了解，离开了对敌斗争就不能进行经济建设。1941 年边区政府成立后，加强对敌经济斗争，掌握输出，实行以货兑货，管理外汇，发展了与敌占区之间的贸易，货币斗争与贸易斗争紧密结合，取得很大成果。但忽视生产，忽视积蓄物资，不知道对敌经济斗争是为了生产建设。贸易上、货币上投机统

---

〔1〕 以上均引自“关于太行区经济建设工作的检查和决定”，《边区财政经济史资料选编》第一辑，中国财政经济出版社 1990 年版，第 301 页。

〔2〕 戎子和：《戎子和文选》，中国财政经济出版社 1991 年版，第 102 页。

制思想发展，因此在继续灾荒之下，无力克服，对敌经济斗争处于被动。1943 年太行分局经济工作会议总结了以上经验，提出掌握物资，发展生产的方针，这才算开始找到了经济工作的正确道路。[1]

边区贸易总局郭今吾说：根据太行分局决定，总结对敌贸易斗争的经验，引出两条教训：一是必须把立足点放在发展自己生产的基点上，只有下功夫，扶植边区生产事业的发展，才是治本之法。单独靠商业，依靠从敌占区买进，是不能根本解决根据地供给问题的。因此，任何投机思想、侥幸心理都是错误的。二是必须瞻前顾后，对重要物资必须有储备。为了打破敌人封锁，换回我们缺少的必需品，适当出口一些重要物资是必要的，但一定要有节制。如果 1942 年我们不是那样无节制的大量出口粮食，而是适当储存一部分，1943 年的粮荒就不至于那么严重，我们就不至于那么被动。[2]

王兴让、郭今吾的话深刻而朴实，真实地表达了边区工商贸易机关的共同认识。

毫无疑问，这种精神上的力量会对边区对敌贸易的实际工作产生巨大影响。

第二节　继续加强对敌粮棉斗争

对敌粮食斗争在全面的对敌经济斗争中，一直占有极其重要的位置。随着战争形势的发展，敌我双方都急需棉布，因此，对敌棉花斗争也逐渐成为对敌经济斗争中的一项突出任务。

粮棉是国计民生的重要物资，它与根据地生存息息相关。当全世界的反法西斯战争即将最后胜利前夕，华北日伪曾孤注一掷，拼死在华北各地抢劫粮棉，企图挽救其灭亡。因此，保卫粮棉不为敌用，成

---

〔1〕《边区财政经济史资料选编》第一辑，中国财政经济出版社 1990 年版，第 378 页。

〔2〕《晋冀鲁豫边区财政经济史座谈会资料集》，第 74 页。

为对敌经济斗争的紧急目标。敌我双方为此展开的斗争，达到白热化程度。

几年来，边区各级政府和边区各级贸易部门，在对付日伪掠夺粮食的斗争中，已经积累了许多宝贵经验，制定了一套对付敌伪掠夺粮食的办法。总的方针是动员组织根据地党政军民的集体力量，坚决、反复地开展对敌斗争。在粮食斗争上成效明显。

但是，在对敌棉花斗争上，经验就显得不够。因此，在与敌人争夺粮食的同时，各级政府和各级贸易部门，都加强了这一方面的领导。工商总局为突击吸收棉花，曾发布过几次指示。而最引人注意的是晋冀鲁豫边区政府、太行军区发出的《关于加强对敌棉花斗争的联合命令》。这个命令虽然是日本投降之前才发出，但是，在命令发布前，有的地区就已经按照这个命令的精神和边区政府工商总局的多次指示开始行动，因此，这个命令可以看作是抗日战争即将最后胜利时期边区对敌棉花斗争的行动号令。

命令首先指出对敌棉花斗争的新形势和新意义。命令说：今年由于米贱花贵，对我区军民预算及人民生计，造成了空前困难。去年军政被服以 2 万石小米解决了，今年用了 24 万石小米，仍未解决 2/3，如果按日前市价，明年度被服所需粮食，将达今年的二倍半。这个困难，确实是抗战以来所未有。在目前新的形势下，对于扩大武装力量以缩小敌占区、扩大根据地的任务，成为严重的障碍。今年，根据地种棉虽已增加，但还不及我们的需要，必须在棉花上市以后，集中力量展开对敌棉花斗争，吸收大量的棉花入口，才能解决这一困难。因此，今年的对敌棉花斗争不同于过去的情形，而是有严重的政治的、军事的意义，如同 1942 年西线粮食斗争一样。

命令接着指出对敌棉花斗争的有利形势。命令说，由于今年春旱，棉花产量不及去年。但由于根据地扩大，平汉线广大棉区较之去年有更大范围归我掌握，或更易于控制。敌人对棉花的掠夺，要更加疯狂。据可靠情报，今年敌人掠夺棉花的政策，将是无限制的高价政策和武装掠夺配合进行。敌人已在北平数家印刷厂赶印 1000 元与 5000 元伪钞，在阴历 8 月 15 日前后发行，用高价政策掠夺各种资

源。敌人已经放弃对伪钞的支持，而代之以无限制的发行，这是敌人在其崩溃前最后的更加残酷的掠夺。敌人的这种政策，一方面使敌我斗争更加尖锐，另一方面由于伪钞的狂跌，也增加了我吸收棉花的便利。

命令要求太行八个分区共同完成吸收棉花400—500万斤的任务。

命令规定了吸收棉花的具体方法，供各地选择运用：

（1）组织群众性的入口（私畜、小贩、合作社、机关生产商店及广大群众）。号召纺妇每人买花二斤。

（2）公粮折征，公私粮食兑换。各专署可无限制的动用公粮换取棉花，并尽量将边沿区的公粮全部或大部折征棉花。折征时，应执行按市价提高1/10的优惠。

（3）利用各种社会关系吸引敌占区人民、商贩到根据地存花，以专署名义发给粮食支票或期票。

（4）动用伪钞、银币（只限政府专用）。

（5）组织山货出口兑换。

命令还要求，在组织运用各种力量上，要实行一元化的领导，由专员、分区司令员、政治委员、政治部主任、财政科长、工商分局长等，组织对敌棉花斗争委员会，以专员或司令员为正副主任，统一领导对敌棉花斗争。

命令还要求，各部门要统一步调，掌握价格，但必须减少棉花入口手续，给贩运者以便利。必要时组织公私合作的花店，共同吸收。

命令最后还规定了对敌棉花斗争的策略：

以伪钞高价收卖，扰乱敌之吸收。甚至在伪钞使用上，不惜部分损失，以换取更大利益；

对敌伪之棉业组合、合作社、棉花改进社、棉田改进委员会等及伪军伪组织，能利用者利用之，不能利用者，坚决打击之。

对帮助吸收棉花的军事、政治、经济机构，给予物质奖励。

对敌伪人员，凡帮助我吸收棉花有功者，准予将功折罪。

尽可能地伸入平汉路东吸收棉花。即使不能大批吸收到棉花，也起到对敌扰乱、分散敌人注意力的作用。

这一命令是由边区政府主席杨秀峰、副主席薄一波、戎伍胜，太

行军区司令员李达、政治委员李雪峰、副政治委员兼政治部主任黄镇、副主任袁子钦联名签署的。可谓极其郑重。

命令下达后，太行区各专署各分区司令部都遵照命令，具体研究了执行方案，作出切实的安排。决定一定要完成夺取棉花200—300万斤的任务。

太行五分区在这次大规模的对敌棉花斗争中，根据本分区特点，分析了争夺棉花的有利形势和不利条件，作了细致的思想准备和实施计划，他们的做法很有创造性。如他们的动员口号是：有花卖给根据地，莫让鬼子白抢去。有花卖给根据地，既有功又有利。种花费了血和汗，西边换来米和面。种花费了血和汗，鬼子抢去没法办。再如，他们决定，组织群众性的贩棉浪潮，经济上给以利益，政治上给以保障，把敌后游击区造成冀钞市场或冀钞伪钞混合市场；配合军政秋季攻势，开展敌占区群众性反棉花资敌斗争，使合法斗争、非法斗争相结合打击敌伪征棉机构，破坏敌之吸收；根据季节上市早几天和脱几日的差价，灵活掌握价格，给小贩以适当利益，使他们成为前方吸收棉花的固定关系；准备充足的物质力量，根据时机突击干或隐蔽干或细水长流干，总之是不中断地干；特种出口、山货出口，向兑换棉花转移，在价格上，使出口兑棉商人有利可图，乐于将资金向吸收棉花上转移，等等。所有这些具体的可操作的规定，为各县、区大胆放手地完成争夺棉花任务提供了策略依据。

五分区在此次夺棉斗争中，走在各地前边。但是，五分区的情况，在太行全区八个分区中并非个别。太行各分区，都做到全面动员，领导得力，政策适当，特别是有粮食物资为后盾，因此，这次大规模的争夺棉花任务胜利完成。

抗日战争时期，晋冀鲁豫边区在特殊复杂的条件下，在格外困难的形势下，坚持对敌经济斗争。经过成功、失误的反复，接受教训，创造了贸易和货币斗争相结合的重要经验，取得了对敌贸易斗争的重大胜利，为打破敌伪的封锁和“以战养战”阴谋，作出了重大贡献，为边区的经济发展、物资供应，发挥了重大作用；为新中国培养了一批经过实践斗争锻炼的外贸干部。

第十九章 大生产运动的持续发展

第一节　群英会掀起大生产运动新高潮

从1941年起到1944年底，晋冀鲁豫边区的群众性生产运动已经先后掀起两次高潮。在那人与自然搏斗的生产救灾中和组织起来由穷变富的大生产运动中，还有在大生产运动推动下的各项建设工作中，以及为大生产运动服务的所有行业中，都涌现了大批劳动英雄和模范工作者。这些先进人物，是生产运动和各项工作的主力军、基干队。他们在群众性的救灾生产运动中，不仅自己积极劳动，努力生产，而且组织互助组、变工队，带着一批人向前闯，推动着一个村、一个区、一个县的运动向前发展，改变了一片地区的面貌。他们是功臣，是学习的榜样。他们在生产运动和各项工作中发挥了不可代替的伟大作用。

奖励先进是边区的一项基本政策。各级领导对这些先进人物的功劳、贡献，从来就很重视。随着运动的进展，越来越重视。用先进人物的具体事迹和先进经验指导运动的前进，是贯彻毛主席“从群众中来，到群众中去”、“领导骨干与广大群众相结合”等科学工作方法的正确途径。奖励英雄，向英雄学习已经是群众的呼声。

为了提高群众的生产情绪，把大生产运动更深入更持久地贯穿全年地发展下去，巩固下来，边区领导作出决定：召开一次群英会，

以表彰英雄业绩，推广先进经验。

举行群英会是全边区的一件历史性大事，各级领导和广大群众都很重视。筹组群英会的全过程既是一次宣传、学习劳模事迹的良好机会，又是大生产运动的助推动力。从推选英雄到整理英雄事迹，都是召开群英会的不可少的步骤。因此，边区领导机关，曾发出通知，颁布了选举办法和劳模条件，要求各地认真推选，并首先在本县举行群英会，逐级推选出席行署一级的群英会。

劳模条件，太行、太岳、冀鲁豫（包括冀南，当时两区临时合并）基本相同。一般都规定凡具备下列条件之一或一种以上，成绩卓著者，可当选为劳动英雄：（1）积极从事生产事业之一（包括农、工、纺织、合作、运输、救灾、捕蝗、造林、牧畜等各种生产事业）成绩卓著有新的创造者。（2）在生产事业中推动帮助别人，并善于组织群众力量卓有成绩者。（3）遵守政策法令，拥护政府、军队，得到群众拥护、热爱，堪称模范者。对模范工作者，也规定了三条，凡具备条件之一或一种以上，成绩卓著者，可当选为模范工作者（不论干部、战士、交通员、炊事员、饲养员及后勤工作人员、群众等）：（1）参加或领导任何一项工作部门，在工作中有新的创造或成绩卓著者。（2）团结群众，团结干部，得到周围群众和干部的拥护与爱戴者。（3）执行政策法令，并能纠正别人违反政策法令的行为而有重大效果者。（4）善于组织工作、组织力量，并能在具体的困难问题上灵活地找出适合群众要求的办法，而有显著成绩者。

在公布英雄条件时，各区党委和行政领导方面，还对推选工作发出指示，强调劳动英雄和模范工作者的群众性和普遍性。太岳行署的指示说：生产运动是各式各样的多方面生产活动，所以劳动英雄也必须是以各式各样的各方面的生产中产生出来，代表着各式各样的各方面的生产创造的。比如有农业劳动英雄、有纺织英雄、有合作英雄、运输英雄、有养牛、养羊、喂猪英雄，还有二流子转变的英雄。春耕中有开荒、垒堰、犁地、积肥英雄，……在种植技术上有种谷英雄、种菜英雄、植棉英雄、种瓜英雄、种蓝英雄……，四季都有英雄。劳动英雄也可以成为又劳动又打仗的文武双全英雄，只要有一技之长，能在一个方面、一个时期发挥其独特的力量和成绩而为群众所爱戴，都是应该重视的，并且要随时找寻具体对象培养其向全面发展，成为一个全面的能够代表一定地区的劳动英雄。对劳动英雄要培养，不能听任自流。但也不能不顾实际生硬制造。每一个劳动英雄，从出现到成熟，绝不是一蹴而成的，它是一个发展过程，必须有计划地经常帮助指导。具体的指导办法是发动群众竞赛，竞赛运动本身就是一种对劳动英雄的督促。以上这些指导思想为正确地进行劳模的推选活动和对顺利举办群英会铺平道路。

晋冀鲁豫边区的几个大区即太行、太岳、冀鲁豫（包括冀南）分别先后举办了规模盛大的群英会。

太行区是边区的首脑机关驻地，八路军总部、北方局、一二九师、边区政府等领导机关在太行，直接参加、领导了太行区的生产运动，因此，太行区的群英会格外隆重。1944 年 11 月 21 日到 12 月 7 日，太行各县选出的生产、打蝗、各种劳动能手、技术专家、模范家庭、模范经营者 206 人，集中在黎（城）北县南委泉。同时，太行区军事斗争中涌现的逐级推选的优秀战斗英雄、民兵英雄 100 多人，也集中在这里。在边区建设史上写下光辉篇章的“太行区杀敌英雄、劳动英雄大会”就在这个村庄召开了。为配合大会而举办的规模宏大的战绩、生产展览馆同时揭幕。

这次大会是对太行区几年来的战斗、生产的一次全面大检阅，在八年抗战中太行区举行的最盛大的一次会议。正式开幕的那一天，两路英雄联合召开了开幕盛典。附近各县群众代表和当地农民上万人也参加了大会。会场正面悬挂着北方局赠给英雄的红缎旗帜，上书“新的方向”四个大字。在这面旗帜两边，挂着朱总司令、彭副司令赠送的“劳动先锋”、“生产模范”两幅红旗，十分引人注目。选入大会主席团的不仅有战斗英雄、劳动英雄，而且还有为生产作出贡献的知识分子代表张克威。两路英雄佩带鲜花走进广场时，太行军区李达司令员下令发射缴获日军的信号弹十发腾空而起，全场群众一片欢腾。接着，当地农村业余乐会的锣鼓齐鸣、唢呐齐奏，热闹非凡。中共太行区党委书记李雪峰致辞指出，“这次大会是执行毛主席‘组

织起来’的号召，是近两年来全体劳动人民英勇杀敌、努力生产、克服连年灾荒困难的伟大收获”。他希望“把大家在生产、杀敌方面的新经验和创造总结起来，互相学习，以便把明年的生产搞得更好，仗打得更漂亮，创造更多的英雄模范。”晋冀鲁豫边区政府副主席戎伍胜、太行军区李达司令员也在大会上讲了话。

大会之后，两路英雄作为首批观众，参观了战绩展览馆、生产展览馆和敌寇暴行展览馆；接着举行了专业座谈、典型介绍。各领导同志还分别作了重要报告。李雪峰全面总结了大生产运动的经验；戎伍胜安排了1945年的生产计划，李达号召《开展群众性的杀敌英雄运动》。大会期间，各地群众不断向大会报喜。不少地方剧团到大会演出。每晚都有二台、三台甚至四台好戏献演。太行著名作家赵树理的作品改编的戏剧《小二黑结婚》、《李有才板话》最受欢迎。太行三地委党校创作的话剧《李马保》也受到大会喜爱。太行区的几个著名剧团如襄垣秧歌剧团、武乡秧歌剧团、左权梆子剧团、武安柏林落子剧团等等，是大会期间最活跃的文艺单位，他们的节目被誉为“喜闻乐见的大众化群众化的文艺”。

大会的一项重要议程是推选太行区的劳动英雄。经过大会评选，太行区的一等劳动英雄15名。他们是：李马保、郝二蛮（女）、张喜贵、郭凡子（女）、李顺达、庞如林、王典、郎风标、郭恒的（女）、孟祥英（女）、甄荣典、紫栋梁、曹三禄、郭瑾、李青山。二等劳动英雄17名，他们是：王同会、李杜、岳万寿、赵起仓、石寸金、赵申年、史成富、郭永道、王海成、梁来元、郝合廷、芦有仁、翟兴寿、赵二小、刘风翔、陈国礼、李来成。此外，还授予申九华（养蚕）、郭金泰（牧畜）、郝兴尚（嫁接）、左才文（植树）、解和平（纺织）、段连新（打柏油）六人生产能手称号。

大会的最高潮是大会即将结束前，八路军前方总部、中共中央北方局领导人邓小平、滕代远、张际春等同志莅临指导。他们是冒着大风，从几十里外的左权县麻田镇赶来的。他们详细地看了各个展览馆，听了劳模座谈。12月5日，邓小平向大会作重要讲话。在讲话中，他首先对太行军民几年来的奋斗成果表示祝贺，并大加表扬。他

指出："无论战争、生产，无论度荒、打蝗，无论其他方面，哪一样不是惊天动地的英雄事业，哪一样是黑暗专制的国民党干得出来的?"在总结几年来取得成绩的宝贵经验时，他说："从各位英雄事业中，我们看出一个真理，就是没有民主政治，没有群众运动，没有共产党、毛主席的正确领导，朱、彭总副司令的正确指挥，就没有这几年的轰轰烈烈的英雄事业，也就不会出现这许多英雄。"[1]关于今后的任务，邓小平强调指出：在战争方面要继续发挥正规军和民兵的威力，更有力地打击敌人，扩大根据地。在生产建设方面，"要完成边区政府提出的生产计划"，做到"耕三余一"。为达到这个目标，他提出要做好三件工作：第一件是彻底减租减息，"使广大劳动农民获得生产条件"；第二件事是更好地组织起来，"提高劳动效率"；第三件事就是"经验与科学的结合"。在这一命题里，邓小平深入浅出，通俗朴实地概括了太行区科技活动的经验，论述了科技兴农的重要性。他说："科学的力量是很大的，比如我们农林局在张克威同志领导下，已经收到显著成绩，即以改良种子一项来说，金皇后玉茭明年可以普及，加上谷子、麦子好种的传播，预期二三年后，太行山每年可以多打100万石以上的粮食。这种了不起的贡献就是得力于科学的力量。太行山土地不够，今后主要是深耕细作，更需要使经验与科学结合起来。这里，我们不要把科学看成什么神秘的东西，也不应把科学离开了实际。科学本身就是实际经验总合。我们英雄们的创造，把它整理出来，好的发扬，坏的去掉，就是很合本地条件的好科学。比如，有些地方不能种金皇后玉茭或169小麦、811谷子，就应在附近一带去发现好的种子，也可以大大提高产量，也就是合乎科学精神。如果在各方面都注意发现好的，加以普及，不断地提高，那是没有一件事办不成的。至于说到自给自足，太行区今年的关键在于植棉。如果我们明年能种20万亩的棉花，加上纺织事业组织得更好，特别是质量能够提高，那我们的棉布问题可能大体自给。其他问题也

〔1〕 邓小平："在太行一届杀敌英雄劳动英雄大会上的讲话"，《边区财政经济史资料选编》第二辑，中国财政经济出版社1990年版，第33页。以下未注出处行文均见此文。

就比较容易解决了。希望大家好好提倡。种棉方法尤需讲究。”[1]

这是邓小平关于生产建设方面的一次重要讲话。从这次讲话中，可以看到以下的几个重要问题：

第一，在严酷的战争年代，邓小平就把科技兴农的任务与当时的社会改革基本任务——减租减息、组织起来相提并论、同步进行，是极不寻常的创举。减租减息是中国共产党在民主革命阶段的重要社会政策，是改善农民生活、发挥农民革命积极性、生产积极性的重要措施。它对保护各抗日阶层的利益，加强各阶层的团结有极其重要的作用。邓小平在提出今后工作任务时，要求彻底贯彻这一法令，完全正确，实属必要。组织起来，是毛泽东的伟大号召，通过大生产，把群众进一步组织起来，各项建设事业，就能顺利进行。邓小平要求太行区进一步组织起来，自然是符合人民愿望的。但是，减租减息、组织起来，只能解放生产力和调整生产关系，要提高生产力，还必须发展和运用科学技术的强大力量。邓小平在当时就把发展科技提到与减租减息、组织起来并列的地位，而且鲜明地指出“科学的力量是很大的”，太行地区各种“了不起的贡献就得力于科学的力量”。他联系太行山的现状说，“太行山土地不够，今后，……更需要使经验与科学结合起来。”所有这些重要论述，不仅对当时太行区的革命实践和历史变革大有影响，而且在五十年后的今天仍然在闪光。

第二，从这次讲话里，清楚地证明，邓小平早在抗日战争的烽火前线，在贫困落后的农村，就把握时代的脉搏和社会发展趋势，密切注意事物的新动向，抓住群众生产运动的新要求，把科学技术事业摆在自己的工作日程上，并根据群众运动中的新苗头，论述科技的重要性和它的前途，倡导以科技力量发展太行区的农业，增强太行区的实力，改变太行区的落后面貌，这是超越时代的真知灼见。

第三，重视科学技术，必然重视掌握科学技术的专家。邓小平在这么隆重的会议上讲话时，把知识分子的贡献和劳动英雄的业绩，同时表扬，指名道姓地嘉奖张克威及其领导下的农林局科技人员，这一

---

〔1〕《边区财政经济史资料选编》第二辑，中国财政经济出版社1990年版，第35页。

事态也是非同小可的，是大得人心的。从此证明，邓小平在新时期反复强调尊重知识、重用人才等理论与实践，亦非自今日始。更说明，邓小平从来就是把知识分子和工农划等号的，是把知识分子看成无产阶级一部分的。

特别值得一提的是，邓小平对知识分子是看大德而不计小节的。对张克威的使用、表扬就体现了这一精神。张克威主持引进金皇后玉米、西红柿，把农业科技活动推动开，把群英会期间的生产展览会办成农业科技推广站、大课堂，这些都是在连照明电灯和像样的仪器都没有的条件下攻克难关而完成的，并非轻而易举的。这就证明张克威全心全意为人民服务的大德好。但是，他在吃、喝、玩方面也有不尽如人意的地方。邓小平在这次讲话时，对张克威仍作突出的表扬。这种从大处着眼、不以小疵掩大德的精神，为正确贯彻党的知识分子政策树了样板。

太行区的大生产运动，因增加和充实了科技兴农活动而显出特色，在群英会上邓小平再次强调农业科技作用，这不仅为今后的农业科技活动撑腰加油，而且使群英会、展览会加重分量。太行群英会为晋冀鲁豫边区大生产运动树立了一块丰碑。

群英会在通过劳动英雄宣言后胜利结束。宣言是一个朴素实在的决心书，206 位英雄模范，举手宣誓：……不能忘记两年来灾荒的难处，不能忘记敌人还没赶出中国。我们明年更要加紧生产、多打粮食，更要把生产与战争好好结合起来，保卫生产、发展生产、准备反攻力量和建设新社会的基础；宣言还列举了今后要办的十件工作。并表示，不但要把根据地的事办好，还要帮助敌占区同胞生产。宣言表示，永远向群众学习，永远跟着共产党走。

太岳区的大生产运动，很有成绩。为总结大生产运动的成果，该区召开了盛大的群英会。大会是 1945 年 1 月 1 日至 23 日在士敏县郑庄村举行的。各地和各系统的战斗英雄、劳动英雄 250 人出席会议。中共太岳区党委代书记聂真、太岳行署主任牛佩琮、太岳军区副政委王新亭分别向大会作了报告。劳动英雄赵金林、石振明、殷望月等人在大会上介绍了经验。八路军前方总部参谋长滕代远同志，从太行区

赶到大会，给大会讲话，勉励代表们把新英雄主义运动普及到各地去。

大会选出太岳区劳动英雄 52 名；模范工作者 13 名。还给 14 位同志授予各种能手或工作模范称号。

金榜名单如下：

全区劳动英雄 25 名：一等：赵金林、靳秉乾、石振明、葛河堂、杨金和、高尤忠、郭满仁、张升聚、殷望月、曹先亮；二等：张治高、崔二明、陈老三、姚来全、郭诚、邢建中、王秉和、卫兴周、阴生雨、苏士贵、陈和成、伍聚兴、赵荣智、王宝国、郭文炉。机关部队劳动英雄 10 名：一等：蒲春阳、黄金洲、谭风云；二等：杜秀珍、赵荣高、王三福、张鼎三、夏云祥、何一民、冯守贵。工厂劳动英雄 4 名：一等：车三子、王才义；二等：郭高太、宋子斌。妇女劳动英雄 6 名：一等：翟大女、胡让牛；二等：蔡兰英、任贞云、马桂花、郝秀穗。合作英雄 4 名：特等：牛德河；一等：陈世明、李怀清；二等：张文隆。植棉英雄 1 名：闫思义。水利英雄 1 名：王相义。模范军人 1 名：王金柱。

冀鲁豫和冀南两区（此时两区合署办公）的群英会是 1945 年 3 月 1 日在濮阳城隆重召开的。参加大会的英雄 186 人。其中劳动英雄 75 人（内有女英雄 13 人），模范工作者 57 人，学习模范 3 人。英雄、模范们都在会上分别介绍了自己的事迹和经验。中共冀鲁豫分局书记、冀鲁豫军区司令员宋任穷作了《今年的三大工作》的重要讲话。要求大家做到三点：第一，扩大解放区。把冀鲁豫根据地扩大，要拔除敌伪据点，展开全区反攻。第二，必须把群众组织起来。第三，继续开展大生产运动。

经过民主评定，李元寿、刘兴吉、王五保、乔兰州、杜琢如、杜茂才、白凌霄、王朝柱、杨培义、严登营、赵贵山、张冠仲、马秉谦、孙兴家、刘作梅、殷福全、李守城、侯长立、卜文俊、尚和娘、杨淑英、刘月莲、荣林娘、胡大姐、刘杰三、李立格、张佑卿等二十七人为一级劳动英雄，二级三级英雄近百人。

冀鲁豫区的群英会，在开始时，濮阳城内曾举行盛况空前的欢迎群英大荣典。五万群众参加。群英骑马、佩红戴花，群众夹道欢迎。群英会后，各地普遍召开欢迎英模荣归大会。

这次盛会是冀鲁豫区创建以来从未有过的大会，它对冀鲁豫的工作，产生了深远的影响。

第二节　深入开展减租减息运动　促进大生产运动持续发展

在边区群英会召开的前后，晋冀鲁豫边区深入地开展了减租减息运动。这次运动是在1942年减租减息运动的基础上进行的，因此，有些老根据地把这次运动称为“查减运动”。

正确评估1942年运动的成绩和缺点是1944年运动的前提。对此，邓小平在给毛泽东主席的复信时，已有定论。1944年7月28日，毛泽东致信各中央局负责人，要他们扼要答复十项重大问题，其中问到，减租减息的情况，如明减暗不减是否还存在？减租是否还应定为今年任务，减租中的过“左”现象是些什么等。8月27日，邓小平复信毛泽东，其中说到，减租减息问题1942年下半年，基本群众大大发动起来了，根据地面貌大大改观，但在减租减息中，“左”、“右”偏向都是存在的。

领导思想的统一并不等于各级党政机关和广大群众思想的一致。因此，在1944年减租减息运动前，各地党政机关和广大农民群众，对如何掌握党的政策，把减租减息运动搞得更好，进行了广泛酝酿和研讨，以求得思想的明确、步骤的协调。

1944年11月17日，太行区党委针对如何普遍、彻底实行减租减息问题发出的指示中说：“几年来痛苦的经验深刻地教导了我们，不执行减租或对减租执行得不彻底，不仅难以打开工作的苦闷局面，而且使我们曾经在被迫的情况下应付了严重的斗争，吃了很大苦头。”所以，“今年必须进行普遍与彻底的减租运动。所谓普遍，就

是不论大地主或中小地主、顽固或开明的地主、大村或小沟小庄、老区、新区、根据地或游击区；所谓彻底，即不论死租、活租、大种、小种，不论活跃的或老实的、有地位或无地位的、与干部相好或不接近的，以及本地的或外地来的佃户，均须依法减租，保证佃权。”《指示》中还提出，在运动中必须贯彻劳动者自己解放自己的思想，把群众发动起来；要特别注意发动广大贫农，照顾赤贫，解决其生产中的困难；在与地主斗争中要强调民主说理，培养群众骨干，避免打骂现象，注意提高和巩固群众的觉悟。

太行区党委还提出“两个组织起来”的问题。他们认为减租减息是第一个“组织起来”。减租仅能减轻剥削，农民要进一步改善生活，由穷变富，还要靠第二个“组织起来”，即组织起来大生产。

实践证明，太行区1944—1945年的减租减息运动较1942年那次运动，成效更大，缺点较少。

1944—1945年的减租减息运动一方面在老区进行，另一方面，任务更大的方面是在收复区、游击区进行。为此，晋冀鲁豫边区政府在1944年10月15日，曾发布有关政令，规定了一些具体政策。

关于收复区、游击区的减租问题，边区政府规定，“凡已建立抗日民主政权的新解放区，在未被解放之前，一向为我政权力量达不到的地区，应自建立政权之日起一律依法减租25%，两面负担者减15%。”对于原是边区所属地区且进行过减租由于敌人占领后停了的“收复区”，规定“应再照减租法令继续减租，并补退过去已减之租，情形特殊者可经过调解，仅退一部或不退。”

关于根据地内的深入减租减息防止地主倒算问题，边区政府明文规定：（1）地主无故夺佃问题。佃期未满，地主无故夺佃者，地主应将土地退回佃户耕种，地主如已转租他人则应从自己土地中另取一部分土地租与原佃户，并赔偿其间的佃户损失；（2）明减暗不减与暗中变更租佃制问题。凡土地细则公布半年后（1941年11月25日公布）地主仍然明减暗不减或变更租制、租额者，地主应将多收租全部退还佃户，佃户未交租者也应交租；（3）地主以变天相威胁佃户，或以“因果报应”欺骗佃户，抵抗减租者，须退出在欺哄期间佃

户多交的全部地租；（4）如果租地估计产量与实际产量差别较大，有损佃户利益时应重新评议，重订租额；（5）顶地应归顶户，如地主欺骗顶户将土地私自出卖者，地主应将一部或全部地价归还顶户。

在这次减租减息运动中，边区党组织和政府在指导运动中重点掌握了以下几个问题：

第一，通过群众贯彻党的政策。全面贯彻减租减息与交租交息政策，对于行动起来的农民群众既不能袖手旁观，也不能泼冷水，而是结合群众的切身利益说明减租减息的必要性和如使地主走投无路投靠敌人，反而对抗战不利的道理。

第二，通过群众纠正某些过火行动。当群众起来后，往往有过火行为，减租太多，退赔量过火，甚至有污辱人格行为，对此当发生混乱时要进行思想教育，使群众冷静下来，教育群众为抗战大局对地主适当让步，使双方都能满意。

第三，对广大干部要克服“左”比右好的思想及放任自流的态度，全面掌握党的政策，领导群众避免有损于抗日民族统一战线的大局。

经过1944年和1945年的减租减息运动，农村中的封建剥削有了进一步的削弱，农民负担减轻，农村中阶级关系也发生了变化，抗日民族统一战线更加巩固。

首先，封建租佃关系有所减少。根据对太行区15个村的调查，租佃土地由占土地总数8.8%—12.64%减为7.51%—11.24%。这种变化是由于土地关系变化后形成的。据对上述15个村的调查，减租减息之后，地主的土地由占全部耕地的4.11%降为1.98%，经营地主的土地由3.44%降为3.18%，富农的土地由15.13%降为13.41%。

其次，在租佃关系上也有变化。地主、经营地主以地租剥削农民的户数减少，其出佃户由11.92%减为11.06%，富农的封建剥削也受到削弱，地租剥削比重减少，中农出租户却增加了，由60.07%增为61.58%。

还有一个变化是承租户中，中农增加，由占承租户的45.06%增

为 52.3%，增加的原因是由于贫雇农上升而来的。

最后，是租佃形式与租额的变化。各地均把活租改为死租，根据土地好坏规定了相应租额，契约期限都在 5 年以上，这对广大农民安心生产，努力提高粮食产量发挥了积极作用。

由于减租减息在一定程度上削弱了封建剥削，促进了农村生产力的发展，所以也引起了农村阶级关系与阶级地位发生了变化。这些变化最显著的是贫雇农地位上升，户数减少。据对太行区 9 个村的调查，运动前有 14 户雇农，运动后减为 5 户，其中一户上升为中农，另外的上升为贫农，贫农户也在减少，根据 9 个村的调查，贫农由占总户数的 42%，减为 26.55%。另一个特点是中农大量增加，显示了小农经济的发展，在 9 个村中，中农由 45.08%，上升为 63.85%，中农上升，使农村生产力得以恢复和发展。

富农的变化也很大，虽然富农总户数有所下降，但其内部却表现为旧富农大量减少，新富农增加。9 个村调查显示，运动后富农由 8.32% 减为 5.99%，这其中有近 1/2 是旧富农下降了，转为中农。后在富农中有 15.27% 是 1942 年以来上升的新富农。经营地主也在减少，9 个村中，原有 0.37%，运动后减为 0.08%。地主户数减少，9 个村中，地主户数由占户数的 2.51% 减为 1.41%，分别转化为经营地主、富农和中农。

在减租减息进入到新的阶段时，边区党政领导对运动的指导上已经把群众运动的目标引向减租以后。1943 年 7 月，邓小平指出："我们的减租减息和交租交息的政策，给发展生产开辟了一条广阔的道路。凡是减了租息的地方，广大劳动人民的抗战热情和生产积极性都大大增强了。而在减租减息之外，政府还规定必须交租交息。以减租减息交租交息政策稳定各阶层关系，加强各阶层团结，号召各阶层人民努力生产积蓄，由自给自足向着丰衣足食的道路前进。"[1]

邓小平在太行第一届群英会讲话也曾专门讲减租减息和生产的关系。他说：我们奋斗的目标是做到"耕三余一"和自给自足。要

---

[1] "太行区的经济建设"，《邓小平文选》第一卷，人民出版社 1994 年版，第 79 页。

达到这个标准，就要彻底实行减租减息和交租交息的法令，这个工作做得不好，就无法使广大劳苦农民获得生产的条件，即地主也无法坚定地建立自己的家务，所以减租减息的政策，对佃户、对地主都是有利的。太行区的减租工作还不彻底，今冬明春必须来一个大的检查运动，凡是没有减的或减得不彻底的地区，都应以此为工作中心，一定要把这件工作做好，明年的生产运动才能更好地开展起来。

事实证明，把减租减息和大生产运动结合，是边区实施减租减息政策上开创的新经验。这一条经验逐步明确，使党的减租减息政策更加完善。因此，解放战争期间乃至全国解放战争初期，党中央和毛主席要求在刚刚解放的地区，“充分利用抗日时期的经验，在新中国成立后的相当时期内，实行减租减息和酌量调剂种子口粮的社会政策和合理负担的财政政策。”[1]

第三节　崭新的大生产运动

四个大区的群英会先后开过之后，边区的大生产运动，在已经取得的伟大成就的基础上，持续发展，迅猛前进，一场规模更大、范围更广、质量更高、工作比以前更扎实的 1945 年全民性大生产运动新高潮，展现在晋冀鲁豫边区各个角落。

1945 年的大生产运动有以下的有利条件：

第一，全世界的反法西斯战争已经接近完全胜利。欧洲，苏联红军和英美法盟军，已经开始从东西两面向德国法西斯夹击；希特勒彻底失败的日子，指日可待；亚洲、日军已受到惨重打击，日本本土已遭到盟军轰炸，太平洋上的不少日军据点和基地已经被盟军攻占，日本侵略者的彻底失败，也不是遥远无期了。在中国，国民党正面战场

〔1〕“新解放区农村工作的策略问题”，《毛泽东选集》第四卷，人民出版社 1991 年版，第 1326 页。

虽然有时败退，但日军的大举进攻，已受到遏制。敌后战场，八路军、新四军捷报频传。边区，根据地日益扩大，一度“变质”（巩固地区变为游击区）地区，逐渐恢复发展，全区人口增加、社会安定。太行区自1943年春季之后，日军未敢再向腹地扫荡，已经有两年的“太平”日子。这些国际、国内和边区的大好形势，是看得清摸得着的。这就为边区进一步展开大生产运动提供了极其有利的大环境和基本的保障条件。

第二，1944年冬季和1945年春季，全边区普遍进行了一次彻底的减租减息运动。经过一冬的工作，查减和双减运动取得了明显的收获，阶级关系发生了变化，农民的抗战积极性和生产积极性进一步高涨，农村的党支部和村干部受到教育和监督，个别投机分子和欺压群众的干部，作了调整，干群关系更加密切。这些情况，都为新的大生产运动提供了重要条件。

第三，群英会上邓小平和其他领导人的讲话所交代的任务、政府宣布的生产指标——耕三余一，大会上交流的各种经验、教训，都为新的大生产运动提供了宝贵的精神财富。群英会上肯定的并重奖的先进人物和生产展览会上推广的先进农业科学技术，给新的大生产运动树立了目标。这些都对新的大生产运动起到了促进作用。

第四，由于形势的急剧发展，反攻阶段日益接近，边区的军事力量迫切需要扩充。“足食而后足兵”，为了保证部队的军需，因而，扩大生产、增加物质财富比以前更有紧迫感。这也是新的大生产运动开展的重要根据。

群英会之后立即开展的冬季生产运动和1945年的大生产运动新高潮，就是在上述种种情况下较过去更大规模地展开了。

为了把大生产运动比过去搞得更好些，晋冀鲁豫边区领导机关，在动员和组织工作上、在具体领导方法上都作了新的调整。

首先，是加强大生产运动的一元化领导。过去，在领导群众运动上，有党委包办代替的现象。新的大生产运动中，在强化党委的政治领导的同时，比以前更加注意发挥政权机关的特殊职能，这是领导新的高潮的一个显著特点。

其次，在指导新高潮的进程中，强调了工作的实效、实绩，注意克服各式各样的形式主义、片面思想和虚假现象。

再次，在工作方法上，更注重深入实际、调查研究，更注意抓典型，更提倡实事求是。

在上述思想的指引下，晋冀鲁豫边区政府系统对领导大生产运动新高潮问题，迈出了新步子。

晋冀鲁豫边区政府的重大决策是把领导大生产运动列入政府的第一位的议事日程和施政项目，制定奖励和保护大生产运动的重大法令，用政权的特殊威力和功能，保证大生产运动各项生产任务的顺利实现。具体举措是：

主动地、认真地、郑重地将群英会的情况和群英会提出的生产计划向边区最高权力机关——边区参议会提出，请求人民代表——参议员详细审议，作出决议，形成法案，从法律上保障人民的大生产运动。

在群英会开过不久，边区第一届参议会（前一届称临时参议会，故此次称第一届参议会）于 1945 年春天分三地举行。1945 年 3 月 2 日，太行区会议在涉县温村召开。3 月 3 日，太岳区会议在士敏县郑庄村召开。3 月 14 日、冀南、冀鲁豫两区会议（合并开的）在濮阳召开。出席三个区参议会的参议员当中，有一批是劳动英雄参议员。在此次分区召开的参议会上，各区均对三年来的工作作了全面、深入的总结和检查，是一次重要的会议。会议期间，不仅发扬民主，“知无不言、言无不尽”地提出了许多议案，制定了许多法令，而且破例把开展大生产运动列入会议日程。在太行区会议上边区政府副主席戎伍胜、在太岳区会议上行署主任牛佩琮、在冀鲁豫区会议上行署主任孟夫唐，都对开展大生产运动和大生产运动的目标作了长篇报告，诚恳地请求参议员审查、决定。戎伍胜副主席在报告中响亮地提出“生产第一”、“培养民力、发展生产、造成全区普遍生产运动热潮”。为此，他提出“必须首先贯彻土地法令，彻底进行减租减息和交租交息的工作”。“要坚决实行组织起来、劳动互助合作政策”。出席会议的所有参议员，对大生产运动问题，讨论得极其热烈，并对大

生产运动中的缺点、偏差，直率地提出批评。这些批评在参议会对政府工作报告审查决议中有扼要的表述："三十三年（指 1944 年）以前，曾经用绝大部分力量做财政工作，对生产则注意不够。工商管理工作重于搞外汇外贸，未与发展农业方针密切结合生产，这些是领导方针上的偏差。"[1]经过参议员们的认真审议，对大生产运动问题作出了相应决议。太行区会议的决议指出："今年，要在过去的基础上更进一步进行建设工作。为了充分发扬人民力量和准攻，第一件重要的事情就是生产。再经过一年努力，应做到丰衣足食。"[2]历来，任何群众运动都是群众团体在党的方针指导下进行。把大生产运动这样的一个群众运动，提到参议会使参议员审议，过去是没有的。这样办，证明抗日民主政府是站在群众之中联系群众的。它也显示边区各级政府工作作风的大转变，标志着边区民主生活的新动向、新内容。

晋冀鲁豫边区政府在领导大生产运动新高潮中的另一项重大措施是，制定了一系列的稳定群众生产情绪、调动群众生产积极性，鼓励群众大胆放手增加产量的优惠政策。1945 年 3 月 29 日，晋冀鲁豫边区政府发出的布告，深受群众欢迎，影响很大，对大生产运动的持续发展，起了不可低估的推进作用。这个布告，是当时家喻户晓的文告，布告一开头就说："去年的生产运动，我们在各方面都增加了收入，这是劳动互助的结果。现在春耕已经开始，政府特颁布下列事项，号召全区人民，进一步组织起来，为达到耕三余一、自给自足、展开今年更大规模的生产运动而努力。"布告接着重申"今年全区负担绝不再增加，政府要以最大努力求得全区负担进一步平衡，使个别负担较重的区域，得以适当减轻。土地产量已经评议公道的地方，其收入如超过应产量时，仍按应产量计算，超过的部分不再负担。"[3]

太岳行署在刺激生产、平衡负担方面，规定得更具体。该行署根

---

〔1〕太行革命根据地史总编委会：《太行革命根据地史料》，山西人民出版社 1991 年版，丛书之四第 339 页。

〔2〕太行革命根据地史总编委会：《太行革命根据地史料》，山西人民出版社 1991 年版，丛书之四第 339 页。

〔3〕《边区财政经济史资料选稿》第二辑，中国财政经济出版社 1990 年版，第 45 页。

据群众最关心的问题和坏人造谣说“增产越多负担越重”的情况，再次向群众宣告：（1）存粮存款，不论多少，一律不负担。（2）羊群不论大小，一律不负担。（3）土地产量以每经济区标准地之丰年八成为标准产量，超过的部分，不负担。（4）凡雇工经营土地者得在五年以内收入内扣除工资一半，如雇工系贫苦鳏寡孤独缺乏劳动力者，得扣除工资全部。（5）旱地变水地以旱地负担。（6）群众输出货物，除交税登记手续外、取消兑换规定、外汇由群众自己使用。

“布告”是政府向人民公开宣布法规的传统手段。农民一向认为，空口无凭，“布告”为证。口头说十遍，不如布告贴一次。上述各项内容，以“布告”形式，直通到农村，对稳定群众扩大生产的积极性、揭穿坏人谣言、释解部分落后群众的顾虑，无疑是一颗“定心丸”。它的作用和意义是不可低估的。

上述两项重大的行政措施，为新的大生产运动持续发展提供了政府法规保障，促进了大生产运动的更大高潮。

1945 年的大生产运动进程，也和前两年的经历一样，也不是一帆风顺的。这一年，从春耕下种到秋收秋耕，始终是在与各种灾荒斗争中进行的。1945 年的蝗灾达到了顶点，受灾县比 1944 年多了一倍。全边区各县（不论山地、平原）几乎都有蝗灾。还有一些县发生严重虫灾。有的县春雨来得迟，7 月 1 日前才下了透雨，旱灾也很严重。个别县，秋天遭到罕见的雹灾。这些自然灾害，硬是被群众抗过去了。1945 年虽然没有遭到日军大扫荡，但是，较大规模的支前任务却连续不断。春夏是支援扩大根据地的各个战役，8 月是大反攻。大量民兵、自卫队一直随军作战，大批青年参军。在后方也投入了过去从未有过的大量人力物力。在这样繁重的空前的支前任务下，各业生产，仍然大发展。显示了群众性大生产的威力，也表现了人民群众争取抗战胜利的炽热情绪。这是 1945 年大生产运动新高潮的一个突出特点。

在这样史无前例的紧张形势下，大生产运动的内容有新的充实。首先，“组织起来”有新发展。“组织起来”是 1944 年大生产运动的主要内容之一。“组织起来”是由穷变富的必由之路。1944 年，全边

区基本上实现了组织起来。1945 年，继续在组织起来上下功夫。各地都利用各种机会，整顿了互助组，巩固了原有的组织，发展了新的组织。据不完全统计，组织起来的劳力比群英会前普遍增加一倍到二倍。过去在组织起来工作上起步晚的地区，已在“组织起来”上快步跟上。过去在“组织起来”工作走在前边的老区、腹心区、已经把“组织起来”形成习惯，并且把互助组变为互助社，使互助合作运动更加巩固。妇女儿童参加农业生产、参加互助组，是“组织起来”的一项新发展。往年，妇女儿童仅在秋收秋种大忙季节参加劳动。今年，因壮劳力大量支前，不得不动员广大妇女担当部分生产的主力军。总的说，“组织起来”的工作，是在不断前进的，组织进来的数量质量是都有很大提高。这是事情的主流。

但是，连续两年的组织起来运动，也确实出现了一些偏差。这些偏差，阻碍着“组织起来”的更大发展，更好地巩固。一是在互助合作过程中过分强调“涵厚”和先公后私；二是，在组织生产活动中，过分强调集体。这两种偏向，显然是由于各地基层干部对“组织起来”是“个体经济基础上的集体劳动”这一观念，认识不清，因而违背了互助合作的根本原则“等价交换、自愿结合”。这两个偏向如不解决，互助合作的前途难以预料。为提高互助合作的质量，使互助合作内容更规范一些，更合理一些，边区领导机关对体现两大原则的几个重要问题作了深入的调查研究，提出了妥善的解决办法，使互助合作运动沿着正确方向发展和定型。

1. 计工折工是互助组天天运转的琐细事务，但它却是体现等价交换的基本形式。计工折工是否公平合理，直接的影响到每个成员的利益，影响到互助组的团结、巩固。那些不太公平合理的折工计工办法，短期内，大家互相忍让、互相“涵厚”是行得通的，大家可以凭觉悟过日子。长期下去，就会发生争吵、摩擦，伤害感情，减少凝聚力。就是最老实的农民，虽不占任何便宜，但也不愿经常吃亏。这种“老实人”万一退组，再三说劝，亦难回组，影响是很大的。

对于这一问题的解决，必须采取群众路线的办法，让群众自己去解决自己的问题。经过一些先进互助组的带头，各地群众都因地制宜、自觉自愿地订出了一些解决办法。这些办法大同小异，先是以时间作标准的计工折工办法，后来发展到以劳力强弱、技术高低为标准的计工折工办法。其中，又分两种：一种是死分死折的办法，另一种是死分活评的办法。后一种比前一种更能提高劳动效能，更能求得技术改进。有些互助组在死分活评时，也还有一些不尽相同的评法，有的按天，有的按季，有些地区还创造了按活评工、按人评分（等于计件记工折工）。太岳区的一些互助组规定得更细。对于有吃喝户和缺吃喝户的变工、巧工和拙工的变工、农业劳动与非农业劳动的折工、牛工折人工、牛工折草工、忙工折闲工等，都有明确的计算办法。群众自制的这些办法，都有它的切实依据，实行起来，并不觉得麻烦。

随着运动深入、持久的发展，群众中又创造了些新的计工折工办法。这就是在互助组的计工折工以及调工、技工等越来越复杂以后，广大农民为了方便记账和随时结算，而创造出来的新的计工折工办法——工票和工签。这种办法，纯为农民独创，不熟悉农业生产的人是造不出这种办法的。工票和工签的实行，方便了记工清账，是合理折工计工办法的简化。受到群众欢迎。但是，有的地方在运用时，把工票和工签当作货币兑换使用，引发了一些问题。因此，对工票、工签的使用范围，又作了相应规定，使这一制度更完善。

为了适应1945年战勤任务增加这一特殊情况，太行、太岳一些地区创造性地制定了一些参战（支前）和生产结合的计工折工办法，如支差如何顶分、参战如何顶分、带粮如何记账、吃公粮如何计算、对军烈属的代耕如何折工等等，都有明细规定。对保证参战任务起了很好的作用。

2. 农活安排问题是互助合作组织能否长期巩固的重要因素。对此，必须认真对待。土地是个人的，种植品种是自定的，家庭生活又是多样的。在这种个体经济基础上实行的集体劳动，如农活安排不当，季节掌握不好，特别是在播种和第一次锄苗留苗时节，早一日、晚一天都直接影响庄稼的生长、发育和收成，许多互助组在农忙时散伙，就是在这个很现实的问题上处理不当引起的。这一问题，始终是领导互助合作上的老大难。在新的大生产运动中，各地对这一问题也作了许多尝试。

太行区的经验是：第一，要了解和熟悉全组每家的生产情况，如地多地少、庄稼种类、长成情势、地块大小、地力地形；要了解各家的零星农活多少、担水磨面走亲戚的情况；家庭关系、脾气个性等等。只有了解了每户情况；才能使农活的安排建筑在按家计划的基础上，并使个体经济得到妥切照顾。第二，要善于调工拨工。要按耕作季节和自然环境灵活变化，什么时候集零为整、什么时候化整为零，哪家先，哪家后，要大家讨论出次序。有的地方按"先贫后富"、"先小户后大户"、"不误大户农时"的原则，详细计算，切实安排。同时，在安排活路时，还要发挥所长，搭配均匀，要照顾个人的零星农活和家庭琐事。

互助合作运动中的问题很多，关键性的问题就是以上两个。由于1945年有意识、有领导地着重解决了以上两大问题，互助组的质量较前一年大大提高。据太行统计，在互助组的管理经营上，基本实现了等价交换、自愿结合并有一套公平合理制度的模范互助组，已由过去的只占互助组总数的25%，达到58%。这一事实证明，合作互助运动比以前深入，互助组比以前更加巩固。

1945年的大生产运动中还出现了另一种新情况。这就是原来办得很好或者办得较好的互助组，已经不满足于互助组的现状。他们希望扩大生产，更快地富裕。但是，建立在个体经济基础上的集体劳动，经常会产生一些矛盾。为改变和减轻互助组内部经济利益上的冲突，许多著名的劳模开始寻找一种从形式到内容都便于发展生产的劳动组织。在这种思想的支配下，有些劳模带头把一条街的或一个村的互助组合起来，由人与人的互助、扩大到以户为基础的户与户的互助，由几个人的劳动互助发展到十几个人、几十个人的劳动互助社。参加的成员也由过去仅仅男人、牲口参加，发展到老汉、妇女、儿童半劳力参加。劳动内容也由当时的某一种单一劳动（开荒、修滩等）发展到大小粗细各种各样的活计，以及家务劳动。由短期、临时互助发展到长期互助。有的劳动互助社还组织了其他生产（如担脚）。由于互助形式的变化、扩展和内容的充实、增大，于是这些互助社的生产关系上也由组员与组员的换工关系发展到组员与全社的劳动互助关系。

尽管有些人对劳动互助合作社的性质、形式还有一些不同的看法，这种劳动组合方式也没有普遍推开，但是从晋冀鲁豫边区各领导机关的态度上看，他们全都认为“是农业劳动组织发展到较高级的一种形式”，是劳动互助运动的新创造，是大生产运动客观规律的必然结果。

劳动互助社的出现，是1945年大生产运动中最闪光的新事。它比之互助组确有优越性。（1）便于扩大再生产，更快地增加收入、改善生活。（2）便于因地制宜、有计划地安排种植品种。（3）便于统一管理、统一作息时间、统一计工折工换工的核算标准、统一调度和调剂劳力，并可因人而异发挥所长，提高劳动效率。（4）便于完成较大的、紧急的突击性、季节性很强的深耕细作项目和其他特大劳动任务。后来，少数劳动互助社逐步将各户的土地统一（入股）成为农业生产合作社。这是中华人民共和国成立后兴起的农业合作化的萌芽。群众对这一类的农业生产合作社（后来称为初级社）特别欢迎。

1945年大生产运动中，还有一个更显眼的跃进，这就是关于发展副业和农副结合、农商结合全面生产、扩大市场的问题。

这个问题，是随着大生产运动的深入发展逐步提到重要地位的。

前面多次提到的1943年6月21日中共中央太行分局《关于太行区经济建设工作的检查和决定》中，就提出“我们党应该研究如何经过工商工作及市场关系，促进农民积蓄，帮助农业生产，以规定我们更具体的发展工商业市场的办法”[1]。

农民的副业生产，对农民的生活关系极大。在边区紧张的生产救灾中，副业生产起过重要作用。大生产运动高潮初期，过分地强调以农业为主，对副业生产有些放松。随着组织起来的发展，互助

〔1〕《边区财政经济史资料选编》第一辑，中国财政经济出版社1990年版，第307页。

组、小型互助社的纷纷出现，广大农村的整劳力、半劳力不仅农闲季节无活干，就连农忙、平时期间也有大量剩余，因此，发展副业生产已经成为大生产运动深入发展之后必须注意的大课题。

农民把农业以外的生产事业，通称为副业，如手工业、纺织业、饲养业、土产业等等，都是农民增加收入、减少开支的重要来源，是达到耕三余一目标，实现按家计划的重要途径。农民是有副业生产习惯和技术的，只要政策对头，农民对副业生产是有很大积极性的。

自从群英会之后，政府宣布奖励扶植副业生产之后，边区各地的副业生产，飞跃地发展起来。纺织业不仅太行东侧、冀南、冀鲁豫平原大发展，太行、太岳山区也有发展。饲养业，养猪、养鸡、养羊、养牛驴也有发展；养蜂、养蚕也逐步恢复。土特产、挖药、草帽辫较往年也有增产。运输业、挑运、驮运发展很快。副业生产结果，农民收入大幅度增加，手头的零用钱多了起来。据太行几个县的统计，全年副业的收入占农民全年总收入的24%—40%。

副业的发展、农副业的结合，不但取得了经济上的收获，而且可以巩固互助组和互助社。因为组织起来节省的劳力和平时的剩余劳力，用到副业上，多种经营，换得更多的财富，必然使互助合作组织更有吸引力。农民收到实惠之后有了积极性，农业生产也不会受到影响。有些县搞得好，做到了农副结合，农副同时发展。

农村的各种生产，经过不同的路子发展起来之后，很自然地要求一个经济实体为农副业生产提供原料，推销产品，扩大市场，刺激生产。于是，农村供销合作社便应运而生，很快地发展起来。供销社的普遍建立和发展，又促进了副业的发展。从1945年年初算起，边区的供销合作社不仅数量大大增加、资金大大增多，而且业务范围也大大扩展，成为面向群众、面向生产、协调农村各种生产组织，为农民生产生活直接服务的经济核心，深受群众欢迎。

1945年的大生产运动新高潮还有一点是过去运动未曾有过的，这就是大生产运动的波及面，已经超出根据地范围，在根据地周围的接敌区、游击区甚至敌占区，都在模仿根据地的做法，采取劳武结合及其他适合的方式，巧妙地进行农副业生产。各式各样的互助合作组

织也出现了。边沿区的大片荒地，普遍地进行了耕种。

在抗日游击战争中“放出了万丈光芒的异彩”的沁源军民，一面围困敌人，一面进行生产，不仅将敌人赶走，而且取得了生产上的丰收，再创劳武结合的奇迹。

根据地边沿区的合作社，把组织群众性的对敌经济斗争列为自身的第二任务，这是边沿区合作社为根据地建设事业作出的一大贡献。这些合作社以秘密的方式（如用奶奶会、天地社、青苗社等）潜入到敌占区，与敌占区人民联合起来组建商店、货栈，共同开展反对敌人经济掠夺的斗争。这样，不仅可以从敌占区大量取得根据地缺少的食盐、棉花、布匹，而且把根据地群众生产的一些土特产销售出去。太行区合作社的旗帜——王典合作社，在这方面作出了出色的成绩。

为了奖励敌占区人民到根据地投资存款，晋冀鲁豫边区政府颁布了《晋冀鲁豫边区优待沦陷区人民来解放区投资存款暂行办法》。这也是领导机关提出的把大生产运动扩展到敌占区和反对在敌占区抓一把的明智之举。

在 1945 年的大生产运动高潮中，边区各地还抓紧了棉花生产。棉花是仅次于粮食的生活必需物资，是抗日战争期间敌我双方军事、经济斗争中争夺最激烈的战争物资。棉花的生产，是农业生产的重要组成部分。晋冀鲁豫边区的冀南、鲁西、晋南很多地方本是产棉的，是有植棉习惯和技术的。但是，这些产棉区不少是在敌占区，在敌人摧残破坏下，产量大幅度减少，就是勉强生产一点，也被敌人抢先掠夺，我方费尽力气，也只能小量得到。因此，抗日根据地的军民，特别是太行、太岳两区军民，常因棉布缺少而衣不蔽体。有的野战部队全年不发被服鞋袜的事并不鲜见。因此，边区领导一直很重视棉花的生产。在 1944 年的大生产运动之后，边区制定了自给自足、耕三余一、丰衣足食的目标。棉花生产成为达标的关键。对此，边区首长有明确指示。邓小平说：“说到自给自足，太行区今年的关键在于棉。如果我们明年能种 20 万亩的棉花，加上纺织事业组织得更好，特别是质量能够提高，那我们的棉布问题就可以大体自给，其他问题也就

容易解决了。希望大家好好提倡。种棉方法尤需讲究。”太行、太岳区的群英会上，劳动英雄宣言中，也都提出：棉布不够穿是一件大事，明年一定要完成植棉计划。

边区政府根据这些情况，决定1945年太行植棉20—25万亩；太岳植棉10万亩。这个计划，在这两区说来，是史无前例的。

要完成这个计划，就要发动群众，要使植棉农家有利可图。为此，太行、太岳都规定了植棉奖励办法。太行规定：亩产不足15斤（皮棉）的，不出负担；用棉花交公粮的，按高于市价1/10折收；如向政府售棉，按高于市价1/10收买；如因植棉比种谷减少收入，政府给予补偿。《太岳区植棉条例》规定：新植棉田区，两年不负担。种棉收入抵不住种庄稼收入时，政府按原地产量标准补偿。积极种棉并组织他人植棉，有新的技术创造者，政府给予1000元以上，10000元以下的奖金，并给予荣誉称号。棉花交公粮，高于市价1/10折收。

种植计划完成后，要保证产量，因此必须提高技术。仅凭热情去种植，而无技术保证，是危险的，那样就会劳民伤财损害群众的积极性。据此，太行、太岳两区农业专家，加强了植棉的科技指导。边区政府农林局席风洲发表长篇论文《太行区的植棉问题》，对植棉的技术问题作了详尽的探讨。太岳区农业科技部门专门召集了有许多县区干部参加的植棉技术研讨会，就“研究植棉技术、提高植棉技术、推广植棉技术”作了细心讨论，写出了长篇论文《太岳区植棉问题研究总结》。这是当时两区在研讨和推广植棉技术问题上的代表作品，对推进两区的植棉事业产生过重大影响。太岳的植棉区，还在区村建立植棉委员会，除了领导人和有关系统（农会、合作社）以外，还聘请植棉能手和劳模参加。植棉委员会有定期的会议制度、汇报制度，专门研究植棉技术问题并及时地解决群众的实际困难。有的县还在棉区创造基点村、技术组，发动竞赛，互相学习，使新技术顺利推广。

植棉的要害问题，不是群众愿不愿种的问题，而是如何掌握植棉技术问题。随着植棉面积的扩大（其中有一些地方过去从未种过棉花），如何使广大群众学会植棉技术，掌握科学植棉方法，是大生产运动新高潮之中的新问题。因此，这一年的科技活动除继续推广金皇后玉米之外，又新辟了第二“战场”，以推广植棉技术为课题。这个“战场”的活动，同样搞得生动活泼。植棉的土壤问题、选地问题、选种问题、秋耕问题、下种时间问题、泡籽捞籽问题、锄苗问题、打杈技术问题、病虫害的防治问题、摘花、下花桃问题等，逐一被进行研究、观察。从学习中大家更体会到邓小平所说：“种棉方法尤需讲究”的真谛。

植棉成为大生产运动高潮的热点之一。

1945 年的大生产运动中还有一个值得重视的问题，这就是，在运动中比以前更加注重全面生产。为此，边区政府先后召开了工业、矿业、造纸业、纺织业、手工业等等行业的工作会议。边区工商总局还专门召开了毛纺、丝织、卷烟专业会议。边区交通总局和各行署，分别召开了交通运输会议。所有这些会议，都对有关行业的工作做了总结，拟定了新的工作方针和任务，制定了投资、贷款计划，促进了边区经济的全面繁荣。

在新的全面的大生产运动中，新英雄主义运动有新的发展。各行各业都涌现了一批新英雄、新模范。1946 年太行区还召开了第二届群英会。

日本投降以后被迫进行的上党、平汉（邯郸）战役，不仅是边区军事、政治力量的一次大考核，而且也是边区经济实力的大检阅。这两大战役的光辉胜利，不仅说明边区的军事政治力量非常强大，而且也说明边区历年的大生产运动是有物质积累的。大生产运动的成绩是伟大的。

第二十章 胜利来之不易　历史不能忘记

艰苦卓绝的八年抗日战争，是中国人民为了民族的生存同凶恶的日本法西斯强盗进行英勇奋战并取得最后胜利的斗争史。在八年的浴血战斗中，边区人民在中国共产党的领导下，团结一致，英勇战斗，克服无数困难，共同对敌；在根据地内，实行新民主主义各项政策，开展民主运动，发展经济，抗敌救灾；在政治上、经济上、文化教育上进行了卓有成效的变革，把一个贫穷落后的偏僻农村初步建设成为具有新民主主义社会雏形的前进阵地。这是边区人民引以自豪的壮举。

一、空前的苦难

在追溯边区抗日根据地创建的历史时，首先不要忘记日本帝国主义在侵华战争中给边区人民造成的巨大苦难。

日本帝国主义入侵后，烧杀掳掠。使千百万和平居民顿时陷于历史上空前的劫难之中。

据解放区救济总会晋冀鲁豫分会（以下简称“救济分会”）不完全的统计资料记载，日军在侵华期间，在边区的烧杀掳掠，使人民遭到难以形容的沉重损失。

（一）人力的损失是极其惨重的

全边区被敌人直接杀害的平民有 73.3 万人，被敌人间接杀害的

平民有 34.4 万人，被敌人毒打致残的平民有 24.4 万人。敌人“扫荡”冻饿致死的平民有 24 万人，以上四项使边区丧失劳力 156 万人，占全边区劳力 10%，并使 78 万老幼无人抚养，此外，被敌人施毒中毒的平民有 86 万人。遭敌人强奸凌辱的妇女有 36 万人。在敌人“扫荡”时期，有 300 万平民被迫流浪外乡、处于饥寒交迫的境地。严重破坏边区人民的和平生活和生产的正常进行。

遭受敌人摧残最严重的太行地区，据 6 个专区的统计，被杀平民达 17 万人之多，被虏未归者 10 万人，因伤残和冻饿致死者 55.6 万人，合计 82.6 万人，占全区人口 530 万人的 15.5%，即 6 个半人之中就有 1 人被害。特别是 1937 年井陉长生口惨案，赞皇北马村惨案，1938 年沙河孔左庄惨案，临清尖庄惨案。1939 年冀县东兴庄惨案，焦作麻掌沟惨案，1940 年寿阳羊头峪惨案，涉县井店惨案，昔阳西峪惨案，1941 年寿阳韩联村惨案……每次都有几十以至几百名平民惨遭集体杀害。1944 年在左权县一次被害平民 500 多人，战犯森久保在 1941 年和 1942 年两年的时间里，杀死平民 1300 多人。在冀鲁豫区，在八年抗战中被敌人杀死、敌特暗害、敌人制造的灾害致病饿而死、流亡失踪、被抓壮丁长期未回者共有 133 万余人；遭敌枪伤、拷打致残者共 113 万余人，这些嗜血成性的法西斯强盗的罪行是罄竹难书的。

（二）物力的损失

据救济分会不完全统计，全边区被抢走、烧毁的粮食 27451 万石（每石 100 斤）；被烧、拆毁房屋 488 万间；被烧毁农具家具 8040 万件；被烧抢被服 7763 万件；被杀死和抢走耕畜 260 万头；杀死、抢走猪羊等家畜 620 万头；焚烧和强征棉花 571 万斤；抢走车辆 168 万辆；抢走贵重首饰等物折法币 289 亿元。

（三）修据点、筑碉堡，强占耕地

仅冀南、太行两区统计，即多达 148.9 万亩，减收粮食 150 万石。太行各地每年均因敌人的“扫荡”而减产三成以上。

（四）工业方面损失殆尽

仅太行区1942年5月敌人“扫荡”造成的损失折冀币即达3.6亿元左右，冀南、冀鲁豫区的纺织业被敌破坏无遗，损失折冀币多达35.3亿元，纸业、草编织品及原料损失多达57亿元，太行区煤炭业损失1070万吨，折法币约2114亿元，太岳区铁业损失折法币2917亿元，全区印刷工厂全部毁于敌手。

救济分会调查注明，上述各项统计数字是很不全面的。

据中共太行区党委1946年对武安县717个村的调查（全县共243个行政村），在抗战八年中，共损失人口33432人，占全县总人口170823人的19.5%；损失财富总值53.4亿元。另据太岳区参议员在边区一届二次参议会上的控诉，沁县抗战前共有人口8.5万人，日军侵略期间，全县被敌杀害和掳走未归的有1.11万人，占全县人口13%。该县90%的房屋被烧毁，共计9.68万间，被抢走的耕畜1.29万头。到处是断瓦残垣一片荒凉的惨景。

边区人民遭受的实际损失远不止上述统计数字，但已足以说明边区人民所受创伤是惨痛深巨的。“百团大战”后，日军华北方面军命令所属日伪军：“凡是敌人区域内的人，不问男女老幼，应全部杀死，所有房屋，应一律烧毁，所有粮秣，其不能搬运的，亦一律烧毁，锅碗要一律打碎，并要一律埋死或下毒药”，这就是罪恶滔天的“三光政策”。此后，更加残酷的暴行与日俱增，边区人民陷于空前的苦难深渊。更令人气愤的是日本军国主义分子，至今仍千方百计掩饰当年的罪行，篡改历史，这是全中国人民绝对不能容忍的！历史的悲剧让后代子孙牢记在心，决不能忘记。

边区人民不是任人宰割的羔羊！

边区军民在日本侵略军所到之处，在中国共产党领导下，以各种方式同敌人进行了前赴后继、艰苦卓绝的英勇斗争，承受了各种苦难，付出了巨大的代价，大批忠贞救国的仁人志士，用鲜血和生命保卫了边区人民。在八年的抗战中，英雄的人民子弟兵同敌人进行殊死的战斗。仅八路军一二九师主力部队同日伪军作战即达19777次，毙

伤俘日伪军65289人，民兵、自卫队同日伪军作战33716次，毙伤俘敌军达11409名。在夺取这些胜利中，一二九师指战员有13503人殉国，32345人负伤。在举世瞩目的“百团大战”中，八路军将士牺牲2479名，其中旅级干部1名，团级干部4名，营以下干部372名，战士和其他人员1872名。全军负伤者有5113名，太岳区部队伤亡5000多人。[1]冀鲁豫区、冀南区都有无数的英雄儿女为民族的解放献出了生命。

抚今追昔，百感交集，无数可歌可泣的壮烈史诗，传播至今。英烈的忠魂永为后人缅怀，边区人民前仆后继的英勇奋斗付出的巨大的牺牲，无私的奉献，换来了抗日战争的最后胜利。

抗日战争胜利后，晋冀鲁豫边区人民为缅怀先烈，克服重重困难，在边区政府主席杨秀峰亲自督导下，在邯郸市修建了全国最大的烈士陵园。抗日战争中八路军前方总部和一二九师在作战中牺牲的先烈，大部移灵此园。抗战期间，中国共产党和八路军在前线指挥作战中牺牲的最高将领左权将军的忠骨，也从太行山石门村移葬这里。一二九师部队在作战中先后牺牲的高级指挥员有董天知、范子侠、郭国言、易良品、杨宏明、赵义京、肖永智、李林、朱程、康俊仁、陈耀元、刘治朝、尤世兴、郑前学、胡乃超、李忠、姚第红、邓永耀、袁鸿化、陈元尤、刘诗松、夏祖圣、魏金山、叶成焕、丁思林、谢家庆、陈子斌、李继孔、周凯东、刘正、王汉林、曾玉良、魏明偏、周正华、郭华等。他们分别安葬在邯郸、长治、菏泽等陵园内。他们永远活在人民心中。

数以万计的英烈的遗骸，埋葬在他们牺牲的所在地，长眠于九泉之下，永为后人怀念。

二、无私的奉献

边区人民同敌人进行殊死搏斗时，不仅把数十万儿女送到抗日

---

〔1〕 李达:《抗日战争中的八路军一二九师》，人民出版社1985年版，第213页。

烽火前线奋勇杀敌，付出了宝贵的鲜血和生命，而且在财力、物力和人力上也不遗余力。八年抗战中，边区人民担负着八路军总部和一二九师以及其他各抗日部队30万人、地方工作人员15万人的吃饭穿衣，每年交纳3.5—4.5亿斤小米和上亿元的救国款。还要承做数以万计的军鞋、军袜。广大青壮老弱、妇女儿童，为支援各个战役走上前线。许多干部和群众，为保管公粮公物尽职尽责，有的在敌人残暴镇压面前，宁死不屈，表现了大无畏的英雄气概。正如毛泽东同志在《论持久战》中指出的："战争的伟力之最深厚的根源，存在于民众之中。日本敢于欺负我们，主要的原因在于中国民众的无组织状态。克服了这一缺点，就把日军侵略者置于我们数万万站起来了的人民之前，使它像一匹野牛冲入火阵，我们一声唤也要把它吓一大跳，这匹野牛就非烧死不可。""抗日的财源十分困难，动员了民众，则财政也不成问题，岂有如此广土众民的国家而患财穷之理?"[1]边区抗战八年的历史，证明毛泽东的科学论断无比正确。

三、光辉的成就

在八年的抗日战争中，边区人民在同敌人进行浴血奋战的同时，按照中共中央和毛泽东的指示，实施了各项新民主主义政策，广大农村的阶级关系、上层建筑、经济基础都发生了深刻的变革。边区人民摧毁了日本帝国主义的殖民统治，在政治上获得了解放；广大贫苦农民在实行减租减息和推行合理负担之后，封建地主的经济剥削大大减轻了，在改造村政权中，过去受压迫的贫苦农民登上了政治舞台。过去靠剥削为生的地主阶级得到改造，成为自食其力的劳动者，中共中央和毛泽东设计的新民主主义中国的蓝图，在边区开始得到实施。过去的贫穷落后的偏僻地区成为没有乞丐、没有盗匪、夜不闭户、路不拾遗、人人安居乐业的区域。在政治上人民享受着自由民主的权利。经济的发展，特别是组织起来开展大生产运动成绩显著的地区，

〔1〕"论持久战"，《毛泽东选集》第二卷，人民出版社1991年版，第511—512页。

贫苦农民初步摆脱了忍饥受冻的悲惨境况，大多数人民过着丰衣足食的幸福生活，文化教育事业有了空前发展，这是边区人民创造的伟大奇迹。日本帝国主义的侵略战争给边区人民造成空前灾难，但是，战争也教育了人民锻炼了人民。边区军民在同敌人的浴血战斗中，相依为命，紧密团结，互助互济，把历史上“一盘散沙”互不相亲的社会锻炼成为坚强的革命集体。这些成就为抗日战争胜利后进行的第三次国内革命战争奠定了重要的政治基础和经济基础。

历史的功绩是永垂史册的。

四、宝贵的经验

在满怀激情的叙述晋冀鲁豫边区财经工作的伟大成绩时，也要实事求是地回顾和总结抗战八年的财经工作的基本经验。

实践出真知。边区财经工作的实际领导者之一戎子和，在离休后，花了大量时间，研究晋冀鲁豫边区的财经工作历史，撰写了一些理论与实践相结合的论著，很有现实意义。《晋冀鲁豫边区财政简史》[1]就是他的力作之一。在这一著作中，他对边区财经工作的基本经验，有生动、具体、亲切的论述。现将这一段好文章，照抄如下：

我在抗日战争、解放战争、新中国成立以后三个时期都从事财政工作，这三个时期里的财政工作各有各的困难，都不好做。但比较起来，新中国成立以后的财政工作还是比解放战争时期好做一点，而解放战争时期又比抗日战争时期好做一点。回想起来，解放战争、特别是抗日战争时期的财政工作真难做啊！现在我想就抗日战争和解放战争时期晋冀鲁豫边区的财政工作是如何取得胜利的，基本经验是什么，谈几点看法。

有些经验，我在前面的章节中已经陆续谈到了，为了便于说明，我在这里集中地谈几点：

---

〔1〕 财政部：《财政》杂志连载，中国财政经济出版社 1987 年出版单行本。

1. 做好财经工作要靠党的领导。在这个问题上，主要谈三点：第一是党的方针政策正确；第二是党组织的重视和支持；第三是党的领导同志的模范作风的影响。在党的方针政策方面，从 1937 年“七七”事变开始，一直到 1943 年，党中央和北方局在财政工作方面提出了一系列方针政策：如实行统一累进税和合理负担；实行统收统支，量入为出与量出为入相结合；实行精兵简政，脱离生产人数不超过负担总人口的 3%，负担面积占到总人口的 80%，每人负担份额最高不超过其总收入的 30%；毛主席在 1942 年底还提出了“发展经济、保障供给”、“公私兼顾”、“军民兼顾”的政策和原则。这些政策和原则，虽然我们在实际工作中没有能全面实行，但有了这些指示，我们就有原则遵循，而且执行的结果收到了极其显著的效果。

党组织的重视和支持，是做好财经工作的重要保证。晋冀鲁豫边区从开始到 1948 年初与晋察冀边区合并时止，我们党的领导都很重视财政经济工作。抗日战争时期的北方局、太行分局，解放战争时期的晋冀鲁豫中央局，都是把财经工作放在议事日程上，经常开会讨论；在每个年度终了时，总要讨论审查下年度财政概算或预算。并且，每个时期总有一位领导同志当家做主，总领财经工作。先是彭德怀同志。有一次八路军前方总部供给部持“冀太联办”财政处拨款凭证，到几个专署金库取款，结果空手而回。供给部同志很恼火，回来见我就责问说：“款取不到怎么办?”态度很严肃。我这个人也爱冲动，沉不住气，就说：“下面收不到钱，你们就杀了我，也只有血没有钱。”供给部同志生气地走了。我很后悔，但话已说出，收不回来。供给部的同志回去报告了彭老总，彭总不但没有生气责怪我，反而说：“是啊，如果下边不收钱，你们逼戎子和管什么用?”这是对财政工作的很大支持，我知道后十分感动。第二位是邓小平同志。小平同志不管是在太行军政党委员会时，还是在太行分局任书记时，对财经工作都很关心，指示明确扼要。一次粮食紧张，粮食局召集会议讨论了六七天，还没有结束。小平同志给我打电话，问粮食会议开完了没有，我说没有。他说：粮食这么紧急，会开了这么长还没有结束，要饿死人。你马上到会上去宣布，只说三句话，一没有饭吃，二

怎么办？三赶快回去屯粮，就散会。我接完电话，即到会上照着传达，宣布散会。结果大家回去，很快就把粮食收起来了，效果很好。第三位是薄一波同志，他对财经工作是很支持、常鼓励的，经常告诉财经部门的同志，“你们只要保证战争供给，成绩就能打九十分”。晋冀鲁豫边区的财政工作，先后有这三位领导同志的支持，就顺利得多了。

党的领导同志的模范作风，也是做好财经工作的良好条件。晋冀鲁豫边区党政军领导人彭德怀、刘伯承等同志的艰苦朴素的模范作风，大家都晓得，我就不说了。这里只举边区政府主席杨秀峰同志请客的一个例子。抗日战争时期，晋冀鲁豫边区政府招待客人除个别极特殊的，我们几位负责人只陪一次外，从来是不陪客吃饭的。一次边区参议会议长申伯纯同志到边区政府，杨秀峰同志请他和我们一起吃饭，给申吃的是客饭，蒸馍、炒山药蛋菜，但油很少。伯纯同志看见一桌吃两样的饭菜，吃不下去，饭后，就向我们提出意见。这件事，从表面上看似有些“不近人情”，但消息传出去，影响很大。1983 年，我到武汉，有的同志提起这件事，还感动得不得了。晋冀鲁豫边区有这几位领导同志作表率，上行下效，下边同志们的生活作风就可想而知了。

2. 做好财经工作需要实事求是的作风。晋冀鲁豫边区在执行中央和北方局的有关财政方针政策时，一般是按照边区的主客观情况处理的。如有不符合边区的实际情况，就报请领导批准，作适当的修改或补充。我们自己制定的一些条令、规章、制度和办法，如统一累进税税则、合理负担办法、军事支差条令和乡村财政收支规定，都是经过广泛深入的调查研究后，根据人民负担能力（包括财粮负担、力役负担）确定的。有些规定如财政体制、财粮制度等，在统一的原则下，还给行署、专署一定的灵活变动权。财政工作遵循这条实事求是的原则，好多事情进行得很顺利，这是我们做好财政工作一个重要的原因。

3. 战争的胜利是顺利开展根据地财经工作的前提。晋冀鲁豫边区，是以八路军总部为首、一二九师为主以及其他各个抗日军队，经过无数次英勇战斗，打了许多胜仗，才建立和巩固起来的。抗日战争时期，有神头岭、响堂铺、香城固、长乐村、“百团大战”五次大捷，以及几次反顽斗争的胜利。这些战争的胜利，发展了根据地，为边区奠定了基础。解放战争初期，上党、平汉线两大战役的胜利，不仅捍卫了晋冀鲁豫边区，而且鼓舞了全国人民和解放军的士气。1946年以后又有鲁西南定陶、晋南等战役的胜利。没有这一系列战争的胜利，财政工作的成绩就无从谈起。

4. 财经工作必须依靠群众拥护和支持。在八年抗日战争、三年半解放战争中，经过减租减息运动、救济灾荒和土地改革，边区生产恢复，物价平稳，晋冀鲁豫边区人民和军队已似鱼水相依，群众和党政机关亲密无间如同一家人。人民在战争中出兵、出力、出粮、出钱、出物，是尽了最大力量的。没有人民群众的支持，我们的财政工作也是寸步难行的。

5. 干部同心协力，才能克服根据地财经工作中的困难。晋冀鲁豫边区，从边区政府到乡村，各级党政干部对党的方针政策和政府制发的条例，其中包括财粮工作的各种措施，一般是坚决贯彻执行的。没有这一条，我们的财政工作是难以设想的。这里特别提到的就是以杨立三同志为首的军事后勤供给部门的同志和我们财政部门的同志之间的工作配合是很好的。他们不仅理解、体谅财粮工作的困难，而且还派了一批干部参加了财粮工作，虽然我们之间尤其在抗日战争初期，有时对一些具体事情或是工作争得也面红耳赤，但争论是为了做好工作，不是私人闹意见。因此，我们的相互关系越来越好，这是值得铭感的。[1]

以史为鉴，以史为师。成功的经验自然可贵，失败的教训，更应牢记。晋冀鲁豫边区的财经工作，经历了很大困难，取得了巨大成绩，这是历史证明了的。但是，边区经济工作中的缺点和错误，也是不容忽视的。为抗战初期筹粮筹款工作上的“左”、右偏差，财经管理制度和秩序的混乱，曾严重地违反了抗日民族统一战线政策的贯

〔1〕 在抄录本文时，个别字句作了删节。

彻实施。虽然经上级批评，及时改正，但对党的威信造成了不良影响。又如，边区经济建设方针掌握上，1942 年以前，对发展经济注意不够，强调财政、工商、贸易、金融等部门没有把扶植生产列为业务中心等等，这些缺点和错误也妨害了根据地各项工作的发展，影响了边区的巩固。所有这些，都是在党中央和北方局领导及时批评后，认真调查研究切实加以纠正的。实践说明，任何事务都要经过实践、认识、再实践、再认识的循环往复过程，才逐步走上成熟的道路。历史是既往的实践，晋冀鲁豫边区财经史，留给人们许多宝贵的遗产。温故而知新，从历史经验教训中汲取教训，为新时期建设有中国特色的社会主义服务，正是编写边区财经史的主旨和愿望。

在充满激情的叙述边区财政经济史所取得伟大成绩的同时，也要实事求是地回溯在八年抗战时期的财政经济工作中曾经发生的不少缺点和错误，特别是在筹粮筹款工作中一度发生“左”和右的偏差，严重违反了党的抗日民族统一战线的政策，使一部分地主、富农、资本家负担过重，影响了他们的生活。为此，受到了上级党委的批评。这些缺点错误虽然及时得到纠正，但对党的威信造成了不良影响，并给一些反共分子造成借口。在 1942 年以前，对于发展经济注意不够，强调财政征收工作，忽视发展生产和单纯索取政策，这就是毛泽东所批评的单纯财政观点，这些缺点也妨碍根据地的巩固和发展。产生这些缺点主要是对党的政策学习和掌握不够，在缺少经验，缺少理论指导的情况下，也是难以避免。实践说明，任何事物都要经过实践，认识、再实践、再认识……循环往复的过程，不过一次比一次对客观事物的认识更深刻，经验更丰富，经过多年的实践才逐步走上成熟的道路。

以史为鉴，以史为师，不论是成功的经验还是失败的教训，都是历史上留给人们宝贵的遗产。要从中汲取教训，为新时期建设有中国特色的社会主义服务。这是编写边区财政经济史的主旨和愿望。

附录
抗日战争时期晋冀鲁豫边区财政经济工作大事年表

1937年

7月7日　卢沟桥事变，抗日战争全面爆发。

8月22日　中共中央发布《抗日救国十大纲领》。

8月25日　中国工农红军改编为国民革命军第八路军（后又改称第十八集团军）。

9月6日　八路军一二九师誓师抗日，随即陆续开赴晋东前线。

10月27日　中共北方局向各部队和地方党发出指示，在游击区域中，应注意筹措经费，可向富户募救国捐。

10月29日　中央军委总政治部发出《关于地方工作的指示》，在接近战争的地域，实行向富有者借款。

11月8日　毛泽东指出：太原失守后，游击战争阶段开始。

11月11日至13日　八路军总部和一二九师在和顺县石拐镇召开干部会议，部署开辟抗日根据地的工作。

12月　日军自11月至本月底，先后占领了鲁西北和平汉铁路北段的沿线地区。

12月　山西省政府正式颁布《合理负担摊款办法》。

1938 年

1 月 1 日　山西省政府颁令废除苛捐杂税。

1 月 12 日　八路军总部发出“坚持华北抗战与华北人民共存亡”的号召。

1 月　奉中共军委命令，邓小平接替张浩任一二九师政委。

1 月　山西省第三、第五行政区设立贸易统制局，公布禁止出入口物资种类。

3 月 10 日　伪中国联合准备银行在北平宣告成立，发行“联银券”流通于华北敌占区。

3 月 24 日　日本内阁作出成立“华北经济开发会社的决定，实施统制华北的经济，企图达到“以战养战”的目的。

3 月　刘少奇奉命回延安中央工作，杨尚昆接任中共北方局书记。

3 月　中共直南省委成立，李菁玉任书记，统一领导直南党的工作和根据地的建设。

4 月 4 日　日军分九路对我晋冀豫根据地大举围攻。

5 月 21 日　朱德、彭德怀发出《关于解决战争物资困难的指示》，一切必须建立自力更生，不依靠国民党政府的接济。

5 月　徐向前率部挺进冀南和冀鲁豫地区。

8 月 8 日　国民党任命鹿钟麟为河北省主席。

8 月 20 日　冀南行政主任公署宣告成立。

8 月 20 日　一二九师师长刘伯承，邀请河北省主席鹿钟麟到长治进行谈判，劝其在河北要以抗日为重，不要搞摩擦。

8 月 23 日　毛泽东、张闻天致电徐向前、邓小平、宋任穷，提出冀南政府应实行以下善政：

1. 救济各地广大饥饿群众，粮款向富户筹集；

2. 组织秋收运动；

3. 规定“二五减租”办法；

4. 组织廉洁政府，规定政府人员生活费。

8 月 24 日　中共晋冀豫区党委召开会议，讨论有关根据地的银行、商业贸易保护、后方工业建设、税收、改善人民生活等问题。

8 月　山西第三行政区成立上党银号，发行上党银号票，流通于晋东南第三、第五两行政区。

9 月　冀南行政主任公署，成立冀南经济委员会。

9 月　为了限制敌货的输入和冀南棉花、皮毛流入敌手，冀南行政主任公署设置了冀南税务征收局。

10 月 4 日　范筑先接受中共鲁西特委建议，召开山东第六区军政联席会议，通过《战时经济政策》等文件。

10 月 12 日　毛泽东在中共召开的六届六中全会上作了《论新阶段》的报告，提出了十项重要的经济政策。

10 月 15 日　在延安参加中共六中全会的邓小平，致电刘伯承等人，应作好反击日军进攻的准备，要求冀南区为太行部队准备冬季用品、钱、粮、兵工器材等。

10 月　山西第三、第五行政区，设立战时特捐局，并于各县设立县局，征收出入口税。

10 月　冀南行政主任公署发布战时紧急动员令，提出征集救国公粮，向富有者募捐，发动群众自动捐助、动员军装军袜等，以备战时急需。

11 月 25 日　河北省主席鹿钟麟，借口冀南行政主任公署在敌人“扫荡”时“去向不明”，宣布将其撤销，进一步加剧了河北省境内的摩擦。

12 月 3 日　中共冀南区党委发出《坚持冀南游击战争，粉碎敌人进攻》的宣传大纲，提出我们要用牺牲的精神，完成救国公粮、公债和空舍藏粮的各项工作。

12 月　冀南行政主任公署发出《关于毁路成沟的训令》。

12 月　山西第五行政区工救会成立织布工厂，日产布 10 余匹。

冬　山西第三、第五行政区，设立稽征局，管理区内所有国家税

及省地方税的征收工作。

冬　国民政府行政院长孔祥熙发表谈话：各战区为保护法币，可以发行单一地方币，以免敌人套取法币之外汇。

冬　冀南财政经济学校在威县成立，杨秀峰兼任校长。

1938 年，冀南行政主任公署发布《关于田赋问题的规定》、《冀南村公平负担实施办法》（后改征救国公粮）、《冀南区征收棉花运销救国捐及不资敌出境税暂行办法》、《冀南区调剂食粮办法》、《冀南地区征收外货入境税办法》、《冀南各县征收契税办法》、《冀南区禁止伪钞办法》、《冀南优待抗日军人家属及抚恤办法》、《冀南各级政府经济检查制度》等一系列财经法令。

1939 年

1 月 1 日　薄一波在沁县召开的晋东南各界拥护蒋委员长大会上，发表的《转入敌人后方抗战一年的山西》中，提出了财经工作的任务。

1 月 11 日　朱瑞在《新华日报》（华北版）发表《论建立晋冀豫抗日根据地》文章，提出建设根据地要进行自给自足的财经建设。

中旬　冀南行政主任公署发布战争动员紧急命令，要求各级政府组织群众参战、藏粮空室、筹集粮食支援战争。

1 月 20 日　山西第三、第五行政区召开行政扩大会，决定专员、县长减薪，节省支出。

1 月　山西第三、第五行政区命令取消稽征局，税收工作改由县政府二科办理。

2 月 1 日　山西第五行政区召开扩大行政会议决定：对军粮供给，一律依法令办理，由五区粮食调剂委员会筹划。并决定成立区、县经济建设委员会，推动经济建设。

2 月 10 日　中共中央发出《中央关于河北等地的摩擦问题的指示》。

3月7日　蒋介石对十八集团军发出手书指令五项。

3月17日　毛泽东在《八路军在新阶段中应该加重注意的几个问题》的指示中，指出在长期抗战中，最困难的问题之一将是财政经济问题，提出了在不妨碍作战的条件下，由军队本身参加各项生产。

下旬　阎锡山在陕西宜川秋林镇召开高级干部会议，贯彻实施国民党的反共政策，积极准备对日投降妥协。

3月　八路军总部成立主管兵工生产的第六科，刘鹏任科长，统一集中领导原属各师的修械所。

3月　冀南行政主任公署，动员军装、军袜，采取有布出布、无布出钱的公平负担办法完成。

春　山西第五行政区发行救国合作兑换券，流通于第五行政区各县，共发行56万元。

4月5日　一二九师召开供给会议，邓小平在会上就如何搞好后勤工作、保证军需品的供给等问题讲了话。

4月7日　中国工业合作协会派员到山西第三行政区，扶助与发展合作事业。

4月15日　中共晋冀豫区委召开民运干部会议，提出对敌经济斗争和经济建设的六项任务。

5月30日　冀南行政主任公署公布《冀南公平负担暂行办法》。

5月　太行合作总社成立。

5月　薄一波在山西第三行政区干部会议上，提出建设军需工厂、纺织、面粉、化学、机械、采冶、电气等工厂。

6月7日　中共北方局和八路军总部召开财经后勤供给会议，决定进一步发展根据地财政经济，并成立经济监察委员会，加强监督指导。

6月　为统一晋冀豫区货币，冀南银行筹备处在黎城县西井村成立。

6月　冀南行政主任公署颁布《冀南区印花税暂行条例》。

6月　八路军总部将第六科扩建为军工部，刘鹏任部长。

7月1日　冀南行政主任公署为廉洁政治，将政府工作人员津贴降低，由过去每人每月6元改为三级津贴（4元、3元、2元），唯对技术人员实行优待。

7月20日　冀南行政主任公署发出《冀南灾区救济难民实施办法》。

7月28日　进入6月以来，冀南地区连降大雨，河水暴涨，敌人又掘堤放水，使冀南30余县变成泽国，被淹3000余村，毁田5.5万多顷，灾民达300万人。

7月29日　中共鲁西区党委给各地委发出指示信，鲁西统战形势趋向恶化，必须坚持党的主张，向顽固分子作必要坚决的斗争，求得鲁西既得阵地的巩固与扩大，决不允许任何人剥夺我财政经济来源。

7月　冀南行政主任公署为救济灾民，发行救灾公债50万元，一部用作生产贷款，一部用作救济民粮。

7月　中共中央决定，从中央军委军工局抽调一批军工骨干300人，组成"工人行军营"，开赴太行山，加强前方的军工建设。

8月21日　冀南行政主任公署举行成立周年大会，杨秀峰在报告中提出了今后的任务。

8月29日　《新华日报》（华北版）发表《实行真正有钱出钱的合理负担》社论。

8月　宋任穷发表了《纪念冀南行政主任公署一周年》文章，指出一年来的政绩。

9月9日　冀南行政主任公署发出《关于整顿田赋的决定》。

上旬　冀南行政主任公署成立冀南各界救灾委员会，向各地派出救灾工作组，帮助救灾。

9月16日　冀南行政主任公署发出《关于筹备成立冀南银行、发行冀南币，颁发宣传大纲和标语口号的训令》。

9月17日　中共北方局发出《关于在山西开展反逆流关键的指示》。

9月18日　冀南行政区参议会成立。

9月　八路军总部宣布七大纲领。

9月　太行区贸易合作社成立。

9月　冀南行政主任公署颁布《关于冀南银行发行冀南币的布告》。

10月9日　冀南行政主任公署发出《关于加紧生产建设渡过灾荒的命令》。

10月15日　日军修通白晋铁路白圭至南关段。

10月　冀南行政主任公署发布《关于维护和推行冀南钞的布告》，对一些不良分子破坏冀钞信用、威胁阻挠或撕毁冀钞者，当地政府将依法严惩。

10月　一二九师召开供给会议。邓小平在会上强调生产运动是财政经济政策的基础，军队要开展以自给自足为目标的生产运动。

11月1日　国民党六中全会制订了《处理异党问题实施方案》，限制在敌后抗战的八路军扩军、干政和筹粮筹款。

11月1日　晋东南农救会发出号召，囤积公粮做到真正合理负担。

11月2日　晋冀豫区合作社代表会议决定扩展生产事业，组织太行合作运动委员会。

11月11日　冀南行政主任公署发布《关于不得擅自动用税款的通令》。

11月13日　杨尚昆发表《论目前政治形势与坚持华北抗战》，提出了五项改善民生的政策。

11月17日　冀南行政主任公署发出《严禁铜元出境的命令》，以防铜元外流资敌。

11月19日　《新华日报》（华北版）发表了《论囤积公粮》社论，提出囤积公粮应注意的政策。

11月20日　黄镇在《关于在晋冀豫区经济建设问题的报告》中，介绍了军政委员会组织经济建设委员会的情况。

11月28日　冀南行政主任公署成立冀南贸易总局，县设分局。

11月30日　冀南行政主任公署颁布《关于振兴合作事业的布

告》。

11月 太北军政委员会作出《关于经济建设问题的决议》，提出了统一晋东、冀西和一二九师的财政问题。

11月 鹿钟麟辞去了河北省主席职务，但仍任冀察战区总司令。

12月11日 八路军总部政治部发出储蓄节省粮食的号召。

12月16日 阎锡山在山西发动了“十二月事变”。

12月28日 中央军委毛泽东、王稼祥发出《关于巩固决死队工作》的指示，要求完全独立自主自筹给养。

12月 因阎锡山无限制的发行，导致山西省银行于本月倒闭。

12月 太行区决定成立各级生产合作社，通过合作社道路发展手工业生产。

12月 中共北方局制订出《财政经济工作报告大纲》，总结了1939年的财经工作，提出了1940年和1940年上半年的财经工作计划。

1939年 冀南行政主任公署发布《冀南区减租减息办法》。

1940年

1月1日 冀南行政主任公署，宣布取消苛捐杂税28种。

1月22日 冀南行政主任公署发出《关于开展合作运动的指示信》。

1月26日 冀南行政主任公署发出《关于各级政府不得用烟、酒、肉、馍招待过往军政人员的训令》。

1月27日 冀南各界救灾委员会宣布救灾十大号召，广泛募集棉衣、食粮赈济灾胞，发展生产。

1月31日 中共晋冀豫区党委发出《关于春耕运动的指示》。

1月 冀南行政主任公署发出限制贩运耕畜资敌的命令。严禁耕畜出口资敌。

1月 中共鲁西区党委在东平湖西戴庙筹建鲁西银行。

1月　冀南行政主任公署发出提倡民众养鸡、奖励鸡蛋出口命令。

2月1日　中共中央发出《关于财经工作的指示》，要求各中央局、分局、省委均应设置财经委员会，筹划财经工作。

2月1日　中共中央、中央军委发出《关于培养财经人员的指示》。

2月2日　一二九师发出《关于冀南反顽战役基本命令》，从2月9日开始，在冀南全区展开讨石战役。

2月7日　冀南行政主任公署通知，河北银行票版已沦落敌手，严禁一切河北省银行钞票在冀南流通。

2月10日　中共中央、中央军委发出《关于开展生产运动的指示》，其中指出对经商要采取谨慎态度。

2月15日　朱德视察黎城水窑兵工一所，号召职工加倍生产，多造武器，支援前线。

2月18日　中央军委颁布《八路军、新四军供给工作条例》。

2月　山西第三专署公布土地使用办法。

2月　冀南行政主任公署成立冀南生产建设总局。

3月1日　山西第三专署召开财经扩大会议，决定取消战时特征局。对冀西、太南、太北实行只征收一道出入口税。

3月10日　冀南行政主任公署发出《关于解决粮荒开展生产的决定》。

3月10日　山西第三专署，将太行合作总社与专署的复兴成商店合并，成立太行贸易总局，公布了《贸易政策实施方案》。

3月15日　朱德和卫立煌在晋城谈判达成协议，八路军作了让步，主动撤出太南、豫北大部地区，确定两军驻防界限。

3月15日　山西第三专署，根据公布的贸易政策实施方案，公布了出入口税则。

中旬　山西第三专署重设税务局。

3月　山西第三专署颁布《整理田赋及征收暂行办法》。

3月　山西第三专署颁布《合理负担摊款办法实施条令》。

春　根据中共北方局的决定，将迁往太行的冀南财经学校改组为华北财经学校。

4 月 1 日　中共北方局发出《财政经济政策的指示》。

4 月 8 日　冀南行政主任公署发出《关于加强贸易、银行与行政工作联系》的训令。

4 月 15 日　中共中央发出《财政经济问题的指示》，转发了中共北方局 4 月 1 日的《财政经济政策的指示》。

4 月 15 日　鲁西各界召开代表大会，决定将原鲁西北、鲁西两行政委员会合并，成立鲁西行政主任公署。

4 月 16 日　中共北方局召开太行、太岳、冀南高级干部会议（黎城会议）。

4 月 19 日　山西第三专署颁布新的财政经济政策，确立预算制度，实行三一累进税，实施对敌贸易统制。

4 月 21 日　太岳区召开生产会议，提出对敌开展经济战，实行统制贸易，发展农村工业。

4 月 24 日　中共北方局高干会议，批评了财政经济工作中存在的“左”的错误。

4 月 30 日　冀南行政主任公署发出《关于改善雇工待遇的指示信》。

下旬　彭德怀视察黎城水窑一所，指示工厂要实行企业管理，建立工时定额和劳动制度。

4 月　鲁西行政主任公署设立交通局。

4 月　冀南行政主任公署颁发植树造林的布告，号召一人栽一棵树运动。

4 月　山西第三专署改订支差条例。

5 月 1 日　薄一波在纪念“五一”大会上作了《牺盟会决死队的态度与晋东南政权工作今后努力方针》的报告。

5 月 2 日　山西第三专署为贯彻黎城会议精神，发布了《保障人权暂行条例》。

5 月 15 日　冀鲁豫区军政委员会成立财政委员会。

5月23日　山西第五专署食粮合作总社，为救济灾荒难民，实行无利借贷。

5月25日　中共中央发出《关于对日经济斗争的贸易政策》。

5月　山西第五专署发布新合理负担办法。

5月　根据“黎城会议”的决定，冀南、太行、太岳区的负责人在武乡八路军总部聚会，共商成立“冀太联办”的有关事宜。

5月　鲁西银行成立，开始发行鲁西币。

6月　鲁南行政主任公署决定组建冀南抗日邮政总局。

6月　冀南行政主任公署，又宣布取消估衣、油饼等10种税捐。

7月1日　“冀太联办”筹备处在涉县曲里召开了太北区财政经济扩大会议。

7月20日　中共北方局对鲁西区党委发出指示，提出应执行减租减息和真正累进的合理负担等六项政策。

7月20日　冀南行政主任公署颁发税务简章，实行战时关税壁垒。

7月29日　山西第三专署第二办事处颁布囤粮奖励办法。

7月31日　中共中央发出《关于在敌后地区没收汉奸土地财产问题的指示》。

7月　山西第三专署颁布健全粮食机构的命令，要求7月底实行粮食统筹统支。

7月　“冀太联办”筹备处决定将税务工作，统一于“联办”财政处领导。

8月1日　冀南、太行、太岳行政联合办事处（简称“冀太联办”）在涉县东辽城宣告成立。

8月4日　“冀太联办”在涉县东辽城召开冀太区军政民各界金融座谈会。

8月11日　“冀太联办”发出布告，为稳定金融，宣布上党银号票七折行使。

8月20日　“百团大战”开始。

8月20日　中共中央发出《关于各根据地内节省人力、物力、坚持长期抗战的指示》，提出如下要求：（1）全区党政军民学脱产之人数不得超过全人口的3%。（2）军队人数与党政民学脱离生产者之比应为2∶1。（3）军队内应有六成枪支。（4）经费开支亦按照上述比例。

8月25日 “冀太联办”创建贸易总局。

9月9日 “冀太联办”发布《关于修改部分征收货物出入境税暂行条例的通令》。

9月15日 “冀太联办”公布《修正合理负担征收款项办法实施条令》。

9月18日 戎伍胜发表论文《加紧进行合理负担走上统一的所得累进税》。

9月18日 李雪峰发表了《关于加强经济战线，开展对敌金融斗争》的文章，指出开展对敌金融斗争，是当前加强经济战线的首要任务。

9月18日 “冀太联办”在黎城西井镇举办晋冀豫区生产展览会。

9月18日 中共中央发出《关于累进税问题的指示》，指出要使80%—90%的人口承担适当的负担。

9月25日 中共北方局召开高级干部会议，彭德怀在这次会议上作了《关于根据地政权及农村统一战线的几个问题》和《财政经济政策》问题的报告。

9月 太行合作总社成立。

9月 张霖之在泰西地委作财经工作报告。

10月5日 《新华日报》（华北版）公布了《冀南、太行、太岳行政联合办事处施政纲领》。

10月30日 太岳区党委发出对敌粮食斗争的几个问题和夏季屯粮成果的指示。

10月31日 “冀太联办”颁发《被灾区域豁免田赋暂行办法》。

10月 “冀太联办”颁发《水程工程草案》，提出了七项兴修水利的措施。

10月　鲁西军政委员会召开扩大会议，决定设置财政委员会，对田赋征收、财政收支、银行发行工作作出了决定。

10月　“冀太联办”决定建立金库制度。

10月　华北财政经济学校第一分校在冀南成立。

上旬　鲁西区在泰西、鲁西北、运东、运西等地，相继建立了许多生产、消费、信用合作社，开办了土布、毛线、鞋袜等工厂。

11月11日　“冀太联办”发布布告，提出互助互济办法。

11月12日　“冀太联办”在左权武家椤召开税贸联席会议，决定成立税务总局。

11月15日　冀鲁豫边区财政委员会崔田民和华夫分别作了《冀鲁豫边区半年来财经工作的报告与总结》。

11月20日　“冀太联办”颁发《保护与兑换法币暂行办法》，规定在本区内一切交易均以冀钞为本位币。

11月　朱瑞向中共北方局报告鲁西区的工业、贸易、金融、财政工作情况。

12月1日　“冀太联办”颁布被敌灾摧毁蠲免田赋办法。

12月3日　“冀太联办”颁布《减租减息暂行条例》。

12月7日　“冀太联办”颁发《优待抗日军人家属条例》。

12月11日　“冀太联办”召开第一次专员、县长会议，重点研究了政权工作、财政经济建设工作、群众工作和减租工作等问题。

12月19日　“冀太联办”颁布《征收救国公粮暂行办法》。

12月19日　“冀太联办”颁发《各抗日根据地间五行通汇汇率的规定》。

12月27日　八路军总部直属队作出生产运动的初步总结。

12月　冀鲁豫军区成立军实科。

12月　冀鲁豫区军政委员会召开会议，部署了发动群众、减租减息，合理负担实行统一累进税等项工作。

1941 年

1 月 1 日　邓小平发表《胜利的回顾与胜利的期待》。在财经建设上提出要贯彻彭德怀提出的晋冀豫 1941 年建设计划，建立自给自足的经济基础。

1 月 1 日　“冀太联办”颁布了《冀太联办贸易总局吸收私资简章》，规定红利的 70% 作为股本红利分配。

1 月 1 日　杨秀峰发表《胜利完成今年行政工作任务》，提出与加强生产建设、整顿财政与争取财政平衡。

1 月 5 日　“冀太联办”发出《关于马干费标准》的规定。

1 月 8 日　“冀太联办”税务总局成立，在太岳和冀南两区亦分别设置税务局。

1 月 9 日　“冀太联办”发出《关于各县收回之杂钞及上党票，绝对不准再行使出的通令》。

1 月 15 日　冀鲁豫边区军政委员会发出《关于统战、财经、政权、武装等工作问题的决定》。

1 月 15 日　“冀太联办”召开太岳区专员、县长会议，传达“联办”第一次专员、县长会议精神。

1 月 15 日　冀鲁豫区召开军政民各界代表会，决定成立冀鲁豫边区行政主任公署。

1 月 18 日　“冀太联办”通令各区吸收 1000 万元法币任务。

2 月 1 日　“冀太联办”公布生产贷款办法。

2 月 1 日　晋冀豫区各级政府，先后成立了机关生产委员会，制定了 1941 年的生产计划。

2 月 1 日　王兴让在《太南区 1940 年工作报告》中，回顾了太南区的经济工作。

2 月 2 日　太岳区开始设立冀南银行机构。

2 月 12 日　中共晋冀豫区党委发出《关于春耕运动的指示》，提

出扩大耕地面积，突击水利，解决肥料，补充牲口、农具、种子，发动与组织好春耕生产。

2 月 24 日　太岳区成立春耕委员会，决定本年春耕计划。

2 月　“冀太联办”发布《统一货币巩固金融布告》。

3 月 1 日　“冀太联办”公布《烟产税暂行条例》。

3 月 2 日　冀南银行太行区行召开分行主任联席会议，决定建立县银行办事处。

3 月 11 日　中共北方局召开冀南工作会议，对于财经问题，提出要坚决执行去年 9 月北方局高干会议的决定。

3 月 16 日　邓小平代表中共北方局向“冀太联办”第二次行政会议提出了《关于成立晋冀豫边区临时参议会》的建议。

3 月 20 日　“冀太联办”颁发《村级经费摊款暂行办法》。

3 月 20 日　“冀太联办”颁发《关于各级政府机关团体经费、人员编制的通令》。

3 月 31 日　“冀太联办”公布《晋冀豫边区荣誉军人抚恤暂行条例》。

4 月 1 日　“冀太联办”在涉县靳家会村召开金融座谈会，戎伍胜副主任在会上作了《加强经济战线开展对敌的经济斗争》的报告。

4 月 1 日　“冀太联办”颁布《晋冀豫区军事支差条令》。

4 月 5 日　中共北方局提出晋冀豫边区目前建设的 15 项主张。

4 月 5 日　晋冀豫边区临时参议会筹委会正式成立。

4 月 7 日　“冀太联办”颁布了《制烟登记暂行办法》。

4 月 12 日　日军对冀鲁豫之沙区进行“大扫荡”，实行灭绝人性的“三光政策”，烧毁村庄 140 多个，被杀群众 400 余人，大部粮食、耕牛、农具被抢走或烧毁，我在沙区的部队医院、被服厂、修械厂的物资，均受到了严重损失。

4 月 15 日　“冀太联办”公布《晋冀豫区劳工保护暂行条例》。

4 月 17 日　“冀太联办”发出目前对法币的管理办法，严禁法币在太行区内流通。

4 月 23 日　中共中央发出《关于工厂建设的指示》，要求各抗日根据地抓紧兵工厂的建设。

4月23日　中央军委发出《关于军队中吸收和优待专家的指示》。

4月28日　邓小平发表《反对麻木，打开太行区的严重局面》的文章，提出要正视困难，面向敌人，开展顽强的对敌斗争。

5月1日　中共中央颁布《关于党员参加经济和技术工作的决定》。

5月1日　八路军总部野政通令所属发起全华北抵制仇货运动，加强对敌经济斗争。

5月1日　李富春发表《对抗日根据地财政经济政策的意见》。提出了抗日根据地财经工作的两原则。

5月2日　“冀太联办”实业处和贸易总局联合召开生产贸易联席会议。

5月15日　“冀太联办”召开贸易生产会议，决定将生产贸易合并为生产贸易管理局。

5月23日　中共山东分局对鲁西根据地发出指示，必须严格执行统一的财政收支制度，量入为出。银行贷款主要应作为经济建设和贸易事业之用。

5月28日　“冀太联办”颁布《晋冀豫边区土地使用暂行条例（草案）》。

5月　八路军总部军工部成立太行工业学校。

6月10日　“冀太联办”公布《贸易暂行条例》。

6月15日　“冀太联办”公布取缔牙行办法，规定各主要集市取缔牙行经纪，设置交易人员，归政府直接管理。

6月18日　中共山东分局、一一五师联合发出号召，要求从生产入手，自即日起各机关、部队年内一律节约一个月以上菜金，在明年一年内要节约3个月以上菜金。

6月22日　“冀太联办”税务总局召开第一届分支局长联席会议，提出健全组织领导，整顿税收，加强缉私工作，健全工作制度。

6月24日　中共太岳区党委发出《关于财经工作的指示》。

6 月 26 日　太行区商人召开全区商人代表会，决定成立太行区商人联合会。

6 月 27 日　“冀太联办”召开第三次行政会议，接受中共北方局、八路军总部建议，将鲁西区划归“冀太联办”领导。

6 月　冀南银行召开分行主任联席会议，紧急布置打击伪钞。

7 月 1 日　晋冀豫边区生产贸易管理总局在辽县桐峪成立。

7 月 1 日　“冀太联办”颁发《商人登记办法》。

7 月 1 日　“冀太联办”颁布《漳北地区管理对外贸易暂行办法》。

7 月 5 日　“冀太联办”颁布《晋冀豫区保护法币修正暂行条例》。

7 月 7 日　根据中共北方局和八路军总部的命令，决定：

中共鲁西区党委和中共冀鲁豫区党委合并，统一称中共冀鲁豫区党委。

鲁西行政主任公署和冀鲁豫行政主任公署合并，统一称冀鲁豫行政主任公署。

冀鲁豫军区和鲁西军区合并为冀鲁豫军区，纵队机关兼军区机关。

7 月 7 日　晋冀豫（后改为晋冀鲁豫）边区临时参议会在辽县桐峪召开，历时月余，于 8 月 15 日闭幕。选举申伯纯为议长，宋维周、邢肇棠为副议长。会议决定成立晋冀鲁豫边区政府，选举杨秀峰为边区政府主席，薄一波、戎伍胜为副主席。

7 月 13 日　《新华日报》（华北版）发表了《晋冀豫区三年实业建设计划》。

7 月 22 日　“冀太联办”颁发修正的《晋冀豫边区军事支差条令》。

7 月　左权副总参谋长视察八路军总部军工部各厂，提出精简非生产人员，厉行节约发展生产的方针。

7 月　中共冀鲁豫区党委作出《边区全面工作报告》，在今后的财经工作中，提出要切实整理税收，与伪币作斗争，严格审查预决算，取缔村派款。鲁西银行应投资于生产事业，发展工商业，繁荣根据地经济。

8月1日　“冀太联办”实业处发表1941年太行区春耕总结，开荒修滩近9万亩，开荒打井变水地近3万亩。

8月16日　生产贸易管理总局在辽县武家硃召开工厂厂长和太行、太岳区贸易分县局长联席会议。

8月16日　中共晋冀豫区党委召开秋收座谈会，讨论了秋收工作与对敌斗争相互配合的问题。

8月19日　太行区武委员会发出《关于武装保卫秋收，秋季反“扫荡”的紧急指示》。

8月21日　中共太岳区党委发出《统一币制的紧急通知》，规定以冀南银行钞票为太岳区的本位币。

8月21日　临参会驻会委员举行首次会议，决定生产建设公债的分配：冀南区推销300万元，太行区推销250万元，太岳区推销50万元。

8月24日　晋冀鲁豫边区政府委员会举行首次会议，决定将现行之专员办事处一律改为专署，全区划分为4个行政区，22个专署，154个县。

8月　冀南银行颁发《管理外汇暂行办法》。

8月　中共北方局、华北军分会发出《关于目前形势及战争准备工作的指示》。

8月　晋冀鲁豫边区政府颁发了《关于特许贸易管理总局在林北专理经营粮食出口的命令》。

8月　晋冀鲁豫边区政府颁发《合理负担征收暂行办法》。

9月1日　晋冀鲁豫边区政府根据边区临参会的决议，公布《晋冀鲁豫边区政府施政纲领》。

9月1日　晋冀鲁豫边区政府召开第二次政府委员会会议，决定生产建设公债于9月15日在各地开始发行。

9月1日　太岳行署在沁源县阎寨村成立。

9月10日　冀南银行在麻田召开各分行主任联席会议，决定太

行各分行按专署次序设六个分行。会议还研究确定了今后银行业务的方针。

9月15日　晋冀鲁豫边区政府召开第四次委员会会议，决定由财政厅会同建设厅拟订生产建设公债的使用办法。

9月15日　原“冀太联办”生产贸易管理总局从今日起，改名为晋冀鲁豫边区工商管理总局，但各县仍称贸易局。

9月18日　太行区发动缉私运动周，检查仇货，并公布了《各区税务缉私队临时缉私办法》。

9月29日　晋冀鲁豫边区政府召开第六次委员会议，提出各行署领导人选，并决定在边府下设粮食总局。

秋　冀鲁豫区发生严重旱灾，自1941年春以来，雨水缺少，鲁西北和沙区都发生灾荒，秋粮严重歉收，部分灾民开始外逃，从此开始了长达两年之久的严重灾荒。

10月1日　晋冀鲁豫边区政府颁布命令，任命晁哲甫为冀鲁豫行署主任，董君毅、贾心斋为副主任；宋任穷为冀南行署主任，刘建章为副主任；牛佩琮为太岳行署主任，裴丽生为副主任。

10月1日　晋冀鲁豫边区政府公布《晋冀鲁豫边区土地使用暂行条例》。

10月11日　《新华日报》（华北版）发表了《争取粮食战线上的胜利》社论，提出工作中应该注意的四个问题。

10月13日　王兴让发表《论公营工厂经营》，全面论述了公营工厂的经营管理问题。

10月14日　晋冀鲁豫边区政府财政厅发出《关于金库组织原则与银行关系的通令》。

10月15日　晋冀鲁豫边区政府颁布《奖励生产技术办法》。

10月15日　晋冀鲁豫边区政府颁布《工业奖励办法》。

10月15日　晋冀鲁豫边区政府公布《晋冀鲁豫边区林木保护办法》。

10月15日　晋冀鲁豫边区政府公布《晋冀鲁豫边区合作社条例》。

10月15日　晋冀鲁豫边区政府公布《晋冀鲁豫边区税务局组织规程》。

10月17日　边府财政厅发出紧急指示，要求太行各地在10月底以前，完成征收合理负担、公债、囤粮三大工作。

10月19日　八路军总部供给部发出《展开收集破铜废铁运动》的指示，定价收买，欢迎捐赠。

10月20日　晋冀鲁豫边区政府公布《出入境税暂行条例》，规定只征一道出入境税。

10月20日　晋冀鲁豫边区政府公布《晋冀鲁豫边区惩治盗毁空室清野财物办法》。

10月　晋冀鲁豫边区政府公布《晋冀鲁豫边区政民工作人员伤亡褒恤办法》。

10月　晋冀鲁豫边区政府重新划分税务行政，税务总局直接领导太行各分局，冀南区仍由原路东税务办事处领导。太岳区另设税总太岳办事处，领导太岳区的税收工作。

11月1日　彭德怀在中共北方局扩大会议上作了《敌寇治安强化运动下的阴谋与我们的基本任务》的报告，提出我们的中心任务是：粉碎敌人的“治强运动”。

11月1日　晋冀鲁豫边区政府公布《晋冀鲁豫边区优待专门技术干部办法》。

11月1日　晋冀鲁豫边区政府公布《晋冀鲁豫边区特种出口货统制暂行办法》。

11月5日　中共中央就农民问题给李雪峰发了指示。

11月7日　晋冀鲁豫边区政府公布《查获烟土暂行办法》。

11月9日　上旬日军向我太行根据地大举进攻，9日敌集中精锐部队5000余人，袭击我黎城黄崖洞兵工厂。

12月5日　冀南行署建设处刘雨辰，经苦心研究，用硝盐提炼精盐成功，为粉碎敌人对根据地的食盐封锁作出了贡献。

12月7日　晋冀鲁豫边区政府发出《禁止粮食出口实行粮食专卖问题的指示》。

12 月 8 日　日军偷袭美军珍珠港，太平洋战争爆发。

12 月 9 日　中共中央为太平洋战争发表宣言，提出八项重要任务。

12 月 9 日　中共中央发出《关于保护友党、友军、友区党政军人员家属财产的指示》。

12 月 12 日　太岳行署公布《太岳区商人登记办法》。

12 月 15 日　边区税务总局颁发《晋冀鲁豫边区特许其他区域商民运输奢侈品过境查验征税暂行办法》。

12 月 17 日　中共中央发出《关于太平洋战争爆发后敌后抗日根据地工作的指示》，提出敌后抗日根据地的总方针，当前迫切任务是精兵简政，提出各根据地脱产人员不得超过总人口 3%，加强财政管理，做到取之合理，用之得当。

12 月 25 日　冀鲁豫军政民各界要求边区政府增发生产建设公债 150 万元，以供该区推销。

12 月 28 日　中共中央和中央军委发出《1942 年中心工作任务的指示》，要求各地坚决执行中共中央“精兵简政、发展经济”等问题的指示。

12 月　边区工商管理总局在林北县任村马家岩召开会议，讨论了目前对敌斗争新形势与工商局的紧急任务。

冬　边区工商总局为掌握外来军用物资，避免争购，规定由公营商店统一采购军用品。

1942 年

1 月 1 日　杨秀峰发表《胜利的回顾与前瞻》一文，概述了 1941 年边区农业、工业生产成就，财政收支已做到了接近平衡的程度。

1 月 5 日　中共中央财经部发出《关于法币贬值各根据地应采取的对策的指示》，指出今后根据地的金融工作，应是建立独立自主与统一的金融制度。

1月8日　彭德怀发表《克服困难争取胜利》一文，重申了克服困难的三项措施：（1）实行精兵，兵员不得超过人口2%；（2）实行简政，政民人员不得超过人口1%；（3）增加生产，对农业和工业生产提出了具体增产要求。

1月10日　晋冀鲁豫边区政府颁布边区民兵褒奖抚恤补充办法。

1月12日　晋冀鲁豫边区政府召开第十一次例会，决定实行精兵简政，规定党政民团体脱离生产的工作人员，最高不能超过总人口1%。

1月13日　八路军总部命令太行、太岳两区所属部队，努力生产克服困难，要求旅以上机关每人每年生产收入100元，团以上机关每人每年生产收入60元。

1月13日　晋冀鲁豫边区政府决定各县成立农业指导所，组织特约专家，负责农业指导。

1月15日　一二九师发布精兵简政命令，提出调整编制减缩机关，减少人员马匹充实战斗连队。

1月15日　冀南银行召开分行主任联席会议，高捷成行长在会上作了《经济环境之估计与银行业务方针》报告。

1月19日　晋冀鲁豫边区政府召开第十二次例会，通过本区政学人员编制方案。

1月20日　边区税务总局召开第二届分支局长联席会议，确定税务工作的总方针。

1月20日　晋冀鲁豫边区政府公布1942年行政工作方针，以经济建设为中心任务，在财政上保证不再增加人民负担，在经济上对农业、手工业和贸易工作都提出了明确的方针。

1月20日　边区粮食局召开粮食局长会议，决定了1942年的粮食工作方针。

1月22日　清漳水利局召开水利会议，决定修整河滩7000亩。

1月25日　冀鲁豫行署为克服武装系统供给上的混乱情况，颁发了《关于人民武装供给的决定》。

1月25日　晋冀鲁豫边区政府召开金融座谈会，讨论了保护法币和打击伪钞问题。

1月26日　晋冀鲁豫边区政府召开第十三次例会，通过了厉行节约案与1942年度机关生产办法。

1月26日　边区政府财政厅发出通令，提高贷款利率。

1月30日　边区政府建设厅下令实行纸烟专卖，规定纸烟统一由工商管理局收买专营。

1月　太岳区公布奖励生产技术发明与改良条例。

1月　太岳行署公布《太岳区1942年度救国公粮征收办法》，只适用于同蒲铁路沿线各县。

1月　冀鲁豫行署颁布了《冀鲁豫区内地运输暂行办法》。

1月　边区政府财政厅作出1941年太行区财政工作总结。

1月　边区政府交通局太行总局决定，增添干线邮站，改进邮运工作。

2月1日　边区政府建设厅召开实业会议。

2月3日　晋冀鲁豫边区政府发表文告，号召全体干部民众响应彭德怀副总司令三大号召。

2月5日　晋冀鲁豫边区政府组成考察团，赴晋察冀边区考察统一累进税的实施情况。

2月11日　晋冀鲁豫边区政府颁布《晋冀鲁豫边区惩治贪污暂行办法》。

2月13日　晋冀鲁豫边区政府建设厅发出《纸烟专卖实施办法的通令》。产品由工商局定价专卖。

2月15日　晋冀鲁豫边区政府公布《晋冀鲁豫边区义运军粮办法》及实施细则。

2月20日　晋冀鲁豫边区政府决定精兵简政办法，对于县级以上机关建立联合办公制度。

2月21日　中共晋冀豫区党委发出《关于开展春耕运动的指示》，提出每亩增产3升粮。

2月25日　太岳行署发出《彻查与制止公家资本高利贷的通知》。

2月　苏振华在冀鲁豫区发表了《彻底的检讨，坚决的转变》文章。

2月　边区工商管理总局准备实行粮食专卖，决定首先从阳邑、任村实行，逐渐推广全区。

2月　总部军工部总结了反“扫荡”的经验，决定从3月起将原有各军工厂化整为零，分散生产。

3月8日　晋冀鲁豫边区政府发出《关于地方粮款征收及开支暂行办法的通令》。

3月12日　边区政府财政厅颁发《晋冀鲁豫边区金库制度》。

3月12日　边区政府建设厅颁发农业贷款办法。

3月15日　晋冀鲁豫边区政府提出1942年度太行区农业生产计划。

3月20日　晋冀鲁豫边区政府公布《修正晋冀鲁豫边区田房契税办法》。

3月23日　太岳行署召开专员、县长会议，讨论和研究了简政工作。

3月28日　彭德怀发表《展开全面对敌经济斗争》的文章，号召华北各根据地对敌展开全面的经济斗争。

3月29日　八路军总部朱德、彭德怀发布命令，要求八路军全体将士协同当地抗日民主政府，号召与组织民众，一律不种鸦片，违者严究。

3月30日　邓小平视察太岳区工作，要求今年在经济上做到自给自足。

3月30日　晋冀鲁豫边区政府召开第17次谈话会，决定平抑物价办法，实行粮食专卖。

3月　边区工商管理总局开始实行山货归行。

3月　边区税务总局发布命令，决定各税务分局成立缉私队。

4月13日　晋冀鲁豫边区政府颁发《晋冀鲁豫边区岁出岁入审计规程》。

4月14日　朱德、彭德怀号召敌占区人民不给日军种棉花。

4 月 16 日　冀南银行在辽县麻田召开分行主任联席会议。

4 月 23 日　中共太岳区党委发出《为开展对敌经济斗争，完成今年财政任务的指示信》。

4 月 28 日　晋冀鲁豫边区政府发出《为胜利完成财政任务，分别规定奖励的指示》。

4 月 29 日　边区工商管理总局颁布《经营特种出口货商行管理暂行办法》。

4 月 29 日　日军调集重兵，向冀南区进行“四二九”铁壁合围，我冀南根据地遭受极大损失。

4 月　边区工商管理总局发出通知，要求所属各商店廉价出售存货，以平抑物价。

4 月　中共太岳区党委召开群众工作会议，研究部署在全区开展减租减息问题。

春　冀鲁豫区鲁西北沙区旱情日趋严重，河渠干涸，大地龟裂，致使许多群众逃亡他乡，不少人饥饿而死。根据地各级政府采取了一系列紧急措施开展反资敌、反抢粮斗争，发放救济粮和贷款，组织生产自救，帮助群众度过灾荒。

5 月 1 日　一二九师开始实施第二期精兵简政。

5 月 11 日　林北县发生的包庇走私案被破获，案犯苏复民被处极刑，政府威信大为提高，外汇登记飞跃激增，4 月林北一地登记外汇即达 30 余万元。

5 月 15 日　日军对晋冀鲁豫边区进行空前规模大“扫荡”。奔袭了我八路军总部，左权将军在指挥作战中英勇殉国。

5 月 25 日　晋冀鲁豫边区政府决定在工商、税务部门建立监察委员制，发布了《晋冀鲁豫边区税务工商部门监察委员暂行工作规程》。

5 月 30 日　《解放日报》发表《击破敌人的经济掠夺与封锁》社论。提出打破敌人经济掠夺与封锁的办法，就是发展根据地的生产力，达到自给自足，就可立于不败之地。

6 月 1 日　冀南银行发行铜元票，是日开始在市场流通。

6月15日　太岳行署发出《太岳区整理合理负担工作的指示》。

6月16日　一二九师政治部发出训令，要求部队在战斗空隙，切实帮助群众春耕，并公布部队1942年的生产计划。

6月17日　晋豫行政办事处在阳城横河镇宣告成立。公推郭清文、聂真等七人为办事处委员。

6月　华北财经学校冀南一分校，在冀南“四二九”大“扫荡”以后，转入冀鲁豫区，和四分校合并。

7月13日　冀鲁豫行署报请晋冀鲁豫边区参议会冀鲁豫办事处审查通过，颁布了《冀鲁豫区新合理负担办法》及施行细则，决定于7月1日实施。

7月15日　边区税务总局和工商管理总局合并，仍称工商管理总局，实行工商贸易税务工作的统一领导。

7月20日　晋冀鲁豫边区政府根据敌后战争新形势，决定改组政府组织形式，边府及直属局大力压缩，大批干部充实下属机构。专署设专员办公室，县设县长办公室，负责组织推动综合性中心工作。

7月20日　边区政府成立农林局。

7月22日　边区工商管理总局接收军营合作社。

7月23日　太岳区合作运动委员会制订1942年合作社建设计划，决定在本年内建立72个合作社。其中一半为生产合作社。

7月25日　冀鲁豫行署撤销禁止粮食资敌的决定，以后粮食出口统一按出入境货物征税。

7月27日　中共冀鲁豫区党委作出《关于整理财政，进行生产度荒，增强支援前线的决定》。

7月30日　边区政府直属太行各专及县建立经委会，由财粮、工商、银行及主要商店之经理、监委等若干人为委员，以专员、县长为主任委员。

7月　晋冀鲁豫边区政府规定，为度荒决定柿糠、炒面概不准出境。

8月8日　边区工商管理总局发出《关于设立经理处决定的通知》，决定暂设三个经理处，指挥监督各线上各商业经营部门。

8月10日　中共冀鲁豫区党委发出《关于执行负担政策的指示》。

8月12日　晋冀鲁豫边区政府公布《太行区出口贸易统制暂行办法》。

8月20日　晋豫联合行政办事处颁发《减租减息暂行条例》。

8月21日　晋冀鲁豫边区政府公布《敌占区人民在根据地经营工商业汇款回家暂行办法》。

8月24日　《新华日报》（华北版）报道，戎副主席谈边区实行精兵简政以来，人民负担大为减轻，本年囤粮比去年减少10万石，折款计算每人减少负担12元，实现了今年不增加人民负担的诺言。

8月31日　边区工商管理总局发出《关于优待合作社办法的指示信》。

8月31日　边区工商管理总局颁发《合作社贷款办法》。

下旬　太行实业社召开厂长会议，制订工厂管理规程。

8月　中共冀鲁豫区党委提出精简方案，分别对区党委、地委、县委、分区委的人数作了规定。

9月1日　中共中央发出《关于统一抗日根据地党的领导及调整组织关系的决定》。

9月1日　晋冀鲁豫边区政府公布《禁止敌伪钞暂行办法》、《保护法币暂行办法》、《外汇管理暂行办法》、《没收处理汉奸财产暂行办法》。

9月8日　晋冀鲁豫边区政府发出《关于目前金融货币工作几个问题的意见》。

9月15日　中共太岳区党委发出《关于全区财粮工作的指示》。

9月15日　冀鲁豫行署公布《冀鲁豫边区统一市场货币暂行实施办法》。

9月18日　晋冀鲁豫边区临时参议会第二次大会太行、太岳区会议在涉县召开。

9月18日　中共冀鲁豫区党委关于鲁西银行钞的发行问题向中共北方局作了报告，截至1942年8月底，共发行鲁西钞13781075元。

9月20日　李一清在临参会报告简政，太行、太岳精简县以上政权人员38%。戎伍胜在临参会报告太行、太岳两区财粮工作，本年财政收入比去年临参会通过的原预算还有盈余，节省的粮食折款达两千万元，群众负担也有减轻，太行区减轻负担15%—17%，太岳区负担减轻11%—13%。

9月20日　晋豫联合行政办事处接受晋冀鲁豫边区政府领导，边区政府委托薄一波副主席就近在太岳区进行领导。

9月22日　边区政府召开粮食会议，顾卓新在会上作了《太行区粮食会议总结》。

9月24日　晋冀鲁豫边区政府、法院联合制订政府罚款办法，从11月10日起开始执行。

9月　边区工商管理总局发出《关于吸收粮食的秘密补充指示》，分配了各地吸收粮食的任务。

10月1日　晋冀鲁豫边区政府发布《晋冀鲁豫边区减租减息布告》。

10月3日　晋冀鲁豫边区政府颁布《游击区、接敌区财粮累进负担办法》。

10月5日　边区工商管理总局颁布《太行区出入口贸易统制办法》。

10月7日　晋冀鲁豫边区政府发出指示，不准使用外汇进口市布，以利发展边区的纺织业。

10月8日　中共太行分局决定成立太行统一的粮食斗争委员会。除突击完成公粮征收外，并拟自敌占区吸收粮食20万石，以进行内地粮食调剂及供应东线出口。

10月9日　晋冀鲁豫边区政府发出《关于发购粮证的命令》。

10月9日　晋冀鲁豫边区政府发出《关于组织运输救济灾民的命令》。

10月9日　冀南行署发出《关于鲁钞停止流通的指示》，规定自布告之日起，在冀南一律不得再行使鲁西银行钞。

10月10日　晋冀鲁豫边区政府决定成立太行区旱灾救济委员

会，杨秀峰任主任委员。

10月11日　晋冀鲁豫边区政府颁布修正的《晋冀鲁豫边区土地使用暂行条例》。

10月14日　边区政府杨、戎两主席巡视太行五、六两专区受灾群众，提出以工代赈七项救灾办法。

10月15日　毛铎在《群众》杂志发表《精兵简政在晋冀鲁豫边区》，全面介绍了八路军总部和边区政府的精兵简政情况。

10月17日　晋冀鲁豫边区政府发出《关于减租工作的指示》。

10月21日　晋冀鲁豫边区政府颁布《旱灾救济款暂行办法》。

10月24日　边区工商管理总局指示，立即打击伪币，突击粮食的争夺，实行公粮折款。

10月29日　冀南银行、工商管理总局发出《关于外汇法价及物价的决定》。

10月　晋冀鲁豫边区政府和太行军区颁发《战粮动用办法》。

10月　冀鲁豫全区军民为战胜严重灾荒而斗争，自去秋发生旱灾，今年又遇蝗灾和敌人空前大"扫荡"，大批群众因饥饿而死，外逃者难以数计，有的地方出现了罕见的无人区。行署把救灾当作头等大事。

11月5日　冀南银行第五分行经总行批准，发行冀南银行钞期票。

11月9日　边区工商管理总局发出《关于粮食方面最紧急的几件工作指示》，紧缩通货，利用粮食输出开展政治攻势。

11月11日　上月下旬敌占沁源后，中共太岳区党委、太岳军区发出围困沁源县敌人命令，开始了我对沁源敌人的长期围困战。

11月13日　晋冀鲁豫边区政府关怀灾民，决定减轻太行五、六专区人民负担，共计减免两专区公粮负担4500石。

11月13日　鲁西银行与冀南银行商定汇兑办法，指定鲁西银行总行、鲁西北三分行与冀南银行十分行（馆陶）、十二分行（大名）互相通汇，自12月1日起通汇。

11月15日　冀鲁豫区工商办事处发出《关于游击区的工商工作

的指示》。

11月17日　边区工商管理总局作出组织合作救灾计划。

11月20日　冀鲁豫行署发出《关于必须保证今年秋季征收任务之全部完成与切实掌握财粮收支的训令》。

11月20日　冀南行署发出《关于重新规定1943年度各级政民机关、团体、学校各种经费、粮秣、开支的指示》。

11月24日　晋冀鲁豫边区政府作出决定，协助中华邮局向左权、沁县、武乡、和东、涉县各邮局贷款5万元。

11月　为了发展根据地的造纸工业，边区工商管理局明令禁止纸张入口。

12月4日　边区工商管理总局发出《关于加速打击伪钞的密令》。

12月7日　边区工商管理总局发出通令，为了救灾和对敌人进行经济斗争，规定除政府有组织的出口能换回必需品者外，一律禁止粮食出口。

12月7日　冀鲁豫行署发出《为加强缉私根绝外来卷烟的训令》。

12月7日　晋冀鲁豫边区政府发出《太行区1943年春耕贷款办法》。

12月10日　晋冀鲁豫边区政府颁布修正的《晋冀鲁豫边区劳工保护暂行条例》。

12月11日　冀南银行、工商管理总局联合发出《关于外汇工作和硬币价格的决定》训令。

12月14日　边区工商管理总局发出《加快打击伪钞保证粮食吸收任务完成的密令》。

12月14日　冀南行署发出《关于明确金库、审计与各级政府关系的指示》。

12月21日　薄一波在太岳区群众工作会议上作报告，全面总结了太岳区开展减租减息斗争的经验。

12月25日　朱德、彭德怀总副司令下令，从明年1月1日起改

善全军生活，每人每日补发油2钱，每人年发毛巾两条，津贴每月一律增发5角。

12月25日　边区政府财政厅作出《关于1943年度服装鞋袜费的规定》。

12月26日　边区工商管理总局决定，为了度过明春灾荒，油饼可作肥料或饲料之用，一律禁止出境。

12月　毛泽东在陕甘宁边区高级干部会议上，作了《经济问题与财政问题》的报告，阐述了“发展经济，保障供给”是经济工作和财政工作的总方针，为敌后根据地财经工作指明了方向。

12月　冀南行署公布了《新修正冀南区公平负担办法》。

12月　冀南行署发出《关于粮秣货币的指示》。

1943年

1月1日　晋冀鲁豫边区政府决定1943年三大工作中心：加强民主政权建设；贯彻减租减息法令；完成财政任务。

1月11日　冀鲁豫行署颁发《冀鲁豫区财粮统筹统支办法》。

1月17日　晋冀鲁豫边区政府贯彻简政，决定各专署人员减少七分之四，边区各机构进一步减缩。

1月17日　晋冀鲁豫边区政府关怀政权人员，决定今年每人增发衬衣一套，袜子两双，增发鞋费5元。

1月17日　边区政府农林局公布，1942年兴修清漳河水利，修成良田10651亩，开渠375里，可灌溉1600亩。

1月20日　太岳行署发出《关于春耕贷款的指示信》。

1月25日　中共太行分局在温村召开高级干部会议（温村会议）。财经工作列为三项议程之一。

1月25日　边区工商管理总局，根据边区政府指示，提出组织太行区纺织救灾方案。

1月25日　冀南行署发出《关于开展对敌经济斗争，加紧春耕运动、维护人民生活，度过春荒》的指示。

1月27日　冀鲁豫行署公布《清理黑地奖惩暂行办法》。

1月28日　冀鲁豫行署、军区司令部发出《关于各级武装部队财粮供给的决定》。

1月30日　冀鲁豫行署颁发《冀鲁豫边区政民工作人员被敌迫害及贫寒家属救济暂行办法》。

1月　冀鲁豫行署召开粮食工作会议，决定整顿粮食工作，实行财粮统一供给，不再增加人民负担。

2月1日　晋冀鲁豫边区政府在索堡召开太行区专员会议。

2月1日　冀鲁豫行署颁布《修正统一市场货币暂行实施办法》。

2月2日　冀鲁豫行署发出《关于禁止各级政府公务人员经营商业的命令》。

2月6日　太岳行署召开专员会议。

2月8日　冀鲁豫行署发出《关于招待客人和禁止会餐的通令》。

2月10日　冀南行署发出《关于粮食斗争问题的紧急指示》。

2月11日　晋冀鲁豫边区政府发出通令，统一全区度量衡，一律改换新秤。

2月15日　晋冀鲁豫边区政府进一步实行简政，边府组织机构合并为两厅一处，是日开始办公。

2月19日　冀鲁豫行署发出《关于春耕工作的指示信》。

2月22日　晋冀鲁豫边区政府在索堡召开财经会议，决定：各区工商办事处一律改称××区工商管理局；划分了银行、工商局的职责分工；对冀南银行币实行战略区分区管理。

2月25日　晋冀鲁豫边区政府发布《禁止机关生产买卖粮食的命令》。

2月25日　边区政府农林局奉命改为太行农林局。

2月　冀鲁豫行署颁发《冀鲁豫边区合作社暂行简章》。

2月　晋冀鲁豫边区总工会，号召各工厂开展生产竞赛，为大反攻做物质准备。

3月1日　冀南银行发出通知，规定冀南钞1元兑换各种友币

价格。

3 月 5 日　冀南银行、工商管理局发出《关于当前对敌经济斗争中的几个重要决定联合指示信》。

3 月 6 日　冀南行署颁发《借粮救灾指示》。

3 月 9 日，徐达本发出《关于沙区救灾工作的通信》，通报了沙区的严重灾情。

3 月 9 日　冀鲁豫行署发出《统一市场货币工作组组织办法》。

3 月 12 日　冀南银行、工商管理总局又发出《对敌经济斗争紧急任务》的指示信。要求对敌采取六项措施。

3 月 16 日　边区工商管理总局发出《关于目前粮食工作的指示》。

3 月 18 日　冀鲁豫行署颁发《简易合理负担暂行办法》。

3 月 20 日　冀南银行颁发《外汇代办所委托办法》。

3 月 23 日　太岳行署发出《第二次简政工作指示》，原则是紧缩行署，充实专县，加强区，深入村。

3 月 25 日　晋冀鲁豫边区政府发出指示，限期完成吸收粮食和调剂工作。

3 月　晋冀鲁豫边区政府发出《关于切实执行减租减息和交租交息的布告》。

3 月　太岳行署颁发《太岳区粮食工作制度》。

4 月 1 日　八路军副总司令彭德怀号召全军助赈，从即日起每人每日节约小米一两。

4 月 9 日　边区工商管理总局为保护根据地工商业之发展，颁发工商业登记领取营业证办法。

4 月 10 日　晋冀鲁豫边区政府在弹音村召开财经会议，讨论了工商局归还公粮，对敌货币斗争。

4 月 10 日　冀南行署对借粮发出布告，明确规定了四条借粮救灾政策。

4 月 14 日，冀南银行、工商管理总局发出《关于当前外汇工作紧急任务的指示》。

4 月 15 日　晋冀鲁豫边区政府修正公布《保护铜元、制钱兑换冀钞暂行办法》。

4 月 15 日　晋冀鲁豫边区政府颁发《关于修正保护现银禁使银币暂行办法的通令》。

4 月 15 日　冀鲁豫行署发出《关于禁止其他抗日根据地抗日政府发行之钞票在本地区流通的通令》。

4 月 16 日　冀南银行要求太岳区行以较低价格吸收大批伪钞四五百万元，将其借给太行，以便太行向西线购粮，供应军食民用。

4 月 17 日，冀鲁豫行署颁发《本年度春季公粮征收办法》。

4 月 22 日　冀鲁豫行署发出《关于加强公粮保护杜绝损失，确保军粮供给的指示信》。

4 月　晋豫边区和太岳区合并为太岳区，晋豫边区宣告结束。

4 月　八路军总部军工部总工会召开第四次工人代表大会，决定开展“新劳动者旗手”生产竞赛运动，号召全体职工向甄荣典学习。

4 月　太岳行署公布《太岳区兑米票暂行使用办法》。

5 月 21 日　晋冀鲁豫边区政府发出《关于反对假钞紧急指示》，要求各地立刻清查假冀钞。鲁西银行同时发出指示，查禁假鲁钞。

5 月 25 日　晋冀鲁豫边区政府发出《关于克服片面的赔钱救灾观点的指示》，要求各地立足于生产救灾。

5 月 31 日　晋冀鲁豫边区政府公布修正的《晋冀鲁豫边区荣誉军人抚恤暂行条例》。

5 月　晋冀鲁豫边区政府颁布《晋冀鲁豫边区统一累进税暂行税则》及《施行细则》，开始在太行区推行统一累进税。

5 月　边府确定工商管理局与银行财政任务 2000 万元。

6 月 1 日　李雪峰在《战斗》杂志发表了《为什么开展生产运动是贯穿全年各方面的中心环节》一文，指出粮食是全部经济斗争的中心。

6 月 10 日　冀南行署召开专员会议，布置反资敌工作。提出对资敌区采取“非法”和“合法”斗争相结合的原则去进行。

6 月 17 日　《新华日报》（华北版）首次报道太行区各地普遍发

现蝗虫，至21日全区蝗虫有惊人发展，已遍及太行七个地区，有21县受灾。

6月21日　中共太行分局召开高级干部会议，专门讨论了太行区的经济建设问题，作出了《关于太行区经济建设工作的检查和决定》。

6月23日　《新华日报》（华北版）报道边区临参会驻委会会议，通过晋冀鲁豫边区1943年度公粮预算，继续贯彻减轻人民负担的精神，今年的粮食预算较去年减少16.56%。

6月27日　晋冀鲁豫边区政府根据新麦上市，决定撤销过去颁发的粮食管理办法，根据地内粮食买卖、贩运完全自由。

6月27日　边区工商管理总局发出通令，指示所属应设法组织羊皮出口，以利群众副业的发展。

6月　华夫作冀鲁豫边区财政问题报告，1942年财政粮食收支入不敷出，现金收支有余。

7月2日　中共中央发表《抗战六周年纪念宣言》。强调发展生产，一切军队、机关、学校在不妨碍作战条件下，都要进行生产自给运动，以改善生活。

7月2日　《解放日报》发表邓小平《太行区的经济建设》一文，该文总结了六年来太行区经济建设的成绩和经验。

7月2日　冀南银行太岳区行、太岳工商管理局发出《为控购粮食渡过灾荒给各级的指示信》。

7月8日　冀鲁豫行署发出《1943年下半年工作方针》的指示。要求进一步巩固抗日根据地，搞好以支援灾区生产为中心的经济建设。

7月10日　晋冀鲁豫边区政府在索堡召开财经扩大会议，讨论布置了1943年下半年及1944年生产、粮食、合作社等工作。

7月13日　冀鲁豫行署发出《关于1943年下半年财政工作的指示信》。

7月13日　冀鲁豫行署发出《关于捕灭蝗蝻抢救秋禾的指示信》。

7 月 16 日　晋冀鲁豫边区政府发出《关于坚持财政预算克服财政上困难的指示信》。

7 月 19 日　太岳行署发布《坚持节约粮食办法的布告》，提出节约粮食办法 15 条。

7 月 20 日　晋冀鲁豫边区政府召开太行区行政高级干部会议，集中研究经济建设和救灾问题。

7 月 24 日　晋冀鲁豫边区政府发出防灾指示。

7 月　晋冀鲁豫边区政府财委会决议，取消银行与工商局的财政任务。

8 月 1 日　一二九师发布《为生产节食、渡过灾荒、迎接胜利的命令》，提出立即认真加紧生产，有计划地进行节食。

8 月 2 日　边区工商管理总局号召再度紧缩机构，要求商业做到半商半农，工业要做到半工半农，行政人员要放下笔杆拿起锄头，从 8 月 1 日起每人每日食米降到 1 斤 2 两，多吃菜少吃米。

8 月 5 日　冀南全区普降透雨，行署立即组织各专区突击抢种。

8 月 5 日　晋冀鲁豫边区政府发出《关于限制副食品出口的通知》。

8 月 6 日　边区工商管理总局转发《边府关于组织合作社生产推进委员会的通知》，提出应由各级政府召集工商局及群众团体组织合作生产推进委员会，推进各区合作生产事业的发展。

8 月 7 日　晋冀鲁豫边区政府发出《紧急救济太行灾荒》的号召。

8 月 8 日　冀南银行确定 1943 年下半年至 1944 年上半年 2200 万元贷款的分配计划。

8 月 11 日　晋冀鲁豫边区政府决定，政权机关人员从 8 月份起，每人每日节约 2 两米，交太行救灾委员会救济灾民。

8 月 13 日　冀南军区发出《关于加紧生产，提倡节约问题的通知》。

8 月 14 日　中共冀南区党委发出《抓好目前生产的指示》。

8 月 17 日　晋冀鲁豫边区政府召开财经会议，决定拨款给太岳

区购买物资调太行，掌握粮食。

8月20日　冀鲁豫行署公布《冀鲁豫区工商业登记暂行办法》。

中旬　冀南全区发生历史上罕见的蝗虫灾害，漳河、魏县、大名、元城、广平、清河、武城、垂阳、企之、宏毅、广宗、景南、衡水等县受灾严重。行署号召全区总动员，开展大规模的捕蝗运动。

8月　太岳行署颁发《太岳区游击区财粮负担办法》。

8月　中共晋冀豫区党委召开地委联席会议，赖若愚在会上作了《生产运动的初步总结》。

8月　边区工商管理局决定，由于灾荒严重，禁止棉织品，糕点等杂食品、烟类、复写纸等24种货物入口；同时决定禁止肉类、柿糠、挂面、红白萝卜条等11种货物出口。

9月1日　戎伍胜作了《三年来太行区施行合理负担政策的检查和总结》报告。

9月1日　冀鲁豫行署为解决农民麦种困难，发出《冀鲁豫区低价换贷麦种办法》。

9月7日　边区工商管理总局发出《关于内地山货购运自由的指示》。

9月8日　边区工商管理总局，为巩固本币，保证军粮及调剂灾荒，决定购存小麦4000石、小米3000石。

9月9日　新华社报导，一二九师直属队自给蔬菜22.46万斤，司令部生产的蔬菜以每人每天1斤半计算，可吃到明年6月底。

9月10日　晋冀鲁豫边区临时参议会太行区会议开幕，边区政府和高等法院分别向大会作了工作报告。会议还决定延长现任临参会参议员、边区政府主席、副主席和委员、高等法院院长任期一年。

9月14日　边区工商管理总局发出指示，提出由合作社担任内地调剂粮食的任务。

9月18日　一二九师发布《保卫秋收的指示》。

9月19日　冀南全区从19日起连降7天大雨，积水成涝，日军又乘机掘堤放水，致使全区30个县受灾，灾民达40余万，有15县当年收成已不足二成。

9 月 20 日　邯郸县郝村胡金龙在磁县八特村贩卖假冀钞被查获，被磁县抗日民主县政府刑事庭判处死刑。

9 月 21 日　晋冀鲁豫边区政府、一二九师联合召开生产会议。邓小平在会上作了《努力生产，度过困难迎接胜利》的报告。

9 月 24 日　山东军区决定在明年 5 月以前，以节衣缩食 1000 万元，支援晋冀鲁豫边区战胜灾荒。

9 月 25 日　中共晋冀豫区党委发出《关于党内生产的组织领导与任务的决定》。

9 月 28 日　边区工商管理总局发出《关于经济工作队工作问题的通令》，决定将缉私队改组成经济工作队。

9 月 30 日　冀南银行发出《关于发行“本票”问题的通令》规定在太行区发行面额为 100 元、500 元、1000 元 3 种期票。

10 月 4 日　晋冀鲁豫边区政府发出《关于严禁宰杀牲口、羊只的通令》。

10 月 4 日　中共冀南区党委作出《关于渡过今冬明春艰苦局面的决议》。

10 月 15 日　《新华日报》（太行版）报道，边区政府作出生产节约决定，今年停发 3 个月经费，明年停发两个月粮食，以生产自给解决。

10 月 20 日　冀南银行作出银行汇兑关系的决定，总行与区行间可以直接汇兑。

10 月 23 日　《新华日报》（太行版）报道，晋冀鲁豫边区政府关怀太行区灾胞，决定在 1934 年预算比 1942 年减少公粮 16% 的基础上，决定再减太行灾区公粮 73000 石。

11 月 2 日　冀南银行发出《关于掌握物资的指示》，规定要求掌握物资，主要是粮食，其次是山货、必需品。

11 月 5 日　晋冀鲁豫边区政府发出《关于进行按家计划的指示》，用按家计划动员全家的生产热情，组织全家劳动力和一切可能参加生产的力量参加生产。

11 月 13 日　晋冀鲁豫边区政府，决定由工商局在主要集市组织

粮食交易所。

11月13日　冀鲁豫行署发出《关于发行临时流通券的指示》。决定发行鲁西银行临时流通券（100元、500元两种），和鲁钞等值行使。

中旬　从本旬开始，太行区出现了物价暴涨（平均上涨一倍），外汇狂跌。

11月21日　晋冀鲁豫边区政府发出《关于主雇关系布告》。

11月23日　边区工商管理总局召开分局长、经理联席会议，讨论具体落实边区财经会议制止物价上涨的各项措施。

11月26日　中共冀鲁豫区党委根据中共中央和北方局指示，召开高级干部会议，黄敬在会上作了总结。

12月7日　八路军总部后勤部召开后勤会议，决定1943年度实行供给包干制度。

12月7日　中共太行区党委总生产委员会发出《关于奖励个人节约决定的通知》。

12月14日　晋冀鲁豫边区政府在弹音村召开财经会议，决定采取10项紧急措施平稳物价。

12月14日　徐达本在冀鲁豫区作《冀鲁豫边区财经工作报告》。

12月15日　边区工商管理总局作出《关于停止增设私人水烟作坊的决定》。

12月20日　晋冀鲁豫边区政府、太行军区联合发布命令，动员全区人民收集生铁、杂铜，组织生产火硝，支持军工生产。

12月23日　边区工商管理总局决定，除太行区一、六两分区外，一律禁止外来纸张进口。

12月23日　边区工商管理局修正粮食案件提奖率。

12月27日　冀鲁豫边区合作社筹备处公布《冀鲁豫边区农村合作社章程草案》。

12月　中共太行分局向中共中央报送《太行区秋收秋耕工作报告》。

冬　中共冀鲁豫区党委为加强财经工作的领导，决定成立冀鲁豫边区财经领导小组，由黄敬负责。

冬　冀鲁豫边区受灾最严重的鲁西北、沙区地区，入冬以来连续喜降瑞雪，预示着连续两年多的严重干旱即将结束。

1943 年　冀鲁豫行署公布《冀鲁豫区灾民贷款办法》。

1943 年　鲁西银行公布 1940 年至 1943 年鲁西银行货币发行及业务活动统计。

1943 年　冀鲁豫行署颁发《冀鲁豫区集市交易所暂行办法》。

1943 年　太岳行署水利局作出《太岳水利工作总结》。

1943 年　太岳行署颁发《太岳区各级经费标准》、《太岳财政制度》。

1944 年

1 月 1 日　中共北方局发出《关于 1944 年的方针》。

1 月 3 日　冀鲁豫、冀南行署颁发《惩治贪污暂行办法》。

1 月 5 日　边区工商管理总局发出《关于开展毛纺织工作的决定》。

1 月 9 日　冀鲁豫行署发出《关于修改工商行政证件的训令》。

1 月 10 日　冀南银行发出《关于修改各种存款、放款利率的通知》。

1 月 18 日　中共北方局在麻田召开财经工作会议。会议确定了 1944 年度的财政预算，制定了工商局、银行工作草案及开展生产运动等问题。

1 月 26 日　冀南银行发出《关于 1944 年业务方针及目前急需完成的工作指示》。

1 月 27 日　边区工商管理总局发出《关于突击大量吸收棉花的命令》。

1 月 31 日　边区工商管理总局发出《禁止公营商店买空卖空活动的通令》。

1 月　太岳区工商管理局提出 1944 年工作方针是努力发展根据地生产，力求自给自足，保证军需民食供给。

2 月 7 日　晋冀鲁豫边区政府发出《对春季生产工作的指示》，公布开展大规模生产运动的八项措施。

2 月 8 日　晋冀鲁豫边区政府、太行军区司令部联合发出命令，纠正机关农业生产中发生的偏向。

2 月 11 日　晋冀鲁豫边区政府发出《奖励植棉办法的通令》。

2 月 11 日，晋冀鲁豫边区政府决定增加 6000 万元贷款，分别用于农业、水利和合作社贷款。

2 月 25 日　冀鲁豫抗战学院成立，华北财经学校一分校并入该院。

2 月 28 日　晋冀鲁豫边区政府发出《开展植树造林运动》的号召。

2 月　中共冀南区党委召开高级干部会议，宋任穷、朱光、王任重分别作了关于发动群众、武装斗争、生产救灾运动的报告。

3 月 1 日　冀鲁豫行署再次修正公布《冀鲁豫区田房契税征收暂行办法》。

3 月 3 日　晋冀鲁豫边区临时参议会驻委会召开扩大会议，讨论了今年的施政方针。

会议还讨论通过了 1944 年财政预算，以货币计算，1944 年预算比上半年增加了 8 倍，但同期物价则上涨 15 倍，实际上收入减少了。当年预算支出，军政办公费、菜金、津贴都是靠生产自给解决的，军费支出绝大部分都是购买作战器材、弹药及服装支出。军政费用的开支比例，已由 1943 年的 74.59 比 25.41 改变为 92.31 比 7.69，财政预算的开支绝大部分是用在急需的军费开支上了。

3 月 3 日　冀南行署颁发《冀南区暂行审计制度》。

3 月 7 日　晋冀鲁豫边区政府决定，由总工会帮助组织“晋冀鲁豫区公营工厂失业工人合作社”，进行生产救济。

3 月　边区工商管理总局作出《关于发展养鸡事业的决定》。

4 月 1 日　八路军总部发布“滕杨方案”，提出生产运动中要公

私兼顾的大政策，规定集体单位与个人生产节约，实行奖励与分红原则。

4 月 1 日　冀鲁豫行署重新颁布《冀鲁豫区惩治贪污办法》。

4 月 3 日　裴丽生在太岳区干部大会上作了《积极准备开展今年全区的大规模生产运动》报告，提出今年的生产方针。

4 月 5 日　晋冀鲁豫边区政府为加强生产救灾，决定再拨粮 9000 石，无息贷给太行区灾民。

4 月 13 日　《新华日报》（太行版）发表《响应“滕杨方案”，检查生产运动》社论，从宣传“滕杨方案”开始，太行区群众性的生产运动越来越深入，广大军民的生产积极性越来越高。

4 月 17 日　冀鲁豫行署颁发《鲁西银行关于今春各种贷款办法的决定》。

4 月 22 日　边区工商管理总局召开各纸厂和用纸部门的联席会议。

4 月 24 日　冀鲁豫行署发出《关于重新规定奖励植棉办法的训令》。

4 月 30 日　八路军总部发布备战与保卫麦收的命令。

5 月 3 日　中共太行区党委、太行军区政治部联合发出《关于扑灭蝗蝻的紧急号召》，提出了四点指示。

5 月 4 日　晋冀鲁豫边区政府公布《太行区扑灭蝗虫暂行奖励办法》。

5 月 12 日　聂真在太岳区财经工作会议上作了《财经工作会议结论》。

5 月 13 日　冀鲁豫行署发出《关于办理抵麦贷款的规定》，对今年农民贷款，以麦子作抵押。

5 月 25 日　《新华日报》（太行版）发表《太行区三次简政总结》，介绍了太行三次简政的情况。

5 月　太岳纵队直属机关和所属部队召开春季生产总结大会，会上奖励劳动英雄。

5 月　冀鲁豫行署发出《开展生产运动的指示》，要求各地把开展生产运动作为下半年的中心工作。

6月1日，太岳行署颁布《太岳区奖励生产技术发明与改良条例》。

6月2日　晋冀鲁豫边区临时参议会驻委会召开扩大会议，戎副主席在会上作了太行区生产救灾情况及经验教训的报告。

6月7日　晋冀鲁豫边区政府发出通令，决定本票流通期限延长至本年底。

6月8日　晋冀鲁豫边区政府召开灭蝗会议，要求各地继续动员群众坚持打蝗。

6月8日　太岳行署发出《第二阶段生产工作指示》，对游击区各县的生产工作，应特别注意夏收、夏种，反对敌人抢粮。

6月8日　滕代远参谋长在直属队全体军人大会上作了《春季生产总结报告》。

6月12日　冀南银行制订了《生产节约储蓄存款简章》。

6月13日　边区工商管理总局发出《关于发展丝织业的意见》，决定发展丝织业。

6月19日　冀鲁豫行署发出《关于去秋贷出麦种回收办法的指示》，原则是贷麦还麦。

6月　裴丽生在《太岳政报》上发表《如何进一步把政府的力量组织到生产上去》的文章。

6月　晋冀鲁豫边区政府作出《太行区1942年、1943年两年的救灾总结》，全面地总结了太行区的救灾经验。

7月13日　冀鲁豫、冀南行署作出《关于机关部队商店合作社的决定》，限制机关生产的非法商业活动。

7月15日　冀南银行作出《关于加强通货管理、汇兑及兑换工作的决定》。

7月17日　晋冀鲁豫边区政府、太行军区司令部联合发布《防止浪费节约备荒命令》。要求大家时刻惦记着困难可能再来，要从长期着想，建立革命家务。

7月20日　晋冀鲁豫边区政府作出《太行区1944纺织运动初步

总结》。

7月25日　边区工商管理总局统计，工商局资产总额已达211859148.93元。

7月　鲁西银行与冀南银行冀区行合并办公。

8月1日　冀南、冀鲁豫行署发出《关于修改反黑地斗争果实分配比例办法的通知》。

8月10日　冀鲁豫、冀南行署发出《关于赎地问题的决定》，决定凡自1943年以来因生活所迫而典卖之土地，均可照原价赎回；所借地主，富农粮款可暂缓归还。

8月27日　邓小平就毛泽东7月28日来信提出的10个问题复信，就有关财经的四个问题作了答复。

8月　中共太行区党委召开地委联席会议，赖若愚在会上作了《生产运动的初步总结》。

8月　太行军区作出《太行军区部队的生产初步总结》。

8月　从5月起，太行区发生数十年未曾见过的特大蝗灾，太行区人民开展了一场大规模的打蝗运动。

9月1日　中共太行区党委发出《关于召开杀敌英雄、劳动英雄大会的通知》。

9月2日　晋冀鲁豫边区政府在弹音村召开太行区合作会议。

9月13日　晋冀鲁豫边区政府发出《成立农业低利借贷仓库的命令》，决定太行各县均须成立一个“农业生产低利借贷仓库”。

9月16日　太岳行署颁布《太岳林区保护森林暂行办法》的通令。

9月18日　中共北方局在麻田召开边区财经会议，决定冀南银行与工商管理局于10月15日合署办公。

9月25日　冀鲁豫、冀南行署颁布《1944年度群众团体供给制度的训令》。

9月　八路军总部军工部明水枪炮厂，研制出五〇迫击炮。

10月4日　边区工商管理总局命令所属机构，对柿饼、果子酒、麻糖等出口开禁。

10 月 10 日　晋冀鲁豫边区政府发出《关于地方粮款问题的决定》。

10 月 15 日　晋冀鲁豫边区政府作出《普遍深入地执行土地法令，认真减租，并发布几个土地问题处理办法的决定》。

10 月 20 日　太行军区公布《军人生产供给合作社暂行条例》。

10 月 23 日　边区工商管理总局发出《关于柿子、柿饼、粉条、粉皮出口征税及烂粮酿酒亦须征税，并准在内地销售的通令》。

10 月 24 日　晋冀鲁豫边区政府发出《关于超过规定税收任务提奖办法的通令》。

10 月 25 日　边区工商管理总局发出《准予羊皮、羊毛、生铁、废铁出口的通令》。

11 月 2 日　滕代远参谋长在直属队群众大会上发表讲话，今年直属队人均种地 3.6 亩，共收粮 8.3 万余斤。

11 月 7 日　冀鲁豫、冀南工商管理局发出《关于冀钞、鲁钞相互流通后，加强通货管理工作的指示》，规定从 11 月 1 日起全区相互流通。

11 月 10 日　太岳行署发出《开展冬季生产运动的指示》，要求各地巩固和扩大各种合作社及互助组，大力开展纺织运动。

11 月 20 日　太行区首届杀敌英雄、劳动英雄大会在黎城县南委泉召开。参加大会的有战斗英雄 120 人，劳动英雄 206 人，会期 17 天，于 12 月 7 日闭幕。

会议期间还举办了战绩、生产展览，有 10 万多人参观了这次展览。邓小平在群英会上作了重要讲话。

11 月　晋冀鲁豫边区临时参议会驻委会讨论通过本年度（1944 年秋至 1945 年秋）边区财政概算草案。本年度概算收入比上年减少 21.8%，支出比上年减少 21.67%，但粮食概算比上半年增加了一倍，主要是一部分经费支出改发粮食造成的。

12 月 5 日　太行造纸股份有限公司成立。

12 月 9 日　晋冀鲁豫边区政府发出《关于改订津贴制度的命令》，决定从 1944 年 11 月起，津贴费改为粮食津贴，以原津贴费 1

元改发津贴粮食 1 斤。

12 月 10 日　太行区成立太行区商人联合总会。

12 月 15 日　边区工商管理总局发出《关于修改核桃仁等税率的通令》，对 37 种进出口物资的税率进行了调整。

12 月 22 日　晋冀鲁豫边区政府发出《关于小学教员待遇及学校经费标准的通令》，1945 年 1 月开始按实物供给。

12 月 24 日　边区工商管理总局发出《关于有计划地推出山货，抓紧时机吸收棉花、食盐的指示》。

12 月 26 日　晋冀鲁豫边区政府发出《关于贷款处理办法的通令》。

12 月 30 日　晋冀鲁豫边区政府发出《严禁铜元出口并提高处罚的命令》。

12 月　太岳行署颁发《太岳区 1945 年财政供给标准》。

12 月　报载：太行区到 1944 年 12 月底，合作社由年初的 410 个发展到 1177 个，社员达 25050 人，股金为 3429 余万元。

12 月　太岳行署颁发《太岳区工商业负担暂行办法》。

1944 年　太行六个分区全年共开垦荒地 33.59 万亩（其中党政机关干部开垦荒地 9.58 万亩），相当于六个分区原有耕地面积的 13%。

1945 年

1 月 1 日　太岳区群英大会在士敏县郑庄召开，出席英雄模范 250 余人，牛佩琮主任在会上作了报告。同时还举行战绩和生产成绩展览会。

1 月 1 日　晋冀鲁豫边区政府制订《晋冀鲁豫边区财务行政制度》。

1 月 7 日　边区工商管理总局发出命令，准予边沿区合作社组织粮食出口，以兑换食盐、棉花和土布进口。

1月7日　冀南银行太行区行根据边府通令，发出《关于更改贷款利率的通知》。

1月7日　牛佩琮在岳北区财政科长会议上作了《太岳区1945年财政工作方针与任务》的报告，对今年的财政工作作了部署。

1月8日　边区工商管理总局发出命令，允许组织生铁出口，出口生铁按10%税率征收。

上旬　边区工商管理总局决定，为了准备反攻力量，在1945年保留玉皇庙、横岭、任村、合涧、附城、阳邑、子房沟、宝泉8家公营商店继续营业外，其余15家公营商店暂停营业，所有干部集中整风。

1月11日　晋冀鲁豫边区政府在索堡召开财经会议，具体部署吸收棉花工作要求定期完成。

1月14日　太岳行署发出《太岳区1945年上半年工作任务及方针的指示》。

1月15日　晋冀鲁豫边区政府发出《关于支差义运的决定》。

1月16日　太岳行署发布《关于实行酒专卖各地酒坊均由经济局接收的命令》。

1月18日　冀南银行太行区行发出《关于农业、水利两种贷款减免原本50%的通令》。决定对1943年11月1日到1944年春所借之农业、水利两项贷款只收贷款原本50%，必须在1945年4月底以前还清。

1月23日　中共中央发出《关于加强冀鲁豫根据地工作给北方局的指示》，提出从太行、太岳抽调一批有经验的减租减息干部，到冀鲁豫帮助发动群众进行彻底的减租减息，求得冀鲁豫的进一步巩固。

1月24日　晋冀鲁豫边区政府颁发《边区1945年各项供给制度的命令》，统一供给办法。

1月25日　边区工商管理总局决定，开放粮食出口3个月，从2月1日开始执行。

1月27日　晋冀鲁豫边区政府发出《关于推广养山蚕的通知》，

决定在林县、黎北等九个县推广。

1月27日　晋冀鲁豫边区政府作出《关于加强组织纺织工作的补充指示》，要求各地加紧组织领导这项纺织工作，以防中断。

1月27日　边区工商管理总局发出《关于商联会工作的指示》，颁发《商联会工作纲领》和《太行各级商人联合会组织办法》。

1月　边区工商管理总局决定，提高敌军用品出口税率，对羊皮、麻皮、道木、大麻子货物的出口税率提高至25%以上。

1月　太岳区对福田纺织厂公私顶股分红办法、师徒两利办法作了介绍。

1月　太岳区提出1945年全区工作方针计划提纲。在经济工作方面除以农业为主外，必须加强工业品的生产，逐渐达到工业品自给。

2月1日　晋冀鲁豫边区政府发出《关于建立工商、银行部门稽核制度命令》，颁发《太行区工商局、银行部门稽核暂行规程》。

2月3日　太行运输公司宣告成立。

2月5日　中共太行区党委发出《关于继续开展减租运动，准备春耕生产的指示》。

2月7日　晋冀鲁豫边区政府发出《关于奖励坚持审会计制度人员并处罚违犯审会计制度人员的通令》。

2月15日　边区工商管理总局决定，取消各地特种山货购运证，以利运销。

2月15日　冀鲁豫军区发出《关于1945年生产自给任务的指示》，确定部队生产自给以农业为主，并要种菜、养猪，开豆腐坊、粉坊等，发展副业生产。

2月23日　中共冀鲁豫分局作出《关于解决财政困难的决定》，对今后的财政工作提出了五点要求。

3月1日　冀鲁豫边区第一届群英大会于今天开幕，中共冀鲁豫分局、行署、军区负责人宋任穷、朱光、杨勇都先后在大会上讲了话。

3月8日　边区工商管理总局发出《关于征集土染料制作法的通

知》，决心扶持群众过去所惯用的染料。

3 月 9 日　冀鲁豫行署发出《关于灾区救济灾民的指示信》，决定以一个月时间在非灾区进行以救济流浪灾民为中心工作。

3 月 11 日　李达在太行参议会上作军事报告，叙述了三次精兵简政情况，部队减少了 1 万多人的供给，进行了生产节约和救灾，部队生产节约粮食达 10 万石以上，节衣缩食吃野菜树叶达 100 万斤，还配合群众打蝗 14.3 万斤。

3 月 14 日　晋冀鲁豫边区参议会第一届会议，分别于本月 2 日、3 日、14 日在太行、太岳、冀鲁豫三区召开，三个会议一致选举申伯纯为边区参议会议长，邢肇棠、晁哲甫为副议长。选举杨秀峰为边区政府主席，薄一波、戎伍胜为副主席。戎伍胜、牛佩琮、孟夫唐分别在太行、太岳、冀鲁豫区参议会上作了政府工作报告。

3 月 14 日　边区工商管理总局发出《关于发展七分区纸业的决定》，决定在民办官助的原则下发展七分区的造纸业。

3 月 20 日　晋冀鲁豫边区政府颁发《太行运输公司组织章程》和《太行运输公司办事处理细则》。

3 月 22 日　中共冀鲁豫分局作出《关于各级交通发行组织合并及调整配备干部的决定》，决定党政军的交通、发行系统合并，统一于交通局。

3 月 22 日　晋冀鲁豫边区政府召开国民经济负担调查会，要求通过这次调查，对人民的财富和负担能力有进一步的了解。

3 月 25 日　太岳行署发出刨挖蝗卵及消灭蝗蝻的紧急号召。

3 月 26 日　工商管理总局、冀南银行太行区行在索堡召开太行区工商局银行经济路线检查会议，检查了自抗战以来到 1944 年 10 月太行区历年的经济工作发展历史。

3 月 29 日　晋冀鲁豫边区政府发布《关于开展更大规模生产运动的布告》，提出今年负担决不增加等五项措施支援生产运动，增加群众收入。

3 月 30 日　晋冀鲁豫边区政府号召党政军民完成植树任务，实现每人栽活一棵树的计划。

3 月 31 日　晋冀鲁豫边区政府在弹音村召开财经会议，研究了财政收支。决定发行本票 2000 万元等问题。

3 月 31 日　太岳行署颁布《太岳根据地植棉条例》，对棉田负担作了四条优待规定。

3 月　太岳行署对各经济部门实行改组，将生产、工商、银行部门等，合并统一于经济局。并颁发了《太岳经济总局组织工作条例》。

3 月　太行区合作事业联络部成立。

3 月　太行行署制订《太岳区 1945 年生产计划》。

3 月　八路军总部军工部试制子弹铜壳成功。

4 月 1 日　晋冀鲁豫边区政府召开手工业代表会议。

4 月 7 日　宋任穷在冀鲁豫区作《关于冀鲁豫情况与今后工作的报告》，提出今后生产仍以农业为主，副业生产应组织纺织、熬盐和造纸。

4 月 9 日　边区工商管理总局、冀南银行太行区行在索堡召开扩大干部会议，决定了 1945 年的工作方针的任务。

4 月 15 日　太岳行署颁布《太岳区租佃单行条例》、《太岳区地权单行条例》和《太岳区关于典地、旧债纠纷、押地问题之处理办法》。

4 月 16 日　边区工商管理总局决定开禁洋布入口，征税 5%，土布免税入口，同时宣布粮食出口亦展期至 7 月底。

4 月 21 日　冀南银行为适应金融市场需要，刺激发展根据地生产，决定发行 500 元本票，限期至 1945 年底。

4 月 24 日　晋冀鲁豫边区政府作出《关于统一造酒的决定》。

5 月 1 日　晋冀鲁豫边区政府、八路军前方总部后勤部、太行军区政治部、晋冀豫职工总会联合召开边区工厂行政工会联席会议。

5 月 7 日　太岳行署发出《关于夏屯前后的工作指示》。

5 月 10 日　晋冀鲁豫边区政府发出《统一筹措民兵弹药费的命令》，自 1945 年起，民兵弹药费以专区为范围由政府补给。

5 月 11 日　晋冀鲁豫边区政府召开造纸业代表会议，决定在一

年内做到纸全部自给。

5月20日　边区工商管理总局发出《关于杜绝白银走私的通令》，近来白银走私很多，对于查获走私的白银，一律送政府处理。

5月20日　总局和区行又发出通令，内地白银统一由银行收购，禁止私自买卖。

5月20日　冀鲁豫行署重申《清还生产建设公债及偿还整财借款的训令》。

5月21日　太岳行署发出《关于粮食制度之几项规定》。

5月23日　晋冀鲁豫边区政府颁发《优待沦陷区人民来解放区投资存款暂行办法的通令》。

5月25日　晋冀鲁豫边区政府召开太行区矿业代表会议。

5月25日　晋冀鲁豫边区政府颁布《审会计出纳人员优待办法》。

5月26日　晋冀鲁豫边区政府发出《防旱备荒紧急布置》，注意保护粮食。

5月28日　晋冀鲁豫边区政府发出《重新规定银币与冀钞折价的通令》。

6月1日　边区工商管理总局发出《关于执行新的纸烟专卖办法的通令》，并附发《纸烟专卖办法》。

6月6日　中共冀鲁豫分局召开群众工作会议，邓小平在会上作了重要报告，指出今后的群众工作仍应以发动群众为中心，务求减租减息政策贯彻到底。

6月10日　晋冀鲁豫边区会计学会在太行成立。

6月10日　晋冀鲁豫边区政府召开太行纺织会议。

6月10日　边区工商管理总局发布《关于工厂管理规程的决定》。

6月17日　晋冀鲁豫边区政府于下温村召开财经会议。为大反攻做准备，决定拿出1亿元冀钞，吸收棉花和在根据地内投资于手工业。

6月18日　晋冀鲁豫边区政府发出《补充杜绝白银走私办法的

命令》。

6月27日　晋冀鲁豫边区政府决定成立太行财经干部学校，分设高级班、中级班和初级班三级，为专区级和县级培训财经干部。

7月5日　晋冀鲁豫边区政府公布《沦陷区归来工人携带伪钞及物品处理办法》，归来工人携带伪钞入境须向银行兑换。

7月7日　中共冀鲁豫分局作出《关于克服财经困难的决定》。预计今后财政亏空将超过去年而达10亿余元，提出了克服财政困难的三点意见。

7月10日　晋冀鲁豫边区政府颁发《太行区采矿暂行条例》。

7月　晋冀鲁豫边区政府颁发太行区各级政府各级系统编制。专署一级干杂人员配备最多为51人，最少为43人。县分四等，甲等县配备干杂人员为42人，游击县配备干杂人员最少为28人。

7月　冀南银行对汇兑工作重新作出决定，决定在太行与太岳间、太行与冀南间各建立三条直线式通汇线路。

7月　太行军区公布本年上半年大生产运动成绩，全区部队共种18141亩庄稼，办起煤窑、毛巾厂、酒坊、编席、烧石灰、木匠铺、醋坊、酱坊、豆腐坊、粉坊，还搞了运输、养猪、鸡、鸭，开办了一些商店。

8月8日　晋冀鲁豫边区政府、太行军区联合发布命令，提出全区军政民需棉400万斤至500万斤，采取组织群众性入口、公粮折征棉花、组织山货出口兑换棉花、动用各种关系吸引敌区商民在我区存花等解决棉花来源。

8月15日　《新华日报》（太岳版）报道太岳区经济总局颁发的《公营工厂吸收群众资本办法》，以鼓励私人资本投资于公营工厂。

8月15日　日本天皇宣布无条件投降。

8月20日　中共中央决定撤销中共北方局，成立中共晋冀鲁豫中央局，同时中共中央决定成立晋冀鲁豫军区。

8月29日　晋冀鲁豫边区政府发出《关于颁布统一新解放区负担办法的通令》，附发《新解放区暂行农业统累税简易办法》。

8月　从8月15日后，边区各地掀起参军热潮，群众配合主力

部队作战，组织了无数只担架和车辆，踊跃支前，妇女普遍地参加秋收、秋种，为部队碾米磨面，赶制鞋袜，有的妇女还组织救护队看护伤员，喂汤、喂饭、洗血衣，为大反攻作出了积极贡献。

9月2日　中共中央发出《关于解放城市工作方针的指示》。对于敌伪财产及大汉奸的企业，应成立一个统一的接收机关，暂行管制，打击伪钞挤其外流，规定各种货币与本币的兑换比价，照顾全局，稳定金融，必要时成立粮食管理机关。对公用事业及财经机关的原有人员，应尽量争取，保存案卷，照常工作。

9月2日　日本政府代表在投降书上签了字，至此，中国抗日战争、世界反法西斯战争宣告胜利结束。

编后记

编写抗日战争时期晋冀鲁豫边区财政经济史资料和财经史，是财政部财政科学研究所遵照财政部的统一安排，编写全国各个革命根据地的财经史计划中的一项任务。这一任务包括两个具体内容：一是编辑《抗日战争时期晋冀鲁豫边区财政经济史资料选编》；二是编写《抗日战争时期晋冀鲁豫边区财政经济史》。为了完成这项任务，财政部决定由财政界老前辈、前晋冀鲁豫边区政府副主席兼财办副主任、财政厅长戎子和同志主持，并由财政科学研究所和南开大学历史系，共同组成了编写组，负责完成这项编写工作任务。

为了具体安排有关编写工作事宜，财政科学研究所曾于1983年5月，在河南省财政厅和新乡市财政局的支持下，在新乡市召开了编写工作会议，邀请了山西、河北、山东、河南四省财政科学研究所和档案馆的负责同志，共同对编写工作进行了研究和部署。1984年6月，戎子和同志在中共山西省委、山西省人民政府的支持下，邀请了当年在边区从事财经工作的老同志聚集太原，共同回顾和总结抗战时期边区财经工作的经历和重要的历史经验，为编写工作指明了方向。会后编写组人员会同有关各省财政科学研究所的同志，在中央档案馆和晋、冀、鲁、豫四省档案馆的协助下，广泛地收集了上千万字的历史资料，从中选录430余万字。编辑了《抗日战争时期晋冀鲁豫边区财政经济史资料选编》（第一辑和第二辑），于1990年由中国财政经济出版社出版发行。

《抗日战争时期晋冀鲁豫边区财政经济史》是在上述资料选编和许多老同志回忆文章的基础上编写的。它既是财政部财政科学研究所的工作，又是南开大学历史系接受国家教委（85）社科博士点的科学资金项目，史稿是由两单位合作完成的。

参加本书撰写工作的是：财政科学研究所赵秀山、星光、冯田夫，南开大学历史系魏宏运、左志远、刘健清、祁建民。撰稿人从1992年起，对本书的编写工作曾进行了几次讨论。拟订了编写提纲，确定了撰稿分工：赵秀山编写抗日战争前边区经济状况、边区的开辟及大生产运动；星光编写财政、税收和精兵简政；冯田夫编写金融、贸易和对敌经济斗争；魏宏运编写公营商业和合作事业；刘健清编写黎城会议及有关会议；左志远编写温村会议、生产救灾、合作互助及捕蝗灭蝗运动；祁健民编写减租减息、农田水利、军工生产及大生产运动的奖励政策。各撰稿人于1994年秋冬先后写出了各自承担初稿。赵秀山、星光、冯田夫在此基础上，对本书的内容作了大幅度的调整、归并、补充和修改，完成了本书的初步总纂工作，并将修改稿分送原撰稿人和晋、冀、鲁、豫四省财政科学研究所征求意见。

1995年3月，财政科学研究所在河南省安阳市召开了晋、冀、鲁、豫四省财政科学研究所负责人和撰稿人审稿会，并请中国财政经济出版社编辑参加了会议。参加这次会议的人员有：闫振维、韩振寰（山西）、陈英（河北）、常效修、周象民（山东）、范业骏、赵杰（河南）、左志远、刘健清（南开大学）、许大华（原编写组人员）、赵秀山、星光、冯田夫（财政科学研究所）等15人。与会代表对史稿进行了认真的审查，提出了许多宝贵的意见。会后，赵秀山、星光、冯田夫又根据与会代表提出的意见，再次对史稿进行了逐章逐句的全面修改。返京后，赵秀山又对史稿的部分章节作了充实和修改，终成其稿。并确定在史稿中附录晋冀鲁豫边区财政经济工作大事记，供读者阅读参考。

本书编者虽然尽了很大努力，但由于水平所限，错误之处仍在所难免，敬请读者予以指正。